2023 최신판!
더존 New sPLUS에 의한 구성

국가직무능력표준
National Competency Standards

한국채택국제회계기준 반영

전산회계운용사 대비

회계실무 실기2급

정호주 저

새로운
출제형태(증빙서류) 반영!

♣ 본 교재의 기초데이터 및 답안 파일은 파스칼미디어
홈페이지의 자료실-기초자료다운코너에서 다운로드 받아
사용하실 수 있으며, 답안은 책 뒤편에 수록되어 있습니다.

파스칼미디어
www.pascal21.co.kr

【 저자 소개 】

정호주　– 단국대학교 경영대학원 회계학과 4학기 수료
　　　　– 성결대학교 주최 전국정보과학경시대회(전산회계부문) 출제위원 역임
　　　　– 대한상공회의소 하계직무연수 초빙강사 역임
　　　　– 2015 개정 교육과정 인정교과서 회계원리 공저
　　　　– 2015 개정 교육과정 인정교과서 회계정보처리시스템(더존 sPLUS) 공저
　　　　– 전산회계운용사 관련 수험서 다수 출간

2023 더존 New sPLUS
전산회계운용사 실기2급 대비 **회계실무**

- **발행일**　2023년 1월 31일　5판 1쇄 발행
- **지은이**　정호주
- **펴낸이**　고봉식
- **펴낸곳**　파스칼미디어
- **등록번호**　제301-2012-102호
- **홈페이지**　www.pascal21.co.kr
- **편집·디자인**　전정희
- **주소**　서울특별시 중구 마른내로4길 28
- **전화**　02-2266-0613
- **팩스**　02-332-8598
- **ISBN**　979-11-6103-095-1
- **내용문의**　010-3820-4237

　　　"God bless you"

2023년 개정증보판을 출간하면서 ……

병아리가 껍질을 깨뜨리는 것을 줄(啐)이라 하고 어미 닭이 밖에서 쪼는 것을 탁(啄)이라 한다. 줄탁동시(啐啄同時)는 병아리가 세상 밖으로 나오기 위해 안간힘을 쓸 때 어미 닭이 부리로 쪼아 도와주는 것을 의미한다. 세상이 빠르게 발전하면서 살기 좋아졌다고 하지만 여러 분야에서 경쟁은 더욱 치열하게 이어지고 있다. 그만큼 여러분들이 넘어야 할 벽 또한 높아져 간다. 힘든 여건 속에서도 포기하지 않고 나아가는 여러분들의 미래를 위해 함께 벽을 깨 주어야 할 때인것 같다. 전산회계운용사 검정시험을 대비하는 여러분들의 용기 있는 도전에 미력하지만 도움이 될 수 있는 어미 닭의 심정으로 여러분들께 도움이 될 수 있는 실기 수험서를 만들기 위해 심혈을 기울여 열정을 담았다.

이번 2023년 개정증보판에서는 2급 출제범위 내에서 출제 가능한 다양한 거래 형태[코로나-19로 인한 정부지원금, 전자어음, 특히 기타포괄손익-공정가치측정금융자산의 지분상품과 채무상품의 평가와 처분 및 상각후원가측정 금융자산의 평가, 전기와 당기에 대손처리 된 매출채권의 회수, 매입세액 불공제 대상과 공제 대상의 차량운반구 취득과 처분, 기존에 사용 중인 건물의 후속(자본적)지출 문제, 자기주식처분이익과 처분손실의 상계, 지급어음과 받을어음의 개서 등]와 단답형 답안 조회에 관한 출제 예상문제를 완벽하게 정리하여 본문을 구성하는데 최선의 노력을 하였으며, 특히 이번 개정증보판에서는 지방 ○○특성화고 회계실무 담당 선생님의 건의에 따라 당좌거래 은행으로부터 약속어음을 수령하여 최초 [어음등록]한 것을 전표 입력 시 잘못 등록한 것을 뒤늦게 발견한 경우의 수정 방법을 본문 221~222쪽에 특별히 수록하여 평소 수정할 수 없었던 고민거리가 해결되도록 제시하였다.

또한 새로운 출제기준(2022.01.01.~2024.12.31.)이 발표되어 2급 실기시험의 출제형태는 거래의 입력에서 매입매출전표의 입력 거래와 일반전표의 입력 거래를 구분하여 제시하고 있어 이번 2023년 개정증보판에서는 종합실습문제와 모의고사 문제 및 기출문제를 변경된 출제형태에 맞도록 완전 개정하였다. 특히 매입매출전표입력 거래에는 상품의 매입과 매출(개인 판매 포함)거래뿐만 아니라 유형자산의 취득과 처분, 기타 제경비(복리후생비, 소모품비, 접대비 등)의 지출거래, 면세 물품의 구매거래, 매입세액의 공제받지 못하는(불공) 물품의 구입 거래 등 부가가치세 과세유형별로 개정 수록하였다.

정답파일을 다운로드 받을 수 있도록 하였으며, 모의고사 및 기출문제에 대한 답안과 보충적 해설(해설 끝부분에 재무회계의 당기순이익과 원가회계의 당기제품제조원가를 표시하여 본인의 입력 결과 값을 비교 가능케 함)을 책 뒤쪽에 수록하였다. 또한, 회계실무 실습 현장에 하드보안관이 설치되어 있는 경우의 데이터백업 및 백업데이터복구에 대한 처리방법을 본문 32쪽에 제시하여 수업 진행에 어려움이 없도록 하였다.

하지만 정작 책을 만들다 보니 여러 군데 아쉬움이 많이 보인다. 이 책으로 지도하시는 교육현장의 교수님 및 선생님들의 아낌없는 조언을 기대하며 항상 곁에서 용기를 주던 가족과 부족한 필자를 아껴주시는 여러 선생님들과 교수님들께 이 자리를 빌어 진심으로 감사드린다. 아무쪼록 본 서로 공부하는 모든 분들께 좋은 결과가 있기를 기원드린다. "God bless you!"

2023년 1월
양화진 언덕에서 한강을 바라보며
저자 정호주 씀

3

/ Contents /

Chapter 05 원가회계

Chapter 06 기출문제 교육용 따라하기

Chapter 07 실전대비 모의고사

C·O·N·T·E·N·T·S ……… 차례

제1장...

시험안내 및 프로그램의 설치

01 실기검정시험 안내

1 **응시 자격**

국가기술자격 검정시험인 전산회계운용사 자격 검정시험은 응시자격에 제한이 없으므로 누구라도 응시할 수 가 있다. 단, 실기검정시험은 필기시험 합격자에 한하여 응시할 수 있으며, 상시검정으로 시행하고 있다.

2 **실기시험 응시 기간**

필기합격유효기간은 합격자 발표일로부터 만 2년간이다. 이 기간 내 실기시험은 합격하기 전까지 몇 번이라도 응시가능하다. 다만 필기면제 종료일까지 시험일이 포함되어 있어야 하며 발표일은 그 이후가 되어도 상관없다. 본인의 정확한 필기합격유효기간은 대한상공회의소 자격평가사업단 홈페이지(http://license.korcham.net) 상단 "자격증발급 – 자격취득사항조회"에서 확인할 수 있다.

3 **면제자검정의 응시 자격**

산업수요 맞춤형 고등학교 또는 특성화고등학교 과정의 100분의 70이상 이수한 사람 : 전산회계운용사 3급 필기시험을 해당과정을 이수한 날부터 2년간 면제한다. 접수 방법은 필기면제검정일 뿐만 아니라 정기 실기검정 시에도 필기면제검정 해당자는 필기면제검정 신청 가능하다.

4 **시험과목 및 제한시간**

급 수	시 험 과 목	출제 형태	제한시간
1급	회계프로그램의 운용	컴퓨터 작업형	100분
2급	회계프로그램의 운용	컴퓨터 작업형	80분
3급	회계프로그램의 운용	컴퓨터 작업형	60분

5 **실기시험시간**

정기시험으로 시행할 때는 실기 시험시간이 1조, 2조 방식으로 09시부터 시작했지만 2021년부터 상시검정으로 시행하므로 1급을 제외하고 3급과 2급실기시험은 시행기관에서 원서 접수 시 제시하는 시험시간 대로 진행한다.(예를 들어 지난 상시시험에는 3급과 2급을 같은 날 같은 시간에 동시에 시행하였다.)

⑥ 실기시험 합격기준

각 급수 100점 만점에 70점 이상

⑦ 응시 가능 수검용 프로그램

전산회계운용사 실기프로그램인 더존 New sPLUS는 기업형 실무프로그램에서 수험용으로 개발되었으며 수험용 실기프로그램의 소유권·저작권·사용권은 대한상공회의소이므로 어떠한 경우에 있어서도 상업용으로 이용될 수 없음을 알려드린다.

New sPLUS프로그램은 더존비즈온에서 개발한 것으로 기존의 더존 iPLUS 실무교육프로그램과 동일한 프로그램이다. 이제까지 더존 프로그램을 이용하여 공부한 수험생이라면 사용에 아무런 불편함이나 어려움이 없을 것이며, 하나의 프로그램만 배워도 국가기술자격인 전산회계운용사 자격시험과 한국공인회계사회의 AT자격시험(FAT, TAT) 등 2가지 자격증을 하나의 프로그램으로 취득할 수 있다는 장점이 있고, 우리나라의 중소기업 산업현장 실무에서도 널리 보급되어 사용 중에 있는 프로그램이다.

⑧ 실기시험원서 교부 및 접수

① 방법 : 인터넷 접수(www.passon.co.kr)를 원칙으로 하되 방문 접수도 가능하다. 단, 모바일 접수 앱(korchampass)을 통해서도 정기시험, 상시시험, 수시시험 접수가 가능하다.(단, Android 4.4 킷캣 이상, IOS 8.0 이상 지원 가능)
② 상공회의소에서 공고한 접수기간 내에 반드시 접수하여야 한다.
③ 사진 올리기
　– 본인의 이미지 사진(디지털 사진 또는 스캐닝 사진)을 올림
　　사진 크기 : 3.5㎝×4.5㎝, 파일 형식(JPG권장)
　　시험시 등록된 사진으로 본인 여부 대조하며, 자격증 발급시에도 사용함.
　– 검정수수료 : 22,000원(인터넷 접수시에는 수수료 1,200원 추가 됨)
④ 접수시간 : 평일 24:00, 마감일은 18:00
⑤ 접수장소 : 응시하고자 하는 지역의 상공회의소
⑥ 시험장소 및 시험시간
　– 개설된 시험장 중에서 본인이 지정할 수 있음.
⑦ 수험표 출력은 접수 당일 바로 출력 가능

9 실기시험 응시 준비사항

① 실기시험 원서 접수 후 약 30일 이내에 실기시험 시행
② 실기시험 응시 지참물 : 수험표, 신분증, 필기도구
③ 시험시작 10분 전까지 지정된 시험장의 시험실에 입실
④ 입실 후 자신이 사용할 컴퓨터 시스템 점검

10 합격자 발표

① 합격자 발표 : 실기시험 시행 후 실기시험일 포함 주 제외한 2주 뒤 금요일 발표
② 인터넷 안내 : 대한상공회의소 자격평가사업단 홈페이지
　　　　　　　　(http://www.license.korcham.net)
　　　　　　　　– 안내기간 : 합격자 발표일로 부터 60일간
　　　　　　　　– 검색방법 : 홈페이지 로그인 후 결과 확인
　　　　　　　　– 인터넷(license.korcham.net)으로만 합격자 발표

11 자격증 교부

① 교부신청 : 인터넷으로 인적사항 확인 후 신청
② 교부방법 : 등기우편
　　　　　　　　(자격증 교부수수료 3,100원과 등기수수료 2,800원)
③ 교부기간 : 신청일로부터 10일~15일 사이 수령 가능

12 수험자 유의사항

이상의 시험정보 안내는 관계법령의 개정 등 사정에 의하여 변경될 수 있습니다.

• 수험원서 및 답안지는 수험자 본인이 정확하게 기재하셔야 하며, 기재사항(성명, 주민등록번호, 수험번호 등)의 착오로 발생하는 불이익은 수험자 책임으로 합니다.

• 자격 취득자가 기 취득한 자격과 동일한 종목의 동일 등급에 다시 응시할 경우 무효 처리됩니다.

• 동일 종목의 동일 등급에 중복 접수, 응시할 경우는 당해 검정이 무효처리 됩니다.

- 접수된 수험원서 및 기타서류는 일절 반환하지 않습니다.

- 검정수수료는 다음과 같은 경우 환불 할 수 있습니다.
  - 접수기간 내 접수를 취소한 한 경우 100% 환불
  - 검정 시행기관의 귀책사유로 수험자가 응시하지 못한 경우 100% 환불
  - 접수마감일 다음날부터 시험일 4일전까지 접수를 취소한 경우 100% 환불

구분	접수기간 ~ 4일 전	3일 전 ~ 시험일
환불 %	100%(환불 및 변경 가능)	환불 및 변경 불가

  ※ 모든 환불 기준일은 시험일이며 시험일을 포함합니다.
  - 기타 천재지변 또는 직계가족의 사망, 본인의 사고 및 질병으로 입원한 경우 접수 마감일 다음 날부터 시험일로부터 30일이 경과한 일자까지 환불을 신청한 경우 100% 환불

- 시험은 지정된 시험일자, 시험장 및 시험기간에 한하여 응시할 수 있으며, 「시험시작시간」까지 해당 시험실에 입실하여야 응시할 수 있습니다. 단, 응시인원이 소수일 경우 인근 상공회의소로 통합하여 시행할 수 있습니다.

- 수험표와 신분증(주민등록증, 학생증 등) 미소지자는 응시할 수 없습니다.

- 수험자 중 불합격된 경우의 점수는 인터넷으로 조회가 가능합니다.

- 실기 시험시 사용되는 프로그램은 지정된 프로그램만 사용할 수 있으며, 전산회계운용사 실기 시험시 사용되는 프로그램은 시험장소에 설치된 CAMP 또는 A-smart 프로그램으로만 가능합니다.

- 취득한 자격증을 대여하거나 이중 취업하였을 때에는 기 취득한 자격이 취소 또는 정지(1~3년) 됩니다.

- 검정을 받는 자가 검정에 관하여 부정행위를 했을 때에는 국가기술자격법 제11조 제1호에 따라 당해 검정을 중지 또는 무효로 하며, 이 후 3년간 검정에 응시할 수 없습니다.

- 더 자세한 사항이나 궁금한 점은 게시판이나 해당 지역 상공회의소에 문의하시기 바랍니다.

02 전산회계운용사 2급 실기 출제기준

○ 직무분야 : 회계	○ 자격종목 : 전산회계운용사 2급	○ 적용기간 : 2022. 1. 1 ~ 2024. 12. 31
○ 직무내용 : 재무회계, 원가회계에 관한 지식을 갖추고 기업체 등의 회계중간관리자로서 회계정보시스템을 이용하여 회계전반에 관한 업무를 수행할 수 있는 능력의 유무		
○ 실기검정방법 : 회계시스템 운용(5문제 내외)		○ 시험시간 : 80분

실 기 과목명	주요항목 (능력단위)	세 부 항 목 (능력단위요소)	세 세 항 목
회계시스템 운용	전표관리	1. 회계상 거래 인식하기	1.1 회계상 거래와 일상생활에서의 거래를 구분할 수 있다. 1.2 회계상 거래를 구성 요소별로 파악하여 거래의 결합관계를 차변 요소와 대변 요소로 구분할 수 있다. 1.3 회계상 거래의 결합관계를 통해 거래 종류별로 구별할 수 있다. 1.4 거래의 이중성에 따라서 기입된 내용의 분석을 통해 대차 평균의 원리를 파악할 수 있다.
		2. 전표 작성하기	2.1 회계상 거래를 현금 거래 유무에 따라 사용되는 입금전표, 출금전표, 대체전표로 구분할 수 있다. 2.2 현금의 수입 거래를 파악하여 입금전표를 작성할 수 있다. 2.3 현금의 지출 거래를 파악하여 출금전표를 작성할 수 있다. 2.4 현금의 수입과 지출이 없는 거래를 파악하여 대체전표를 작성할 수 있다.
		3. 증빙서류 관리하기	3.1 발생한 거래에 따라 필요한 관련 서류 등을 확인하여 증빙여부를 검토할 수 있다. 3.2 발생한 거래에 따라 관련 규정을 준수하여 증빙서류를 구분·대조할 수 있다. 3.3 증빙 서류 관련 규정에 따라 제 증빙 자료를 관리할 수 있다.
	자금관리	1. 현금시재 관리하기	1.1 회계 관련 규정에 따라 현금 입출금을 관리할 수 있다. 1.2 회계 관련 규정에 따라 소액현금 업무를 처리할 수 있다. 1.3 회계 관련 규정에 따라 입·출금 전표 및 현금출납부를 작성할 수 있다. 1.4 회계 관련 규정에 따라 현금 시재를 일치시키는 작업을 할 수 있다.
		2. 예금 관리하기	2.1 회계 관련 규정에 따라 예·적금 업무를 처리할 수 있다. 2.2 자금운용을 위한 예·적금 계좌를 예치기관별·종류별로 구분·관리할 수 있다.

○ 직무분야 : 회계	○ 자격종목 : 전산회계운용사 2급	○ 적용기간 : 2022. 1. 1 ~ 2024. 12. 31
○ 직무내용 : 재무회계, 원가회계에 관한 지식을 갖추고 기업체 등의 회계중간관리자로서 회계정보시스템을 이용하여 회계전반에 관한 업무를 수행할 수 있는 능력의 유무		
○ 실기검정방법 : 회계시스템 운용(5문제 내외)		○ 시험시간 : 80분

실기 과목명	주요항목 (능력단위)	세부항목 (능력단위요소)	세세항목
회계시스템 운용			2.3 은행업무시간 종료 후 회계 관련 규정에 따라 은행잔고를 확인할 수 있다. 2.4 은행잔고의 차이 발생 시 그 원인을 규명할 수 있다.
		3. 법인카드 관리하기	3.1 회계 관련 규정에 따라 금융기관에 법인카드를 신청할 수 있다. 3.2 회계 관련 규정에 따라 법인카드 관리대장 작성업무를 처리할 수 있다. 3.3 법인카드의 사용범위를 파악하고 결제일 이전에 대금이 정산될 수 있도록 회계처리 할 수 있다.
		4. 어음수표 관리하기	4.1 관련 규정에 따라 수령한 어음·수표의 예치 업무를 할 수 있다. 4.2 관련 규정에 따라 어음·수표를 발행·수령할 때 회계처리 할 수 있다. 4.3 관련 규정에 따라 어음 관리 대장에 기록하여 관리할 수 있다. 4.4 관련 규정에 따라 어음·수표의 분실 처리 업무를 할 수 있다.
	결산처리	1. 결산 준비하기	1.1 회계의 순환 과정을 파악할 수 있다. 1.2 회계 관련 규정에 따라 시산표를 작성할 수 있다. 1.3 회계 관련 규정에 따라 재고조사표를 작성할 수 있다. 1.4 회계 관련 규정에 따라 정산표를 작성할 수 있다.
		2. 결산 분개하기	2.1 손익 관련 결산분개를 할 수 있다. 2.2 자산·부채 계정에 관한 결산정리사항을 분개할 수 있다. 2.3 손익 계정을 집합 계정에 대체할 수 있다.
		3. 상부 마감하기	3.1 회계 관련 규정에 따라 주요 장부를 마감할 수 있다. 3.2 회계 관련 규정에 따라 보조장부를 마감할 수 있다. 3.3 회계 관련 규정에 따라 각 장부의 오류를 수정할 수 있다. 3.4 자본 거래를 파악하여 자본의 증감 여부를 확인할 수 있다.
	재무제표 작성	1. 재무상태표 작성하기	1.1 자산을 회계관련 규정에 맞게 회계처리할 수 있다. 1.2 부채를 회계관련 규정에 맞게 회계처리할 수 있다. 1.3 자본을 회계관련 규정에 맞게 회계처리할 수 있다. 1.4 재무상태표를 양식에 맞게 작성할 수 있다.

○ 직무분야 : 회계	○ 자격종목 : 전산회계운용사 2급	○ 적용기간 : 2022. 1. 1 ~ 2024. 12. 31	
○ 직무내용 : 재무회계, 원가회계에 관한 지식을 갖추고 기업체 등의 회계중간관리자로서 회계정보시스템을 이용하여 회계전반에 관한 업무를 수행할 수 있는 능력의 유무			
○ 실기검정방법 : 회계시스템 운용(5문제 내외)		○ 시험시간 : 80분	

실 기 과목명	주요항목 (능력단위)	세 부 항 목 (능력단위요소)	세 세 항 목
회계시스템 운용		2. 손익계산서 작성하기	2.1 수익을 회계관련 규정에 맞게 회계처리할 수 있다. 2.2 비용을 회계관련 규정에 맞게 회계처리할 수 있다. 2.3 손익계산서를 양식에 맞게 작성할 수 있다.
		3. 자본변동표 작성하기	3.1 자본변동표의 구성요소를 설명할 수 있다. 3.2 자본변동표에 포함되는 정보를 구분하여 표시할 수 있다. 3.3 자본변동표를 양식에 맞게 작성할 수 있다.
		4. 현금흐름표 작성하기	4.1 영업활동으로 인한 현금흐름을 계산할 수 있다. 4.2 투자활동으로 인한 현금흐름을 계산할 수 있다. 4.3 재무활동으로 인한 현금흐름을 계산할 수 있다. 4.4 현금흐름표를 양식에 맞게 작성할 수 있다.
		5. 주석 작성하기	5.1 재무제표 작성 근거와 구체적인 회계정책에 대한 정보를 제공할 수 있다. 5.2 회계관련 규정에서 요구되는 정보이지만 재무제표 어느 곳에도 표시되지 않는 정보를 제공할 수 있다. 5.3 재무제표 어느 곳에도 표시되지 않지만 재무제표를 이해하는데 목적적합한 정보를 제공할 수 있다.
	회계정보 시스템 운용	1. 회계 관련 DB마스터 관리하기	1.1 DB마스터 매뉴얼에 따라 계정과목 및 거래처를 관리할 수 있다. 1.2 DB마스터 매뉴얼에 따라 비유동자산의 변경 내역을 관리할 수 있다. 1.3 DB마스터 매뉴얼에 따라 개정된 회계 관련 규정을 적용하여 관리할 수 있다.
		2. 회계프로그램 운용하기	2.1 회계프로그램 매뉴얼에 따라 프로그램 운용에 필요한 기초 정보를 처리할 수 있다. 2.2 회계프로그램 매뉴얼에 따라 정보 산출에 필요한 자료를 처리할 수 있다. 2.3 회계프로그램 매뉴얼에 따라 기간별·시점별로 작성한 각종 장부를 검색할 수 있다. 2.4 회계프로그램 매뉴얼에 따라 결산 작업 후 재무제표를 검색할 수 있다.
		3. 회계정보 활용하기	3.1 회계 관련 규정에 따라 회계정보를 활용하여 재무 안정성을 판단할 수 있는 자료를 산출할 수 있다. 3.2 회계 관련 규정에 따라 회계정보를 활용하여 수익성과 위험도를 판단할 수 있는 자료를 산출할 수 있다. 3.3 경영진 요청 시 회계정보를 제공할 수 있다.

○ 직무분야 : 회계	○ 자격종목 : 전산회계운용사 2급	○ 적용기간 : 2022. 1. 1 ~ 2024. 12. 31
○ 직무내용 : 재무회계, 원가회계에 관한 지식을 갖추고 기업체 등의 회계중간관리자로서 회계정보시스템을 이용하여 회계전반에 관한 업무를 수행할 수 있는 능력의 유무		
○ 실기검정방법 : 회계시스템 운용(5문제 내외)		○ 시험시간 : 80분

실 기 과목명	주요항목 (능력단위)	세 부 항 목 (능력단위요소)	세 세 항 목
회계시스템 운용	원가계산	1. 원가요소 분류하기	1.1 회계 관련 규정에 따라 원가와 비용을 구분할 수 있다. 1.2 회계 관련 규정에 따라 제조원가의 계정흐름에 대해 분개할 수 있다. 1.3 회계 관련 규정에 따라 원가를 다양한 관점으로 분류할 수 있다.
		2. 원가배부하기	2.1 원가계산 대상에 따라 직접원가와 간접원가를 구분할 수 있다. 2.2 원가계산 대상에 따라 합리적인 원가배부기준을 적용할 수 있다. 2.3 보조부문의 개별원가와 공통원가를 집계할 수 있다. 2.4 보조부문의 개별원가와 공통원가를 배부할 수 있다.
		3. 원가계산하기	3.1 원가계산시스템의 종류에 따라 원가계산방법을 선택할 수 있다. 3.2 업종 특성에 따라 개별원가계산을 할 수 있다. 3.3 업종 특성에 따라 종합원가계산을 할 수 있다.

03 New sPLUS 프로그램의 설치

1 전산회계 프로그램(New sPLUS)의 설치

(1) 파스칼미디어 홈페이지(www.pascal21.co.kr)에 접속하여 [자료실] - [학습자료]에 게시된 '2023년 New sPLUS 프로그램 설치 파일'을 클릭하여 대한상공회의소 자격평가사업단의 웹 디스크(http://webdisk.korcham.net)에서 다운로드한다.

① 아이디 : korcham, 비밀번호 : 111111

② 해당 폴더 : [File station폴더] - [전산회계운용사] - [교육 및 수험용 실기 프로그램] - [2023년 전산회계운용사 상설프로그램(2-3급용)]

③ 해당 프로그램은 세법 등의 개정으로 수시로 업그레이드 되기 때문에 그때마다 새로이 다운로드 받고 기존 프로그램은 삭제한다.

(2) 다운로드 받은 파일을 압축해제한 후 바탕화면의 실행파일 아이콘 ![icon]을 더블클릭하여 [파일열기]창에서 [실행]단추를 클릭하고, [설치마법사 준비]창이 아래와 같이 나타나면 잠시 기다린다.

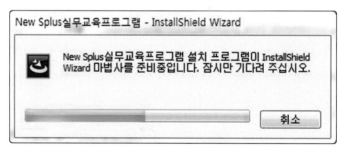

(3) 사용 중인 컴퓨터에 구 버전이 설치되어 있는 경우 아래와 같은 화면이 나타난다. 이 때 [확인] 단추를 클릭하면 구 버전의 삭제 진행창이 나타나고 [제거완료]창이 나타나면 [완료]단추를 클릭한 후 다시 바탕화면의 실행 파일 아이콘 ![icon]을 더블클릭하여 설치를 진행한다.

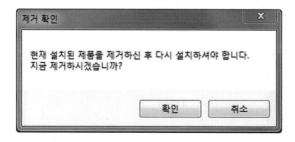

(4) '사용권계약'과 '사용권정보수집에 대한 동의'에 체크하고 [다음(N)] 단추를 클릭한다.

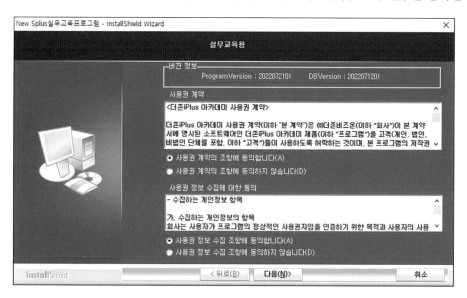

(5) 프로그램 설치 경로와 데이터 설치 경로를 확인하고 [다음(N)] 단추를 클릭한다. 단, 설치 경로는 수정하지 말 것.

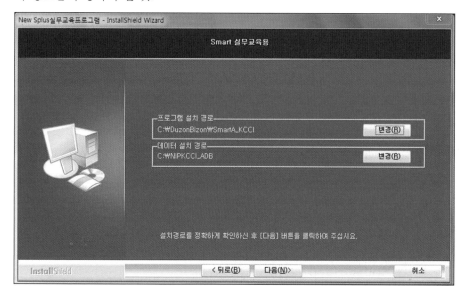

(6) 구버전의 데이터 파일이 존재한다는 아래와 같은 창이 나타나면 [파일 삭제 후 설치]단추를 클릭한다.(단, 프로그램을 처음 설치할 때는 아래의 메세지창이 나타나지 않는다.)

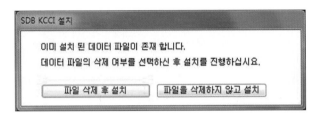

(7) '우편번호 DB 포함'에 체크하고 [설치(I)] 단추를 클릭하면 설치가 진행된다.

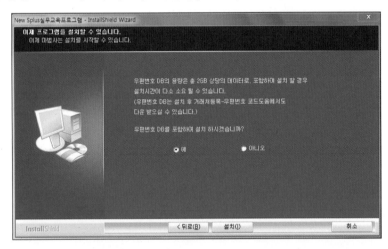

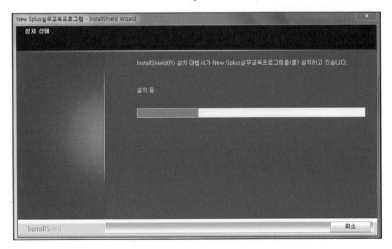

(8) 설치 완료창이 나타나면 [완료]단추를 클릭하면 된다.

(9) 설치가 되면 바탕화면에 [New sPlus 실무교육프로그램]바로가기 아이콘이 생성된다.

(10) 바탕화면의 [New sPlus 실무교육프로그램]아이콘을 더블클릭하면 아래와 같은 [New sPLUS (더존 SmartA)실무교육프로그램] 화면이 나타난다.

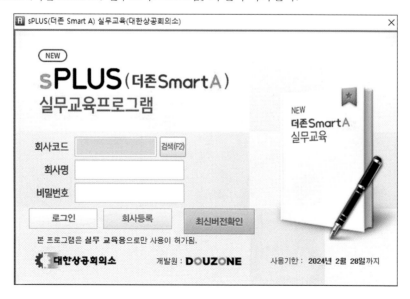

쉬어 가는 페이지

나는 가정에서 자산일까? 부채일까?

◆◆◆◆◆

오래 전 인터넷 검색사이트인 네이버 지식iN에 게시된 질문 중에 흥미로운 것이 있었다. 질문 내용은 다음과 같다.

아래와 같은 질문을 한 네티즌이 채택한 질문은 다음과 같다.

"[부자 아빠 가난한 아빠]에서는 ...... 수입이 없는 지출을 만드는 모든 것을 부채로 보던데....··

지금 현재 대학생이시라면 등록금이 나가는 상태일 것이고, 물론 용돈도 받아서 쓰시겠죠?

현재는 부채에 가까울 것 같네요, ·· 하지만 부모 입장에서 혹은 가족의 일원으로서의 재화나 소유권 등을 보면 자산입니다. 만약 정부의 실수나 사고로 다치거나(특히 죽었을 때가 예로 좋죠.) 한다면, 정부에선 가족에게 피해 보상을 합니다.

그러나 가장 중요한 것... (답으로 내셔도 됩니다.) 사람은 화폐가치로 평가하기 힘듭니다. 직접적 경제적 자원이 아니니까... 경제적 원칙이 아닌 걸로 사람을 평가한다면 가족에게 있어서 님은 아주 값진 구성원일 겁니다. 집이나 차 같은 것보다... 한마디로 자산입니다. 우기세요.. 아무도 정의할 수 없습니다." (아이디 cr****)

과제를 준 교수님이 재미있는 분이신 것 같다. 사람을 화폐 가치로 측정하여 자산이나 부채로 인식한다는 것은 있을 수가 없지만 살다보면 문득 짚고 넘어가 볼 만한 인생의 숙제가 아닌가 싶다.

제2장 ...

New sPLUS 프로그램 기능 정리

01 New sPLUS 프로그램의 시작

'회계 실무' 과목은 2015 개정교육과정 내용인 국가직무능력표준(NCS 능력단위, 능력단위요소)에 해당하는 실무를 배우는 바탕이 된다. 이번 영역에서 배우게 될 내용이 실무 과목과 어떻게 이어져 실무 능력을 배양하는 데 도움이 되는지 살펴보자.

대분류	경영·회계·세무
중분류	재무·회계
소분류	회계
세분류	회계·감사

능력 단위	회계 정보 시스템 운용 (0203020105_14v2)	능력 단위 요소 (수준)	회계 관련 DB마스터 관리하기 (0203020105_14v2.1) (3수준)
영역과의 관계	회계 정보 처리 시스템(더존 NEW sPLUS 프로그램)을 설치, 운용하며 실습한 데이터의 백업과 백업데이터 복구를 통하여 모든 DB마스터를 관리하는데 도움이 될 것이다.		

❶ 프로그램의 메인 화면을 실행하는 절차는 아래와 같은 순서로 진행한다.

(1) Windows 바탕 화면상의 [New sPLUS] 단축아이콘(　)을 더블클릭하여 New sPLUS 실무교육용 프로그램을 실행시킨다.

번호	구 분	내 용
①	회사코드	• 기존 DB를 불러오지 않고 최초 실행 시에는 하단의 [회사등록]단추를 눌러 작업할 회사를 먼저 등록해야 프로그램이 시작된다. • 기존 DB가 있는 경우는 [검색]단추를 눌러 [회사 코드도움]창에서 작업할 회사를 선택하고 [확인]단추를 누르면 된다.
②	회사명	[회사코드]를 선택하면 자동으로 회사 이름이 입력된다.
③	비밀번호	승인된 사람만 접근할 수 있는 것으로 교육용 프로그램에서는 사용하지 않는다.
④	검색(F2)	기존 DB가 있는 경우 [회사 코드도움] 창에서 작업할 회사를 선택할 수 있다.
⑤	로그인	작업할 회사가 선택된 후 [로그인]을 누르면 메인화면이 나타난다.
⑥	회사 등록	회사를 최초로 등록하는 경우 [회사등록]을 클릭한다.
⑦	최신 버전 확인	프로그램의 최신 버전을 확인할 수 있다.

▶ 초기화면에서 [최신버전확인] 단추가 깜빡거리고 있고, 작업할 회사를 선택한 후 [로그인]을 하면 '현재 최신버전 업데이트가 있습니다. ~~~ (생략) ~~~ 업데이트 없이 로그인 하시겠습니까?' 라는 메시지 창이 나타나면 [예] 단추를 누르고 작업을 진행하면 된다.

(2) New sPLUS 실무교육용 프로그램을 설치한 후 DB를 불러오지 않고 처음으로 로그인 하는 경우에는 초기화면의 (회사등록)단추를 클릭하여 [회사등록]화면을 실행시킨다.

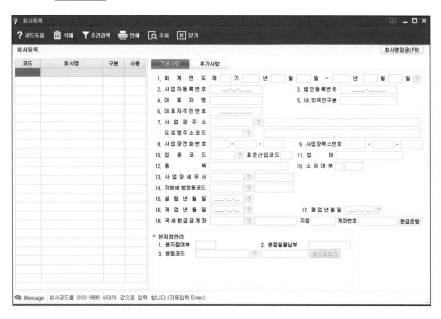

(3) 회사 등록 화면에서 화면 왼쪽 상단의 [코드]란에 '9999'와 [회사명]에는 '테스트회사'를 입력하고, [구분]란에는 '법인'을, [사용]란에는 '사용'을 선택한 후 오른쪽 화면의 [기본사항]에 기수와 회계 연도를 입력하고, [Enter]를 화면 맨 아래까지 연속하면 회사등록이 완료된다.

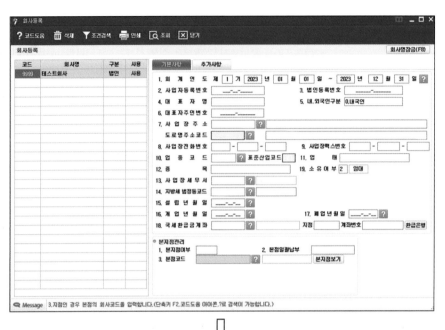

⬇

(4) 회사등록을 완료한 후 [Esc]자판 또는 화면 우측 상단의 창닫기 버튼(✖)을 눌러 [회사등록]창을 종료시킨다.(단, 회사등록이 이미 등록된 코드가 있는 경우에는 이 작업을 생략하고 초기화면의 회사코드 입력란 옆의 [검색](회사코드 [　　　　] 검색(F2))단추를 이용하여 로그인을 하면 된다.)

(5) 초기화면의 (검색(F2)) 단추를 눌러 등록한 회사를 선택하고 [확인]단추나 [Enter]를 하면 초기화면에 등록된 회사의 내역이 자동으로 입력되고, 초기 로그인 화면의 [로그인]단추를 누르면 New sPLUS 실무교육용 프로그램의 화면이 나타난다.

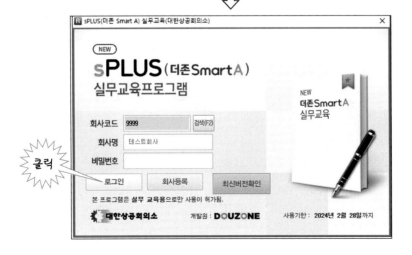

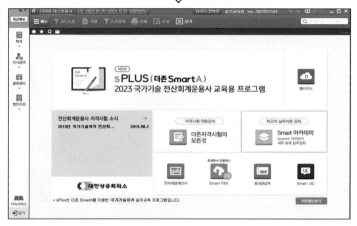

(6) 메인화면 왼쪽의 사용할 모듈 중 [회계]아이콘을 클릭하면 관련 메뉴들이 나타난다.

NCS 자가 진단

능력단위요소	자가 진단 내용	문항 평가				
		매우 미흡	미흡	보통	우수	매우 우수
회계 관련 DB 마스터 관리하기 (0203020105_14v 2.1)(3수준)	1. 나는 회계정보처리시스템(더존 New sPLUS 프로그램)을 설치할 수 있다.	①	②	③	④	⑤
	2. 나는 회계정보처리시스템(더존 New sPLUS 프로그램)을 시작할 수 있다.	①	②	③	④	⑤
	3. 나는 실습한 데이터의 백업과 백업데이터 복구를 통하여 모든 DB마스터를 관리할 수 있다.	①	②	③	④	⑤

02 초기 메인화면의 구성

1 회계 모듈

① 기초정보관리

　프로그램 사용에 필요한 기초정보, 즉 회사등록, 거래처등록, 계정과목 및 적요 등을 등록하는 곳이다.

② 전표입력/장부

　일반전표의 입력과 매입·매출전표의 입력을 실행하는 곳이며, 계정별원장, 거래처원장, 총계정원장, 현금출납장, 매입매출장, 받을어음과 지급어음의 현황, 그리고 전표출력 등을 조회할 수 있는 곳이다.

③ 고정자산등록

　비유동자산(고정자산)인 유형자산과 무형자산을 등록하고 감가상각을 계산하는 곳이다.

④ 결산/재무제표

　결산자료의 입력, 합계잔액시산표, 재무상태표, 손익계산서 등을 조회할 수 있는 곳이다.

⑤ 데이터관리

　입력된 회계관련 자료를 별도의 장소에 저장하기 위한 '데이터백업'과 백업된 데이터 를 복구할 수 있는 곳이다.

② 물류관리 모듈

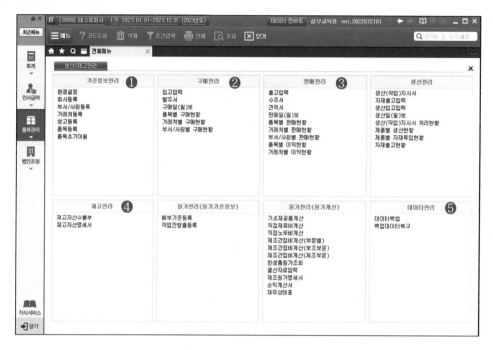

① 기준정보관리

물류에 관한 기초정보인 창고등록, 품목등록, 부서등록을 하는 곳이다.

② 구매관리

상품의 매입 시 [입고입력]메뉴를 통하여 상품의 입고등록과 부가가치세 처리를 하고 품목별과 거래처별 구매 현황 및 공급가액을 조회할 수 있는 곳이다.

③ 판매관리

상품의 매출 시 [출고입력]메뉴를 통하여 상품의 출고 등록과 부가가치세 처리를 하고 품목별과 거래처별 판매현황 및 공급가액을 조회할 수 있는 곳이다.

④ 재고관리

상품의 재고현황을 [재고자산수불부]메뉴를 통하여 조회할 수 있는 곳이다.

⑤ 데이터관리

입력된 물류관련 자료를 별도의 장소에 저장하기 위한 '데이터백업'과 백업된 데이터를 복구할 수 있는 곳이다.

03 데이터 백업

데이터관리
데이터 백업
백업데이터 복구
데이터체크/매입매출자료정리
회사코드변환(회사코드/기수)
코드변환(거래처/계정과목)
데이터통합

(1) [데이터백업]이란 New sPLUS 실무교육용 프로그램에서 입력된 자료의 데이터를 별도의 저장장소에 저장하는 작업을 말하는 것으로, 메인화면의 [회계모듈]을 선택한 후 세부메뉴에서 [데이터관리]-[데이터백업]을 선택하여 실행한다.

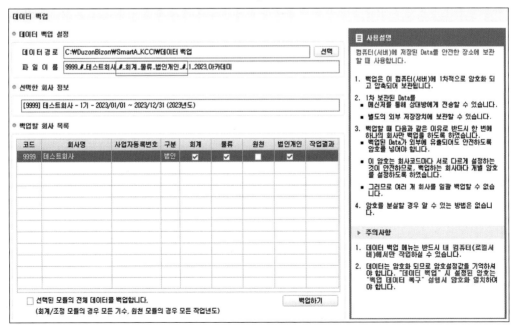

▶ 화면상의 '파일이름'에 '회계, 물류, 법인개인'이 추가된다. 단, '물류'가 백업할 목록에 체크되지 않는 경우는 상품의 입고와 출고 거래를 입력하지 않았기 때문이다.

(2) 화면 하단의 [**백업하기**]단추를 클릭하여 나타나는 [데이터 백업]창의 [예(Tab)]단추를
눌러 [백업성공]창이 나타나면 [확인]단추를 클릭하여 백업을 완료한다. 단, 저장경로를 별도
외부저장장치(USB 등)로 지정할 수 있다.

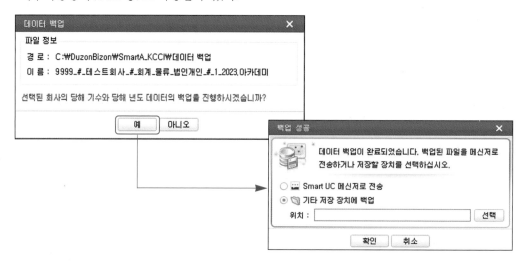

(3) 백업이 완료되면 '작업결과'란에 '성공'으로 표시되며, 백업된 데이터는 [C:드라이브] −
[DuzonBizon] − [SmartA_KCCI] − [데이터백업]폴더에 저장되어 있는 것을 확인할 수 있다.

04 백업 데이터 복구

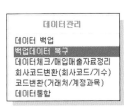

(1) [백업데이터복구]란 컴퓨터의 로컬디스크인 C:드라이브나 외부저장장 치인 USB 등에 백업(저장)되어 있는 데이터를 다시 불러오기하는 것 을 말하는 것으로 메인화면의 [회계모듈]을 선택한 후 세부메뉴에서 [데이터관리] – [백업데이터복구]를 선택하여 실행한다.

(2) [백업데이터 복구]창이 나타나면 [데이터경로]란의 오른쪽 [선택]단추를 클릭하여 복구할 데이터를 선택한다. 즉, [C:드라이브] – [DuzonBizon] – [SmartA_KCCI] – [데이터백업]폴 더에 저장되어 있던 데이터 또는 외부저장장치인 USB 등에 백업(저장)되어 있는 데이터를 선택한다.

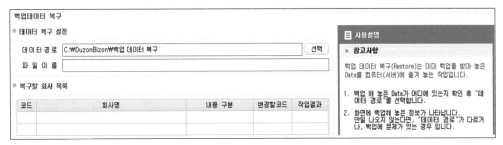

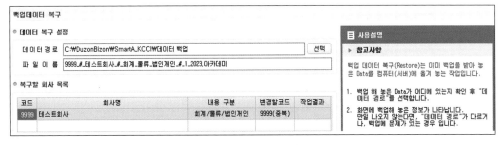

(3) 화면 하단의 [**복구하기**]단추를 클릭한다.

(4) [데이터 복구]화면에서 [복구방법]란의 새로운 회사코드(0101)로 복구하거나 선택되어진 기존 회사코드로 복구하거나 둘 중 하나를 선택하고 [예]단추를 클릭한다. 단, 실행하던 기초 데이터 또는 정답데이터 중 복구암호를 입력하라는 '암호입력' 창이 나타나면 데이터를 재 다운로드 받아 설치해야 한다.(PC와 충돌로 인한 에러 현상)

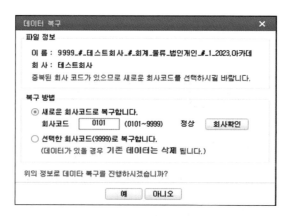

(5) 복구할 회사목록의 [작업결과]란에 '성공'으로 표시되면 복구가 완료된 것이므로 [회계모듈] 화면으로 이동하여 회사등록을 클릭하면 데이터백업이 복구된 것을 확인할 수 있다.

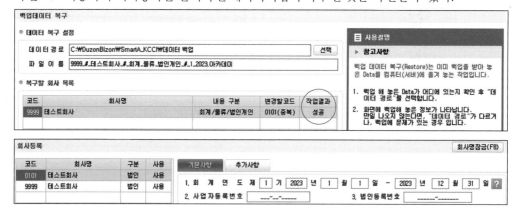

회계 충전소

▶ 회계정보처리시스템 실습실에 하드 보안관이 설치되어 있는 경우 데이터 저장 및 복구에 대하여 아래와 같이 실행하여야 한다.

1. 학생들에게 파일명을 하나씩 부여한다. (예를 들어 3학년 1반 1번 학생은 3101 등)
2. D:드라이브에 각 학생들에게 부여된 고유번호의 폴더를 생성시킨다.
3. 오늘 수업시간에 작업한 데이터를 D:드라이브에 데이터 백업을 하여 저장해 둔다.
4. 다음 시간에는 자료 불러오기를 하기 위해서 다음과 같은 순서로 한다.
   (1) 프로그램을 기동하여 초기화면에서 [회사등록] 단추를 눌러 회사등록 화면에서 임의의 회사코드 네자리(1111)와 회사명, 구분, 사용, 회계연도만을 입력한 후 [Enter]하여 저장한다.
   (2) [Esc] 또는 [종료] 단추로 프로그램을 종료시킨다.
   (3) 프로그램을 기동하여 초기화면에서 [검색] 단추를 눌러 임의로 등록한 회사를 선택하여 [로그인]한다.
   (4) 메인화면에서 [데이터관리]-[백업데이터복구]를 실행하여 [데이터경로]의 선택상자에서 D:드라이브를 선택하고, 저장해 둔 폴더를 선택한 후 복구할 회사목록이 표시되면 화면 하단의 [복구하기] 단추를 눌러 데이터를 복구시킨다.
   (5) [Esc] 또는 [종료] 단추로 프로그램을 종료시킨다.
   (6) 프로그램을 기동하여 초기화면에서 [검색] 단추를 눌러 복구한 회사를 선택하여 [로그인] 한다.

제3장 ...

기초정보등록

01 회사 등록

NCS 연결고리

대분류	경영·회계·세무
중분류	재무·회계
소분류	회계
세분류	회계·감사

'회계 실무' 과목은 2015 개정교육과정 내용인 국가직무능력표준(NCS 능력단위, 능력단위요소)에 해당하는 실무를 배우는 바탕이 된다. 이번 영역에서 배우게 될 내용이 실무 과목과 어떻게 이어져 실무 능력을 배양하는 데 도움이 되는지 살펴보자.

능력 단위	회계 정보 시스템 운용 (0203020105_14v2)	능력 단위 요소 (수준)	회계 관련 DB마스터 관리하기 (0203020105_14v2.2) (3수준)
영역과의 관계	회계프로그램 매뉴얼에 따라 필요한 기업의 기초정보를 입력·수정하는데 도움이 될 것이다.		

기초정보관리
- 환경설정
- **회사등록**
- 거래처등록
- 업무용승용차등록
- 계정과목및적요등록
- 전기분 재무상태표
- 전기분 손익계산서
- 전기분 원가명세서
- 전기분 이익잉여금처분계산서
- 거래처별초기이월
- 마감후이월

[회사등록]은 New sPLUS실무교육용 프로그램을 사용하는 회사의 정보를 입력하고 관리하는 메뉴로 기본 정보는 세금계산서 발행 및 부가가치세 신고 등 각종 신고 시 이용되므로 정확히 입력해야 한다. 메인화면의 [회계모듈]을 선택한 후 세부메뉴에서 [기초정보관리]-[회사등록]을 선택하여 실행한다.

▶ 회사등록 방법

항 목	입 력 내 용
회사코드	사용할 회사코드를 0101 ~ 9999 번호 중 4자리 코드를 등록한다.
회사명	사용할 회사명을 한글 15자, 영문 30자 이내로 등록한다.
구분	법인사업자는 '0'을 선택하고, 개인사업자는 '1'을 선택한다.
사용	'사용'으로 선택해야만 로그인 시 조회가 가능하다.
회계연도	기수와 회계연도를 입력한다.(사업자등록증상의 개업연월일을 기준으로 한다.)
사업자등록번호와 법인등록번호	사업자등록증과 법인등기부등본에 기재되어 있는 번호를 정확히 입력한다. 잘못 입력 시 붉은색으로 표시되지만 계속 진행할 수 있다.
사업장 주소	[F2] 도움 자판이나 물음표(❓)를 눌러 도로명 주소나 지번주소로 검색하여 검색된 주소를 선택하고 나머지 상세주소를 입력한다.
사업장 전화번호	사업장 전화번호와 팩스번호를 입력한다.
사업장 세무서	사업자등록번호와 사업장주소를 입력하면 자동으로 생성된다.
업종 코드 업태와 종목	[F2] 도움 자판이나 물음표(❓)를 눌러 업종을 검색하여 입력한다. 업태와 종목은 업종코드가 정확히 입력되면 자동생성된다.
설립 및 개업년월일	사업자등록증상의 개업연월일 등을 참고하여 입력한다.
국세환급금 계좌	부가가치세와 법인세 같은 국세 환급금을 수령할 계좌를 입력한다.

 **함께해보기 - 회사등록**

◉ 법인사업자인 (주)서울전자유통의 회사정보를 입력하시오.

① 회사코드 : 3456
② 회사명 : (주)서울전자유통
③ 회계연도 : 제1기 2023년 1월 1일부터 12월 31일
④ 사업자등록번호 : 201-81-12340
⑤ 법인등록번호 : 102345-6789019
⑥ 대표자명 : 정서울
⑦ 사업장주소 : 서울특별시 중구 마른내로 4길 28(인현동 1가)
⑧ 전화번호 : 02-2355-0123
⑨ 팩스번호 : 02-2355-0124
⑩ 업태 : 제조 및 도소매 / 종목 : 컴퓨터
⑪ 설립년월일 : 2023년 1월 1일
⑫ 개업년월일 : 2023년 1월 2일
⑬ 국세환급금 계좌 : 신한은행 을지로지점(511-01-234567)

회사등록

회사명잠금(F8)

코드	회사명	구분	사용
3456	(주)서울전자유통	법인	사용

기본사항 / 추가사항

1. 회 계 연 도 제 1 기 2023 년 1 월 1 일 ~ 2023 년 12 월 31 일
2. 사업자등록번호 201-81-12340   3. 법인등록번호 102345-6789019
4. 대 표 자 명 정서울   5. 내.외국인구분 0.내국인
6. 대표자주민번호 -------
7. 사 업 장 주 소 04556 ? 서울특별시 중구 마른내로4길 28
   도로명주소코드 111404103124 ? (인현동1가)
8. 사업장전화번호 02 - 2355 - 0123   9. 사업장팩스번호 02 - 2355 - 0124
10. 업 종 코 드 ? 표준산업코드   11. 업 태 조및도소매
12. 종 목 컴퓨터   19. 소유여부 2 임대
13. 사업장세무서 201 ? 중부
14. 지방세 법정동코드 1114016000 ? 중구청
15. 설 립 년 월 일 2023-01-01 ?
16. 개 업 년 월 일 2023-01-02 ?   17. 폐업년월일 ----.--.-- ?
18. 국세환급금계좌 088 ? 신한은행 지점 을지로지점 계좌번호 511-01-234567 환급은행

◉ 본지점관리
1. 본지점여부 0.본점   2. 본점일괄납부 0.미승인
3. 본점코드 ?   본지점보기

회 계 충전소

▶ 등록한 회사를 삭제 하고자할 때는 [회사등록]화면에서 삭제할 회사를 선택하고 [Ctrl]+[F5]key를 동시에 2번 누르면 삭제가 완료된다. 그러나 [C:]드라이브에는 자료가 남아있기 때문에 완전 삭제를 위해서는 [C:]-[NIPKCCI_ADB]-[2023폴더]-[DATA폴더]를 실행하여 화면 상에서 삭제한 회사코드 (예 3456) 폴더를 삭제하면 된다. 단, 로그인하여 현재 실행 중인 회사는 삭제되지 않는다.

02 거래처 등록

기초정보관리
환경설정
회사등록
거래처등록
업무용승용차등록
계정과목및적요등록
전기분 재무상태표
전기분 손익계산서
전기분 원가명세서
전기분 이익잉여금처분계산서
거래처별초기이월
마감후이월

　[거래처등록]은 거래처별로 발행 또는 수취하는 각종 증빙서류(세금계산서, 신용카드매출전표, 현금영수증 등)의 관리 및 거래처별 채권·채무 관리, 통장잔액 관리를 위해 등록하는 메뉴이며, 기본적으로 일반거래처(매입처와 매출처), 금융거래처, 카드거래처를 등록하여 관리하는 곳이다. 메인화면의 [회계모듈]을 선택한 후 세부메뉴에서 [기초정보관리] − [거래처등록]을 선택하여 실행한다.

구분	항 목	입 력 내 용
일반	거래처 코드	00101 ~ 97999 중 입력하고자 하는 거래처 코드를 입력한다.
	사업자등록번호 및 주민등록번호	'0' 사업자등록번호, '1' 주민등록번호, '2' 외국인번호 중 선택한다.
	구분	거래처를 세부적으로 관리하고자 할 경우 '0' 전체, '1' 매출, '2' 매입 중 선택한다.
	업태 / 종목	사업자등록증 상의 업태와 종목을 입력한다.
	거래 시작일	거래 시작일을 입력한다.
금융	거래처 코드	98000 ~ 99599 중 입력하고자 하는 거래처 코드를 입력한다.
	구분	당좌예금과 보통예금의 거래처일 경우 '0' 일반, 그 외의 정기적금과 정기예금의 거래처는 '1' 정기적금, '2' 정기예금을 선택한다.
카드	거래처 코드	99600 ~ 99999 중 입력하고자 하는 거래처 코드를 입력한다.
	구분	매입카드사와 매출카드사 중 선택한다.
툴바	은행 등록	[거래처등록]화면 오른쪽 상단의 [기능모음(F11)] 단추를 눌러 [은행등록]을 선택하고 은행을 등록한다.

회 계 충전소

▶ 전표입력 시 거래처코드를 입력해야 하는 계정과목 : 예금관련 계정(당좌예금, 보통예금, 정기예금, 정기적금, 장기예금 등), 외상매출금, 받을어음, 외상매입금, 지급어음, 미수금, 미지급금, 선급금, 선수금, 단기대여금, 단기차입금, 장기대여금, 장기차입금, 유동성장기부채 등의 채권, 채무

함께해보기 - 거래처등록

다음 신규 거래처를 등록하시오, 단, 모든 거래처의 거래 시작일은 2023. 1. 3 이다.

(1) 일반거래처

거래처코드	거래처명	사업자등록번호	대표자명	거래처분류	업태/종목
1201	(주)대한유통	105-85-10630	이대한	매입처	도소매/컴퓨터 및 주변장치
1202	(주)용산전자	106-83-45671	김용산	매입처	도소매/컴퓨터 및 주변장치
1301	(주)한국유통	124-81-23458	정한국	매출처	도소매/컴퓨터 및 주변장치
1302	(주)종로전자	101-85-67897	박종로	매출처	도소매/컴퓨터 및 주변장치
1401	(주)그린자동차	113-82-34568	최그린	매입처	제조/자동차 및 부속장치
1402	서울개발(주)	105-81-11418	양서울	전체	부동산/부동산개발공급
1403	대한신문	201-81-56784	강대한	전체	서비스/신문·잡지
1404	종합상사(주)	128-81-12346	송한국	전체	도소매/잡화·화훼

(2) 개인거래처

거래처코드	거래처명	주민등록번호	거래처분류
1501	정동훈	930515-1023450	매출처
1502	최우솜	890314-2787113	매출처

(3) 은행등록

코드	금융기관명	코드	금융기관명	코드	금융기관명
001	기업은행	002	신한은행	003	하나은행

(4) 금융거래처

거래처코드	금융기관	계좌번호	예금종류	계좌 개설 및 해지일	이자율
98001	기업은행	003-01-1234-567	당좌예금	2023. 1. 3 ~	-
98002	신한은행	511-01-234567	보통예금	2023. 1. 3 ~	1%
98003	하나은행	469-005-67890	정기예금	2023. 1. 3 ~ 2024. 1. 3	3%

(5) 카드거래처

거래처코드	카드사명	카드(가맹점번호)	구분	결제계좌
99601	(주)신한카드	6123-7312-2233-4569	매입	신한은행(보통예금)
99602	(주)삼성카드	4012-3456-6789-0123	매출	신한은행(보통예금)

입력화면

(1) 일반거래처 및 (2) 개인거래처 입력화면

▶ 전자세금계산서를 발행하는 경우에는 [일반거래처]입력 시 [추가사항]에 거래처 담당자의 E-mail 주소를 반드시 입력해야 한다.

(3) 은행등록 입력화면

▶ 은행등록은 받을어음 관리, 금융기관 및 정기예적금을 분류별로 관리하기 위해 등록한다.

(4) 금융거래처 입력화면

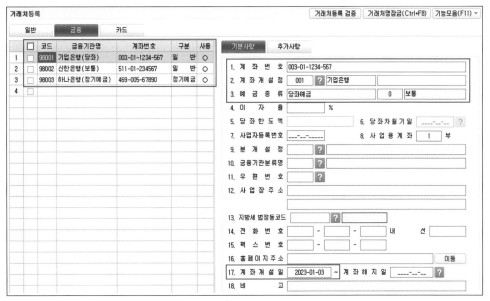

▶ 정기예금 등록 시 만기 수령일은 입력하지 않아도 된다.

(5) 카드거래처 입력화면

▶ 매출카드사는 부가가치세 부속서류 중 신용카드매출전표 발행집계표와 연관이 있으며, 매입카드사는 신용카드매출전표 등 수령금액합계표와 연관이 있다.

03 부서 등록

[부서등록]은 회사의 부서 정보를 등록하고 관리하는 곳이다. 메인화면의 [물류관리]를 선택한 후 세부메뉴에서 [기준정보관리] – [부서/사원등록]을 선택하여 실행한다. 부서코드는 (10~99)로 등록 가능하다.

함께해보기 – 부서 등록

● 다음의 신규 부서를 등록하시오.

부서코드	부서명	부서구분	참조부서	제조/판관	부문구분	사용
11	경리부	부서		판관	공통	여
21	영업부	부서		판관	공통	여
31	생산1부	부서		제조	직접	여
41	생산2부	부서		제조	직접	여
51	동력부	부서		제조	간접	여
61	수선부	부서		제조	간접	여
71	제1작업장	작업장	생산1부	제조	직접	여
81	제2작업장	작업장	생산2부	제조	직접	여

▶ 단, 제1작업장의 참조부서는 생산1부이고, 제2작업장의 참조부서는 생산2부이다.

입력방법

(1) 부서코드와 부서명, 부서구분 및 제조/판관에서 경리부와 영업부는 '판관'을 선택하고 부문구분은 '공통'을, 사용여부란에는 '여'를 선택하여 등록한다.

	코드	부서명	부서구분	참조부서	제조/판관	부문구분	사용		코드	사원명	사용	입사년월일	E-Mail	연락처
	11	경리부	부서		판관	공통	여							
	21	영업부	부서		판관	공통	여							

부서/사원등록 · 기능모음(F11) ▾

(2) 생산1부 등은 제조/판관에서 '제조'를 선택하고, 부문구분에서 '직접'을 선택하여 입력하며, 동력부와 수선부는 '간접'을 선택하여 등록한다.

	코드	부서명	부서구분	참조부서	제조/판관	부문구분	사용
☐	11	경리부	부서		판관	공통	여
☐	21	영업부	부서		판관	공통	여
☐	31	생산1부	부서		제조	직접	여
☐	41	생산2부	부서		제조	직접	여
☐	51	동력부	부서		제조	간접	여
☐	61	수선부	부서		제조	간접	여

부서/사원등록   기능모음(F11) ▼

	코드	사원명	사용	입사년월일	E-Mail	연락처

(3) 제1작업장 등을 입력할 때의 참조부서는 [F2]도움 자판을 눌러 참조부서를 선택하여 등록한다.

부서/사원등록   기능모음(F11) ▼

	코드	부서명	부서구분	참조부서	제조/판관	부문구분	사용
☐	11	경리부	부서		판관	공통	여
☐	21	영업부	부서		판관	공통	여
☐	31	생산1부	부서		제조	직접	여
☐	41	생산2부	부서		제조	직접	여
☐	51	동력부	부서		제조	간접	여
☐	61	수선부	부서		제조	간접	여
☐	71	제1작업장	작업장	생산1부	제조	직접	여
☐	81	제2작업장	작업장	생산2부	제조	직접	여

▲
└─[F2]

	코드	사원명	사용	입사년월일	E-Mail	연락처

회 계 충전소

1. 부서 등록 시 제조/판관의 구분은 제조기업인 경우 해당 부서가 제조활동에 속하는 부서인지, 판매관리 활동에 속하는 부서인지를 구분하기 위해 필요한 것이다.
2. 생산1부와 생산2부, 제1작업장과 제2작업장은 제품의 생산활동에 직접적으로 관련이 있는 부서이다.
3. 동력부와 수선부는 생산지원부로서 제품의 생산활동에 직접적으로 관련이 있는 부서가 아니고 간접적으로 생산을 지원(서비스)하는 부서이다.
4. 사용여부란에는 반드시 '여'로 선택 입력하여야 일반전표입력, 매입매출전표입력, 입고출력, 출고출력 등에서 부서로 선택이 된다. 만약 '부'로 등록되면 조회되지 않는다.

04 품목 등록

기준정보관리

기준정보관리
환경설정
회사등록
부서/사원등록
거래처등록
창고등록
품목등록
품목초기이월

[품목등록]은 회사에서 취급하는 품목에 대한 정보(매입/매출/재고 관련 정보)를 등록하고 수정·관리하는 곳이다. 메인화면의 [물류관리]를 선택한 후 세부메뉴에서 [기준정보관리]−[품목등록]을 선택하여 실행한다.

입력방법

(1) New sPLUS 실무교육용 프로그램에서는 품목등록 이전에 먼저 [창고등록]이 되어 있어야 한다. [물류관리]−[기준정보관리]−[창고등록]을 실행하여 등록하여야 한다.

(2) 창고 등록이 완료되면 자산에 '상품', '제품', '원재료' Tab을 선택하고, 품목코드와 품명, 규격을 입력한다.

함께해보기 – 품목등록

❷ 다음 신규 창고 및 품목을 등록하시오.

(1) 창고 등록

창고코드	창고명	담당자	비고
10	상품창고	영업부	
20	제품창고	생산1부	
30	자재창고	수선부	

(2) 품목 등록

품목코드	품목종류(자산)	품목(품명)	(상세)규격	기본단위	입,출고창고	원가구분
5001	상품	노트북	아티브	EA	상품창고	–
5002	상품	데스크탑	인텔	EA	상품창고	–
5101	제품	모니터	24인치	EA	제품창고	개별원가
5102	제품	프린터기	24핀	EA	제품창고	종합원가
5201	원재료	A자재	POSCO	EA	자재창고	

입력화면

(1) 창고등록 화면

창고등록　　　　　　　　　　　　　　　　　　　　　　　　　　창고분류등록(F3)

	□	코드	창고명	담당자	전화번호	내선	주소	코드	창고분류명	비고	사용여부
1	□	10	상품창고	2100 영업부							여
2	□	20	제품창고	3100 생산1부							여
3	□	30	자재창고	6100 수선부							여
4	□										

▶ 코드와 창고명을 입력하고 담당자란에는 [F2] 도움 자판을 이용하여 이미 저장된 영업부 등을 선택한다.

(2) 품목등록 화면

▶ 모니터와 프린터기의 제품을 등록할 경우에는 화면 하단의 [17. 원가구분]에 개별원가는 '0', 종합원가는 '1'을 입력하여 구분해야 한다.

NCS 자가 진단

능력단위요소	자가 진단 내용	문항 평가				
		매우 미흡	미흡	보통	우수	매우 우수
회계프로그램 운용하기 (0203020105_14 v2.2) (3수준)	나는 회계프로그램 매뉴얼에 따라 프로그램 운용에 필요한 기초 정보를 입력·수정할 수 있다.	①	②	③	④	⑤

쉬어 가는 페이지

좋은 기업과 좋은 배우자의 공통점

30대 여성 황공주 씨는 맘에 드는 배우자를 찾아 헤매고 있지만, 번번히 이상형과 다른 사람을 만나서 결혼은 커녕 연애도 못하고 있다. 고민 끝에 최고의 결혼 컨설턴트라는 강 컨설턴트에게 고민상담을 했다. 먼저 이상형이 무엇이냐는 강 컨설턴트의 질문에 황공주 씨는 "외모는 장동건 스타일이 좋고, 남자다운 성격에, 운동실력이 있었으면 하고, 감미로운 노래를 잘 불러주는 남자"라고 답했다.

강 컨설턴트는 고개를 저으며 말했다 "공주 씨는 지금 환상 속에 있군요. 그런 낭만적 이상형은 연애할 때 중요할 수는 있지만, 결혼은 현실입니다. 남편을 선택할 때 정작 중요한 현실적 기준은 전혀 고려하지 않으시는군요." 궁금해진 황공주 씨는 '남편의 현실적 기준이 무엇인지를 물었다.'

좋은 남편의 기준은 첫째, 안정성입니다. 지금 그 남자 소유의 집이나 차 등의 자산은 물론 혹시 숨겨놓은 빚이나 카드연체·보증을 선 것이 없는지도 봐야 합니다. 둘째는 수익성입니다. 연봉이 높다고 좋은 남편은 아닙니다. 씀씀이가 커서 저축은 커녕 지출하기도 바쁘다면 문제가 됩니다. 셋째는 성장성입니다. 지속적으로 성장할 수 있는 직장에 다니는지, 직장 내에서 승진할 만한 인물인지, 사업가라면 하고 있는 일의 성장가능성을 과거 추세를 보면서 확실히 따져봐야 합니다. 넷째는 활동성입니다. 아무리 안정적인 자산과 전도유망한 직업을 가지고 있다고 하더라도 체력이 약하거나 끈기가 없어 오래 활동하지 못하면 소용이 없습니다."

이러한 조건은 사실 좋은 기업에도 정확히 들어맞습니다. 안정성, 수익성, 성장성, 활동성을 고루 갖춘 기업이야말로 앞으로 계속 투자할 만한 좋은 기업인 것이다. 이야기를 진지하게 듣던 황공주 씨는 말했다.

"감사해요. 그럼 저는 장동건 같은 외모에 성격 좋고 노래를 잘하면서 안정성, 수익성, 성장성, 활동성이 모두 뛰어난 남자를 찾아야겠네요."

과연 그는 원하는 짝을 만날 수 있을까?

출처 : 〈지금 당장 회계 공부 시작하라〉
- 강대준, 신홍철 저 (한빛비즈) -

제4장 ...

이론요약과 전표의 입력

1. 핵심 이론 정리
2. 일반전표의 입력
3. 매입매출전표의 입력(부가가치세 유형별)
4. 종합실습예제
5. 재무제표와 각종 장부의 조회

01 핵심 이론 정리

1 현금 및 현금성자산(cash and cash equivalents)

 ┬ 통화 및 통화대용증권(보유 현금)
├ 은행예금 중 요구불예금(당좌예금·보통예금 등)
└ 현금성자산

(1) 보유 현금

{ 통화 : 주화, 지폐
{ 통화대용증권 : 타인발행수표, 자기앞수표, 가계수표, 송금수표, 여행자수표, 송금환,
　우편환증서, 일람출급어음, 공사채만기이자표, 배당금영수증(배당
　금지급통지서), 국고송금통지서, 우편대체예금환급증서, 만기도래
　어음 등

(2) 은행예금 중 요구불예금

No.	구 분	차 변	대 변
①	현금을 보통예금하면	보 통 예 금 ×××	현　　　금 ×××
②	보통예금통장에 이자 계상	보 통 예 금 ×××	이 자 수 익 ×××
③	보통예금을 현금 인출하면	현　　　금 ×××	보 통 예 금 ×××
④	현금을 당좌예입하면	당 좌 예 금 ×××	현　　　금 ×××

(3) 현금과부족(cash over and short)

(가) 현금 부족 시 처리 방법(장부 잔액 > 실제 잔액) : 현금과부족 계정 차변

No.	구 분	차 변	대 변
①	불일치 발견 시	현 금 과 부 족 5,000	현　　　금 5,000
②	원인 판명 시	통 신 비 3,000	현 금 과 부 족 3,000
③	결산일까지 원인 불명	잡 손 실 2,000	현 금 과 부 족 2,000

(나) 현금 초과 시 처리 방법(장부 잔액 < 실제 잔액) : 현금과부족 계정 대변

No.	구 분	차 변	대 변
①	불일치 발견 시	현　　　금 6,000	현 금 과 부 족 6,000
②	원인 판명 시	현 금 과 부 족 4,000	임 대 료 4,000
③	결산일까지 원인 불명	현 금 과 부 족 2,000	잡 이 익 2,000

알쏭? 달쏭?

■ 현금과부족 계정은 어떤 계정이며, 결산 당일 현금의 불일치액은 어떻게 하나요?

현금의 실제 금고상의 잔액은 장부상의 현금 계정 잔액과 당연히 일치하여야 한다. 그러나 장부잔액과 실제잔액이 일치하지 않는 경우 그 차액을 처리하는 일시적인 가계정을 현금과부족 계정이라 한다. 기간 중이 아닌 결산 당일에 현금 부족액을 발견한 경우에는 현금과부족 계정을 설정하지 않고 (차) 잡손실 (대) 현금 으로 처리하고, 반대로 결산 당일에 현금 과잉액을 발견한 경우에는 (차) 현금 (대) 잡이익 으로 처리하면 된다.

(4) 당좌예금 (checking)

은행과 당좌거래의 계약을 맺고, 현금 등을 미리 당좌예입하면 필요에 따라 수표를 발행하여 사용할 수 있는 자산 계정으로 예입액은 차변에, 수표발행에 의한 인출액은 대변에 기입한다.

No.	구 분	차 변	대 변
①	현금을 당좌예입하면	당 좌 예 금 ×××	현 금 ×××
②	비품 구입하고 수표 발행	비 품 ×××	당 좌 예 금 ×××

(5) 당좌차월 (bank overdraft)

당좌수표 발행 금액 중 당좌예금 잔액을 초과한 금액을 당좌차월(부채)이라 한다.

No.	구 분	차 변	대 변
①	상품 매입 시 수표 발행	상 품 1,000	당 좌 예 금 800 단 기 차 입 금 200
②	상품 매출하고 당좌예입	단 기 차 입 금 200 당 좌 예 금 1,300	상 품 매 출 1,500

2 선일자 수표

선일자 수표란 장차 당좌예금 할 것을 예상하여 당좌수표의 발행 일자란에 미래의 날짜로 기록하여 발행하는 것으로 이것은 수표를 어음처럼 사용하기 위한 것이다.

(1) 상품을 매입하고 30일 후 지급의 선수표를 발행하면

(차) 상 품 ×××	(대) 지 급 어 음 ×××

(2) 상품을 매출하고, 50일 후의 선수표를 받으면

(차) 받 을 어 음 ×××	(대) 상 품 매 출 ×××

3 수표의 부도

상품매출대금 등으로 받은 타인발행의 수표가 부도되었을 때는 더존 sPLUS 프로그램에서는 부도어음과수표 계정으로 처리한다.

(1) 소유하고 있던 타인발행수표가 부도되면

(차) 부도어음과수표	×××	(대) 현　　　금	×××

(2) 당좌예입하였던 수표가 부도되면

(차) 부도어음과수표	×××	(대) 당 좌 예 금	×××

(3) 부도수표 대금이 회수불능되면

(차) 대 손 상 각 비	×××	(대) 부 도 어 음 과 수 표	×××

4 단기금융상품과 당기손익－공정가치측정금융자산

(1) 단기금융상품

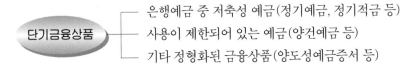

단기금융상품 ─ 은행예금 중 저축성 예금(정기예금, 정기적금 등)
　　　　　　 ─ 사용이 제한되어 있는 예금(양건예금 등)
　　　　　　 ─ 기타 정형화된 금융상품(양도성예금증서 등)

(2) 기타 정형화된 금융상품의 종류

① 양도성예금증서(CD)　　② 종합자산관리계좌(CMA)　　③ MMF　　④ 환매채(RP)
⑤ 발행어음　　　　　　　⑥ 기업어음(CP)　　　　　　⑦ 표지어음　⑧ 금전신탁

(3) 당기손익－공정가치측정금융자산(financial assets fair value profitloss, FVPL금융자산)

당기손익－공정가치측정금융자산이란 순수 매도할 목적으로 취득하는 지분증권(주식)과 채무증권(사채권)을 말한다. 단, 장기 투자를 위해 현금흐름의 수취(이자와 배당금 수령)와 매도의 2가지 목적으로 취득하는 유가증권은 비유동자산 중 투자자산에 속하는 '기타포괄손익－공정가치측정금융자산(FVOCI금융자산)'으로 분류하고, 이자 획득만을 위해 취득하는 유가증권(지분증권 제외)은 '상각후원가측정금융자산(AC금융자산)'으로 분류한다.

(4) 당기손익-공정가치측정금융자산의 매매와 그 처리

No.	구　분	차　변		대　변	
①	매입 시 (매입수수료 비용 처리)	당기손익-공정가치 측 정 금 융 자 산 수 수 료 비 용	8,000 100	현　　　금	8,100
②	처분 시 (장부금액＜처분금액)	현　　　금	8,200	당기손익-공정가치 측 정 금 융 자 산 당기손익-공정가치측정 금융자산처분이익	8,000 200
③	처분 시 (장부금액＞처분금액)	현　　　금 당기손익-공정가치측정 금융자산처분손실	7,500 500	당기손익-공정가치 측 정 금 융 자 산	8,000

▶ 기타포괄손익-공정가치측정금융자산과 상각후원가측정금융자산의 매입 시 수수료는 취득원가에 포함한다.

(5) 당기손익-공정가치측정금융자산의 평가

No.	구　분	차　변		대　변	
①	공정가치(시가) 하락 시	당기손익-공정가치측정 금 융 자 산 평 가 손 실	×××	당기손익-공정가치 측 정 금 융 자 산	×××
②	공정가치(시가) 상승 시	당기손익-공정가치 측 정 금 융 자 산	×××	당기손익-공정가치측정 금 융 자 산 평 가 이 익	×××

(6) 당기손익-공정가치측정금융자산 관련 수익

No.	구　분	차　변		대　변	
①	소유 공·사채에 대한 이자를 받으면	현　　　금	×××	이 자 수 익	×××
②	소유 주식에 대한 배당금을 받으면	현　　　금	×××	배 당 금 수 익	×××

5 어음거래

(1) 약속어음(promissory notes)

No.	구　분	차　변		대　변	
①	약속어음 발행 시	상　　　품	×××	지 급 어 음	×××
②	약속어음 수취 시	받 을 어 음	×××	상 품 매 출	×××

(2) 어음의 배서(endorsement)

어음 소지인은 어음의 만기일 이전에 어음 뒷면에 있는 배서란에 기명날인하여 타인에게 양도할 수 있는데, 이것을 어음의 배서라 한다.

① 어음의 추심위임 배서

No.	구 분	차 변	대 변
㉠	추심의뢰·추심료 지급 시	수 수 료 비 용 ×××	현　　　금 ×××
㉡	추심완료 통지가 온 경우	당 좌 예 금 ×××	받 을 어 음 ×××

② 대금결제를 위한 배서 양도

No.	구 분	차 변	대 변
㉠	상품 매입하고 배서 양도 시	상　　　품 ×××	받 을 어 음 ×××
㉡	만기일 무사히 결제 통보 시	분 개 없 음	

③ 어음의 할인을 위한 배서 양도(매각거래로 분류하는 경우)

No.	구 분	차 변	대 변
㉠	거래은행에 어음 할인 시	당 좌 예 금　　4,800 매출채권처분손실　　200	받 을 어 음　5,000
㉡	만기일 무사히 결제 통보 시	분 개 없 음	

④ 어음의 할인을 차입거래로 분류하는 경우

No.	구 분	차 변	대 변
㉠	거래은행에 어음 할인 시	당 좌 예 금　　4,800 이 자 비 용　　200	단 기 차 입 금　5,000
㉡	만기일 무사히 결제 통보 시	단 기 차 입 금　5,000	받 을 어 음　5,000

(3) 어음의 부도(dishonored)

① 소유하고 있는 어음이 부도난 경우

No.	구 분	차 변	대 변
㉠	소유 어음의 부도 시	부도어음과수표　3,200	받 을 어 음　3,000 현금(청구비용)　200
㉡	부도어음 회수 시	현　　　금　3,350	부도어음과수표　3,200 이 자 수 익　150

② 할인 또는 배서양도했던 어음이 부도난 경우

No.	구 분	차 변	대 변
㉠	매 각 거 래 인 경 우	부도어음과수표 ×××	당 좌 예 금 ×××
㉡	차 입 거 래 인 경 우	단 기 차 입 금 ××× 부도어음과수표 ×××	받 을 어 음 ××× 당 좌 예 금 ×××

(4) 어음의 개서(renewal)

어음의 지급인이 어음의 만기일에 지급할 자금이 없는 경우 어음 소지인과 협의하여 지급기일을 연기하고, 새로운 어음을 발행하여 구어음과 교환하는 것을 어음의 개서라 한다.

No.	구 분	차 변	대 변
①	받을어음의 개서(수취인	받을어음(신) ××× 현 금 ×××	받을어음(구) ××× 이 자 수 익 ×××
②	지급어음의 개서(지급인)	지급어음(구) ××× 이 자 비 용 ×××	지급어음(신) ××× 현 금 ×××

(5) 매출채권의 양도

기업이 자금융통을 위하여 외상매출금을 제3자인 금융기관에게 양도하는 것을 팩토링(factoring)이라 하고, 매각거래와 차입거래로 회계처리한다.

① 매각거래로 분류하는 경우

No.	구 분	차 변	대 변
㉠	외상매출금을 양도하면	현 금 9,800 매출채권처분손실 200	외 상 매 출 금 10,000
㉡	양도한 외상매출금의 전액 회수통지가 오면	분 개 없 음	

② 차입거래로 분류하는 경우

No.	구 분	차 변	대 변
㉠	외상매출금을 양도하면	현 금 9,800 이 자 비 용 200	단 기 차 입 금 10,000
㉡	양도한 외상매출금의 전액 회수통지가 오면	단 기 차 입 금 10,000	외 상 매 출 금 10,000

6 기타 채권·채무

(1) 단기대여금(자산)과 단기차입금(부채)

No.	구 분	차 변	대 변
①	현금 대여 시	단 기 대 여 금 300,000	현 금 300,000
②	대여금 회수 시	현 금 305,000	단 기 대 여 금 300,000 이 자 수 익 5,000
③	현금 차입 시	현 금 500,000	단 기 차 입 금 500,000
④	차입금 지급 시	단 기 차 입 금 500,000 이 자 비 용 20,000	현 금 520,000

▶ 결산일로부터 상환기간이 1년 이상인 대여금은 '장기대여금' 계정으로 **차입금**은 '장기차입금' 계정으로 처리한다. 단, 장기차입금과 장기대여금 중 상환기일이 결산일로부터 1년 이내 도래한 경우에는 (차) 장기차입금 (대) 유동성장기부채로 변환하고, (차) 단기대여금 (대) 장기대여금으로 변환한다.

(2) 미수금(자산)과 미지급금(부채)

No.	구 분	차 변	대 변
①	비품 외상 처분 시	미 수 금 ×××	비 품 ×××
②	건물 외상 구입 시	건 물 ×××	미 지 급 금 ×××

▶ 건물을 외상으로 구입할 때 … 외상매입금 계정으로 하면 오답(**미지급금 계정** 처리)

(3) 종업원단기대여금(자산)과 예수금(부채)

No.	구 분	차 변	대 변
①	가불해 준 경우	단 기 대 여 금 ×××	현 금 ×××
②	급여 지급 시	종 업 원 급 여 ×××	단 기 대 여 금 ××× 예 수 금 ××× 현 금 ×××
③	소득세 납부 시	예 수 금 ×××	현 금 ×××

(4) 선급금(자산)과 선수금(부채)

No.	구 분	차 변	대 변
①	착수금 지급 시	선 급 금 50,000	현 금 50,000
②	상품 도착 시	상 품 300,000	선 급 금 50,000 외 상 매 입 금 250,000
③	착수금 받은 경우	현 금 50,000	선 수 금 50,000
④	상품 발송 시	선 수 금 50,000 외 상 매 출 금 250,000	상 품 매 출 300,000

(5) 가지급금(자산)과 가수금(부채)

No.	구 분	차 변		대 변	
①	출장 여비 지급 시	가 지 급 금	80,000	현 금	80,000
②	여비 정산 시	여 비 교 통 비 현 금	75,000 5,000	가 지 급 금	80,000
③	내용 불명 입금 시	현 금	50,000	가 수 금	50,000
④	내용 판명 시	가 수 금	50,000	외 상 매 출 금	50,000

(6) 상품권선수금(coupon for goods account)

① 상품권을 액면금액으로 판매하는 경우

No.	구 분	차 변		대 변	
㉠	상품권 판매 시	현 금	200,000	상품권선수금	200,000
㉡	상품 매출 시	상품권선수금	200,000	상 품 매 출	200,000

② 상품권을 할인 판매하는 경우

No.	구 분	차 변		대 변	
㉠	상품권 판매 시	현 금 상품권할인액	190,000 10,000	상품권선수금	200,000
㉡	상품 매출 시	상품권선수금 상 품 매 출	200,000 10,000	상 품 매 출 상품권할인액	200,000 10,000

(7) 신용카드의 회계처리

① 상품을 매출하고, 대금을 신용카드로 받은 경우

(차) 외 상 매 출 금	5,000	(대) 상 품 매 출	5,000

② 신용카드 대금이 회수되어 보통예금에 입금되면

(차)	보 통 예 금 매출채권처분손실	4,900 100	(대) 외 상 매 출 금	5,000

③ 상품을 매입하고, 신용카드로 결제하면

(차) 상 품	8,000	(대) 외 상 매 입 금	8,000

④ 신용카드 대금을 현금으로 지급하면

(차) 외 상 매 입 금	8,000	(대) 현 금	8,000

7 대손충당금

(1) 대손상각비 계정 (bad debts account)

　　외상매출금, 받을어음 등의 채권이 거래처의 파산, 사망, 도주 등의 이유로 회수하지 못하게 되는 것을 대손이라 하며, 이를 비용처리 하는 경우 판매비와관리비에 속하는 '대손상각비' 계정 차변에 기입한다.

(차) 대손상각비　×××　　　　(대) 외상매출금　×××

(2) 결산 시 대손 예상 : 대손충당금 계정 설정 (평가 계정)

No.	예상액	대손충당금 잔액	차　　변		대　　변	
①	200	없음	대 손 상 각 비	200	대 손 충 당 금	200
②	200	150	대 손 상 각 비	50	대 손 충 당 금	50
③	200	200	분개 없음			
④	200	240	대 손 충 당 금	40	대손충당금환입	40

(3) 대손 발생 시 회계 처리 (외상매출금 1,000원이 대손되다)

No.	대손충당금 잔액	차　　변		대　　변	
①	없 음	대 손 상 각 비	1,000	외 상 매 출 금	1,000
②	800원	대 손 충 당 금 대 손 상 각 비	800 200	외 상 매 출 금	1,000
③	1,500원	대 손 충 당 금	1,000	외 상 매 출 금	1,000

▶ 단기대여금 등과 같은 기타채권이 회수불능되면 영업외비용에 속하는 '기타의 대손상각비' 계정 차변에 기입한다. 대손 시 : (차) 기타의 대손상각비　×××　(대) 단기대여금　×××

(4) 대손 처리한 외상매출금 회수 시

No.	구　분	차　　변		대　　변	
①	전기 대손 처리분	현　　　금	×××	대 손 충 당 금	×××
②	당기 대손 처리분	현　　　금	×××	대 손 충 당 금 (또는 대손상각비)	×××

8 투자자산 (investments)

(1) 투자자산의 개념

　　투자자산이란 장기적으로 투자수익을 얻을 목적 또는 다른 기업을 지배 또는 중대한 영향력을 행사할 목적 등의 부수적인 기업활동의 결과로 보유하는 자산을 말한다.

(2) 투자자산의 종류

종 류	내 용
투 자 부 동 산	영업활동에 사용하지 않는 토지와 설비자산
장기금융상품 (장 기 예 금)	결산일로 부터 만기가 1년 이상인 장기성예금과 사용이 제한되어 있는 예금(감채기금) 및 기타 정형화된 장기금융상품
상각후원가측정 금 융 자 산	이자획득만을 목적으로 만기까지 보유할 적극적인 의도와 능력을 가지고 소유하는 채무증권(국·공·사채) ··· (AC금융자산)
기타포괄손익-공정 가치측정금융자산	당기손익-공정가치측정금융자산이나 상각후원가측정금융자산으로 분류되지 아니하거나 시장성이 없는 유가증권 ·· (FVOCI금융자산)
관 계 기 업 투 자	다른 회사에 중대한 영향력을 행사할 목적으로 보유하는 주식
장 기 대 여 금	대여기간이 보고기간 종료일로부터 1년 이상인 대여금

(3) 기타포괄손익-공정가치측정금융자산의 회계처리

① 장기투자 목적으로 공·사채 등을 매입하면(단기매매와 만기보유목적이 아닌 경우)

(차) 기타포괄손익-공정가치측정금융자산 5,000   (대) 현   금 5,000

② 기타포괄손익-공정가치측정금융자산의 처분

No.	구 분	차 변		대 변	
㉠	처 분 시 (취득원가 < 처분금액)	현 금	6,000	기타포괄손익-공정가치측정금융자산	5,000
				기타포괄손익-공정가치측정금융자산처분이익	1,000
㉡	처 분 시 (취득원가 > 처분금액)	현 금 기타포괄손익-공정가치측정금융자산처분손실	4,800 200	기타포괄손익-공정가치측정금융자산	5,000

③ 기타포괄손익-공정가치측정금융자산의 평가

㉠ 보유 금융자산이 채무증권(공·사채 등)인 경우 : 재순환(recycling)이 허용되어 평가손익을 제거하면서 처분손익에 반영된다.(개정 전의 회계 처리와 동일)

㉡ 보유 금융자산이 지분증권(주식)인 경우 : 매각처분 시 공정가치로 재측정하여 공정가치 변동분을 기타포괄손익으로 처리하므로 당기손익에 반영이 되지 않는다. 즉 재순환(recycling)이 금지되어 처분손익은 없다.

No.	구 분	차 변		대 변	
㉠	공정가치(시가)가 취득원가보다 하락하면	기타포괄손익-공정가치측정금융자산평가손실	×××	기타포괄손익-공정가치측정금융자산	×××
㉡	공정가치(시가)가 취득원가보다 상승하면	기타포괄손익-공정가치측정금융자산	×××	기타포괄손익-공정가치측정금융자산평가이익	×××

▶ 기타포괄손익-공정가치측정금융자산평가손익은 기타포괄손익누계액항목으로 재무상태표 자본에 가감표시한다.

9 유형자산(property plant and equipment)

유형자산은 판매를 목적으로 하지 않고, 장기간에 걸쳐 영업 활동에 사용되며 상당 가액 이상의 가치를 가진 토지, 건물, 구축물, 차량운반구, 비품, 건설중인자산 등 구체적인 형태를 가진 자산을 말한다.

(1) 유형자산의 취득과 처분

No.	구 분	차 변		대 변	
①	취득 시	건 물(등)	3,000	현 금	3,000
②	처분 시 (취득원가 < 처분금액)	현 금	4,000	건 물(등) 유형자산처분이익	3,000 1,000
③	처분 시 (취득원가 > 처분금액)	현 금 유형자산처분손실	2,500 500	건 물(등)	3,000

▶ 유형자산의 취득원가는 구입가격에 중개인 수수료, 등기비, 취득세, 개량비, 운반비, 설치비, 시운전비, 개발부담금 등 유형자산을 사용하기까지 소요된 비용을 합한 금액으로 한다.

(2) 건설중인 자산(construction in progress)

No.	구 분	차 변		대 변	
①	공사착수금·중도금을 지급한 경우	건설중인자산	×××	현 금	×××
②	완성한 경우	건 물	×××	건설중인자산	×××

▶ 건물, 토지 등을 취득하기 위하여 지급된 계약금은 선급금 계정이 아닌 건설중인자산으로 처리한다.

(3) 자본적지출과 수익적지출

No.	구 분	차 변		대 변	
①	자본적 지출	건 물(등)	×××	현 금	×××
②	수익적 지출	수 선 비	×××	현 금	×××

(4) 취득 상황별 유형자산의 취득원가

취득 관련 상황		취 득 원 가
토지의 취득		구입가격 + 직접관련원가 + 영구적 부대시설원가
건물의 취득		구입가격 + 직접관련원가 + 금융비용
일괄 구입	모두 사용	일괄구입가격을 자산별 공정가치를 기준으로 배분
	토지만 사용	일괄구입가격 + 순 철거비용
자가 건설한 유형자산		매입원가 + 전환원가 + 기타원가
기존 건물 철거 후 신 건물 취득		기존 건물의 장부금액과 철거비용은 당기비용으로 처리
장기 연불 구입		인식시점의 현금가격 상당액 = 미래 지출액의 현재가치
국·공채 등의 의무매입으로 인한 차액손실		유형자산의 취득원가에 가산
저가구입, 고가구입, 무상취득		취득한 자산의 공정가치
주식발행에 의한 취득(현물출자)		취득한 자산의 공정가치 또는 발행한 주식의 공정가치

🔟 무형자산(intangible assets)

무형자산은 물리적 실체는 없지만 식별 가능하고 기업이 통제하고 있으며, 미래 경제적 효익이 있는 영업권, 산업재산권, 개발비, 웹 사이트 원가 등이 있다.

(1) 영 업 권(good-will) … 기업매수웃돈

사업상의 유리한 조건 등으로 다른 기업에 비하여 높은 수익을 얻고 있는 기업을 인수, 합병할 때 인수한 순자산액(총자산 − 총부채)을 초과하여 지급하는 경우, 그 초과액을 영업권계정 차변에 기입한다.

(2) 산업재산권 : 일정기간 독점적·배타적으로 이용할 수 있는 권리로서 특허권·실용신안권·디자인권 및 상표권 등이 있다.

특 허 권	새로운 발명품에 대하여 일정 기간 독점적으로 이용할 수 있는 권리
실 용 신 안 권	물품의 구조, 형상 등을 경제적으로 개선하여 생활의 편익을 줄 수 있도록 신규의 공업적 고안을 하여 얻은 권리
디 자 인 권	특정 디자인(의장)이나 로고 등을 일정 기간 독점적으로 사용하는 권리
상 표 권	특정 상표를 등록하여 일정 기간 독점적으로 이용하는 권리

(3) 개발비 … 제품개발원가

특정 신제품 또는 신기술의 개발과 관련하여 발생한 비용(소프트웨어 개발과 관련된 비용을 포함한다)으로서 개별적으로 식별 가능하고, 미래의 경제적 효익을 확실하게 기대할 수 있는 것을 개발비계정으로 처리한다.

(4) 광업권(시추권), 어업권, 차지권

① 광업권(시추권)은 일정한 광구에서 등록을 한 광물과 동 광상 중에 부존하는 다른 광물을 채굴하여 취득할 수 있는 권리를 말한다.
② 어업권은 일정한 수면에서 어업을 경영할 수 있는 권리를 말한다.
③ 차지권은 임차료 또는 지대를 지급하고, 타인이 소유하는 토지를 사용, 수익할 수 있는 권리를 말한다.

(5) 기타의 무형자산

① **라이선스**(license) : 다른 기업의 상표 또는 특허 제품 등을 사용할 수 있는 권리를 말한다.
② **프랜차이즈**(franchise) : 특정 체인 사업에 가맹점을 얻어 일정한 지역에서 특정 상표나 제품을 제조, 판매할 수 있는 권리를 말한다.
③ **저작권** : 저작자가 자기 저작물을 복제, 번역, 방송, 상연 등을 독점적으로 이용할 수 있는 권리를 말한다.
④ **컴퓨터소프트웨어** : 소프트웨어란 컴퓨터와 관련된 운용프로그램을 말하는 것으로 상용 소프트웨어의 구입을 위하여 지출한 금액을 말한다. 단, 소프트웨어 개발 비용은 개발비에 속한다.
⑤ **임차권리금** : 토지나 건물을 빌릴 때 그 이용권을 가지는 대가로 보증금 이외로 추가 지급하는 금액을 말한다.

11 주식회사의 자본

(1) 주식의 발행 방법

No.	구 분	차 변		대 변	
①	평가발행 (액면 = 발행금액)	당 좌 예 금	5,000	보통주자본금	5,000
②	할증발행 (액면 < 발행금액)	당 좌 예 금	6,000	보통주자본금 주식발행초과금	5,000 1,000
③	할인발행 (액면 > 발행금액)	당 좌 예 금 주식할인발행차금	4,700 300	보통주자본금	5,000

회계 충전소

1. 한국채택국제회계기준 제1032호 '금융상품 표시' 기준서 문단 37에서는 '일반적으로 자기 지분상품 (주식)을 발행하는 과정에서 직접 관련되어 발생한 주식발행비는 자본(주식의 발행금액)에서 차감하여 회계 처리한다.'고 규정하고 있다. (일반기업회계기준 제15장 '자본' 문단 15.5에서도 동일함)
2. 자기 지분상품(주식)을 발행하는 과정에서 직접 관련되어 발생한 주식발행비에는 등록 및 그 밖의 감독과 관련된 수수료, 법률, 회계, 그 밖의 자문수수료, 주권인쇄비, 인지세 등을 포함하고, 설립 시에 발생하는 다양한 비용 중 주식 발행과 직접 관련이 없는 창립 사무실 임차료, 수도광열비 등의 지출액은 공통 간접 관련 원가이므로 당기의 비용으로 처리하되, 창업비 계정을 사용하지 않고 '임차료', '수도광열비' 등으로 각각 개별 과목으로 처리해야 한다.
3. 주식할인발행차금은 발생할 당시에 장부상 주식발행초과금 계정 잔액이 있는 경우 그 범위 내에서 주식발행초과금과 상계처리하고 잔액은 자본조정으로 분류한다.
4. 주식발행초과금이 발생할 당시에 장부상 주식할인발행차금 미상각액이 있는 경우 발생된 주식발행초과금의 범위 내에서 주식할인발행차금 미상각액은 발생순서에 관계없이 서로 상계처리한다.

(2) 자본잉여금

① 주식발행초과금(paid-in capital in excess of par-value)

구 분	차 변		대 변	
할 증 발 행 시 (액면 ₩5,000 < 발행가 ₩5,800)	당 좌 예 금	5,800	보통주자본금 주식발행초과금 현금(발행비용)	5,000 600 200

② 감자차익(surplus from redtirement of capital sotck)

구 분	차 변		대 변	
무 상 감 자 시	보 통 주 자 본 금	5,000	미 처 리 결 손 금 감 자 차 익	4,800 200

▶ 감자차익이 발생할 당시 장부상에 감자차손 계정 잔액이 있는 경우에는 우선 상계 처리한다.

③ 자기주식처분이익

No.	구 분	차 변	대 변
㉠	자기주식을 매입한 경우	자 기 주 식 　4,500	당 좌 예 금 　4,500
㉡	자기주식을 처분한 경우	당 좌 예 금 　4,800	자 기 주 식 　4,500 자기주식처분이익 　300
㉢	자기주식을 처분하지 않고 소각한 경우(액면 ₩5,000)	보 통 주 자 본 금 　5,000	자 기 주 식 　4,500 감 자 차 익 　500

▶ 자기주식처분이익의 발생 시 자기주식처분손실 계정 잔액이 있는 경우에는 우선 상계한다.

(3) **증자와 감자**(increase of capital and reduction of legal capital)

① 증자

No.	구 분	차 변	대 변
㉠	실질적 증자	당 좌 예 금 　×××	보 통 주 자 본 금 　×××
㉡	형식적 증자	잉 　여 　금 　×××	보 통 주 자 본 금 　×××

② 감자

No.	구 분	차 변	대 변
㉠	실질적 감자	보 통 주 자 본 금 　×××	당 좌 예 금 　×××
㉡	형식적 감자	보 통 주 자 본 금 　5,000	미 처 리 결 손 금 　4,700 감 자 차 익 　300

(4) **이익잉여금**

No.	과 목	내 용	
①	이익준비금	자본금의 1/2에 달할때까지 매 결산기 이익 배당액의 1/10 이상을 적립하는 것(상법 개정)	
②	임의적립금	적극적 적립금	사업확장적립금, 감채적립금
		소극적 적립금	배당평균적립금, 결손보전적립금, 퇴직급 여적립금, 별도적립금
③	미처분이익잉여금	전기이월 미처분이익잉여금과 당기순이익을 합한 금액	

(5) **자본조정** : 자본조정은 주주와의 자본거래에 의하여 발생하는 것으로 납입자본과 자본 잉여금 및 이익잉여금에 속하지 아니하며 임시적으로 자본에 가산하거나 차감할 항목 으로서 자기주식, 주식할인발행차금, 감자차손, 자기주식처분손실, 미교부주식배당금 등이 있다.

(6) **기타포괄손익누계액** : 일정 기간 주주와의 자본거래를 제외한 모든 거래나 사건에서 발 생한 순재산(자본)의 변동을 포괄손익이라 하며, 기타포괄손익누계액은 포괄손익 중 별 개의 손익계산서상의 당기순이익에 포함되지 않은 포괄손익잔액을 말하는 것으로 기타 포괄손익−공정가치측정금융자산평가손익, 재평가잉여금 등이 있다.

12 사채

(1) 사채의 발행 방법

No.	구 분	차 변	대 변
①	평가발행 (액면 = 발행금액)	당 좌 예 금 10,000	사 채 10,000
②	할인발행 (액면 >발행금액)	당 좌 예 금 8,000 사채할인발행차금 2,000	사 채 10,000
③	할증발행 (액면 <발행금액)	당 좌 예 금 11,000	사 채 10,000 사채할증발행차금 1,000

회계 충전소

1. **사채할인발행차금** : 사채의 차감적 평가 계정으로 상환기간 내에 유효이자율법으로 상각하여 이자비용 계정에 가산한다. 그러나, 차금의 금액이 크지 않고, 중요하지 않은 경우에는 정액법에 의하여 상각할 수 있다.
2. **사채할증발행차금** : 사채의 부가적 평가 계정으로 상환기간 내에 유효이자율법으로 환입하여 이자비용 계정에서 차감한다.
3. 사채발행비용은 사채발행금액서 차감하므로 사채할인발행차금이 많아지거나 사채할증발행차금이 줄어든다.

(2) 사채이자 : 사채이자를 지급한 경우에는 이자비용 계정 차변에 기입한다.

(액면금액×이자율×기간 = 사채이자)

No.	구 분	차 변	대 변
①	기말 결산 시 (할인발행의 경우)	이 자 비 용 12,000	미지급이자(현금) 10,000 사채할인발행차금 2,000
②	기말 결산 시 (할증발행의 경우)	이 자 비 용 8,000 사채할증발행차금 2,000	미지급이자(현금) 10,000

(3) 사채의 상환 : 만기 상환과 만기전 상환(수시상환)이 있다.

① 만기 상환(액면금액으로 상환) : 사채할인발행차금의 잔액은 이자비용으로 처리

구 분	차 변	대 변
만기 상환 시	사 채 ××× 이 자 비 용 ×××	당 좌 예 금 ××× 사채할인발행차금 ×××

② 만기전 상환(수시상환) : 연속상환과 매입상환(시가로 상환)

구 분	차 변	대 변
매입 상환 시	사 채 ×××	당 좌 예 금 ××× 사채할인발행차금 ××× 사채상환이익 ×××

▶ 매입상환 사채의 사채할인발행차금 계산 ➡ 사채할인발행차금 미상각잔액 × $\dfrac{\text{상환액면}}{\text{총액면금액}}$

(4) 감채기금과 감채적립금

No.	구 분	차 변	대 변
①	사채상환 목적으로 정기예금 시	장기금융상품 ×××	현 금 ×××
②	이익 처분 시 적립금 설정	미처분이익잉여금 ×××	감 채 적 립 금 ×××
③	사채상환 시(동시에 설정한 경우)	사 채 ××× 감 채 적 립 금 ×××	장기금융상품 ××× 별 도 적 립 금 ×××

13 수익과 비용

(1) 수익의 분류

수익은 영업과 직접 관련이 있는 영업수익과 영업 활동이 아닌 부수적 활동으로부터 발생하는 수익인 영업외수익으로 구분한다. 한국채택국제회계기준에서는 영업외수익을 기타수익과 금융수익으로 구분하고 있다.

(가) 영업수익 : 영업수익이란 기업의 가장 중요한 영업 활동을 수행함으로써 재화 또는 용역을 제공함에 따라 얻어지는 수익을 말하는 것으로 백화점의 상품 매출액이나, 가구 제조업의 가구 판매액, 호텔업에서의 객실료, 병원 의료업에서의 진료비, 부동산 임대업의 임대료 등이 영업수익으로 분류된다.

(나) 영업외수익 : 영업외수익이란 기업의 주요 영업 활동과는 관련이 없으나 영업 활동의 결과 부수적으로 발생하는 수익을 말하는 것으로 유형자산처분이익 등이 영업외수익으로 분류된다. 한국채택국제회계기준에서는 이자수익과 배당금수익을 금융수익으로 분류하고 나머지는 기타수익으로 규정하고 있다.

① **이자수익** : 금융기관에 예치한 각종 은행예금이나 단기대여금에 대한 이자를 받았을 때

② **배당금수익** : 투자 수익을 목적으로 보유하고 있는 당기손익－공정가치측정금융자산이나 기타포괄손익－공정가치측정금융자산에 대하여 주주로서 배당금을 받았을 때

③ **임대료** : 토지, 건물 등을 임대하고 임대료를 받았을 때

④ **로얄티수익** : 등록되어 있는 상표권, 특허권, 소프트웨어, 음악저작권, 영화 필름 등을 타인에게 라이선스(license)를 제공하고 수수료를 받거나 대여 조건으로 사용자가 올리는 매출액의 몇 퍼센트를 로열티로 받았을 때

⑤ **당기손익－공정가치측정금융자산처분이익** : 당기손익－공정가치측정금융자산을 장부금액 이상으로 처분하였을 때의 이익

⑥ **당기손익－공정가치측정금융자산평가이익** : 당기손익－공정가치측정금융자산을 결산 시 공정가치로 평가하였을 때의 평가이익

⑦ **유형자산처분이익** : 토지·건물 등을 장부금액 이상으로 처분하였을 때의 이익

⑧ **자산수증이익** : 제3자로부터 자산(토지 등)을 무상으로 기증받았을 때

⑨ **채무면제이익** : 채권자로부터 장기차입금과 같은 채무를 일부 면제받았을 때(채무조정이익)

⑩ **보험금수익** : 화재 보험에 가입한 건물 등이 화재로 발생한 피해액을 보상받았을 때의 금액

⑪ **사채상환이익** : 회사가 발행한 사채를 만기 이전에 상환하는 경우 상환 시 지급한 대가가 사채의 장부금액보다 적을 때 그 차이를 말한다.

⑫ **외환차익** : 회계 기간 중에 외화 자산의 회수 또는 외화 부채의 상환 시 환율 변동으로 발생하는 이익

③ **외화환산이익** : 기말 결산 시 화폐성 외화 자산과 외화 부채에 대하여 원화로 환산 시 환율 변동으로 발생한 환산이익

(2) 비용의 분류

(가) 매출원가 : 매출원가란 상품 매출액에 대응하는 상품의 매입 원가를 말하는 것으로 기초상품재고액과 당기순매입액의 합계액에서 당기에 판매되지 않은 기말상품재고액을 차감하여 산출한다.

(나) 판매비와관리비 : 판매비와관리비란 상품의 판매 활동과 기업의 관리 활동에서 발생하는 비용으로 매출원가에 속하지 않는 모든 영업 비용을 말한다. 이를 세분하면 판매비는 판매 활동을 위해 지출한 마케팅 부서의 종업원급여, 광고선전비, 판매수수료, 운반비 등의 비용으로 물류원가라고도 하고, 관리비란 기업의 주된 영업 활동 중 관리 활동과 관련된 기획부, 경리부, 총무부, 관리부 등에서 기업의 유지, 관리를 위한 임차료, 소모품비, 복리후생비, 수도광열비, 보험료 등의 비용을 말한다. 단, 대손충당금환입은 판매비와관리비의 부(-)의 금액이다.

① **종업원급여** : 판매 관리 활동 담당 종업원에 대한 급여, 임금 및 제수당을 지급한 경우

② **퇴직급여** : 판매 활동 담당 종업원의 퇴직 시 퇴직금을 지급한 경우와 결산 시 퇴직급여부채를 설정한 경우

③ **광고선전비** : 기업이 상품의 판매 촉진 또는 공급 확대를 위하여 불특정 다수인을 상대로 하여 선전 효과를 얻고자 지출하는 비용을 말하며, 기업 이미지 개선 등의 선전 효과를 위한 광고 비용을 포함한다.

④ **접대비** : 거래처에 대한 향응 등의 접대비 및 교제비, 사례금, 거래처에 대한 경조사 비용 등으로 일종의 마케팅을 위한 목적으로 업무와 관련하여 지출한 금액을 말한다.

⑤ **보관료** : 상품 등의 재고자산을 창고 회사에 보관하고 보관료를 지급한 경우

⑥ **운반비** : 상품을 매출하고 지급한 발송 비용

▶ 광고선전비는 다음과 같은 것이 포함될 수 있다.

① 신문, 잡지의 광고 게재료
② 라디오, TV의 방송 광고료
③ 간판, 지하철 등의 부착 광고 비용
④ 회사명이 기록된 달력, 수첩, 카탈로그, 회사안내 팸플릿, 광고용 사진, 홍보 영화 제작비 등
⑤ 견본품, 시제품, 전시회 출품 등을 위한 비용
⑥ DM(Direct Mail), TM(Tele Marketing), 포스터 등의 비용
⑦ 주주 관련 공고(명의 개서 정지공고, 결산공고) 비용
⑧ 증정용 소모품(화장지, 물티슈 등) 구입 비용

⑦ **판매수수료** : 상품의 판매 활동과 관련하여 지급하는 수수료를 말한다. 예를 들면 자동차 세일즈맨 또는 보험 모집 대리점 등에서 판매건수에 따라 지급하는 수수료나 위탁판매 시 수탁인에게 지급하는 수수료 등이 있다.

⑧ **복리후생비** : 관리부 종업원의 복리·후생을 위한 의료, 경조비, 직장 체육 대회, 회식비, 휴양비, 야유회 비용 등과 회사가 부담하는 종업원의 산재보험료, 고용보험료, 건강보험료 등

⑨ **통신비** : 전화료, 우편료, 우편 봉투나 팩시밀리 용지 구입비, 크리스마스카드나 연하장 구입, 인쇄비 등을 말한다. 단, 통신장비 구입비는 비품 계정으로 처리한다.

⑩ **수도광열비** : 관리 활동에 사용된 수도, 전기, 가스요금 및 난방 비용 등

⑪ **세금과공과** : 관리 활동과 관련된 종합토지세, 재산세, 자동차세, 도시계획세, 면허세 및 상공회의소 회비, 조합회비, 협회비, 적십자 회비, 회사가 부담하는 종업원의 국민연금, 주차위반과태료, 교통위반벌과금 등

⑫ **(지급)임차료** : 토지나 건물을 임차하고 지급하는 임차료 등

⑬ **보험료** : 영업용 건물, 기계장치 등의 화재보험료를 지급한 경우

⑭ **수선비** : 영업용 건물·비품·기계장치 등의 현 상태 유지를 위한 수리비를 지급한 경우

⑮ **감가상각비** : 건물·기계장치 등의 유형자산에 대한 감가상각액을 계상한 경우

⑯ **대손상각비** : 매출채권이 회수 불능되었을 때와 결산 시 대손충당금을 설정하는 경우

⑰ **소모품비** : 사무에 필요한 복사 용지, 장부 등의 문방구 용품을 사용한 경우

⑱ **잡비** : 그 발생 금액이 적거나 빈번하지 않은 비용

⑲ **차량유지비** : 영업용 차량에 대한 유류 비용, 엔진 오일 교체 비용, 하이패스카드 충전 비용, 주차 요금, 타이어 교체 비용, 세차 비용 등의 유지 비용

⑳ **여비교통비** : 회사 업무 수행을 위해서 임직원이 사외로 출장가는 경우에 발생하는 여비(항공료, 운임, 숙박비, 식대 등)와 교통비(버스, 택시 요금, 지하철 카드 충전 비용 등)를 말한다.

㉑ **수수료비용** : 공인회계사 등에 지급하는 외부 감사 및 장부 기장 대행 수수료, 변호사 등에 지급하는 법률 자문 수수료, 받을어음 추심 수수료 등과 같이 기업의 외부관계자로부터 인적 용역을 제공받고 그 용역에 대한 대가를 지급한 경우

㉒ **교육훈련비** : 종업원의 직무 능력 향상을 위해 외부 전문 교육기관에 위탁 교육을 하여 교육훈련비를 지급한 경우

㉓ **도서인쇄비** : 업무에 필요한 도서 구입 비용, 신문 구독료, 명함 인쇄비 등을 지급한 경우

(다) 영업외비용 : 영업외비용이란 기업의 주요 영업 활동과는 관련이 없으나 영업 활동의 결과 부수적으로 발생하는 비용을 말하는 것으로 단기차입금에 대한 이자비용이나, 유형자산처분손실 등이 영업외비용으로 분류된다. 한국채택국제회계기준에서는 이자비용을 금융원가로 분류하고 나머지는 기타비용으로 규정하고 있다.

① **이자비용** : 단기차입금에 대한 이자나 발행 사채에 대한 이자를 지급한 경우

② **기타의 대손상각비** : 매출채권 이외의 기타채권(단기대여금, 미수금 등)이 회수 불능 되었을 때와 결산 시 기타채권의 대손충당금을 설정하는 경우

③ **당기손익-공정가치측정금융자산처분손실** : 당기손익-공정가치측정금융자산을 장부금액 이하로 처분하였을 때의 손실

④ **당기손익-공정가치측정금융자산평가손실** : 당기손익-공정가치측정금융자산을 결산 시 공정가치로 평가하였을 때의 평가 손실

⑤ **유형자산처분손실** : 토지, 건물 등을 장부금액 이하로 처분하였을 때의 손실

⑥ **기부금** : 국가 또는 지방 자치 단체 및 공공 단체, 학교, 종교 단체 등에 아무런 대가를 받지 않고 무상으로 지급한 재화의 가치

⑦ **매출채권처분손실** : 받을어음의 어음 할인 시 할인료, 신용카드 대금 입금 시 차감되는 수수료, 외상매출금 양도(매각) 시 수수료

⑧ **잡손실** : 현금의 도난 손실 또는 원인 불명의 현금 부족액 등

⑨ **사채상환손실** : 회사가 발행한 사채를 만기 이전에 상환하는 경우 상환 시 지급한 대가가 사채의 장부금액보다 많을 때 그 차이를 사채상환손실 계정 차변에 기입한다.

⑩ **외환차손** : 회계 기간 중에 외화 자산의 회수 또는 외화 부채의 상환 시 환율 변동으로 발생하는 손실

⑪ **외화환산손실** : 기말 결산 시 화폐성 외화 자산과 외화 부채에 대하여 원화로 환산 시 환율 변동으로 발생한 환산손실

14 손익의 정리

손익의 이연 {
비용의 이연(선급비용) : 선급보험료 등 ········ 자산 계정
수익의 이연(선수수익) : 선수임대료 등 ········ 부채 계정
}

손익의 예상 {
비용의 예상(미지급비용) : 미지급급여 등 ······ 부채 계정
수익의 예상(미수수익) : 미수이자 등 ·········· 자산 계정
}

(1) 비용의 이연

No.	구 분	차 변	대 변
①	보험료 선급액 계상	선 급 보 험 료 ×××	보 험 료 ×××
②	당기 보험료 대체	손 익 ×××	보 험 료 ×××
③	차기의 재대체 분개	보 험 료 ×××	선 급 보 험 료 ×××

(2) 수익의 이연

No.	구 분	차 변	대 변
①	임대료 선수액 계상	임 대 료 ×××	선 수 임 대 료 ×××
②	당기 임대료 대체	임 대 료 ×××	손 익 ×××
③	차기의 재대체 분개	선 수 임 대 료 ×××	임 대 료 ×××

(3) 비용의 예상

No.	구 분	차 변		대 변	
①	집세 미지급분 계상	임 차 료	×××	미지급임차료	×××
②	당기 임차료 대체	손 익	×××	임 차 료	×××
③	차기의 재대체 분개	미지급임차료	×××	임 차 료	×××

(4) 수익의 예상

No.	구 분	차 변		대 변	
①	이자 미수분 계상	미 수 이 자	×××	이 자 수 익	×××
②	당기 이자수익 대체	이 자 수 익	×××	손 익	×××
③	차기의 재대체 분개	이 자 수 익	×××	미 수 이 자	×××

(5) 소모품의 처리

(가) 비용으로 처리하는 방법

No.	구 분	차 변		대 변	
①	구입 시	소 모 품 비	×××	현 금	×××
②	결산 시 미사용액 분개	소 모 품	×××	소 모 품 비	×××
③	당기 소모품비 대체	손 익	×××	소 모 품 비	×××
④	차기에 재대체 분개	소 모 품 비	×××	소 모 품	×××

(나) 자산으로 처리하는 방법

No.	구 분	차 변		대 변	
①	구입 시	소 모 품	×××	현 금	×××
②	결산 시 사용액 분개	소 모 품 비	×××	소 모 품	×××
③	당기 소모품비 대체	손 익	×××	소 모 품 비	×××

15 전표회계

(1) 전표(Slip) 회계

전표란 거래를 최초로 기록하고 또 관련부서에 전달할 수 있도록 일정한 양식을 갖춘 용지를 말한다. 따라서 전표는 분개장의 대용으로 원장에 전기하는 것이며, 다음과 같은 장점이 있다.

(2) 전표회계의 장점

(1) 기장 사무의 분담을 촉진한다.
(2) 분개장의 대용으로 장부 조직을 간소화 할 수 있다.
(3) 장부 검사의 수단으로 이용할 수 있다.
(4) 기록에 대한 책임 소재가 명확하여 진다.
(5) 거래 내용을 신속하게 전달할 수 있다.

(3) 전표의 종류

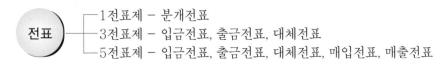

(4) 전표의 집계와 원장 전기

기본연습문제

○ 서울상사의 5월 1일 거래에 의하여 약식전표(입금, 출금, 대체전표)를 작성하시오.

(1) 삼성물산에 상품 ₩300,000을 매출하고, 대금은 현금으로 받다.
(2) 수원전자에서 상품 ₩250,000을 매입하고, 대금은 현금으로 지급하다.
(3) 종로상사에서 상품 ₩240,000을 매입하고, 대금 중 ₩100,000은 수표를 발행하여 지급하고, 잔액은 외상으로 하다.
(4) 강원전자에 상품 ₩500,000을 매출하고, 대금 중 ₩300,000은 현금으로 받고, 잔액은 외상으로 하다.

입 금 전 표 (1)	출 금 전 표 (2)
(상 품 매 출) ( )	(상 품) ( )

대 체 전 표 (3)-1	대 체 전 표 (3)-2
(상 품) ( ) | (당좌예금) ( )	(상 품) ( ) | (외상매입금) ( )

입 금 전 표 (4)-1	대 체 전 표 (4)-2
(상 품 매 출) ( )	(외상매출금) ( ) | (상품매출) ( )

회계 충전소

1 부가가치세 (value-added tax : V.A.T)

(1) **부가가치세란?** : 재화나 용역의 거래 과정에서 발생하는 부가가치(이익)에 대하여 과세하는 간접세로서, 기업은 상품의 매출시 국가를 대신하여 부가가치세를 징수한 후, 매입시 지급한 부가가치세를 차감한 잔액을 신고일에 납부하면 된다.

(2) **부가가치세의 계산 방법**
   (가) 매출세액(부가가치세예수금) = 매출액 × 세율(10%)
   (나) 매입세액(부가가치세대급금) = 매입액 × 세율(10%)
   (다) 납부할 세액 = 매출세액(부가가치세예수금) − 매입세액(부가가치세대급금)

(3) **부가가치세의 회계 처리 방법**

① 상품을 매입하면

(차)	상 품	2,000	(대)	현 금	2,200
	부가가치세대급금	200			

② 상품을 매출하면

(차)	현 금	3,300	(대)	상 품 매 출	3,000
				부가가치세예수금	300

③ 부가가치세를 확정 신고 납부하면

(차)	부가가치세예수금	300	(대)	부가가치세대급금	200
				현 금	100

④ 확정 신고 이전에 기말 결산 시 부가가치세를 정리하면

(차)	부가가치세예수금	300	(대)	부가가치세대급금	200
				미 지 급 세 금	100

2 세금계산서 (稅金計算書, tax invoice)

세금계산서란 거래징수 의무자인 사업자가 부가가치세가 과세되는 재화 또는 용역을 공급하고 거래시기에 공급가액에 부가가치세율(10%)을 곱하여 계산한 부가가치세를 징수하고 이를 증명하기 위하여 공급받는 자에게 발급하는 서류로써 종이세금계산서와 전자세금계산서가 있다. 단, 법인사업자는 전자세금계산서를 의무적으로 발급해야 하고, 개인사업자 중에도 연간 공급가액이 3억 원(2023. 7. 1.부터 1억 원) 이상인 경우에는 의무발급 대상이다. (E-mail로 거래 상대방에게 전달)

02 일반전표의 입력

NCS 연결고리

'회계 실무' 과목은 2015 개정교육과정 내용인 국가직무능력표준(NCS 능력단위, 능력단위요소)에 해당하는 실무를 배우는 바탕이 된다. 이번 영역에서 배우게 될 내용이 실무 과목과 어떻게 이어져 실무 능력을 배양하는 데 도움이 되는지 살펴보자.

대분류	경영·회계·세무
중분류	재무·회계
소분류	회계
세분류	회계·감사

능력 단위	전표 관리 (0203020101_14v2)	능력 단위 요소 (수준)	전표 작성하기 (0203020101_14v2.2) (3수준)
영역과의 관계	거래를 유형별로 정확하게 판단하는 능력을 가지고, 현금의 수입이 있는 입금전표와 현금의 지출이 있는 출금전표 및 현금의 수입과 지출이 없는 대체전표를 구분하여 작성할 수 있는데 도움이 될 것이다.		

1 일반전표 입력

[일반전표입력]은 기업에서 발생하는 거래 중 상품 매입/매출 거래를 제외한 부가가치세 신고와 관련이 없는 모든 거래를 입력하는 메뉴로 각종 장부 및 재무제표에 반영된다. 메인화면의 [회계모듈]을 선택한 후 세부메뉴에서 [전표입력/장부] – [일반전표입력]을 선택하여 실행한다.

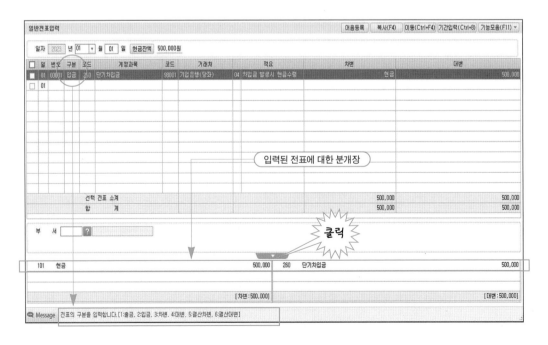

(1) 일반전표 입력 방법

번호	항목	입 력 내 용
1	월 일	(1) 해당 월을 입력 후 일자별 거래를 연속적으로 입력한다. (2) 해당 일자를 입력 후 일일 거래를 바로 입력한다.
2	구 분	전표의 유형을 선택한다. (1) 현금전표 : 출금전표 : 1번, 입금전표 : 2번 (2) 대체전표 : 차변 : 3번, 대변 : 4번 (3) 결산전표 : 결산차변 : 5번, 결산대변 : 6번(결산전표는 손익계정으로의 자동 대체분개가 되는 경우만 나타난다.)
3	코드/계정과목	계정코드를 입력하면 계정과목명이 자동입력된다. (1) 계정코드를 모르는 경우 　① 코드에서 [F2]도움 자판을 눌러 원하는 계정을 검색한 후 [Enter]로 입력한다. 　② 코드에서 계정과목명 두 글자를 입력하고 원하는 계정을 선택한 후 [Enter]로 입력한다. (2) 계정코드를 아는 경우에는 해당 코드를 직접 입력하면 계정과목명이 자동입력된다.
4	코드/거래처명	거래처코드를 입력하면 거래처명이 자동입력된다. (1) 거래처 코드를 모르는 경우 　① 코드란에 커서를 이동하여 [F2]도움 자판을 눌러 조회하고자 하는 거래처를 검색하여 [Enter]로 입력한다. 　② 코드란에 커서를 이동하여 '+' 자판을 누른 후 입력하고자 하는 거래처명을 입력 후 [Enter]로 입력한다. 　③ 코드란에 거래처명 두 글자를 입력하고 [Enter]로 입력한다. (2) 거래처코드를 아는 경우 해당 코드를 입력하면 거래처명이 자동입력된다. (3) 신규 거래처의 등록 　① 코드란에서 '+' 자판을 누른 후 거래처명을 입력한 다음 [Enter]를 하면 [거래처등록] 팝업창이 나타난다. 　② [수정(Ctrl+D)]단추를 눌러 [거래처내용수정] 창에서 기본사항을 입력한 후 [확인]단추를 클릭하면 거래처가 등록된다.
5	적 요	거래 내용에 대한 적요는 화면 아래의 표준 적요를 선택하거나 [F2]도움 자판을 눌러 [적요코드도움]창에서 선택하여 입력한다. 실제 검정시험에서는 적요를 입력하지 않아도 불이익은 없지만 거래 내용을 파악하기 위해서 입력하기로 한다.
6	부 서	[F2]도움 자판을 이용하여 해당 계정의 사용 부서 및 사원을 등록한다.

(2) 툴바의 설명

번호	툴바항목	입력 내용	
1	조건검색	특정 전표를 조회하고자 하는 경우 사용한다.	
2	어음등록	당좌수표 및 어음 책 등록 시 사용한다.(지급어음 입력 시 어음등록이 선행되어야 한다.)	
3	복사(F4) 이동(Ctrl+F4)	전표를 복사 및 이동하고자 하는 경우 사용한다.	
4	기간입력(Ctrl+8)	일정 기간 동안의 전표 조회 시 사용한다.	
5	기능모음(F11) ▼	구성순서	화면에 표시되는 항목이나 구성을 조정하고자 할 때 사용한다.
		화면구성	검색기간과 입력순서를 지정할 때 사용한다.
		번호수정	전표번호를 수정하고자 할 때 사용한다. [F7] key
		차액분개보기	대/차 차액이 있는 전표가 있는지 확인 시 사용한다.
		일괄검색	일괄 자동분개 검색 시 사용한다.
		중복검색	중복 전표를 검색 시 사용한다.
		메모검색	메모 내용을 기준으로 검색 시 사용한다.
		코드변환	해당 전표의 거래처코드와 계정과목코드를 일괄변환 시 사용한다.

회계 충전소

▶ 국가직무능력표준(NCS, National Competency Standards)은 산업 현장에서 직무를 수행하기 위하여 요구되는 지식, 기술, 소양 등의 내용을 국가가 산업 부문별, 수준별로 체계화 한 것을 의미하는 것으로 해당 분야의 직무 명세서이자 전문 인재 양성 지침서이다. 학습 모듈은 NCS의 능력 단위를 교육, 훈련에서 학습할 수 있도록 이론 및 실습과 관련된 내용을 상세하게 제시한 것을 말한다. 국가직무능력표준(NCS)의 대분류(회계 경영 사무)에서 세분류인 회계 감사 및 세무는 현재 보완 중에 있으며, 학습 모듈은 미개발 상태이지만 NCS 기반 교육 과정을 개발하고 운영함에 있어 교수 학습 지도서인 학습 모듈은 필수적이다. 따라서 본 서에서는 회계 감사와 세무 직무의 공통 능력 단위인 전표 관리와 회계 정보 시스템 운용 및 결산 관리 원가 계산에 대한 학습 모듈을 개발하여 학습서로 활용하고자 한다.

② 각종 전표의 입력

(1) 입금전표

입금전표란 현금의 수입을 수반하는 거래를 입력하는 전표를 말하는 것으로 [구분]에서 2를 입력하면 자동으로 입금에 대한 분개 입력이 가능하다.

【 수기식 종이 입금전표 】

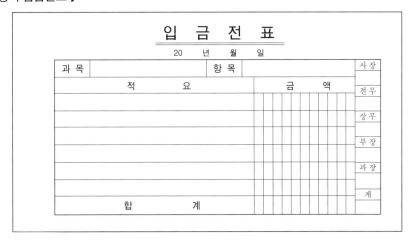

함께해보기 – 입금전표

◐ (주)서울전자유통의 다음 거래를 일반전표 입력 메뉴에 입력하시오. (단, 채권·채무 및 금융거래는 거래처 코드를 입력하고, 각 문항별 한 개의 전표번호로 입력한다.

3월 20일   기업은행으로부터 8개월 상환조건으로 현금 ₩2,000,000을 차입하다. (만기일 : 2023. 11. 20)

수기식 분개

(차변) 현 금 2,000,000	(대변) 단기차입금 2,000,000

입력화면

① 전표일자를 입력하고 [Enter]한 후 [구분]에서 [2:입금]을 선택한다.

② 계정과목 코드란에 '단기' 두 글자를 입력하고 [Enter]하면 아래와 같은 [계정과목코드도움] 팝업창이 나타난다. 여기서 '단기차입금'을 선택하여 입력하면 된다. 이 경우 코드란에 '단기차' 세 글자를 입력하고 [Enter]하면 바로 계정과목(단기차입금)이 입력되는 과목도 있다.

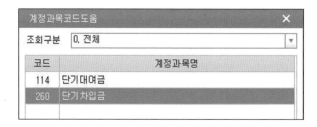

③ 단기차입금이 채권·채무관련 계정이므로 거래처를 입력해야 하는데 [F2]도움 자판을 누르면 나타나는 [거래처코드도움] 팝업창에서 '기업은행'을 선택하여 입력한다.

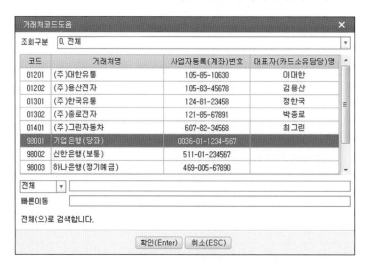

④ 적요의 입력은 [F2]도움 자판을 누르면 나타나는 [적요코드도움]팝업창에서 '04 차입금 발생시 현금수령'을 선택하여 입력한다.

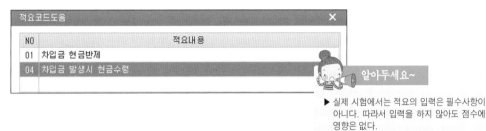

> ▶ 실제 시험에서는 적요의 입력은 필수사항이 아니다. 따라서 입력을 하지 않아도 점수에 영향은 없다.

⑤ 금액란에 '2,000,000'원을 입력한 후 [Enter]하면 저장된다. 이 경우 '+' 자판을 누르면 천원 단위(000)가 입력되어 간편하다.

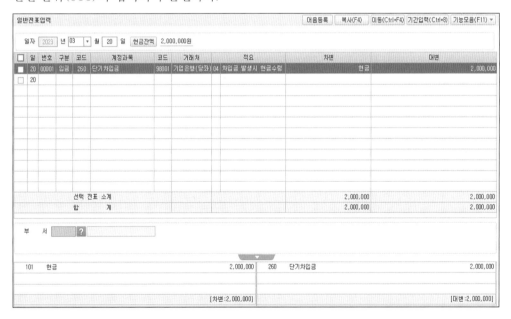

(2) 출금전표

출금전표란 현금의 지출을 수반하는 거래를 입력하는 전표를 말하는 것으로 [구분]에서 1을 입력하면 자동으로 출금에 대한 분개 입력이 가능하다.

【 수기식 종이 출금전표 】

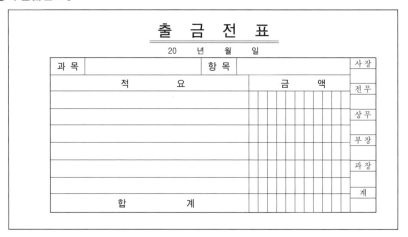

출 금 전 표

20 년 월 일

과 목		항 목			사 장
적 요			금 액		전 무
					상 무
					부 장
					과 장
합 계					계

함께해보기 – 출금전표

◗ (주)서울전자유통의 다음 거래를 일반전표 입력 메뉴에 입력하시오. (단, 채권·채무 및 금융거래는 거래처 코드를 입력하고, 각 문항별 한 개의 전표번호로 입력한다.

> 3월 25일 본사 경리부 직원들의 회식대금 ₩350,000을 현금으로 지급하다.

수기식 분개

(차변) 복리후생비	350,000	(대변) 현 금	350,000

입력화면

① 전표일자를 입력하고 [Enter] 한 후 [구분]에서 [1:출금]을 선택한다.

일반전표입력							어음등록	복사(F4)	이동(Ctrl+F4)	기간입력(Ctrl+8)	기능모음(F11) ▾
일자 2023 년 03 ▾ 월 25 일 현금잔액 2,000,000원											
☐ 일	번호	구분	코드	계정과목	코드	거래처	적요	차변		대변	
☐ 25		출금									현금

② 계정과목코드란에 '복리' 두 글자를 입력하고 [Enter]하면 아래와 같은 [계정과목코드도움] 팝업창이 나타난다. 여기서 해당 계정과목을 선택하여 입력하면 된다.

▶ 복리후생비와 같은 비용계정은 제조원가(511), 도급원가(611), 분양원가(711), 판매비와관리비(811)에 모두 속하는 비용계정이다. 본 문제에서 발생한 복리후생비는 본사에서 지출되는 것이므로 판매비와관리비에 속하는 '811 복리후생비'를 선택해야 한다.

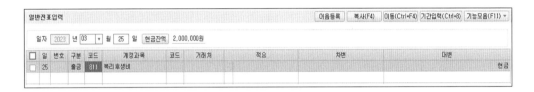

③ 채권·채무관련 계정이 아니므로 거래처 입력은 하지 않고, 적요를 입력하는데 [F2]도움 자판을 누르면 나타나는 [적요코드도움] 팝업창에서 '05 직원회식대 지급'을 선택하여 [Enter]하여 입력한다.

④ 금액을 입력하고 [Enter]하여 [저장]한다.

(3) 대체전표

대체전표란 현금의 수입과 지출이 없는 거래를 입력하는 전표를 말하는 것으로 [구분]에서 3를 선택하여 차변 내역을 입력하고, [구분]에서 4를 선택하여 대변 내역을 입력하면 된다.

【 수기식 종이 대체전표 】

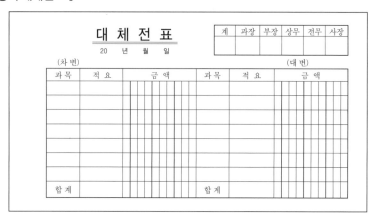

○ (주)서울전자유통의 다음 거래를 일반전표 입력 메뉴에 입력하시오. (단, 채권·채무 및 금융거래는 거래처 코드를 입력하고, 각 문항별 한 개의 전표번호로 입력한다.

5월 20일 전화요금 ₩200,000을 보통예금(신한은행) 계좌에서 인출하여 납부하다.

수기식 분개

(차변) 통 신 비 200,000 (대변) 보 통 예 금 200,000

입력화면

① 전표일자를 입력하고 [Enter]한 후 [구분]에서 [3:차변]을 선택하여 차변 내역(814.통신비)을 입력한 후 [Enter]하면 대변 내역을 입력할 칸이 생성된다.

② [구분]에서 [4:대변]을 선택하여 보통예금 계정과 거래처(신한은행)을 선택하고 적요와 금액을 입력한 후 [Enter]하여 [저장]한다.

Try It Now

지금 해 보기 - 01　　전표 입력

▶ (주)서울전자유통의 다음 거래를 일반전표 입력 메뉴에 입력하시오. (단, 채권·채무 및 금융거래는 거래처 코드를 입력하고, 각 문항별 한 개의 전표번호로 입력한다.

3월 15일　상품 판매를 대행하고 중개수수료 ₩250,000을 현금으로 받다.

4월 20일　기업은행에 당좌예금으로 ₩1,900,000을 현금으로 예입하다.

5월 15일　이달분 도시가스료 ₩120,000을 보통예금(신한은행) 계좌에서 이체하여 지급하다.

수기식 분개 및 입력화면

| 3월 15일 | (차변) 현　　금 | 250,000 | (대변) 수 수 료 수 익 | 250,000 |

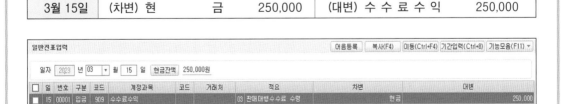

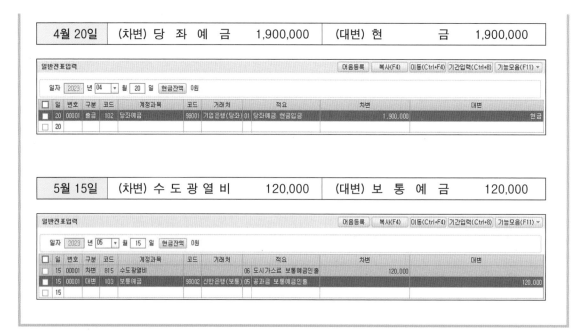

| 4월 20일 | (차변) 당 좌 예 금 | 1,900,000 | (대변) 현　　　　금 | 1,900,000 |

일반전표입력　　　　　　　　　　　　　　　　　어음등록　복사(F4)　이동(Ctrl+F4)　기간입력(Ctrl+8)　기능모음(F11) ▼

일자 2023 년 04 ▼ 월 20 일 현금잔액 0원

□	일	번호	구분	코드	계정과목	코드	거래처	적요	차변	대변
□	20	00001	출금	102	당좌예금	98001	기업은행(당좌)	01 당좌예금 현금입금	1,900,000	현금
□	20									

| 5월 15일 | (차변) 수 도 광 열 비 | 120,000 | (대변) 보 통 예 금 | 120,000 |

일반전표입력　　　　　　　　　　　　　　　　　어음등록　복사(F4)　이동(Ctrl+F4)　기간입력(Ctrl+8)　기능모음(F11) ▼

일자 2023 년 05 ▼ 월 15 일 현금잔액 0원

□	일	번호	구분	코드	계정과목	코드	거래처	적요	차변	대변
□	15	00001	차변	815	수도광열비			06 도시가스료 보통예금인출	120,000	
□	15	00001	대변	103	보통예금	98002	신한은행(보통)	05 공과금 보통예금인출		120,000
□	15									

회 계 충전소

▶ 실제 검정시험에서는 적요의 입력은 필수사항이 아니지만, 본 서에서는 내장된 적요는 입력을 하고 내장되어 있지 않은 적요는 입력하지 않도록 한다. 대체전표를 작성할 때 차변이든 대변이든 두 번째 계정과목의 입력 시 거래처와 적요의 입력이 필요 없는 경우에는 계정과목의 입력 후 [Enter]하면, 바로 위에 입력했던 거래처가 자동으로 입력되고, 적요란에도 [Enter]하면 바로 위에 입력되었던 적요가 반복되어 입력된다. 이 경우에는 [Enter]를 하지 말고 '방향 이동자판[→]'을 누르면 거래처가 입력되지 않고 바로 적요란으로 커서가 이동되고, 적요란에서도 '방향 이동자판[→]'을 누르면 금액란으로 커서가 이동된다.

NCS 자가 진단

능력단위요소	자가 진단 내용	문 항 평 가				
		매우 미흡	미흡	보통	우수	매우 우수
전표 작성하기 (0203020101_14 v2.2) (3수준)	1. 나는 회계상 거래를 현금거래 유무에 따라 사용되는 입금 전표, 출금 전표, 대체 전표로 구분할 수 있다.	①	②	③	④	⑤
	2. 나는 현금의 수입 거래를 파악하여 입금 전표를 작성할 수 있다.	①	②	③	④	⑤
	3. 나는 현금의 지출 거래를 파악하여 출금 전표를 작성할 수 있다.	①	②	③	④	⑤
	4. 나는 현금의 수입과 지출이 없는 거래를 파악하여 대체 전표를 작성할 수 있다.	①	②	③	④	⑤

'회계 실무' 과목은 2015 개정교육과정 내용인 국가직무능력표준(NCS 능력단위, 능력단위요소)에 해당하는 실무를 배우는 바탕이 된다. 이번 영역에서 배우게 될 내용이 실무 과목과 어떻게 이어져 실무 능력을 배양하는 데 도움이 되는지 살펴보자.

대분류	경영·회계·세무
중분류	재무·회계
소분류	회계
세분류	회계·감사

능력 단위	자금 관리 (0203020102_14v2)	능력 단위 요소 (수준)	예금 관리하기(0203020102_14v2.2)(3수준)
			어음·수표 관리하기(0203020102_14v2.4)(3수준)
	회계 정보 시스템 운용 (0203020105_14v2)	능력 단위 요소 (수준)	회계 관련 DB마스터 관리하기(0203020105_14v2.1) (3수준)
			회계프로그램 운용하기(0203020105_14v2.2) (3수준)
영역과의 관계	기업 및 조직의 자금을 관리하기 위하여 회계 관련 규정에 따라 자금인 현금, 예금, 어음·수표를 관리하는 데 도움이 될 것이며, 회계프로그램 매뉴얼에 따라 프로그램 운용에 필요한 계정과목 및 기초정보를 입력·수정하면서, 비유동자산의 변경 내용을 관리하는데 도움이 될 것이다.		

기본연습문제

▶ 앞서 37쪽에서 등록한 (주)서울전자유통의 기초기업자료를 바탕으로 다음 거래를 일반전표 입력 메뉴에 입력하시오. (단, 앞서 입력한 거래의 전표(73쪽~80쪽)는 삭제한다. 또한 채권·채무 및 금융거래는 거래처 코드를 입력하고, 각 문항별 한 개의 전표번호로 입력한다.

1월 2일 (주)서울전자유통은 수권보통주식(1주액면 ₩5,000) 중 8,000주를 주당 ₩6,000으로 할증발행하고, 주식납입금은 전액 현금으로 받아 설립등기를 마치다.

1월 3일 기업은행과 당좌거래 계약을 맺고 현금 ₩15,000,000을 당좌예입하다. 동시에 약속어음(어음번호 : 가나25251234~38, 5매)를 수령하였다.

수기식 분개

1월 2일	(차변) 현 금	48,000,000	(대변) 보통주자본금 주식발행초과금	40,000,000 8,000,000

1월 3일	(차변) 당 좌 예 금	15,000,000	(대변) 현 금	15,000,000

입력화면

일반전표입력							어음등록	복사(F4)	이동(Ctrl+F4)	기간입력(Ctrl+8)	기능모음(F11) ▼

일자 2023 년 01 ▼ 월 일 현금잔액 33,000,000원

	일	번호	구분	코드	계정과목	코드	거래처	적요	차변	대변
☐	2	00001	입금	331	보통주자본금			04 설립자본금의 현금납입	현금	40,000,000
☐	2	00002	입금	341	주식발행초과금			04 할증발행시 현금납입	현금	8,000,000
■	3	00001	출금	102	당좌예금	98001	기업은행(당좌)	01 당좌예금 현금입금	15,000,000	현금
☐										

▶ 같은 1월의 거래는 상단 일자란을 비워 둔 상태에서 아래 일자만 변경하면서 전표를 작성하면 된다.

【어음의 등록 】

(1) [회계] − [일반전표입력]화면을 실행하여 상단 [어음등록] 단추 또는 [기능모음(F11)] 단추를 클릭한다.

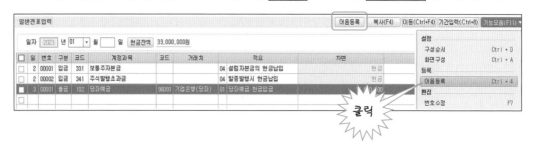

(2) [어음책등록]창이 나타나면 수령일(2023-01-03), 어음종류, 금융기관(기업은행), 시작어음
번호, 매수 5매를 입력하고 [등록(F3)] 단추를 누르면 나타나는 '계속적으로 등록을 하시겠습
니까?'의 메시지 창에서 [아니오]를 선택하면 어음등록이 완료되고 지급어음계정의 입력 시
사용하면 된다.

회계 충전소

1. 실제 검정시험에서 발행어음 번호가 없을 경우에는 [일반전표입력] 화면 상단의 [어음등록] 단추나 우측
[기능모음(F11)] 단추를 이용하여 약속어음을 등록하여야 한다. 단, 발행어음 번호가 이미 기초데이터에 등록되
어 있는 경우도 있다.

2. 수표를 등록할 때는 위 화면의 [2.어음종류]의 선택상자에서 [2.당좌]를 선택하고, 전자어음을 등록할 때는
[4.전자]를 선택하며, 절차는 종이어음 등록과 동일하게 입력하면 된다.

3. 현재 출제되고 있는 약속어음은 종이 약속어음이다. 그 이유는 검정시험에서 사용하고 있는 프로그램 중 더존
프로그램 외 다른 프로그램에서 전자어음번호 20자리를 인식하지 못하고 있어 시행기관에서 업그레이드를 요
청한 상태이므로 전자어음의 처리는 숙달해 두어야 한다.(99쪽과 108쪽 참고)

03 매입매출전표의 입력

1 매입매출전표 입력

[매입매출전표입력]은 부가가치세 신고와 관련한 거래를 입력하는 메뉴로 부가가치세 관련 매입매출 거래내용을 입력하는 부분과 분개를 입력하는 부분으로 구성되어 있다. 매입매출관련 자료를 일반전표에서 입력한 경우에는 부가가치세 신고 자료에 전혀 반영되지 않으므로 반드시 매입매출전표에서 처리하도록 한다. 메인화면의 [회계모듈]을 선택한 후 세부메뉴에서 [전표입력/장부]-[매입매출전표입력]을 선택하여 실행한다.

【 매출 시 과세유형 】

코드	유형	입력 내 용
11	과세	발급한 매출 전자세금계산서 입력 시 선택한다. (신용카드에 의한 과세매출 시 매출 전자세금계산서를 함께 발급하였을 때 선택한다.)
12	영세	발급한 영세율의 매출 전자세금계산서 입력 시 선택한다.
13	면세	발급한 부가가치세 면세사업자의 계산서 입력 시 선택한다.
14	건별	간주공급(전자세금계산서가 발급되지 않는 과세매출 분) 시 선택한다.
16	수출	외국에 직접 수출하는 경우 선택한다.
17	카과	신용카드에 의한 과세매출 입력 시 선택한다.
18	카면	신용카드에 의한 면세매출 입력 시 선택한다.
19	카영	영세율 적용 매출 시 신용카드로 결제받은 경우 선택한다.
20	면건	면세 매출 시 계산서가 발급되지 않은 경우 선택한다.
21	전자	전자적 결제수단으로 매출한 경우 선택한다.(전자세금계산서가 아님을 주의)
22	현과	과세 매출 시 현금영수증을 발급하였을 때 선택한다.
23	현면	면세 매출 시 현금영수증을 발급하였을 때 선택한다.
24	현영	영세율 매출 시 현금영수증을 발급하였을 때 선택한다.

【 매입 시 과세유형 】

코드	유형	입력 내 용
51	과세	발급받은 매입 전자세금계산서 입력 시 선택한다. (신용카드에 의한 과세매입 시 매입 전자세금계산서를 함께 발급받았을 때 선택한다.)
52	영세	발급 받은 영세율의 매입 전자세금계산서 입력 시 선택한다.
53	면세	발급 받은 부가가치세 면세사업자의 계산서 입력 시 선택한다.
54	불공	매입세액 불공제분 전자세금계산서 입력 시 선택한다. (예 접대비관련 매입세액, 1000cc 이상 비영업용 소형자동차 매입세액 등)
55	수입	재화의 수입 시 세관장이 발급한 수입세금계산서 입력 시 선택한다.(이 경우 수입세금계산서상의 공급가액은 단순히 세관장이 부가가치세를 징수하기 위한 과세표준일 뿐이므로 회계처리 대상이 아님. 매입매출전표의 하단부 분개 시에는 부가가치세만 표시한다.)
57	카과	신용카드에 의한 과세매입 입력 시 선택한다.
58	카면	신용카드에 의한 면세매입 입력 시 선택한다.
59	카영	영세율 적용 매입 시 신용카드로 결제한 경우 선택한다.
60	면건	면세 매입 시 계산서가 발급되지 않은 경우 선택한다.
61	현과	과세 매입 시 현금영수증을 발급받았을 때 선택한다.
62	현면	면세 매입 시 현금영수증을 발급받았을 때 선택한다.

1. 상품의 매입거래

◉ (주)서울전자유통의 다음 거래를 매입매출전표입력 메뉴에 입력하시오. (단, 채권·채무 및 금융 거래는 거래처 코드를 입력하고, 각 문항별 한 개의 전표번호로 입력한다.

실습 01 1월 6일   상품을 매입하고 전자세금계산서를 발급받다.

전자세금계산서 (공급받는자 보관용)

승인번호 20230106-××× ×0121

공급자	등록번호	105-85-10630			공급받는자	등록번호	201-81-12340		
	상호	(주)대한유통	성명(대표자)	이대한		상호	(주)서울전자유통	성명(대표자)	정서울
	사업장주소	서울특별시 마포구 마포대로 130				사업장주소	서울특별시 중구 마른내로 4길 28		
	업태	도소매	종사업자번호			업태	제조 및 도소매	종사업자번호	
	종목	컴퓨터 및 주변장치				종목	컴퓨터		
	E-Mail	daehan21@daum.net				E-Mail	seoul777@hanmail.net		

작성일자	2023. 01. 06	공급가액	2,000,000	세 액	200,000
비고					

월	일	품 목 명	규격	수량	단가	공급가액	세액	비고
01	06	노트북	아티브	10	200,000	2,000,000	200,000	

합계금액	현금	수표	어음	외상미수금	이 금액을	○ 영수	함
2,200,000				2,200,000		● 청구	

입력방법

① [물류관리] - [구매관리] - [입고입력]을 선택하여 [입고입력]창을 실행한다.

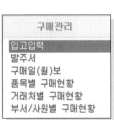

② 일자 : 입고일자 1월 6일을 입력한다.

③ 처리구분 : '2 : 건별', '1 : 과세'를 선택한다.

④ [F2]도움 자판을 눌러 거래처코드와 거래처명을 입력한다.

⑤ 지급 구분 : '외상'으로 자동 선택되어진 것을 그대로 둔다. 그 외 지급 수단은 선택해야 한다.
(현금 지급은 [2 : 현금], 약속어음과 외상, 수표발행, 카드 등이 혼합되면 [4 : 혼합])

【 화면 하단의 입력 】

⑥ 자산 : 상품을 선택한다.

⑦ 품목코드, 품목명 : [F2]도움 자판을 눌러 '5001 노트북'을 선택한다.

⑧ 수량과 단가 : 10대와 200,000을 입력한다.

⑨ 하단의 외상란에 자동으로 총액이 입력되어져 있다.

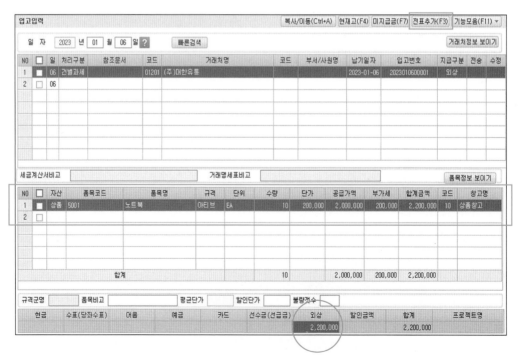

⑩ 화면 상단의 [전표추가(F3)]단추를 클릭하면 나타나는 화면상단의 [전송]단추를 클릭한 후 전송완료 안내창의 [확인]단추를 클릭하면 상단의 [전송]란에 '전송'으로 표시되면서 [매입 매출전표입력]메뉴에 회계전표가 전송된다.

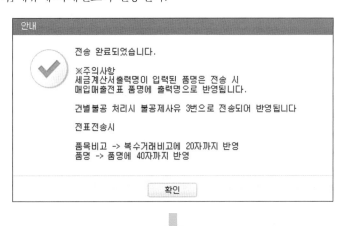

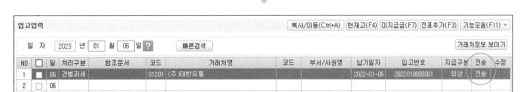

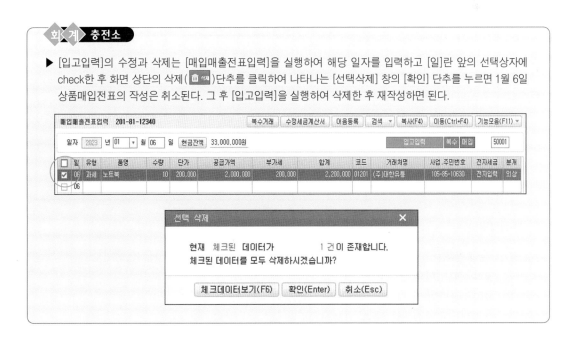

▶ [입고입력]의 수정과 삭제는 [매입매출전표입력]을 실행하여 해당 일자를 입력하고 [일]란 앞의 선택상자에 check한 후 화면 상단의 삭제(🗑삭제)단추를 클릭하여 나타나는 [선택삭제] 창의 [확인] 단추를 누르면 1월 6일 상품매입전표의 작성은 취소된다. 그 후 [입고입력]을 실행하여 삭제한 후 재작성하면 된다.

⑪ [회계] - [전표입력/장부] - [매입매출전표입력]을 실행하여 1월 6일을 입력하고 조회한다. 단, 주의할 것은 상품 매입 시 전자세금계산서를 수취하였으므로 '전자세금'란에 '1.전자입력'을 표시한다. ('전자세금'란에 전자입력을 하지 않으면 검정시험에서 오답 처리된다.)

매입매출전표입력	201-81-12340					복수거래	수정세금계산서	어음등록	검색 ▼	복사(F4)	이동(Ctrl+F4)	기능모음(F11) ▼

일자 2023 년 01 ▼ 월 06 일 현금잔액 33,000,000원								입고입력	복수 매입	50001

□	일	유형	품명	수량	단가	공급가액	부가세	합계	코드	거래처명	사업.주민번호	전자세금	분개
□	06	과세	노트북	10	200,000	2,000,000	200,000	2,200,000	01201	(주)대한유통	105-85-10630	전자입력	외상
□	06												
			업체별 소계	10		2,000,000	200,000	2,200,000					

구분	코드	계정과목	차변	대변	코드	거래처	적요
대변	251	외상매입금		2,200,000	01201	(주)대한유통	노트북 10 X 200,000
차변	135	부가가치세대급금	200,000		01201	(주)대한유통	노트북 10 X 200,000
차변	146	상품	2,000,000		01201	(주)대한유통	노트북 10 X 200,000
		전표건별 소계	2,200,000	2,200,000			

실습 02   2월 12일 상품을 매입하고 전자세금계산서를 발급받다.

전자세금계산서		(공급받는자 보관용)			승인번호	20230212-×××0122	

공급자	등록번호	106-83-45671			공급받는자	등록번호	201-81-12340		
	상호	(주)용산전자	성명(대표자)	김용산		상호	(주)서울전자유통	성명(대표자)	정서울
	사업장주소	서울특별시 용산구 청파로 75				사업장주소	서울특별시 중구 마른내로 4길 28		
	업태	도소매		종사업자번호		업태	제조 및 도소매		종사업자번호
	종목	컴퓨터 및 주변장치				종목	컴퓨터		
	E-Mail	computer21@naver.com				E-Mail	seoul777@hanmail.net		

작성일자	2023. 02. 12.	공급가액	6,800,000	세 액	680,000

비고							

월	일	품 목 명	규격	수량	단가	공급가액	세액	비고
02	12	노트북	아티브	20	240,000	4,800,000	480,000	
02	12	데스크탑	인텔	10	200,000	2,000,000	200,000	

합계금액	현금	수표	어음	외상미수금	이 금액을	● 영수 ○ 청구	함
7,480,000	7,480,000						

입력방법

① [물류관리] - [구매관리] - [입고입력]을 선택하여 [입고입력]창을 실행한다.
② 일자 : 입고일자 2월 12일을 입력한다.
③ 처리구분 : '2:건별', '1:과세'를 선택한다.
④ 거래처코드와 거래처명을 입력한다.

⑤ 지급구분 : '2:현금'을 선택한다.

⑥ 자산 : 상품을 선택한다.

⑦ 품목코드, 품목명 : [F2]도움 자판을 눌러 '5001 노트북'과 '5002 데스크탑'을 순서대로 선택하여 수량과 단가를 입력한다.

⑧ 하단의 현금란에 자동으로 총액이 입력되어져 있다.

⑨ 화면 상단의 [전표추가(F3)]단추를 클릭하면 나타나는 화면 상단의 [전송]단추를 클릭한 후 전송완료 안내창의 [확인]단추를 클릭하면 상단의 [전송]란에 '전송'으로 표시되면서 [매입매출전표입력]메뉴에 회계전표가 전송된다.

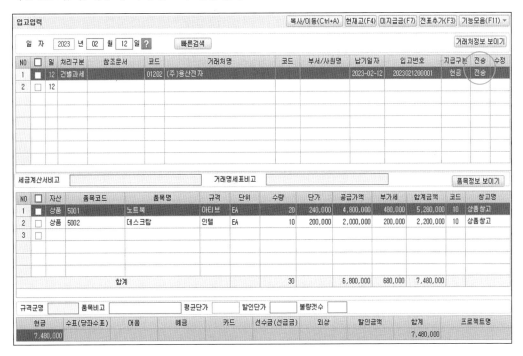

⑩ [회계]–[전표입력/장부]–[매입매출전표입력]을 실행하여 2월 10일을 입력하고 [Enter]하여 조회한 후 '전자세금'란에 '1.전자입력'을 표시한다.

실습 03　　3월 20일　상품을 매입하고 대금은 당좌수표(기업은행)를 발행하여 지급하다.

전자세금계산서			(공급받는자 보관용)			승인번호		20230320-××××0123	

공급자	등록번호	105-85-10630			공급받는자	등록번호	201-81-12340		
	상호	(주)대한유통	성명(대표자)	이대한		상호	(주)서울전자유통	성명(대표자)	정서울
	사업장주소	서울특별시 마포구 마포대로 130				사업장주소	서울특별시 중구 마른내로 4길 28		
	업태	도소매	종사업자번호			업태	제조 및 도소매	종사업자번호	
	종목	컴퓨터 및 주변장치				종목	컴퓨터		
	E-Mail	daehan21@daum.net				E-Mail	seoul777@hanmail.net		

작성일자	2023. 03. 20.	공급가액	8,000,000	세 액	800,000
비고					

월	일	품 목 명	규격	수량	단가	공급가액	세액	비고
03	20	노트북	아티브	10	200,000	2,000,000	200,000	
03	20	데스크탑	인텔	20	300,000	6,000,000	600,000	

합계금액	현금	수표	어음	외상미수금	이 금액을	● 영수 ○ 청구	함
8,800,000		8,800,000					

(**입력방법**)

① [물류관리] - [구매관리] - [입고입력]을 선택하여 [입고입력]창을 실행한다.

② 일자 : 입고일자 3월 20일을 입력한다.

③ 처리구분 : '2:건별', '1:과세'를 선택한다.

④ 거래처코드와 거래처명을 입력한다.

⑤ 지급구분 : '4:혼합'을 선택한다.

⑥ 자산 : 상품을 선택한다.

⑦ 품목코드, 품목명 : [F2]도움 자판을 눌러 '5001 노트북'과 '5002 데스크탑'을 순서대로 선택하여 수량과 단가를 입력한다.

⑧ 하단의 [수표(당좌수표)]란에 8,800,000원을 입력한다.

⑨ 화면 상단의 [전표추가(F3)]단추를 클릭하면 나타나는 화면 상단의 [전송]단추를 클릭한 후 전송완료 안내창의 [확인]단추를 클릭하면 상단의 [전송]란에 '전송'으로 표시되면서 [매입매출전표입력] 메뉴에 회계전표가 전송된다.

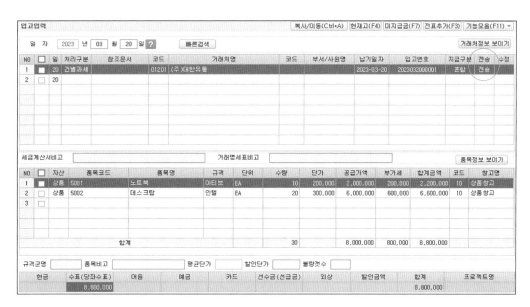

⑩ [회계] – [전표입력/장부] – [매입매출전표입력]을 실행하여 3월 20일을 입력하고 조회한 후 [전자세금]란에 '1.전자입력'을 표시한다. 하단 분개란의 대변 당좌예금 계정의 거래처 '(주) 대한유통' 으로 나타나는 것을 [F2]도움 자판을 눌러서 '기업은행' 으로 수정하여야 한다.

실습 04 4월 25일 상품을 매입하고 전자세금계산서를 발급받다.

전자세금계산서				(공급받는자 보관용)		승인번호	20230425-××××0124	

공급자	등록번호	106-83-45671			공급받는자	등록번호	201-81-12340	
	상호	(주)용산전자	성명(대표자)	김용산		상호	(주)서울전자유통	성명(대표자) 정서울
	사업장주소	서울특별시 용산구 청파로 75				사업장주소	서울특별시 중구 마른내로 4길 28	
	업태	도소매	종사업자번호			업태	제조 및 도소매	종사업자번호
	종목	컴퓨터 및 주변장치				종목	컴퓨터	
	E-Mail	computer21@daum.net				E-Mail	seoul777@hanmail.net	

작성일자	2023. 04. 25.	공급가액	9,600,000	세 액	960,000
비고					

월	일	품 목 명	규격	수량	단가	공급가액	세액	비고
04	25	노트북		40	240,000	9,600,000	960,000	

합계금액	현금	수표	어음	외상미수금	이 금액을	● 영수 함
10,560,000			10,560,000			○ 청구

약 속 어 음

(주)용산전자 귀하   가나25251234

금 일천오십육만원정   <u>10,560,000원</u>

위의 금액을 귀하 또는 귀하의 지시인에게 지급하겠습니다.

지급기일	2023년 7월 25일	발행일	2023년 4월 25일
지 급 지	기업은행	발행지	서울특별시 중구 마른내로
지급장소	용산지점	주 소	4길 28
		발행인	(주)서울전자유통

입력방법

① [물류관리] – [구매관리] – [입고입력]을 선택하여 [입고입력]창을 실행한다.

② 일자 : 입고일자 4월 25일을 입력한다.

③ 처리구분 : '2:건별', '1:과세'를 선택한다.

④ 거래처코드와 거래처명을 입력한다.

⑤ 지급구분 : '4:혼합'을 선택한다.

⑥ 자산 : 상품을 선택한다.

⑦ 품목코드, 품목명 : [F2]도움 자판을 눌러 '5001 노트북'을 선택하고, 수량과 단가 : 40대, 240,000원을 입력한다.

⑧ 하단의 [어음]란에 10,560,000원을 입력한다.

⑨ 화면 상단의 [전표추가(F3)]단추를 클릭하면 나타나는 화면 상단의 [전송]단추를 클릭한 후 전송완료 안내창의 [확인]단추를 클릭하면 상단의 [전송]란에 '전송'으로 표시되면서 [매입매출전표입력]메뉴에 회계전표가 전송된다.

⑩ [회계]-[전표입력/장부]-[매입매출전표입력]을 실행하여 4월 25일을 입력하고 조회한 후 [전자세금]란에 '1.전자입력'을 표시한다. 하단 분개란의 대변 지급어음 계정에 커서를 이동하여 [F3]도움 자판 을 누르면 [지급어음관리]창이 나타난다. 이곳에서 [어음번호]란에 커서를 이동하여 [F2]도움 자판을 눌러 [어음등록코드도움]창에서 이미 앞서 등록해 둔 약속어음 중 발행어음(가나25251234)을 선택한 후 [확인]단추를 누르면 어음번호가 입력된다. 이후 만기일(2023-07-25)을 수정 입력하고 [자금관리]창을 닫으면 [매입매출전표입력]하단 지급어음 계정의 적요란에 어음번호 등 내역이 자동입력된다.

[F3]→

▶ [지급어음 관리]창은 화면 상단의 [기능모음 (F11)] 단추를 누르면 나타나기도 한다.

▶ 어음거래가 입력된 전표를 삭제하는 방법은 134쪽 회계충전소를 참고하고, 당좌거래 은행에서 수령한 약속어음을 최초 등록을 잘못한 경우의 수정 방법은 221~222쪽 회계충전소를 참고할 것.

실습 05 5월 23일 (주)대한유통에 상품을 주문하고 계약금으로 ₩500,000을 현금으로 지급하다.

입력화면

| 5월 23일 | (차변) 선 급 금 | 500,000 | (대변) 현 금 | 500,000 |

일반전표입력   어음등록   복사(F4)   이동(Ctrl+F4)   기간입력(Ctrl+8)   기능모음(F11) ▼

일자 2023 년 05 ▼ 월 23 일 현금잔액 25,020,000원

□	일	번호	구분	코드	계정과목	코드	거래처	적요	차변	대변
■	23	00001	출금	131	선급금	01201	(주)대한유통	01 상품대금 선지급	500,000	
□	23									

6월 10일　상품을 매입하고 대금은 앞서 현금으로 지급한 계약금 ₩500,000을 차감하고 나머지는 외상으로 하다.

전자세금계산서		(공급받는자 보관용)		승인번호	20230610-××××0125

공급자	등록번호	105-85-10630			공급받는자	등록번호	201-81-12340		
	상호	(주)대한유통	성명(대표자)	이대한		상호	(주)서울전자유통	성명(대표자)	정서울
	사업장주소	서울특별시 마포구 마포대로 130				사업장주소	서울특별시 중구 마른내로 4길 28		
	업태	도소매	종사업자번호			업태	제조 및 도소매	종사업자번호	
	종목	컴퓨터 및 주변장치				종목	컴퓨터		
	E-Mail	daehan21@daum.net				E-Mail	seoul777@hanmail.net		

작성일자	2023. 06. 10.	공급가액	4,800,000	세 액	480,000

비고							

월	일	품 목 명	규격	수량	단가	공급가액	세액	비고
06	10	노트북		20	240,000	4,800,000	480,000	

합계금액	현금	수표	어음	외상미수금	이 금액을	○ 영수	함
5,280,000	500,000			4,780,000		● 청구	

입력방법

① [물류관리] – [구매관리] – [입고입력]을 선택하여 [입고입력]창을 실행한다.

② 일자 : 입고일자 6월 10일을 입력한다.

③ 처리구분 : '2:건별', '1:과세'를 선택한다.

④ 거래처코드와 거래처명을 입력한다.

⑤ 지급구분 : '4:혼합'을 선택한다.

⑥ 자산 : 상품을 선택한다.

⑦ 품목코드, 품목명 : [F2]도움 자판을 눌러 '5001 노트북'을 선택 입력한다.

⑧ 수량과 단가 : 20대, 240,000원을 입력한다.

⑨ 하단의 [선수금(선급금)]란에 500,000원을 입력한다.

⑩ 화면 상단의 [전표추가(F3)]단추를 클릭하면 나타나는 화면 상단의 [전송]단추를 클릭한 후 전송완료 안내창의 [확인]단추를 클릭하면 상단의 [전송]란에 '전송'으로 표시되면서 [매입매출전표입력]메뉴에 회계전표가 전송된다.

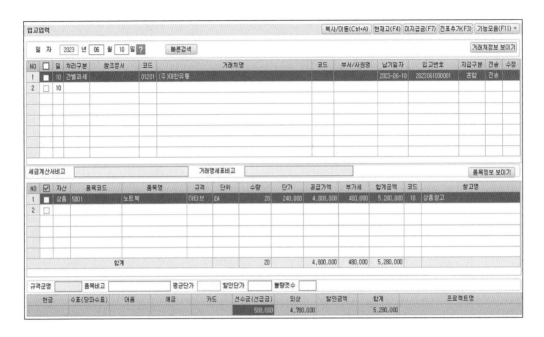

⑪ [회계]-[전표입력/장부]-[매입매출전표입력]을 실행하여 6월 10일을 입력하고 조회한 후 [전자세금]란에 '1.전자입력'을 표시한다.

실습 06 6월 24일 상품을 매입하고 대금 중 ₩2,200,000은 현금으로 지급하고, 잔액은 법인신용카드(신한카드)로 결제하다.

전자세금계산서 (공급받는자 보관용)

					승인번호	20230624-××××0126		

공급자	등록번호	106-83-45671			공급받는자	등록번호	201-81-12340	
	상호	(주)용산전자	성명(대표자)	김용산		상호	(주)서울전자유통	성명(대표자) 정서울
	사업장주소	서울특별시 용산구 청파로 75				사업장주소	서울특별시 중구 마른내로 4길 28	
	업태	도소매	종사업자번호			업태	제조 및 도소매	종사업자번호
	종목	컴퓨터 및 주변장치				종목	컴퓨터	
	E-Mail	computer21@naver.com				E-Mail	seoul777@hanmail.net	

작성일자	2023. 06. 24.	공급가액	4,000,000	세 액	400,000
비고					

월	일	품 목 명	규격	수량	단가	공급가액	세액	비고
06	24	노트북		20	200,000	4,000,000	400,000	

합계금액	현금	수표	어음	외상미수금	이 금액을	● 영수 함
4,400,000	2,200,000			2,200,000		○ 청구

회 계 충전소

1. 상품을 매입하고 전체 대금을 카드로 결제하는 거래는 [입고입력] 화면의 [처리구분] 란에서 건별- '카과' 로 하여 선택하고, 입고내역을 입력하여 [전송]한 후 [매입매출전표입력] 화면을 조회하면 맨 오른쪽 분개란에 '카드' 로 표시되고 하단 분개란에는 미지급금으로 나타나는데 이럴 때는 상단의 오른쪽 분개란에 커서를 두고 숫자 '0' 자판을 누르면 하단 분개가 지워진다. 다시 상단 오른쪽 분개란을 '외상' 으로 입력하면 하단 분개란에 외상매입금으로 나타나고 거래처를 해당 카드사로 변경하면 된다.

2. 단, 시행기관에서는 상품의 매입 시 전체 대금을 카드로 결제하는 경우 [입고입력]화면의 [처리구분] 란에서 건별- '과세' 로 선택하고 [지급구분]란에서 자동으로 나타나는 '외상'을 선택하여 전송한 후 [매입매출전표입력]을 조회하면 외상매입금으로 나타나게 하여 거래처만 카드사로 변경하고 있음을 참고할 것.

입력방법

① [물류관리] – [구매관리] – [입고입력]을 선택하여 [입고입력]창을 실행한다.

② 일자 : 입고일자 6월 24일을 입력한다.

③ 처리구분 : ' 2:건별 ', 1:과세'를 선택한다.

④ 거래처코드와 거래처명을 입력한다.

⑤ 지급구분 : '4 : 혼합'을 선택한다.

⑥ 자산 : 상품을 선택한다.

⑦ 품목코드, 품목명 : [F2]도움 자판을 눌러 '5001 노트북'을 선택하고, 수량과 단가 : 20대, 200,000원을 입력한다.

⑧ 하단의 [현금]란에 2,200,000원을 입력하고, [카드]란에 2,200,000원을 입력한다.

⑨ 화면 상단의 [전표추가(F3)]단추를 클릭하면 나타나는 화면 상단의 [전송]단추를 클릭한 후 전송완료 안내창의 [확인]단추를 클릭하면 상단의 [전송]란에 '전송'으로 표시되면서 [매입 매출전표입력] 메뉴에 회계전표가 전송된다.

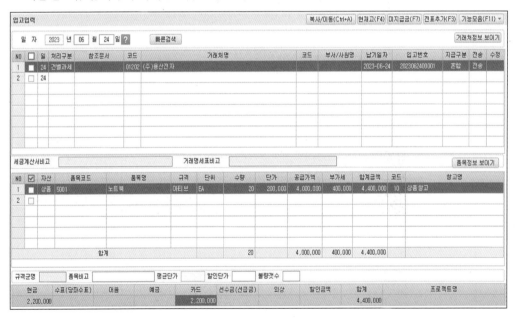

⑩ [회계] – [전표입력/장부] – [매입매출전표입력]을 실행하여 6월 24일을 입력하고 조회한 후 [전자세금]란에 '1.전자입력'을 표시한다. 하단 분개 란의 대변 미지급금 계정에 커서를 이동하여 [F2] 도움 자판을 눌러서 외상매입금 계정으로 변환하고, 거래처 '(주)용산전 자'로 나타나는 것을 '(주)신한카드'로 수정하여야 한다.

| 매입매출전표입력 | 201-81-12340 | | | 복수거래 | 수정세금계산서 | 어음등록 | 검색 ▼ | 복사(F4) | 이동(Ctrl+F4) | 기능모음(F11) ▼ |

일자 2023 년 06 ▼ 월 24 일 현금잔액 22,820,000원   입고입력 복수 매입 50001

☐	일	유형	품명	수량	단가	공급가액	부가세	합계	코드	거래처명	사업.주민번호	전자세금	분개
■	24	과세	노트북	20	200,000	4,000,000	400,000	4,400,000	01202	(주)용산전자	106-83-45671	전자입력	혼합
☐	24												

구분	코드	계정과목	차변	대변	코드	거래처	적요
차변	135	부가가치세대급금	400,000		01202	(주)용산전자	노트북 20 X 200,000
차변	146	상품	4,000,000		01202	(주)용산전자	노트북 20 X 200,000
대변	101	현금		2,200,000	01202	(주)용산전자	노트북 20 X 200,000
대변	253	미지급금		2,200,000	01202	(주)용산전자	노트북 20 X 200,000
		전표건별 소계	4,400,000	4,400,000			

[F2]   ⇩   [F2]

구분	코드	계정과목	차변	대변	코드	거래처	적요
차변	135	부가가치세대급금	400,000		01202	(주)용산전자	노트북 20 X 200,000
차변	146	상품	4,000,000		01202	(주)용산전자	노트북 20 X 200,000
대변	101	현금		2,200,000	01202	(주)용산전자	노트북 20 X 200,000
대변	251	외상매입금		2,200,000	99601	(주)신한카드	노트북 20 X 200,000
		전표건별 소계	4,400,000	4,400,000			

실습 07 7월 11일 상품을 매입하고 대금은 인수운임과 함께 현금으로 지급하다.

전자세금계산서 (공급받는자 보관용)

승인번호 20230711-×××0127

	공급자		공급받는자	
등록번호	106-83-45671	등록번호	201-81-12340	
상호	(주)용산전자 / 성명(대표자) 김용산	상호	(주)서울전자유통 / 성명(대표자) 정서울	
사업장주소	서울특별시 용산구 청파로 75	사업장주소	서울특별시 중구 마른내로 4길 28	
업태	도소매 / 종사업자번호	업태	제조 및 도소매 / 종사업자번호	
종목	컴퓨터 및 주변장치	종목	컴퓨터	
E-Mail	computer21@naver.com	E-Mail	seoul777@hanmail.net	

작성일자	2023. 07. 11.	공급가액	2,040,000	세 액	204,000

비고

월	일	품 목 명	규격	수량	단가	공급가액	세액	비고
07	11	노트북	아티브	10	200,000	2,000,000	200,000	
07	11	인수운임				40,000	4,000	

합계금액	현금	수표	어음	외상미수금	이 금액을	● 영수 / ○ 청구	함
2,244,000	2,244,000						

입력방법

① [물류관리] − [구매관리] − [입고입력]을 선택하여 [입고입력]창을 실행한다.

② 일자 : 입고일자 7월 11일을 입력한다.

③ 처리구분 : ' 2:건별 ', 1:과세'를 선택한다.

④ 거래처코드와 거래처명을 입력한다.

⑤ 지급구분 : '2 : 현금'을 선택한다.

⑥ 자산 : 상품을 선택한다.

⑦ 품목코드, 품목명 : [F2]도움 자판을 눌러 '5001 노트북'을 선택하고, 수량과 단가 : 10대, 204,000원을 입력한다.

⑧ 하단의 [현금]란에 자동으로 총액 2,244,000원이 입력되어져 있다.

회계 충전소

1. 단가는 인수운임 때문에 2,040,000 ÷ 10대(EA) = 204,000으로 수정된다.
2. 만약, 인수운임에 대하여 부가가치세를 지급하지 않고(즉, 세금계산서를 수령하지 않고)순수하게 운임 ₩ 40,000만 지급하고 영수증을 받은 경우에는 매입단가는 @₩204,000으로 수정 입력하고, 부가가치세란에는 ₩200,000으로 수정입력해야 한다.

---

⑨ 화면 상단의 [전표추가(F3)]단추를 클릭하면 나타나는 화면 상단의 [전송]단추를 클릭한 후 전송완료 안내창의 [확인]단추를 클릭하면 상단의 [전송]란에 '전송'으로 표시되면서 [매입매출전표입력]메뉴에 회계전표가 전송된다.

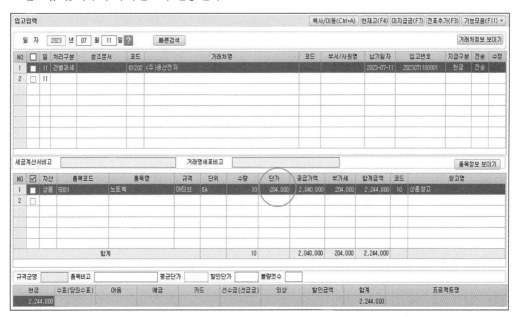

⑩ [회계] – [전표입력/장부] – [매입매출전표입력]을 실행하여 7월 11일을 입력하고 조회한 후 [전자세금]란에 '1.전자입력'을 표시한다.

	일	유형	품명	수량	단가	공급가액	부가세	합계	코드	거래처명	사업.주민번호	전자세금	분개
☐	11	과세	노트북	10	204,000	2,040,000	204,000	2,244,000	01202	(주)용산전자	106-83-45671	전자입력	현금
☐	11												

업체별 소계 — 10 / 2,040,000 / 204,000 / 2,244,000

구분	코드	계정과목	차변	대변	코드	거래처	적요
출금	135	부가가치세대급금	204,000	현금	01202	(주)용산전자	노트북 10 X 204,000
출금	146	상품	2,040,000	현금	01202	(주)용산전자	노트북 10 X 204,000

전표건별 소계 — 2,244,000 / 2,244,000

실습 08 7월 23일 상품을 매입하고 전자세금계산서를 발급받다. 단, 전자어음을 등록할 것.

전자세금계산서 (공급받는자 보관용)

승인번호 20230723-×××0126

공급자			공급받는자	
등록번호	105-85-10630		등록번호	201-81-12340
상호	(주)대한유통	성명(대표자) 이대한	상호 (주)서울전자유통	성명(대표자) 정서울
사업장주소	서울특별시 마포구 마포대로 130		사업장주소	서울특별시 중구 마른내로 4길 28
업태	도소매	종사업자번호	업태 제조 및 도소매	종사업자번호
종목	컴퓨터 및 주변장치		종목 컴퓨터	
E-Mail	daehan21@daum.net		E-Mail	seoul777@hanmail.net

작성일자	2023. 07. 23.	공급가액	5,000,000	세 액	500,000

비고

월	일	품 목 명	규격	수량	단가	공급가액	세액	비고
07	23	노트북		10	200,000	2,000,000	200,000	
07	23	데스크탑		10	300,000	3,000,000	300,000	

합계금액	현금	수표	어음	외상미수금	이 금액을	○ 영수 함
5,500,000			3,000,000	2,500,000		● 청구

전 자 어 음

(주)대한유통 귀하   03120230723202309231

금 삼백만원정   <u>3,000,000원</u>

위의 금액을 귀하 또는 귀하의 지시인에게 지급하겠습니다.

지급기일	2023년 9월 23일	발행일	2023년 7월 23일
지 급 지	기업은행	발행지	서울특별시 중구 마른내로
지급장소	충무로지점	주 소	4길 28
		발행인	(주)서울전자유통

입력방법

① [물류관리] – [구매관리] – [입고입력]을 선택하여 [입고입력] 창을 실행한다.

② 일자 : 입고일자 7월 23일을 입력한다.

③ 처리구분 : '2:건별' '1:과세'를 선택한다.

④ 거래처코드와 거래처명을 입력한다.

⑤ 지급구분 : '4:혼합'을 선택한다.

⑥ 자산 : 상품을 선택한다.

⑦ 품목코드, 품목명 : [F2] 도움 자판을 눌러 '5001 노트북'과 '5002 데스크탑'을 순서대로 선택하고, 수량과 단가를 순서대로 입력한다.

⑧ 하단의 [어음]란에 3,000,000원을 입력한다.

⑨ 화면 상단의 [전표추가(F3)] 단추를 클릭하면 나타나는 화면 상단의 [전송] 단추를 클릭한 후 전송완료 안내창의 [확인] 단추를 클릭하면 상단의 [전송]란에 '전송'으로 표시되면서 [매입매출전표입력] 메뉴에 회계전표가 전송된다.

⑩ [일반전표입력]화면상의 우측 [기능모음(F11)] 단추를 눌러 전자어음을 등록한다.

⑪ [회계]-[전표입력/장부]-[매입매출전표입력]을 실행하여 7월 23일을 입력하고 조회한 후 [전자세금]란에 '1.전자입력'을 표시한다. 하단 분개란의 대변 지급어음 계정에 커서를 이동하여 [F3]도움 자판 을 누르면 [지급어음관리]창이 나타난다. 이곳에서 [어음번호]란에 커서를 이동하여 [F2]도움 자판을 눌러 [어음등록코드도움]창에서 이미 앞서 등록해 둔 전자어음 중 발행어음(03120230723202309231)을 선택한 후 [확인]단추를 누르면 어음번호가 입력된다. 이후 만기일(2023-09-23)을 수정 입력하고 [자금관리]창을 닫으면 [매입매출전표입력] 하단 지급어음 계정의 적요란에 어음번호 등 내역이 자동입력된다.

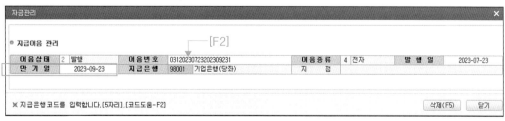

어음등록코드도움				✕
수령일	코드	금융기관	어음종류	어음번호
2023-01-03	98001	기업은행(당좌)	어음	가나25251235
2023-01-03	98001	기업은행(당좌)	어음	가나25251236
2023-01-03	98001	기업은행(당좌)	어음	가나25251237
2023-01-03	98001	기업은행(당좌)	어음	가나25251238
2023-07-23	98001	기업은행(당좌)	전자	03120230723202309231

2. 상품의 매출거래

◐ (주)서울전자유통의 다음 거래를 매입매출전표입력 메뉴에 입력하시오. (단, 채권·채무 및 금융 거래는 거래처 코드를 입력하고, 각 문항별 한 개의 전표번호로 입력한다.

실습 01   2월 16일   상품을 매출하고 전자세금계산서를 발급하다.

전자세금계산서			(공급자 보관용)			승인번호	20230216-×××0253		
공급자	등록번호	201-81-12340			공급받는자	등록번호	124-81-23458		
	상호	(주)서울전자유통	성명(대표자)	정서울		상호	(주)한국유통	성명(대표자)	정한국
	사업장주소	서울특별시 중구 마른내로 4길 28				사업장주소	수원시 장안구 경수대로 1020		
	업태	제조 및 도소매	종사업자번호			업태	도소매	종사업자번호	
	종목	컴퓨터				종목	컴퓨터 및 주변장치		
	E-Mail	seoul777@hanmail.net				E-Mail	korea21@naver.com		

작성일자	2023. 02. 16.	공급가액	4,500,000	세 액	450,000
비고					

월	일	품목명	규격	수량	단가	공급가액	세액	비고
02	16	노트북	아티브	10	450,000	4,500,000	450,000	

합계금액	현금	수표	어음	외상미수금	이 금액을	○ 영수 / ● 청구	함
4,950,000				4,950,000			

입력방법

① [물류관리] – [판매관리] – [출고입력]을 선택하여 [출고입력]창을 실행한다.

② 일자 : 출고일자 2월 16일을 입력한다.

③ 처리구분 : '2:건별', '1:과세'를 선택한다.

④ 거래처코드와 거래처명을 입력한다.

⑤ 지급구분 : '외상'으로 자동 선택되어진 것을 그대로 둔다. 그 외 지급수단은 선택해야 한다.

⑥ 자산 : 상품을 선택한다.

⑦ 품목코드, 품목명 : [F2]도움 자판을 눌러 '5001 노트북'을 선택한다.

⑧ 수량과 단가 : 10대와 450,000원을 입력한다.

⑨ 하단의 외상란에 자동으로 총액이 입력되어져 있다.

⑩ 화면 상단의 [전표추가]단추를 클릭하여 전송 [안내]창이 나타나면 [확인]단추를 클릭한다. 그 다음 화면 상단의 [전송]단추를 클릭하여 전송완료 안내창의 [확인]단추를 클릭하면 상단의 [전송]란에 '전송'으로 표시되면서 [매입매출전표입력]메뉴에 회계전표가 전송된다.

⑪ [회계] – [전표입력/장부] – [매입매출전표입력]을 실행하여 2월 16일을 입력하고 조회한다. 단, 주의할 것은 상품 매출 시 전자세금계산서를 발급하였으므로 [전자세금]란에 '1.전자입력'을 표시하여야 한다. ('전자세금'란에 전자입력을 하지 않으면 검정시험에서 오답 처리된다.)

| 매입매출전표입력 201-81-12340 | | | | | 복수거래 | 수정세금계산서 | 어음등록 | 검색 ▼ | 복사(F4) | 이동(Ctrl+F4) | 기능모음(F11) ▼ |

| 일자 | 2023 년 | 02 ▼ 월 16 일 | 현금잔액 | 25,520,000원 | | | | | 출고입력 | 복수 | 매출 | 50001 |

□	일	유형	품명	수량	단가	공급가액	부가세	합계	코드	거래처명	사업.주민번호	전자세금	분개
■	16	과세	노트북	10	450,000	4,500,000	450,000	4,950,000	01301	(주)한국유통	124-81-23458	전자입력	외상
□	16												

실습02　4월 28일　상품을 매출하고 대금은 신한은행 발행 자기앞수표로 받다.

전자세금계산서		(공급자 보관용)			승인번호	20230428-××××0254	

	등록번호	201-81-12340				등록번호	101-85-67897	
공급자	상호	(주)서울전자유통	성명(대표자)	정서울	공급받는자	상호	(주)종로전자	성명(대표자)	박종로
	사업장주소	서울특별시 중구 마른내로 4길 28				사업장주소	서울특별시 종로구 삼일대로 383	
	업태	제조 및 도소매	종사업자번호			업태	도소매	종사업자번호
	종목	컴퓨터				종목	컴퓨터 및 주변장치	
	E-Mail	seoul777@hanmail.net				E-Mail	jongro25@naver.com	

작성일자	2023. 04. 28.	공급가액	14,000,000	세 액	1,400,000
비고					

월	일	품 목 명	규격	수량	단가	공급가액	세액	비고
04	28	노트북	아티브	20	450,000	9,000,000	900,000	
04	28	데스크탑	인텔	10	500,000	5,000,000	500,000	

합계금액	현금	수표	어음	외상미수금	이 금액을	● 영수 ○ 청구	함
15,400,000	15,400,000						

입력방법

① [물류관리] - [판매관리] - [출고입력]을 선택하여 [출고입력]창을 실행한다.

② 일자 : 출고일자 4월 28일을 입력한다.

③ 처리구분 : '2:건별', '1:과세'를 선택한다.

④ 거래처코드와 거래처명을 입력한다.

⑤ 지급구분 : '2:현금'을 선택한다.

⑥ 자산 : 상품을 선택한다.

⑦ 품목코드, 품목명 : [F2]도움 자판을 눌러 '5001 노트북'과 '5002 데스크탑'을 순서대로 선택 입력한다.

⑧ 수량과 단가를 노트북과 데스크탑 순서대로 입력한다.

⑨ 하단의 현금란에 자동으로 총액이 입력되어져 있다.

⑩ 화면 상단의 [전표추가]단추를 클릭하여 전송 [안내]창이 나타나면 [확인]단추를 클릭한다. 그 다음 화면 상단의 [전송]단추를 클릭하여 전송완료 안내창의 [확인]단추를 클릭하면 상단의 [전송]란에 '전송'으로 표시되면서 [매입매출전표입력]메뉴에 회계전표가 전송된다.

⑪ [회계]-[전표입력/장부]-[매입매출전표입력]을 실행하여 4월 28일을 입력하고 [Enter]하여 조회한 후 [전자세금]란에 '1.전자입력'을 한다.

실습 03   5월 23일   상품을 매출하고 대금은 현금으로 받은 즉시 기업은행에 당좌예입하다.

전자세금계산서			(공급자 보관용)		승인번호	20230523-×××0255	

<table>
<tr><td rowspan="6">공
급
자</td><td>등록번호</td><td colspan="4">201-81-12340</td><td rowspan="6">공
급
받
는
자</td><td>등록번호</td><td colspan="3">124-81-23458</td></tr>
<tr><td>상호</td><td colspan="2">(주)서울전자유통</td><td>성명
(대표자)</td><td>정서울</td><td>상호</td><td>(주)한국유통</td><td>성명
(대표자)</td><td>정한국</td></tr>
<tr><td>사업장
주소</td><td colspan="4">서울특별시 중구 마른내로 4길 28</td><td>사업장
주소</td><td colspan="3">수원시 장안구 경수대로 1020</td></tr>
<tr><td>업태</td><td colspan="2">제조 및 도소매</td><td colspan="2">종사업자번호</td><td>업태</td><td>도소매</td><td colspan="2">종사업자번호</td></tr>
<tr><td>종목</td><td colspan="4">컴퓨터</td><td>종목</td><td colspan="3">컴퓨터 및 주변장치</td></tr>
<tr><td>E-Mail</td><td colspan="4">seoul777@hanmail.net</td><td>E-Mail</td><td colspan="3">korea25@naver.com</td></tr>
</table>

작성일자	2023. 05. 23.	공급가액	9,500,000	세 액	950,000

비고							

월	일	품 목 명	규격	수량	단가	공급가액	세액	비고
05	23	노트북		10	450,000	4,500,000	450,000	
05	23	데스크탑		10	500,000	5,000,000	500,000	

합계금액	현금	수표	어음	외상미수금	이 금액을	● 영수 ○ 청구	함
10,450,000	10,450,000						

입력방법

① [물류관리] – [판매관리] – [출고입력]을 선택하여 [출고입력]창을 실행한다.

② 일자 : 출고일자 5월 23일을 입력한다.

③ 처리구분 : '2:건별', '1:과세'를 선택한다.

④ 거래처코드와 거래처명을 입력한다.

⑤ 지급구분 : '4:혼합'을 선택한다.

⑥ 자산 : 상품을 선택한다.

⑦ 품목코드, 품목명 : [F2]도움 자판을 눌러 '5001 노트북'과 '5002 데스크탑'을 순서대로 선택하여 수량과 단가를 순서대로 입력한다.

⑧ 하단의 [예금]란에 10,450,000원을 입력한다.

⑨ 화면 상단의 [전표추가]단추를 클릭하여 전송 [안내]창이 나타나면 [확인]단추를 클릭한다. 그 다음 화면 상단의 [전송]단추를 클릭하여 전송완료 안내창의 [확인]단추를 클릭하면 상단의 [전송]란에 '전송'으로 표시되면서 [매입매출전표입력]메뉴에 회계전표가 전송된다.

⑩ [회계]-[전표입력/장부]-[매입매출전표입력]을 실행하여 5월 23일을 입력하고 조회한 후 [전자세금]란에 '1.전자입력'을 표시한다. 하단 분개 차변의 '보통예금' 계정을 '당좌예금' 계정으로 변경해야 하고, 거래처도 기업은행으로 변경해야 한다. 그 방법은 각 코드란에 커서를 이동하여 [F2]도움 자판을 눌러 [코드도움]창에서 변경할 수 있다.

| 매입매출전표입력 201-81-12340 | | | | | 복수거래 | 수정세금계산서 | 어음등록 | 검색 ▼ | 복사(F4) | 이동(Ctrl+F4) | 기능모음(F11) ▼ |

일자 2023 년 05 ▼ 월 23 일 현금잔액 40,420,000원 　　　　　　　　　　　　출고입력 복수 매출 50001

□	일	유형	품명	수량	단가	공급가액	부가세	합계	코드	거래처명	사업.주민번호	전자세금	분개
■	23	과세	데스크탑외			9,500,000	950,000	10,450,000	01301	(주)한국유통	124-81-23458	전자입력	혼합
□	23												

| | 업체별 소계 | | 9,500,000 | 950,000 | 10,450,000 |

구분	코드	계정과목	차변	대변	코드	거래처	적요
대변	255	부가가치세예수금		950,000	01301	(주)한국유통	데스크탑외
대변	401	상품매출		9,500,000	01301	(주)한국유통	데스크탑외
차변	102	당좌예금	10,450,000		98001	기업은행(당좌)	데스크탑외
		전표건별 소계	10,450,000	10,450,000			

실습 04　6월 26일　상품을 매출하고 대금은 동점 발행 당점앞 전자어음으로 받다.

전자세금계산서			(공급자 보관용)		승인번호	20230626-×××0256	

공급자	등록번호	201-81-12340			공급받는자	등록번호	101-85-67897	
	상호	(주)서울전자유통	성명(대표자)	정서울		상호	(주)종로전자	성명(대표자)	박종로
	사업장주소	서울특별시 중구 마른내로 4길 28				사업장주소	서울특별시 종로구 삼일대로 383		
	업태	제조 및 도소매	종사업자번호			업태	도소매	종사업자번호	
	종목	컴퓨터				종목	컴퓨터 및 주변장치		
	E-Mail	seoul777@hanmail.net				E-Mail	jongro25@naver.com		

작성일자	2023. 06. 26.	공급가액	9,000,000	세 액	900,000
비고					

월	일	품 목 명	규격	수량	단가	공급가액	세액	비고
06	26	노트북		20	450,000	9,000,000	900,000	

합계금액	현금	수표	어음	외상미수금	이 금액을	● 영수 ○ 청구	함
9,900,000			9,900,000				

전 자 어 음

(주)서울전자유통 귀하　　　　　　08120230626110765430

금 구백구십만원정　　　　　　　　　　9,900,000원

위의 금액을 귀하 또는 귀하의 지시인에게 지급하겠습니다.

지급기일 2023년 9월 26일　　　　발행일 2023년 6월 26일
지 급 지 하나은행　　　　　　　　　발행지 서울특별시 종로구 삼일대로
지급장소 종로지점　　　　　　　　주 소 383
　　　　　　　　　　　　　　　　발행인 (주)종로전자

입력방법

① [물류관리] – [판매관리] – [출고입력]을 선택하여 [출고입력]창을 실행한다.

② 일자 : 출고일자 6월 26일을 입력한다.

③ 처리구분 : '2:건별', '1:과세'를 선택한다.

④ 거래처코드와 거래처명을 입력한다.

⑤ 지급구분 : '4:혼합'을 선택한다.

⑥ 자산 : 상품을 선택한다.

⑦ 품목코드, 품목명 : [F2]도움 자판을 눌러 '5001 노트북'을 선택 입력하고 수량과 단가를 입력한다.

⑧ 하단의 [어음]란에 9,900,000원을 입력한다.

⑨ 화면 상단의 [전표추가]단추를 클릭하여 전송 [안내]창이 나타나면 [확인]단추를 클릭한다. 그 다음 화면 상단의 [전송]단추를 클릭하여 전송완료 안내창의 [확인]단추를 클릭하면 상단의 [전송]란에 '전송'으로 표시되면서 [매입매출전표입력]메뉴에 회계전표가 전송된다.

⑩ [회계] – [전표입력/장부] – [매입매출전표입력]을 실행하여 6월 26일을 입력하고 조회한 후 [전자세금]란에 '1.전자입력'을 표시한다. 하단 분개란의 차변 받을어음 계정에 커서를 이동하여 [F3]도움 자판을 누르면 [받을어음 관리]창이 나타난다. 이곳에서 [어음종류]란에 '6:전자'로 변경하고, [어음번호]란에 받은 어음번호(08120230626110765430)와 만기일(2023-09-26)을 직접 입력하고 지급은행에는 [F2]도움 자판을 눌러 하나은행을 선택 입력한 후 종로지점을 입력하고 [자금관리]창을 닫으면 [매입매출전표입력]하단 받을어음 계정의 적요란에 어음번호 등 내역이 자동 입력된다.

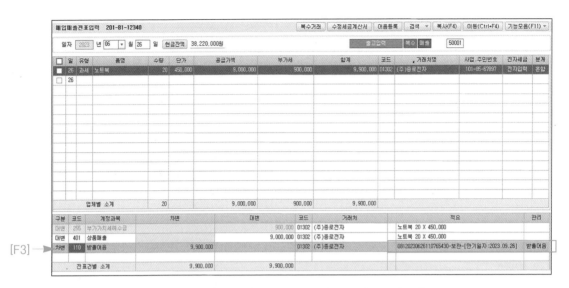

▶ [자금관리]창에서 지급은행이 없는 경우에는 [거래처등록]메뉴에서 [은행등록]을 하여야 하며, 어음거래가 입력된 전표를 삭제하는 방법은 134페이지 회계충전소를 참고할 것

실습 05   7월 12일   (주)종로전자로부터 상품을 주문받고 착수금으로 ₩300,000을 현금으로 받다.

입력화면

7월 12일	(차변) 현 금	300,000	(대변) 선 수 금	300,000

일반전표입력   어음등록 | 복사(F4) | 이동(Ctrl+F4) | 기간입력(Ctrl+8) | 기능모음(F11) ▼

일자 2023 년 07 ▼ 월 12 일 현금잔액 36,276,000원

□	일	번호	구분	코드	계정과목	코드	거래처	적요	차변	대변
□	12	00001	입금	259	선수금	01302	(주)종로전자	04 매출선수금 현금수령	현금	300,000
□	12									

8월 16일　상품을 매출하고 대금은 앞서 현금으로 받은 착수금 ₩300,000을 차감한 잔액은 외상으로 하다.

전자세금계산서 (공급자 보관용)

승인번호 20230816-×××0257

	등록번호	201-81-12340				등록번호	101-85-67897		
공급자	상호	(주)서울전자유통	성명(대표자)	정서울	공급받는자	상호	(주)종로전자	성명(대표자)	박종로
	사업장주소	서울특별시 중구 마른내로 4길 28				사업장주소	서울특별시 종로구 삼일대로 383		
	업태	제조 및 도소매	종사업자번호			업태	도소매	종사업자번호	
	종목	컴퓨터				종목	컴퓨터 및 주변장치		
	E-Mail	seoul777@hanmail.net				E-Mail	jongro25@naver.com		

작성일자	2023. 08. 16.	공급가액	5,000,000	세 액	500,000
비고					

월	일	품 목 명	규격	수량	단가	공급가액	세액	비고
08	16	노트북		10	500,000	5,000,000	500,000	

합계금액	현금	수표	어음	외상미수금	이 금액을	○ 영수
5,500,000	300,000			5,200,000		● 청구 함

입력방법

① [물류관리] – [판매관리] – [출고입력]을 선택하여 [출고입력]창을 실행한다.

② 일자 : 출고일자 8월 16일을 입력한다.

③ 처리구분 : '2:건별', '1:과세' 를 선택한다.

④ 거래처코드와 거래처명을 입력한다.

⑤ 지급구분 : '4:혼합' 을 선택한다.

⑥ 자산 : 상품을 선택한다.

⑦ 품목코드, 품목명 : [F2]도움 자판을 눌러 '5001 노트북' 을 선택 입력한다.

⑧ 수량과 단가 : 10대, 500,000원을 입력한다.

⑨ 하단의 [선수금(선급금)]란에 300,000원을 입력한다.

⑩ 화면 상단의 [전표추가]단추를 클릭하여 전송 [안내]창이 나타나면 [확인]단추를 클릭한다. 그 다음 화면 상단의 [전송]단추를 클릭하여 전송완료 안내창의 [확인]단추를 클릭하면 상단의 [전송]란에 '전송' 으로 표시되면서 [매입매출전표입력]메뉴에 회계전표가 전송된다.

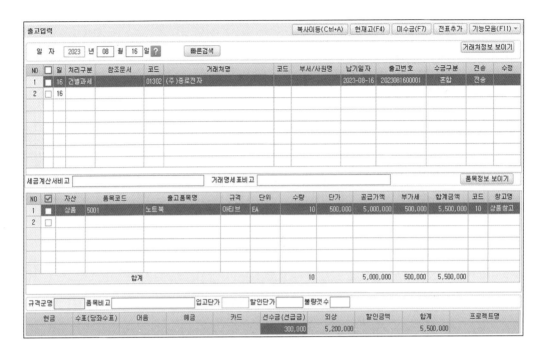

⑪ [회계] – [전표입력/장부] – [매입매출전표입력]을 실행하여 8월 25일을 입력하고 조회한 후 [전자세금]란에 '1.전자입력'을 표시한다.

실습 06 9월 20일   상품을 매출하고 대금 중 ₩2,750,000은 현금으로 받고, 잔액은 (주)삼성 카드로 결제받다.

전 자 세 금 계 산 서		(공급자 보관용)			승인번호	20230920-××××0258	

공급자	등록번호	201-81-12340			공급받는자	등록번호	101-85-67897	
	상호	(주)서울전자유통	성명(대표자)	정서울		상호	(주)종로전자	성명(대표자)	박종로
	사업장주소	서울특별시 중구 마른내로 4길 28				사업장주소	서울특별시 종로구 삼일대로 383	
	업태	제조 및 도소매	종사업자번호			업태	도소매	종사업자번호
	종목	컴퓨터				종목	컴퓨터 및 주변장치	
	E-Mail	seoul777@hanmail.net				E-Mail	jongro25@naver.com	

작성일자	2023. 09. 20.	공급가액	5,000,000	세 액	500,000
비고					

월	일	품 목 명	규격	수량	단가	공급가액	세액	비고
09	20	노트북		10	500,000	5,000,000	500,000	

합계금액	현금	수표	어음	외상미수금	이 금액을	● 영수 ○ 청구	함
5,500,000	2,750,000			2,750,000			

입력화면

① [물류관리] – [판매관리] – [출고입력]을 선택하여 [출고입력]창을 실행한다.

② 일자 : 출고일자 9월 20일을 입력한다.

③ 처리구분: ' 2:건별 ', 1:과세'를 선택한다.

④ 거래처코드와 거래처명을 입력한다.

⑤ 지급구분 : '4 : 혼합'을 선택한다.

⑥ 자산 : 상품을 선택한다.

⑦ 품목코드, 품목명 : [F2]도움 자판을 눌러 '5001 노트북'을 선택하고, 수량과 단가 : 10대, 500,000원을 입력한다.

⑧ 하단의 [현금]란에 2,750,000원을 입력하고, [카드]란에 2,750,000원을 입력한다.

⑨ 화면 상단의 [전표추가] 단추를 클릭하여 전송[안내] 창이 나타나면 [확인] 단추를 클릭한다. 그 다음 화면 상단의 [전송] 단추를 클릭하여 전송완료 안내창의 [확인] 단추를 클릭하면 상단의 [전송]란에 '전송'으로 표시되면서 [매입매출전표입력]메뉴에 회계전표가 전송된다.

⑩ [회계] – [전표입력/장부] – [매입매출전표입력]을 실행하여 9월 20일을 입력하고 조회한 후 [전자세금]란에 '1.전자입력'을 표시한다. 단, 조회된 [매입매출전표입력] 하단 분개 란의 차변 미수금 계정에 커서를 이동하여 [F2] 도움 자판을 눌러서 외상매출금 계정으로 변환하고, 거래처 '(주)종로전자'로 나타나는 것을 '(주)삼성카드'로 수정하여야 한다.

회계 충전소

▶ 상품을 매출하고 전체대금을 카드로 결제받는 거래는 [출고입력] 화면의 [처리구분] 란에서 건별-'카과'로 하여 입력하고, [매입매출전표입력]화면을 조회하면 맨 오른쪽 분개란에 '카드'로 표시되고 하단 분개란에는 미수금으로 나타나는데 이럴 때는 상단의 오른쪽 분개란에 커서를 두고 숫자 '0' 자판을 누르면 하단 분개가 지워진다. 다시 상단 오른쪽 분개란을 '외상'으로 입력하면 하단 분개란에 외상매출금으로 나타나고 거래처를 해당 카드사로 변경하면 된다.

실습 07 9월 24일 정동훈에게 상품을 판매하고 현금영수증을 발행해 주다. 대금은 현금
으로 받은 후 보통예금(신한은행)에 입금하다.

현 금 영 수 증

● 거래 정보

거래일시	2023-09-24
승인번호	12341234
거래구분	승인거래
거래용도	소득공제
발급수단번호	010-3535-3535

● 거래 금액

품목	수량	공급가액	부가세	봉사료	총거래금액
노트북	1	450,000	45,000		495,000
합계					495,000

● 가맹점 정보

상호	(주)서울전자유통
사업자번호	201-81-12340
대표자명	정서울
주소	서울특별시 중구 마른내로 4길 28

입력화면

① [물류관리] – [판매관리] – [출고입력]을 선택하여 [출고입력]창을 실행한다.

② 일자 : 출고일자 9월 24일을 입력한다.

③ 처리구분:'2:건별 ', 12:현과'를 선택한다. (개인에게 상품을 판매할 때는 세금계산서가 발급되지 않고 현금영수증을 발행할 때는 '건별현과'를 선택해야 한다.)

④ 거래처코드와 거래처명을 입력한다.

⑤ 지급구분 : '2 : 현금'을 선택한다.

⑥ 자산 : 상품을 선택한다.

⑦ 품목코드, 품목명 : [F2] 도움 자판을 눌러 '5001 노트북'을 선택하고, 수량과 단가를 입력한다.

⑧ 하단의 [현금] 란에 495,000원 총액이 자동 입력된다.

⑨ 화면 상단의 [전표추가 (F3)]단추를 클릭하여 전송[안내]창이 나타나면 [확인]단추를 클릭한다. 그 다음 화면 상단의 [전송]단추를 클릭하여 전송완료 안내창의 [확인]단추를 클릭하면 상단의 [전송]란에 '전송'으로 표시되면서 [매입매출전표입력]메뉴에 회계전표가 전송된다.

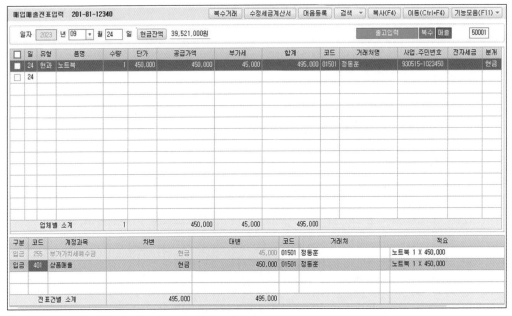

출고입력

| | | | 복사이동(Ctrl+A) | 현재고(F4) | 미수금(F7) | 전표추가 | 기능모음(F11) ▼ |

일자 2023 년 09 월 24 일 ? 　빠른검색 　　　　　　　　　　　　　　　　　　　　거래처정보 보이기

NO	□	일	처리구분	참조문서	코드	거래처명	코드	부서/사원명	납기일자	출고번호	수금구분	전송	수정
1	□	24	건별현과		01501	정동훈			2023-09-24	2023092400001	현금	전송	
2	□	24											

세금계산서비고 [　　　　　] 　　거래명세표비고 [　　　　　] 　　　　　　　　　　　　품목정보 보이기

NO	□	자산	품목코드	출고품목명	규격	단위	수량	단가	공급가액	부가세	합계금액	코드	창고명
1	□	상품	5001	노트북	아티브	EA	1	450,000	450,000	45,000	495,000	10	상품 창고
2	□												
			합계				1		450,000	45,000	495,000		

규격군명 [　] 품목비고 [　　　] 입고단가 [　] 할인단가 [　] 불량갯수 [　]

현금	수표(당좌수표)	어음	예금	카드	선수금(선급금)	외상	할인금액	합계	프로젝트명
495,000								495,000	

⑩ [회계] – [전표입력/장부] – [매입매출전표입력]을 실행하여 9월 24일을 입력하고 조회한다.

매입매출전표입력 201-81-12340

| | | | 복수거래 | 수정세금계산서 | 어음등록 | 검색 ▼ | 복사(F4) | 이동(Ctrl+F4) | 기능모음(F11) ▼ |

일자 2023 년 09 ▼ 월 24 일 현금잔액 39,521,000원 　　　　　　　　　　출고입력 　복수 매출 　50001

	일	유형	품명	수량	단가	공급가액	부가세	합계	코드	거래처명	사업.주민번호	전자세금	분개
■	24	현과	노트북	1	450,000	450,000	45,000	495,000	01501	정동훈	930515-1023450		현금
□	24												
		업체별 소계		1		450,000	45,000	495,000					

구분	코드	계정과목	차변		대변		코드	거래처	적요
입금	255	부가가치세예수금	현금			45,000	01501	정동훈	노트북 1 X 450,000
입금	401	상품매출	현금			450,000	01501	정동훈	노트북 1 X 450,000
		전표건별 소계	495,000		495,000				

▶ 이 경우에는 [전자세금]란에 '1.전자입력'을 표시하지 않는다.

실습 08 9월 30일 최우솜에게 상품(노트북 1대)을 판매하고 신용카드매출전표를 발행해 주다.

단말기번호	1234567890		전표번호	
카드종류	삼성카드		20230930-003	
회원번호	4545-4545-4545-4545			
유효기간	거래일시		취소시 당초거래일	
	2023. 09. 30.			
거래유형	승인	품명	노트북 1대	

결제방법	일시불	금 액 AMOUNT		4 5 0 0 0 0
매장명		부가세 VAT		4 5 0 0 0
판매자		봉사료 S/C		
대표자	정서울	합 계 TOTAL		4 9 5 0 0 0
알림/NOTICE		승인번호	12340567	

가맹점주소	서울특별시 중구 마른내로 4길 28
가맹점번호	8585969601
사업자등록번호	201-81-12340
가맹점명	(주)서울전자유통

문의전화/HELP DESK	서명/SIGNATURE
TEL : 1544-4700	최우솜
(회원용)	

입력화면

① [물류관리] – [판매관리] – [출고입력]을 선택하여 [출고입력]창을 실행한다.

② 일자 : 출고일자 9월 30일을 입력한다.

③ 처리구분 : '2:건별', '7:카과'를 선택하여 나타나는 신용카드 거래처등록 창에 '삼성카드'를 선택하여 입력한다.(개인에게 상품을 판매하고 신용카드매출전표를 발행할 경우 출고입력 시 처리구분을 '2.건별', '7.카과'를 선택한다. 또한 수금구분은 "혼합"이나 "외상" 모두 상관없지만 재고자산의 판매에 있어서 카드로 결제받은 경우는 외상매출금으로 처리하여야 한다.)

④ 거래처코드와 거래처명을 입력한다.

⑤ 지급구분 : '1 : 외상'을 선택한다.

⑥ 자산 : 상품을 선택한다.

⑦ 품목코드, 품목명 : [F2] 도움 자판을 눌러 '5001 노트북'을 선택하고, 수량과 단가를 입력한다.

⑧ 하단의 [외상]란에 495,000원이 자동 입력되어 있다.

⑨ 화면 상단의 [전표추가 (F3)]단추를 클릭하여 전송[안내]창이 나타나면 [확인]단추를 클릭한다. 그 다음 화면 상단의 [전송]단추를 클릭하여 전송완료 안내창의 [확인]단추를 클릭하면 상단의 [전송]란에 '전송'으로 표시되면서 [매입매출전표입력]메뉴에 회계전표가 전송된다.

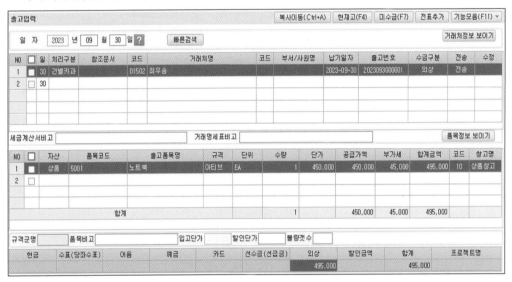

⑩ [회계] - [전표입력/장부] - [매입매출전표입력]을 실행하여 9월 30일을 입력하고 조회한 후 하단의 '외상매출금'의 거래처 '최우솜'을 '삼성카드'로 수정한다. 이 경우 [전자세금]란에 '1.전자입력'을 표시하지 않는다.

구분	코드	계정과목	차변	대변	코드	거래처	적요
차변	108	외상매출금	495,000		99602	(주)삼성카드	노트북 1 X 450,000
대변	255	부가가치세예수금		45,000	01502	최우솜	노트북 1 X 450,000
대변	401	상품매출		450,000	01502	최우솜	노트북 1 X 450,000
		전표건별 소계	495,000	495,000			

3. 유형자산의 구입과 처분

❖ (주)서울전자유통의 다음 거래를 매입매출전표입력 메뉴에 입력하시오. (단, 채권·채무 및 금융 거래는 거래처 코드를 입력하고, 각 문항별 한 개의 전표번호로 입력한다.

실습 01   8월 13일   비영업용 승용차를 취득하고 전자세금계산서를 발급받다. 단, 고정자산을 등록하시오.

자산코드	계정과목명	자산명	수량	내용연수	상각방법
000303	차량운반구	4세대카니발	1	7년	정률법

전자세금계산서   (공급받는자 보관용)   승인번호 20230813-×××0131

	공급자				공급받는자			
등록번호	113-82-34568			등록번호	201-81-12340			
상호	(주)그린자동차	성명(대표자)	최그린	상호	(주)서울전자유통	성명(대표자)	정서울	
사업장주소	서울특별시 구로구 시흥대로 533			사업장주소	서울특별시 중구 마른내로 4길 28			
업태	제조	종사업자번호		업태	제조 및 도소매	종사업자번호		
종목	자동차 및 부속장치			종목	컴퓨터			
E-Mail	green2000@naver.com			E-Mail	seoul777@hanmail.net			

작성일자	2023. 08. 13.	공급가액	5,000,000	세 액	500,000
비고					

월	일	품 목 명	규격	수량	단가	공급가액	세액	비고
08	13	4세대카니발(2,000CC)		1	5,000,000	5,000,000	500,000	

합계금액	현금	수표	어음	외상미수금	이 금액을	● 영수 ○ 청구	함
5,500,000	5,500,000						

| 수기식 분개 | (차변) 차 량 운 반 구 | 5,500,000 | (대변) 현 금 | 5,500,000 |

▶ 취득하는 승용차가 1,000CC이상인 경우에는 매입세액 공제를 받지 못하므로 부가가치세만큼 취득금액에 포함시킨다.

알아두세요~

▶ **소형승용자동차의 범위**(비영업용 소형승용자동차는 개별소비세 과세대상승용차라고도 한다.)
① 승용자동차 : 정원 8인 이하의 자동차(배기량 1,000cc 이하 경차 제외)
② 이륜자동차 : 총배기량이 125cc를 초과하는 것에 한함
③ 캠핑용 자동차(캠핑용 트레일러 포함) ④ 전기승용자동차(정원 8인 이하)

입력방법

① [회계] – [고정자산등록] – [고정자산등록]을 실행하여 차량운반구를 등록한다.

② [회계] – [전표입력/장부] – [매입매출전표입력]을 실행하여 거래일자를 입력하고, [유형]을 클릭하여 '매입, 54:불공'을 선택한 후 [불공제사유 선택] 창이 나타나면 '비영업용소형승용차 구입 및 유지'를 선택하고 [Enter]를 하면 유형에 '불공'이 입력되고 화면 오른쪽 상단에 '매입'이라고 표시된다.

③ 품명, 수량, 단가 및 거래처를 입력하고 '유형' 란 앞의 선택 상자에 체크한 후 화면 오른쪽의
[분개]란에 마우스 오른쪽을 클릭하여 [일괄분개]–[현금]을 선택한 후 [현금분개 기본계정
설정] 창에 매입분개 기본 계정을 차량 운반구로 수정 입력하고 [확인] 단추를 클릭하면 화면
하단에 분개가 나타나고, [전자세금]란에 '1.전자입력'을 표시한다.

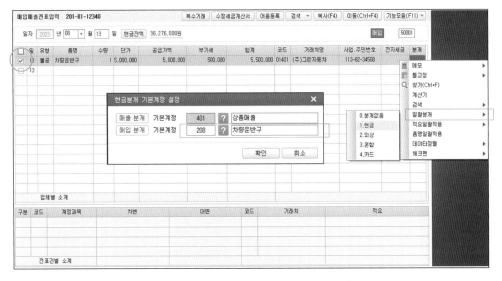

| 매입매출전표입력 201-81-12340 | | | | | 복수거래 | 수정세금계산서 | 어음등록 | 검색 ▼ | 복사(F4) | 이동(Ctrl+F4) | 기능모음(F11) ▼ |

일자 2023 년 08 ▼ 월 13 일 현금잔액 30,776,000원   매입   50001

□	일	유형	품명	수량	단가	공급가액	부가세	합계	코드	거래처명	사업.주민번호	전자세금	분개
■	13	불공	차량운반구	1	5,000,000	5,000,000	500,000	5,500,000	01401	(주)그린자동차	113-82-34568	전자입력	현금
□	13												

| | 업체별 소계 | | 1 | | 5,000,000 | 500,000 | 5,500,000 | | | |

구분	코드	계정과목	차변	대변	코드	거래처	적요
출금	208	차량운반구	5,500,000		현금	01401 (주)그린자동차	차량운반구 1 X 5,000,000

| | 전표건별 소계 | | 5,500,000 | 5,500,000 | | | |

실습 02   9월 25일   영업용 승용차(999CC) 1대를 취득하고 전자세금계산서를 발급받다. 단, 고정자산을 등록하시오.

자산코드	계정과목명	자산명	수량	내용연수	상각방법
000304	차량운반구	morning	1	5년	정액법

전자세금계산서			(공급받는자 보관용)			승인번호	20230925-××××0132	

공급자	등록번호	113-82-34568			공급받는자	등록번호	201-81-12340	
	상호	(주)그린자동차	성명(대표자)	최그린		상호	(주)서울전자유통	성명(대표자) 정서울
	사업장주소	서울특별시 구로구 시흥대로 533				사업장주소	서울특별시 중구 마른내로 4길 28	
	업태	제조	종사업자번호			업태	제조 및 도소매	종사업자번호
	종목	자동차 및 부속장치				종목	컴퓨터	
	E-Mail	green2000@naver.com				E-Mail	seoul777@hanmail.net	

작성일자	2023. 09. 25.	공급가액	2,000,000	세 액	200,000
비고					

월	일	품 목 명	규격	수량	단가	공급가액	세액	비고
09	25	morning(999CC)		1	2,000,000	2,000,000	200,000	

합계금액	현금	수표	어음	외상미수금	이 금액을	○ 영수 ● 청구	함
2,200,000				2,200,000			

수기식 분개	(차변)	차 량 운 반 구	2,000,000	(대변) 미 지 급 금	2,200,000
		부가가치세대급금	200,000		

▷ 취득하는 승용차가 1,000cc 이하이므로 매입세액을 공제받을 수 있다.

입력방법

① [회계] – [고정자산등록] – [고정자산등록]을 실행하여 차량운반구를 등록한다.

② [회계] – [전표입력/장부] – [매입매출전표입력]을 실행하여 거래일자를 입력하고, [유형]을 클릭하여 '매입, 51:과세'를 선택하면 유형에 '과세'가 입력되고 화면 오른쪽 상단에 '매입'이라고 표시된다.

③ 품명, 수량, 단가 및 거래처를 입력하고 '유형'란 앞의 선택 상자에 체크한 후 화면 오른쪽의
[분개]란에 마우스 오른쪽을 클릭하여 [일괄분개] – [외상]을 선택한 후 [외상분개 기본계정
설정] 창에 매입 분개 기본 계정을 차량 운반구와 미지급금으로 수정 입력하고 [확인] 단추를
클릭하면 화면 하단에 분개가 나타나고 [전자세금]란에 '1.전자입력'을 표시한다.

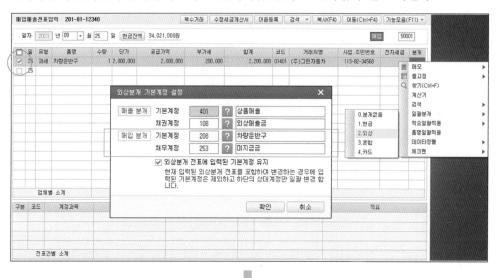

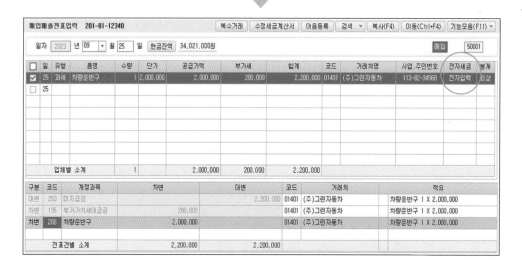

실습 03　　11월 30일　사용 중이던 차량운반구를 (주)그린자동차에 전자세금계산서를 발
급하고 아래와 같이 처분하였다. 판매대금은 다음 달 말일에 받기로
하였다. 처분하기 전까지의 회계처리는 적정하게 반영되었다.

전자세금계산서				(공급자 보관용)			승인번호		20231130-××××0126	

전자세금계산서 (공급자 보관용) 승인번호 20231130-××××0126

공급자	등록번호	201-81-12340			공급받는자	등록번호	113-82-34568		
	상호	(주)서울전자유통	성명(대표자)	정서울		상호	(주)그린자동차	성명(대표자)	최그린
	사업장주소	서울특별시 중구 마른내로 4길 28				사업장주소	서울특별시 구로구 시흥대로 533		
	업태	제조 및 도소매	종사업자번호			업태	제조	종사업자번호	
	종목	컴퓨터				종목	자동차 및 부속장치		
	E-Mail	seoul777@hanmail.net				E-Mail	green2000@naver.com		

작성일자	2023. 11. 30.	공급가액	1,200,000	세 액	120,000
비고					

월	일	품 목 명	규격	수량	단가	공급가액	세액	비고
11	30	morning(999CC)		1		1,200,000	120,000	

합계금액	현금	수표	어음	외상미수금	이 금액을	○ 영수 함
1,320,000				1,320,000		● 청구

입력방법

① [회계] – [고정자산등록] – [고정자산등록]을 실행한다.

② 고정자산계정과목 : 물음표[**?**]를 클릭하여 '차량운반구'를 선택하고 [Enter] 한다.

③ 고정자산등록 화면 하단의 [3. 전체양도일자]에 2023–11–30을 입력하고 [Enter]하면 화면 상의 [19. 당기상각범위액]과 [20. 회사계상감가상각비], [23. 당기말상각누계액]의 ₩133,333이 ₩100,000으로 수정된다.

④ [회계] – [전표입력/장부] – [매입매출전표입력]을 실행하여 거래일자를 입력하고, [유형]을 클릭하여 [매출/11.과세]를 선택하여 입력한다.

⑤ 품명, 수량, 공급가액 및 거래처를 입력하고 [유형]란 앞의 선택 상자에 체크한 후 화면 오른쪽의 [분개]란에 마우스 오른쪽을 클릭하여 [일괄분개] – [혼합]을 선택한 후 [혼합분개 기본계정 설정] 창이 나타나면 수정하지 않고 [확인] 단추를 클릭하여 화면 하단에 분개가 나타나면 '상품매출' 계정을 '차량운반구'로 수정하고 추가적으로 차변에 미수금과 감가상각비 및 유형자산처분손실 계정을 입력한 후 [전자세금]란에 '1.전자입력'을 표시한다.

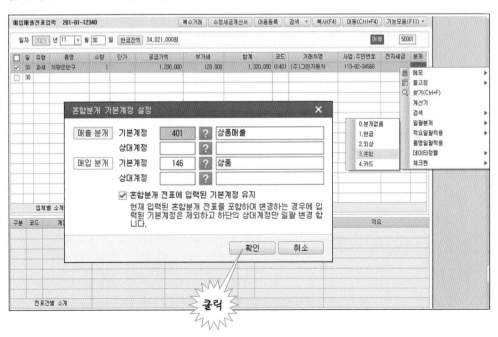

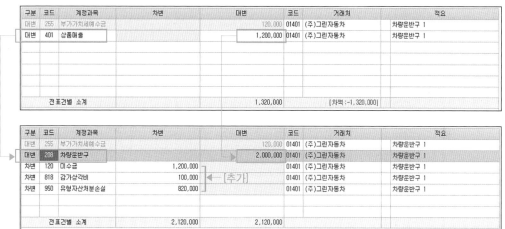

회계 충전소

▶ **차량운반구의 매각처분 시의 감가상각비 회계처리 3가지 유형**

1. 문제에서 '처분하기 전까지의 회계처리는 적정하게 반영되었다.' 라는 제시가 있든지 또는 감가상각에 대하여 아무런 제시가 없으면 위와 같이 실행하면 된다.

2. 문제에서 '일반전표에 당기 감가상각비의 회계처리를 하시오' 라는 제시가 있으면 11월 30일 [일반전표]에 (차) 818. 감가상각비 100,000 (대) 209 감가상각누계액 100,000을 입력－[저장]한 후 [매입매출전표입력] 하단 차변에 감가상각비 대신 감가상각누계액으로 입력해야 한다.

3. 문제에서 '당기의 감가상각비는 고려하지 말 것'으로 제시를 하면 처분 분개 시 감가상각비 계정(또는 감가상각누계액 계정)을 입력할 필요가 없다.

4. 면세 물품의 취득

○ 면세의 개념과 종류

면세란 국민복지의 증진, 문화소비의 촉진, 조세부담의 역진성 완화, 중복과세의 방지 등의 목적으로 특정 재화 또는 용역의 공급 및 재화의 수입에 대하여 부가가치세를 면제하는 것을 말한다. 이 경우 해당 거래의 매출 부가가치세액이 존재하지 않으므로 면세물품을 취득하는 경우에는 전자계산서를 발급받는다. 면세 물품에는 기초생활·필수품(지하철, 시내버스요금 등, 미가공식료품인 배추, 무, 대파 등, 김치, 두부, 고추장, 된장 등과 같은 단순가공식료품), 의료보건용역(병원치료비), 문화관련재화(도서, 신문, 잡지 등), 토지의 취득 등이 있다.

실습 01	10월 12일 주차장용 토지를 구입하고, 전자계산서를 발급받다. 매매대금은 보통예금(신한은행) 계좌에서 인출하여 현금으로 지급하다.

전 자 계 산 서 (공급받는자 보관용)

승인번호 20231012-×××0181

공급자

등록번호	105-81-11418		
상호	서울개발(주)	성명(대표자)	양서울
사업장주소	서울특별시 마포구 대흥로 106		
업태	부동산업	종사업자번호	
종목	부동산개발공급		
E-Mail	seoul2233@naver.com		

공급받는자

등록번호	201-81-12340		
상호	(주)서울전자유통	성명(대표자)	정서울
사업장주소	서울특별시 중구 마른내로 4길 28		
업태	제조 및 도소매	종사업자번호	
종목	컴퓨터		
E-Mail	seoul777@hanmail.net		

작성일자	2023. 10. 12.	공급가액	5,000,000
비고			

월	일	품 목 명	규격	수량	단가	공급가액	비고
10	12	토지				5,000,000	

합계금액	현금	수표	어음	외상미수금	이 금액을	● 영수 ○ 청구	함
5,000,000	5,000,000						

입력방법

토지의 구입은 부가가치세법상 면세적용 대상으로 해당 증빙이 전자계산서이다. 따라서 [유형]은 매입 "53. 면세"를 선택하여 입력한 후 내역을 입력하면 하단에 분개가 표시되고 상단의 [전자세금] 란에 '1. 전자입력'을 표시한다.

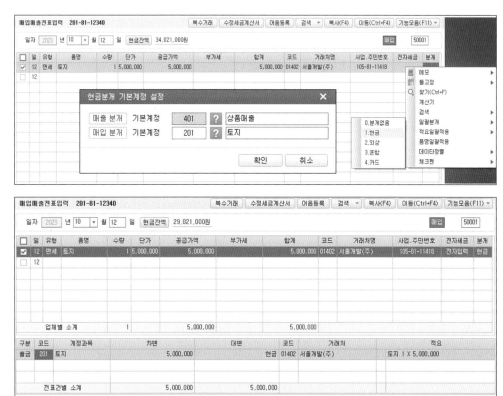

실습 02   10월 13일   대한신문 10월분 신문구독료를 법인신용카드(신한카드)로 결제하다.

단말기번호	4523188307						전표번호			
카드종류	**신한카드**									
회원번호	5757-5757-5757-5757									
유효기간		거래일시				취소시 당초거래일				
		2023. 10. 13.								
거래유형	**승인**		품명			**구독료**				

결제방법	**일시불**	금 액 AMOUNT		1	2	0	0	0	0
매장명		부가세 VAT							
판매자		봉사료 S/C							
대표자	**강대한**	합 계 TOTAL		1	2	0	0	0	0
알림/NOTICE		승인번호	56789012						

가맹점주소	서울특별시 마포구 마포대로 112
가맹점번호	1234512345
사업자등록번호	201-81-56874
가맹점명	**대한신문**

문의전화/HELP DESK	서명/SIGNATURE
TEL : 1544-4700	**(주)서울전자유통**
(회원용)	

입력방법

① 신문구독료의 지급은 부가가치세법상 면세대상이다. 따라서 매입매출전표 입력 시 [유형]은 매입 "58 카면"을 선택하여 입력하고 나타나는 신용카드 입력 창에 신한카드를 입력한다.

② [유형] 란 앞의 선택 상자에 체크한 후 화면 오른쪽의 [분개]란에 마우스 오른쪽을 클릭하여 [일괄분개]−[카드]를 선택한 후 [카드분개 설정] 창이 나타나면 하단의 매입카드란에 '신한카드'를 입력한다. 하단의 분개란에 차변 '146 상품'을 '846 도서인쇄비'로 수정한다.

실습 03   10월 15일   영업부 직원의 부친상에 근조화환을 주문하고 전자계산서를 발급받았다.

전 자 계 산 서			(공급받는자 보관용)		승인번호	20231015-××××0188	
공급자	등록번호	128-81-12346		공급받는자	등록번호	201-81-12340	
	상호	종합상사(주)	성명(대표자) 송한국		상호	(주)서울전자유통	성명(대표자) 정서울
	사업장주소	경기 고양시 덕양구 가양대로 110			사업장주소	서울특별시 중구 마른내로 4길 28	
	업태	도소매	종사업자번호		업태	제조 및 도소매	종사업자번호
	종목	의류, 화훼			종목	컴퓨터	
	E-Mail	total555@naver.com			E-Mail	seoul777@hanmail.net	

작성일자	2023. 10. 15.	공급가액	200,000
비고			

월	일	품 목 명	규격	수량	단가	공급가액	비고
10	15	근조 화환		1	200,000	200,000	

합계금액	현금	수표	어음	외상미수금	이 금액을	○ 영수 ● 청구	함
200,000				200,000			

입력방법

직원의 경조사에 화환을 주문하는 것은 면세대상이다. 따라서 매입매출전표 입력 시 [유형]은 매입 '53 면세'를 선택하여 입력한 후 품명, 수량, 단가, 공급가액 및 거래처를 입력하고 [유형]란 앞의 선택상자에 체크한 후 화면 우측의 [분개]란에 마우스 오른쪽을 클릭하여 [일괄분개]-[외상]을 선택한 후 [외상분개 기본계정 설정] 창이 나타나면 [매입분개]란의 기본계정 '상품'을 '811.복리후생비'로 수정하고, 채무계정의 '외상매입금'을 '253.미지급금'으로 수정한 후 [확인] 단추를 클릭하면 하단에 분개가 표시된다. 또한 상단의 [전자세금]란에 '1. 전자입력'을 표시한다.

5. 기타 제경비(부가가치세 별도) 지출

실습 01 11월 20일   영업부 직원들의 유니폼을 구입하고 현금영수증을 받다.

현 금 영 수 증

● 거래 정보

거래일시	2023-11-20
승인번호	85858585
거래구분	승인거래
거래용도	지출증빙
발급수단번호	201-81-12340

● 거래 금액

품목	공급가액	부가세	봉사료	총거래금액
유니폼	300,000	30,000	0	330,000

● 가맹점 정보

상호	종합상사(주)
사업자번호	128-81-12346
대표자명	송한국
주소	경기도 고양시 덕양구 가양대로 110

입력방법

영업부 직원들의 유니폼 구입은 매입세액 공제를 받을 수 있는 과세대상이다. 따라서 매입
매출전표 입력 시 [유형]은 매입 '61 현과'를 선택하고 일괄분개-현금, 하단분개의 '상품'을
'811.복리후생비'로 수정한다.

매입매출전표입력 201-81-12340 　　　　복수거래　수정세금계산서　어음등록　검색 ▾　복사(F4)　이동(Ctrl+F4)　기능모음(F11) ▾

일자 2023 년 11 ▾ 월 20 일 현금잔액 28,691,000원 　　　　　　매입　50001

□	일	유형	품명	수량	단가	공급가액	부가세	합계	코드	거래처명	사업.주민번호	전자세금	분개
☑	20	현과	직원 유니폼			300,000	30,000	330,000	01404	종합상사(주)	128-81-12346		현금
□	20												
		업체별 소계				300,000	30,000	330,000					

구분	코드	계정과목	차변	대변	코드	거래처	적요
출금	135	부가가치세대급금	30,000	현금	01404	종합상사(주)	직원 유니폼
출금	811	복리후생비	300,000	현금	01404	종합상사(주)	직원 유니폼
		전표건별 소계	330,000	330,000			

실습 02   11월 25일   거래처 직원의 생일 선물을 주문하고 전자세금계산서를 발급받았다.

전자세금계산서			(공급받는자 보관용)		승인번호	20231125-×××0183	

공급자	등록번호	128-81-12346			공급받는자	등록번호	201-81-12340	
	상호	종합상사(주)	성명 (대표자)	송한국		상호	(주)서울전자유통	성명 (대표자)	정서울
	사업장 주소	경기 고양시 덕양구 가양대로 110				사업장 주소	서울특별시 중구 마른내로 4길 28	
	업태	부동산업	종사업자번호			업태	제조 및 도소매	종사업자번호
	종목	의류, 화훼				종목	컴퓨터	
	E-Mail	total555@naver.com				E-Mail	seoul777@hanmail.net	

작성일자	2023. 11. 25.	공급가액	250,000	세 액	25,000
비고					

월	일	품 목 명	규격	수량	단가	공급가액	세액	비고
11	25	거래처 직원 생일 선물		1	250,000	250,000	25,000	

합계금액	현금	수표	어음	외상미수금	이 금액을	○ 영수	함
275,000				275,000		● 청구	

입력방법

① 거래처 직원의 생일선물 구입은 매입세액 공제를 받을 수 없는 불공제 대상이다. 따라서 매입매출전표 입력 시 [유형]은 매입 '54 불공'을 선택하고 나타나는 불공제 사유 선택 창에는 [9. 접대비관련 매입세액]을 선택한다.

② [유형] 란 앞의 선택 상자에 체크한 후 화면 오른쪽의 [분개]란에 마우스 오른쪽을 클릭하여 [일괄분개]-[외상]을 선택하여 나타나는 [외상분개 기본계정 설정] 창에서 기본계정을 '813.접대비'로, 채무계정은 '미지급금'으로 수정하여 [확인]하면 하단에 분개가 표시되고 상단의 [전자세금]란에 '1. 전자입력'을 표시한다.

능력단위요소	자가 진단 내용	문항 평가				
		매우 미흡	미흡	보통	우수	매우 우수
예금 관리하기 (0203020102_14v 2.2)(3수준)	1. 나는 회계 관련 규정에 따라 예·적금을 구분·관리할 수 있다.	①	②	③	④	⑤
	2. 나는 자금운용을 위한 예·적금 계좌를 예치기관별·종류별로 구분·관리할 수 있다.	①	②	③	④	⑤
어음·수표 관리하기 (0203020102_14v 2.4)(3수준)	3. 나는 관련 규정에 따라 수령한 어음·수표를 금융기관에 입금·예탁할 수 있다.	①	②	③	④	⑤
	4. 나는 관련 규정에 따라 어음·수표를 발행·수령할 때 회계처리하고 어음관리대장에 기록·관리할 수 있다.	①	②	③	④	⑤
회계 관련 DB 마스터 관리하기 (0203020105_14v 2.1)(3수준)	5. 나는 DB마스터 매뉴얼에 따라 비유동자산의 변경 내용을 관리할 수 있다.	①	②	③	④	⑤
회계프로그램 운용하기 (0203020105_14v 2.2)(3수준)	6. 나는 회계프로그램 매뉴얼에 따라 정보 산출에 필요한 자료를 입력·수정할 수 있다.	①	②	③	④	⑤
부가가치세 부속 서류 작성하기 (0203020205_16v 3.2)(3수준)	7. 나는 부가가치세법에 따라 매입세액 불공제분에 대한 계산 근거 서류를 작성할 수 있다.	①	②	③	④	⑤

회계 충전소

▶ 어음 거래가 입력된 전표를 삭제하는 방법

1. 상품매입과 매출거래에서 어음이 발생한 전표의 삭제는 2가지 방법이 있다.

  (1) 삭제하고자 하는 일자의 [매입매출전표입력]을 실행하여 조회된 화면의 하단 분개란의 받을어음이나 지급어음에 커서를 두고 [F3] 도움 자판을 눌러 [자금관리] 창을 띄우고 오른쪽 [삭제(F5)] 단추를 누르면 어음관리 내역이 삭제되고 관련 [입고입력]과 [출고입력]을 실행하여 삭제한 후 재입력을 하면 된다.

  (2) 삭제하고자 하는 일자의 [입고입력]과 [출고입력] 화면에서 해당 일자의 입·출고 내역을 먼저 삭제한 후 [매입매출전표입력]을 실행하여 조회된 화면에서 위 (1)번처럼 실행하면 어음관리내역이 삭제되고 [입고입력]과 [출고입력]의 재입력이 가능하다.

  ※ 단, 삭제하고자 하는 어음이 결제, 배서, 할인이 된 경우는 결제, 배서, 할인 등으로 작성된 전표를 받을어음 또는 지급어음의 계정별원장을 조회하여 찾은 후 해당 전표를 아래 2번과 같이 먼저 삭제하여야 한다.

2. 외상대금의 상환 거래에서 어음을 발행하거나 어음의 결제가 이루어진 [일반전표]의 삭제는 해당 전표를 조회한 후 전표의 받을어음 계정이나 지급어음 계정을 클릭하여 전표조회 화면 하단 [자금관리] 창이 나타나면 오른쪽 [삭제(F5)] 단추를 눌러 어음관리 내역을 삭제한다. 그 다음 전표조회 화면 상단의 [삭제]를 누르면 전표의 삭제가 이루어진다.

04 종합실습예제

(주)서울디지털의 다음 기준정보를 등록하고 2023년 거래를 입력하시오. 단, 부가가치세는 명시된 경우만 고려하며, 본 실습문제는 회사설립부터 시작하므로 기초데이터는 없다.

1. (주)서울디지털의 기업정보를 등록하시오.

① 회사코드 : 4567
② 회사명 : (주)서울디지털
③ 회계연도 : 제1기 2023년 1월 1일부터 12월 31일
④ 사업자등록번호 : 104-81-64800
⑤ 법인등록번호 : 110234-5678903
⑥ 대표자명 : 정다니엘
⑦ 사업장주소 : 서울특별시 중구 남대문로 116(남대문로1가)
⑧ 전화번호 : 02-2301-2345
⑨ 팩스번호 : 02-2301-2346
⑩ 업종코드 : 515050 (업태 : 도매 및 소매업, 종목 : 컴퓨터 및 주변장치)
⑪ 설립년월일 : 2023년 1월 1일
⑫ 개업년월일 : 2023년 1월 2일

2. 다음 신규 거래처를 등록하시오. 단, 일반거래처의 거래시작일은 2023. 1. 3. 이다.

(1) 일반거래처

거래처코드	거래처명	사업자등록번호	대표자명	거래처분류	업태/종목
1101	(주)백두전자	105-84-56788	김백두	매입처	도소매/컴퓨터
2101	(주)한라유통	616-84-35681	강한라	매출처	도소매/컴퓨터
3101	(주)대한자동차	121-83-45670	박대한	전체	제조/자동차
3102	상공개발(주)	123-81-66212	정상공	전체	건설/부동산공급
3103	코참상사(주)	127-81-86165	이코참	전체	도소매/잡화
3104	동남에너지(주)	101-81-01238	최동남	전체	도소매/유류, 타이어

(2) 개인거래처

거래처코드	거래처명	주민등록번호	거래처분류
3201	정요한	860314-1108814	매출처

(3) 은행등록

코드	금융기관명	코드	금융기관명	코드	금융기관명
100	국민은행	101	기업은행	102	신한은행

(4) 금융거래처

거래처코드	금융기관명	계좌번호	예금종류명	계좌 개설 및 해지일	이자율
98001	국민은행	732-45-678901	당좌예금	2023. 1. 03 ~	−
98002	신한은행	4569-87-01234	보통예금	2023. 1. 03 ~	1%

(5) 카드거래처

거래처코드	카드사명	카드(가맹점)번호	구분	결제(입금) 계좌
99601	신한 VISA카드	4364-2005-0123-0569	매입	신한은행(보통예금)
99602	비씨카드	9301-1002-3456-7890	매출	신한은행(보통예금)

3. 다음의 신규 부서를 등록하시오.

부서코드	부서명	제조/판관	부문구분	사용여부
11	회계팀	판관	공통	여
21	영업팀	판관	공통	여

4. 다음의 신규 창고 및 품목을 등록하시오.

(1) 창고 등록

창고코드	창고명	담당자	비고
10	상품창고	영업팀	
20	반품창고	영업팀	

(2) 품목 등록

품목코드	품목종류(자산)	품목(품명)	(상세)규격	기본단위	입,출고창고
5101	상품	iPad(아이패드)	Apple	EA	상품창고

종합실습예제 New-Solution

1. [회계] – [기초정보관리] – [회사등록]

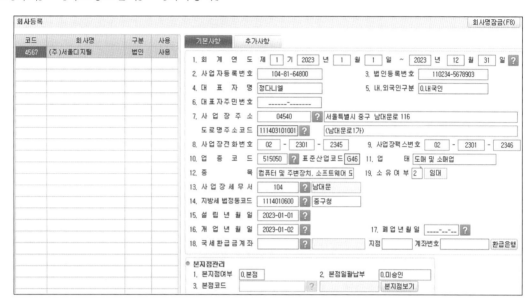

2. [회계] – [기초정보관리] – [거래처등록] 단, [은행등록]은 [기능모음(F11) ▾]

거래처등록   거래처등록 검증 거래처명잠금(Ctrl+F8) 기능모음(F11) ▼

	일반	금융	카드			

		코드	카드(사)명	카드(가맹점)번호	구분	사용
1	☐	99601	신한VISA카드	4364-2005-0123-0569	매입	○
2	☐	99602	비씨카드	9301-1002-3456-7890	매출	○
3	☐					

1. 카 드 번 호 4364-2005-0123-0569 2. 카 드 구 분 0 회사
3. 결 제 일   일
4. 카드소유담당   [?]
5. 결 제 계 좌 98002 [?] 신한은행(보통) 4569-87-01234

3. [물류관리] − [기준정보관리] − [부서/사원등록]

부서/사원등록

	코드	부서명	부서구분	참조부서	제조/판관	부문구분	사용
☐	11	회계팀	부서		판관	공통	여
☐	21	영업팀	부서		판관	공통	여
☐							

4. [물류관리] − [기준정보관리] − [품목등록]

(1) 창고 등록

창고등록   창고분류등록(F3)

		코드	창고명	담당자	전화번호	내선	주소	코드	창고분류명	비고	사용여부
1	☐	10	상품창고	2100 영업팀							여
2	☐	20	반품창고	2100 영업팀							여
3	☐										

(2) 품목 등록

품목등록   규격군등록(F3) 분류등록(F4) 단위등록(F7) 기능모음(F11) ▼

전체	상품	원재료	부재료	제품	반제품	부산품	저장품

		자산	품목코드	품명	규격
1	☑	상품	5101	iPad(아이패드)	Apple
2	☐				

세부사항

1. 대   분   류 [   ] [?]
2. 중   분   류 [   ] [?]
3. 소   분   류 [   ] [?]
4. 규   격   군 [   ] [?]

              단위명   재고환산단위
5. 입고(생산)단위 EA [?]   1 EA
6. 판매(출고)단위 EA [?]   1 EA
7. 자재투입단위 EA [?]   1 EA
8. 재 고 단 위 EA [?]
9. 적 정 재 고 량 [   ]
10. 기   준   단   가 [   ]
11. 입 . 출 고 창 고 10 [?] 상품창고
12. 품 목 비 고 [   ]

5. 다음 거래를 일반전표입력 메뉴에 입력하시오. (단, 채권·채무 및 금융거래는 거래처 코드를 입력하고, 각 문항별 한 개의 전표번호로 입력한다.)

1월 2일 (주)서울디지털은 관련 법률에 따라 수권보통주식 20,000주 중 10,000주(1주 액면 ₩5,000)를 ₩7,000에 할증발행하고 납입금은 현금으로 받다.

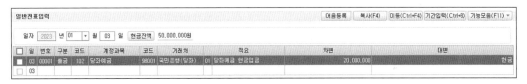

▶ 적요의 입력은 필수사항이 아니므로 입력을 하지 않아도 실제 검정시험에서 채점에 불이익이 없다. 단, 금융거래처와 채권·채무에 대한 거래처의 입력은 필수사항이다.

1월 3일 국민은행과 당좌거래 계약을 맺고 현금 ₩20,000,000을 당좌예입하다. 동시에 약속 어음책(어음번호 : 가차51230001 ~ 가차51230005) 5매를 수령하다.

① 어음 등록 : 상단 어음등록 또는 우측의 기능모음(F11) ▼ 클릭

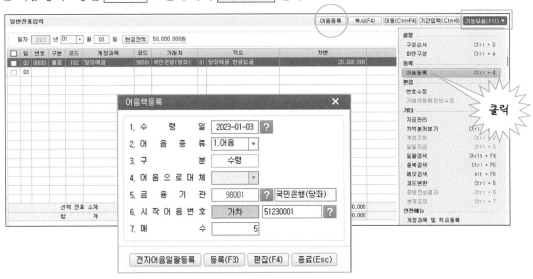

② 실무에서는 약속어음의 수령은 종이와 전자어음을 병행하여 사용하고 있다. 단, 신규 당좌거래에서의 약속어음 수령은 모두 전자어음으로 처리하고 있다. 따라서 본 서에서는 종이 약속어음의 경우와 전자어음의 경우 둘 다 실습하기로 한다.

1월 25일   신한은행에서 $50,000(기준환율은 $1당 ₩1,200)를 차입하여 원화로 교환하다. 단, 상환예정일은 2026년 1월 25일이다.

2월 12일   신한은행에 보통예금 계좌를 개설하고 현금 ₩15,000,000을 예입하다.

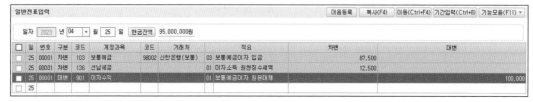

4월 25일   신한은행 보통예금 계좌에 세금 ₩12,500을 제외한 ₩87,500의 이자가 입금되다.

▶ 이자소득에 대한 소득세 원천징수세액은 '선납세금'으로 처리해 두었다가 법인세 확정신고 시에 반영한다.

5월 3일   사무용 소모품 ₩150,000을 구입하고, 대금은 현금으로 지급하다. 단, 소모품 구입 시 비용처리하고 있다.

5월 15일 단기시세차익을 목적으로 상장기업인 (주)한국유통 주식 300주(액면 @₩5,000)를 @₩ 6,000에 매입하고 대금은 매입수수료 ₩30,000과 함께 당좌수표(국민은행)를 발행하여 지급하다.

일반전표입력								어음등록 복사(F4) 이동(Ctrl+F4) 기간입력(Ctrl+8) 기능모음(F11) ▾	

일자 2023 년 05 ▾ 월 15 일 현금잔액 94,850,000원

□	일	번호	구분	코드	계정과목	코드	거래처	적요	차변	대변
□	15	00001	차변	107	당기손익-공정가치측정금융자산			(주)한국유통주식 300주	1,800,000	
■	15	00001	차변	946	수수료비용				30,000	
□	15	00001	대변	102	당좌예금	98001	국민은행(당좌)			1,830,000
□	15									

회계 충전소

1. 한국채택국제회계기준에서는 당기손익-공정가치측정금융자산을 최초로 매입할 때는 공정가치로 측정해야 하므로 취득과 관련된 수수료 등은 당기의 영업외비용으로 처리해야 한다. 단, 당기손익-공정가치측정금융자 산 이외의 기타포괄손익-공정가치측정금융자산, 상각후원가측정금융자산의 취득제비용은 원가에 포함한다.

2. 당기손익-공정가치측정금융자산 처분 시의 수수료 및 증권거래세 등은 처분대가에서 직접차감하여 처분손익 에 반영한다.

3. 당기손익-공정가치측정금융자산 취득 시 수수료비용은 영업외비용으로 분류한다. 그 이유는 처분 시 수수료 가 처분 대가에서 차감되어 처분손익(영업외손익)에 반영되므로 매입 시 부대 비용도 영업외비용으로 처리해 야 적절한 수익·비용의 대응이 되기 때문이다. 단, 기업의 영업 관리 활동에서 발생하는 법률자문수수료, 어음 추심수수료 등은 판매비와관리비로 분류해야 한다.

5월 28일 업무와 관련하여 다음에 해당하는 금액을 지출하다.

지 출 결 의 서		결 재	계	과장	부장
2023년 5월 28일			대한	상공	회의

번호	적 요	금액(원)	비고
1	사원 홍길동에게 제주 출장여비 지급	600,000	현금지급
		600,000	

이 하 생 략

일반전표입력								어음등록 복사(F4) 이동(Ctrl+F4) 기간입력(Ctrl+8) 기능모음(F11) ▾	

일자 2023 년 05 ▾ 월 28 일 현금잔액 94,250,000원

□	일	번호	구분	코드	계정과목	코드	거래처	적요	차변	대변
■	28	00001	출금	134	가지급금			02 업무가지급금 지급	600,000	현금
□	28									

6월 1일 상공개발(주)로부터 토지 100평을 취득하기로 하고, 계약금을 지급하다.

보통예금 통장 거래 내역

계좌번호 4569-87-01234 (주)서울디지털   신한은행

번호	날짜	내용	출금액	입금액	잔액	거래점
1	20230601	토지취득 계약금	3,000,000	***	***	기업은행

이 하 생 략

일반전표입력							어음등록	복사(F4)	이동(Ctrl+F4)	기간입력(Ctrl+8)	기능모음(F11) ▼

일자 2023 년 06 ▼ 월 01 일 현금잔액 90,700,000원

□	일	번호	구분	코드	계정과목	코드	거래처	적요	차변	대변
□	1	00001	차변	214	건설중인자산	03102	상공개발(주)		3,000,000	
□	1	00001	대변	103	보통예금	98002	신한은행(보통)			3,000,000
□	1									

▶ 계약금이므로 건설중인자산의 거래처를 입력해야 한다.

6월 12일 출장사원 홍길동으로부터 내용불명의 송금액 ₩500,000이 당점의 신한은행 보통예금 계좌에 온라인 입금되었음을 확인하다.

일반전표입력							어음등록	복사(F4)	이동(Ctrl+F4)	기간입력(Ctrl+8)	기능모음(F11) ▼

일자 2023 년 06 ▼ 월 12 일 현금잔액 94,250,000원

□	일	번호	구분	코드	계정과목	코드	거래처	적요	차변	대변
□	12	00001	차변	103	보통예금	98002	신한은행(보통)		500,000	
□	12	00001	대변	257	가수금					500,000
□	12									

6월 20일 신한은행에서 차입한 외화장기차입금 $50,000 중 자금사정이 호전되어 $20,000를 현금으로 중도 상환하다. 단, 차입 시 $1당 환율은 ₩1,200이었으며, 상환시점의 $1당 환율은 ₩1,250이다.

일반전표입력							어음등록	복사(F4)	이동(Ctrl+F4)	기간입력(Ctrl+8)	기능모음(F11) ▼

일자 2023 년 06 ▼ 월 20 일 현금잔액 69,250,000원

□	일	번호	구분	코드	계정과목	코드	거래처	적요	차변	대변
□	20	00001	출금	305	외화장기차입금	98002	신한은행(보통)	04 장기차입금 현금지급	24,000,000	현금
□	20	00002	출금	932	외환차손			03 차입금상환시 환차손	1,000,000	현금
□	20									

▶ 외환차손 : $20,000×(1,250−1,200) = 1,000,000

6월 25일 출장에서 돌아온 사원으로부터 5월 28일에 지급한 여비개산액에 대하여 다음과 같이 정산하고 잔액은 경리과에 현금으로 반납하다. 또한 내용불명의 입금액은 (주)한라유통의 상품주문대금으로 판명되다.

여 비 정 산 서

소속	영업팀	직위	사원	성명	홍길동

출장일정	일　시	2023년 5월 28일 ~ 2023년 6월 24일			
	출　장　지	제주특별자치도 홍보 및 거래처 방문			
지급받은 금액	₩600,000	사용 금액	₩580,000	반환 금액	₩20,000

사 용 내 역

숙박 및 식대	₩150,000	항공료	₩300,000	거래처와 식사대	₩130,000

이 하 생 략

일반전표입력　어음등록　복사(F4)　이동(Ctrl+F4)　기간입력(Ctrl+8)　기능모음(F11) ▾

일자 2023 년 06 ▾ 월 25 일 현금잔액 69,270,000원

□	일	번호	구분	코드	계정과목	코드	거래처	적요	차변	대변
□	25	00001	차변	812	여비교통비			01 출장여비 가지급정산	450,000	
□	25	00001	차변	813	접대비				130,000	
□	25	00001	차변	101	현금				20,000	
□	25	00001	대변	134	가지급금			06 업무가지급금 정산대체		600,000
□	25	00002	차변	257	가수금			02 기타 가수금의 정산	500,000	
■	25	00002	대변	259	선수금	02101	(주)한라유통			500,000
□	25									

▶ [회계]–[전표입력/장부]–[합계잔액시산표]를 실행하여 '가수금 ₩500,000'을 조회한다.

7월 10일　보유하고 있던 당기손익–공정가치측정금융자산 중 100주(장부금액 @₩6,000)를 1주당 ₩8,000에 처분하고, 거래수수료 및 증권거래세 ₩15,000을 제외한 대금은 신한은행 보통예금 계좌로 입금받다.

일반전표입력　어음등록　복사(F4)　이동(Ctrl+F4)　기간입력(Ctrl+8)　기능모음(F11) ▾

일자 2023 년 07 ▾ 월 10 일 현금잔액 69,270,000원

□	일	번호	구분	코드	계정과목	코드	거래처	적요	차변	대변
□	10	00001	차변	103	보통예금	98002	신한은행(보통)		785,000	
□	10	00001	대변	107	당기손익-공정가치측정금융자산			주식100주 처분		600,000
■	10	00001	대변	906	당기손익-공정가치측정금융자산처분이익			01 주식처분이익		185,000
□	10									

회 계 충전소

1. 당기손익–공정가치측정금융자산의 처분 시 거래수수료 및 증권거래세 등은 영업외비용으로 처리하지 않고, 처분대가에서 직접 차감하여 처분손익에 반영한다.
2. 처분이익 : 100주×8,000 = 800,000−15,000 = 785,000−(100주×6,000) = 185,000

8월 1일　이사회의 결의에 따라 유상증자를 실시하다. 발행주식 수는 2,000주(보통주 액면금액 @₩5,000, 발행금액 @₩8,000)이며, 주식발행 납입금은 전액 받아 국민은행에 당좌예입하다. 단, 주식발행비용 ₩1,500,000은 별도로 현금으로 지급하다.

	일	번호	구분	코드	계정과목	코드	거래처	적요	차변	대변
☐	01	00001	차변	102	당좌예금	98001	국민은행(당좌)		16,000,000	
☐	01	00001	대변	331	보통주자본금					10,000,000
☐	01	00001	대변	341	주식발행초과금					4,500,000
☐	01	00001	대변	101	현금					1,500,000
☐	01									

▶ 한국채택국제회계기준 제1032호 '금융상품 표시' 기준서 문단 37에서는 '일반적으로 자기 지분상품(주식)을 발행하는 과정에서 직접 관련되어 발생한 주식발행비는 자본(주식의 발행금액)에서 차감하여 회계 처리한다.' 고 규정하고 있다.

8월 20일 영업부 직원의 핸드폰 사용요금 ₩145,000과 사회복지법인 불우이웃돕기 성금 ₩800,000을 신한은행 보통예금에서 인출하여 현금으로 지급하다.

	일	번호	구분	코드	계정과목	코드	거래처	적요	차변	대변
☐	20	00001	차변	814	통신비				145,000	
☐	20	00001	차변	933	기부금				800,000	
☐	20	00001	대변	103	보통예금	98002	신한은행(보통)			945,000
☐	20									

9월 1일 거래처 (주)한라유통에 12개월 후 상환조건으로 현금 ₩1,200,000을 대여하다.

	일	번호	구분	코드	계정과목	코드	거래처	적요	차변	대변
☐	01	00001	출금	114	단기대여금	02101	(주)한라유통	01 현금 단기대여	1,200,000	현금
☐	01									

9월 5일 장기투자목적으로 (주)광화문유통의 주식 500주(액면금액 @₩10,000)를 1주당 ₩12,000에 매입하고 대금은 매입수수료 ₩50,000과 함께 당좌수표(국민은행)를 발행하여 지급하다. 동 주식의 공정가치 변동분은 기타포괄손익으로 인식하기로 선택하였다.

	일	번호	구분	코드	계정과목	코드	거래처	적요	차변	대변
☐	05	00001	차변	178	기타포괄손익-공정가치측정금			주식 500주	6,050,000	
☐	05	00001	대변	102	당좌예금	98001	국민은행(당좌)			6,050,000
☐	05									

10월 1일 동부손해보험과 건물에 대한 화재보험 계약을 맺고 화재보험료 ₩360,000(계약기간 2023. 10. 1. ~ 2024. 9. 30.)을 현금으로 지급하다. 단, 보험료는 지급 시 자산 계정으로 처리하고, 동부손해보험(거래처코드 : 3105, 사업자등록번호 : 128-82-90126, 대표자명 : 강동부, 거래처분류 : 전체)을 거래처등록 할 것.

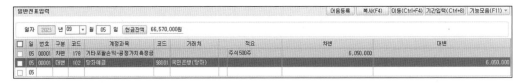

	일	번호	구분	코드	계정과목	코드	거래처	적요	차변	대변
☐	01	00001	출금	133	선급비용	03105	동부손해보험	화재보험료 1년분	360,000	현금
☐	01									

전표 입력 화면에서 거래처 신규 등록 방법

① [거래처코드]란에 [+]자판을 누른 상태에서 [Enter]한 후 '동부손해보험'을 입력한다.

② [거래처등록] 창의 [수정] 단추를 누르면 나타나는 [거래처내용수정] 창에서 거래처코드를 '3105'로 수정하고 사업자등록번호와 대표자명을 입력한 후 하단의 [확인] 단추를 누른다.

③ 수정이 완료된 [거래처등록] 창의 [등록] 단추를 누르면 거래처등록이 완료된다.

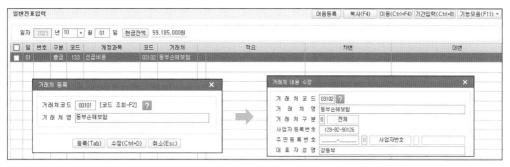

▶ [회계]-[기초정보관리]-[거래처등록]을 실행하여 동부손해보험을 등록해도 정답처리된다.

10월 7일　사업축소를 위해 자기주식 1,000주(액면금액 @5,000)를 주당 ₩4,000에 매입하여 소각하고 매입제비용 ₩150,000과 함께 전액 국민은행 당좌수표를 발행하여 지급하다.

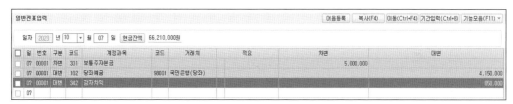

▶ 감자차익이 발생하는 시점에 장부상에 감자차손이 있는 경우 우선 상계처리하고 잔액은 자본잉여금으로 분류한다.

11월 1일　(주)남대문전자에서 발행한 회사채 1,000좌(액면 @₩10,000, 만기일 : 2026년 10월 31일, 표시이자율 4%)를 ₩9,700,000에 취득하고, 거래수수료 ₩50,000을 포함한 대금은 신한은행 보통예금 계좌에서 이체하다. 단, 당해 회사채는 이자획득을 목적으로만 구입한 것으로 한다.

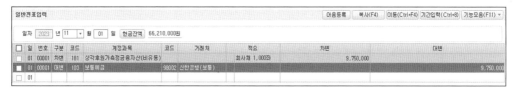

▶ 문제에서 단, 이자획득을 목적으로 구입한 것이라고 한 것은 금융자산의 판단 요소 중 계약상 현금흐름의 구분(원금과 이자만으로 구성하는 채무상품)에 해당하므로 상각후원가측정금융자산(비유동)으로 처리해야 한다.

11월 12일 업무와 관련하여 다음에 해당하는 비용을 현금으로 지출하였다.

지 출 결 의 서		결재	계	과장	부장
2023년 11월 12일			대한	상공	회의

번호	적 요	금액(원)	비고
1	거래처 창립기념일 축하화환대금	150,000	현금 지급
2	우수직원 문화생활 관람료 지원비	50,000	현금 지급
3	건물 내부 도색비	200,000	현금 지급
	합 계	400,000	

이 하 생 략

일반전표입력   어음등록 복사(F4) 이동(Ctrl+F4) 기간입력(Ctrl+8) 기능모음(F11) ▾

일자 2023 년 11 월 12 일 현금잔액 65,810,000원

□	일	번호	구분	코드	계정과목	코드	거래처	적요	차변	대변
□	12	00001	출금	813	접대비				150,000	현금
□	12	00002	출금	811	복리후생비				50,000	현금
■	12	00003	출금	820	수선비				200,000	현금
□	12									

11월 25일 이번 달 종업원급여를 현금으로 지급하다.

2023년 11월 급여지급대장							
부서	성명	급여	공 제 액				차감지급액
			소득세등	건강보험료	국민연금	공제액합계	
회계팀	강호동	1,500,000	60,000	25,000	40,000	125,000	1,375,000
영업팀	유재석	1,500,000	60,000	25,000	40,000	125,000	1,375,000
합 계		3,000,000	120,000	50,000	80,000	250,000	2,750,000

일반전표입력   어음등록 복사(F4) 이동(Ctrl+F4) 기간입력(Ctrl+8) 기능모음(F11) ▾

일자 2023 년 11 월 25 일 현금잔액 63,060,000원

□	일	번호	구분	코드	계정과목	코드	거래처	적요	차변	대변
□	25	00001	차변	802	종업원급여			02 직원급여 지급	3,000,000	
□	25	00001	대변	254	예수금			04 급여지급시 근로소득세등		250,000
■	25	00001	대변	101	현금			08 급여등 지급		2,750,000
□	25									

12월 1일 서울타워 중 사무실 일부를 (주)한라유통에 3년 간 임대계약을 맺고 임대보증금 ₩ 5,000,000과 6개월 분 임대료 ₩240,000 (임대료 기간 : 2023. 12. 1. ~ 2024. 5. 31)을 현금으로 받다.

일반전표입력   어음등록 복사(F4) 이동(Ctrl+F4) 기간입력(Ctrl+8) 기능모음(F11) ▾

일자 2023 년 12 월 01 일 현금잔액 68,300,000원

□	일	번호	구분	코드	계정과목	코드	거래처	적요	차변	대변
□	01	00001	입금	307	장기임대보증금	02101	(주)한라유통		현금	5,000,000
■	01	00002	입금	904	임대료			6개월분 임대료	현금	240,000
□	01									

12월 10일 11월 25일에 급여 지급 시 원천징수한 소득세, 건강보험료, 국민연금과 회사부담분을 다음과 같이 현금으로 납부하다.

소득세	건강보험료		국민연금		합계
	종업원 부담분	회사부담분	종업원 부담분	회사부담분	
₩120,000	₩50,000	₩50,000	₩80,000	₩80,000	₩380,000

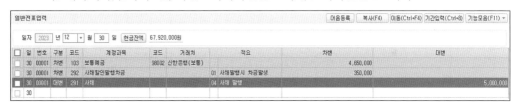

▶ 회사부담의 건강보험료는 복리후생비 계정으로 처리하고, 회사부담의 국민연금은 세금과공과 계정으로 처리한다.

12월 30일 사업확장을 위한 자금조달을 위해 3년 만기의 사채 액면 ₩5,000,000을 ₩4,800,000에 할인발행하고, 납입금은 사채발행제비용 ₩150,000을 제외한 금액을 신한은행 보통예금 계좌에 입금하다. 단, 액면표시이자율은 6%, 유효이자율은 8%이다.

▶ 사채발행비용은 사채의 발행금액에서 차감하므로 할인발행 시 사채할인발행차금에 가산된다.
사채할인발행차금 : 5,000,000 − (4,800,000−150,000) = 350,000

 **알아두세요~**

▶ 검정시험 출제문제(224페이지~230페이지)를 살펴보면 거래의 입력순서가 매입매출전표입력을 먼저하고 그 다음 일반전표입력을 한다. 실제시험 출제문제는 기초데이터를 제시하지만, 현재 실습하는 종합실습예제는 기초데이터 없이 회사설립부터 시작하므로 먼저 일반전표입력 – 매입매출전표입력 – 일반전표입력(매입매출전표입력 거래에서 나타난 어음거래의 처리 등)의 순서로 되어 있음을 알고 실습하시기 바란다.)

6. 다음 거래를 매입매출전표입력 메뉴에 입력하시오. (단, 채권·채무 및 금융거래는 거래처 코드를 입력하고, 각 문항별 한 개의 전표번호로 입력한다.)

2월 1일 다음의 유형자산을 취득하고, 대금은 외상으로 하다. 단, 취득세 및 등기비용 ₩50,000은 현금으로 지급하고 전자세금계산서를 발급받았다.

자산코드	자산명	계정코드	취득단가	취득수량	내용연수	상각방법
006101	서울타워	건물	₩6,000,000	1	20년	정액법

전자세금계산서 (공급받는자 보관용)

승인번호 20230201-××××0115

공급자	등록번호	123-81-66212		**공급받는자**	등록번호	104-81-64800	
	상호	상공개발(주)	성명(대표자) 정상공		상호	(주)서울디지털	성명(대표자) 정다니엘
	사업장주소	경기 안양시 동안구 경수대로 489			사업장주소	서울특별시 중구 남대문로 116	
	업태	건설	종사업자번호		업태	도매 및 소매업	종사업자번호
	종목	부동산공급			종목	컴퓨터 및 주변장치	
	E-Mail	sang555@naver.com			E-Mail	korcham21@hanmail.net	

작성일자	2023. 02. 01.	공급가액	6,000,000	세 액	600,000

비고

월	일	품 목 명	규격	수량	단가	공급가액	세액	비고
02	01	서울타워		1	6,000,000	6,000,000	600,000	

합계금액	현금	수표	어음	외상미수금	이 금액을 ○ 영수 ● 청구 함
6,600,000				6,600,000	

① [회계] - [전표입력/장부] - [매입매출전표입력] ..... [분개]란에 '혼합'

② 하단 분개란 차변 '146 상품'을 '202 건물'로 수정하고 금액은 건물 공급가액과 취득세 및 등기 비용을 합친 ₩6,050,000으로 입력하고 대변에는 '253 미지급금' 6,600,000과 '101 현금' 50,000을 입력한 후 상단 [전자세금]란에 '1. 전자입력'을 표시한다.

③ [회계] – [고정자산등록] – [고정자산등록]

3월 2일 (주)대한자동차에서 다음의 유형자산을 구입하고 전자세금계산서를 받다. 단, 차량 취득
에 따른 서울도시개발공채 액면 ₩150,000을 현금으로 구입하고, 즉시 공채의 현재가치
₩115,000에 현금 매각하였다.

자산코드	자산명	계정코드	취득단가	취득수량	내용연수	상각방법
006102	업무용 트럭	차량운반구	₩3,000,000	1	5년	정률법

전 자 세 금 계 산 서

(공급받는자 보관용)

승인번호 20230302-××××0105

공급자	등록번호	121-83-45670			공급받는자	등록번호	104-81-64800		
	상호	(주)대한자동차	성명(대표자)	박대한		상호	(주)서울디지털	성명(대표자)	정다니엘
	사업장주소	인천시 계양구 경명대로 1005				사업장주소	서울특별시 중구 남대문로 116		
	업태	제조	종사업자번호			업태	도매 및 소매업	종사업자번호	
	종목	자동차				종목	컴퓨터 및 주변장치		
	E-Mail	daehan123@naver.com				E-Mail	korcham21@hanmail.net		

작성일자	2023. 03. 02.	공급가액	3,000,000	세 액	300,000

비고

월	일	품 목 명	규격	수량	단가	공급가액	세액	비고
03	02	업무용 트럭		1	3,000,000	3,000,000	300,000	

합계금액	현금	수표	어음	외상미수금	이 금액을	● 영수 함
3,300,000	3,300,000					○ 청구

① [회계] - [전표입력/장부] - [매입매출전표입력]......[분개]란에 '혼합'

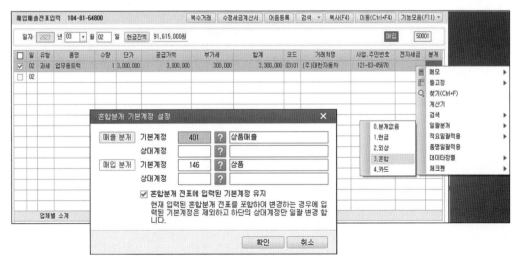

▶ 업무용트럭은 개별소비세과세대상 승용차(비영업용 소형승용자동차)가 아니므로 과세대상이다.

② 하단 분개란 차변 '146 상품'을 '208 차량운반구'로 수정하고 금액은 ₩3,035,000(공급가액에 의무취득 공채의 액면금액과 현재가치의 차액 ₩35,000을 합계한 금액)으로 수정하고 대변에는 현금 ₩3,335,000을 입력한 후 상단 [전자세금]란에 '1. 전자입력'을 표시한다.

③ [회계] – [고정자산등록] – [고정자산등록]을 실행하여 차량운반구를 등록한다.

회계 충전소

1. 유형자산의 취득과 관련하여 국·공채 등을 불가피하게 매입하는 경우에는 매입한 국·공채의 매입금액과 국·공채를 평가한 현재가치와의 차액은 유형자산의 취득원가에 가산한다. 단, 국·공채를 매입하고 즉시 처분하지 않으면 국·공채의 현재가치(공정가치)만큼 유가증권 취득 시 사업모형에 따른 별도의 금융자산으로 처리해 둔다.

2. 서울도시개발공채를 매입하고, 처분하는 과정의 회계처리는 생략하여 액면금액과 현재가치와의 차액만 전표입력해야 한다. 단, 현금의 지출 거래를 별도로 출금전표를 작성하는 것이 원칙이지만, 매입매출전표 하단에 입력하여도 결과 값은 동일하므로 정답으로 인정하고 있다.

4월 13일 앞서 취득한 업무용 트럭에 대한 유류대금을 지급하고 현금영수증을 받다.

현금영수증

● 거래 정보

거래일시	2023-04-13
승인번호	56565656
거래구분	승인거래
거래용도	지출증빙
발급수단번호	104-81-64800

● 거래 금액

품목	공급가액	부가세	봉사료	총거래금액
경유	150,000	15,000	0	165,000

● 가맹점 정보

상호	동남에너지(주)
사업자번호	101-81-01238
대표자명	최동남
주소	경서울시 종로구 세종대로 105

▶ [회계] - [전표입력/장부] - [매입매출전표입력] ...... [유형] : '매입. 61현과' - [분개]란에 '현금', 하단 분개란에 '822.차량유지비'로 수정

▶ 주된 재화의 공급에 부수되어 공급되는 재화는 별도의 공급으로 보지 않고 주된 재화의 공급에 포함되는 것으로 본다.(즉, 앞서 취득한 업무용 트럭이 과세대상이므로 그에 대한 유류대금도 과세대상이다.)

4월 15일 상품을 매입하고 대금 중 ₩5,000,000은 약속어음을 발행(어음번호 : 가차51230001, 만기일 : 2023. 8. 14. 지급은행 : 국민은행)하여 지급하고, 잔액은 외상으로 하다.

전자세금계산서		(공급받는자 보관용)		승인번호	20230415-××××0112

공급자	등록번호	105-84-56788			공급받는자	등록번호	104-81-64800	
	상호	(주)백두전자	성명(대표자)	김백두		상호	(주)서울디지털	성명(대표자)	정다니엘
	사업장주소	서울특별시 마포구 월드컵로 21길 50				사업장주소	서울특별시 중구 남대문로 116	
	업태	도소매	종사업자번호			업태	도매 및 소매업	종사업자번호
	종목	컴퓨터				종목	컴퓨터 및 주변장치	
	E-Mail	baekdoo21@daum.net				E-Mail	korcham21@hanmail.net	

작성일자	2023. 04. 15.	공급가액	15,000,000	세 액	1,500,000

비고							

월	일	품 목 명	규격	수량	단가	공급가액	세액	비고
04	15	iPad(아이패드)	Apple	30	500,000	15,000,000	1,500,000	

합계금액	현금	수표	어음	외상미수금	이 금액을	○ 영수	함
16,500,000			5,000,000	11,500,000		● 청구	

① [물류관리] - [구매관리] - [입고입력] ······ [전표추가] - [전송]

② [회계]-[전표입력/장부]-[매입매출전표입력] : [전자세금]란에 '1 전자입력'

③ [매입매출전표입력]화면 하단의 '지급어음'에 [F3]도움자판 - 어음번호[F2]와 만기일 입력

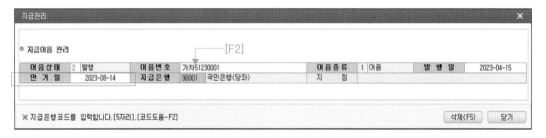

5월 20일 상품을 매출하고 대금 중 ₩13,200,000은 동점 발행 약속어음(어음번호 : 자바31110001, 만기일 : 2023. 8. 20. 지급장소 : 기업은행)으로 받고 잔액은 비씨카드로 결제받다.

전자세금계산서 (공급자 보관용)

승인번호 20230520-××××0231

공급자				공급받는자		
등록번호	104-81-64800			등록번호	616-84-35681	
상호	(주)서울디지털	성명(대표자)	정다니엘	상호	(주)한라유통	성명(대표자) 임한라
사업장주소	서울특별시 중구 남대문로 116			사업장주소	제주특별자치도 제주시 신대로 101	
업태	도매 및 소매업	종사업자번호		업태	도소매	종사업자번호
종목	컴퓨터 및 주변장치			종목	컴퓨터	
E-Mail	korcham21@hanmail.net			E-Mail	jeju777@naver.com	

작성일자	2023. 05. 20.	공급가액	24,000,000	세 액	2,400,000
비고					

월	일	품목명	규격	수량	단가	공급가액	세액	비고
05	20	iPad(아이패드)	Apple	20	1,200,000	24,000,000	2,400,000	

합계금액	현금	수표	어음	외상미수금	이 금액을 ● 영수 ○ 청구 함
26,400,000			13,200,000	13,200,000	

① [물류관리] – [판매관리] – [출고입력] …… [전표추가] – [전송]

4. 종합실습예제 **155**

② [회계] – [전표입력/장부] – [매입매출전표입력] : [전자세금]란에 '1 전자입력'

③ [매입매출전표입력] 하단의 '받을어음' 에 [F3] – 어음번호와 만기일, 지급은행 [F2] 입력

④ [F2]도움 자판 – 미수금을 외상매출금으로 변경하고, 거래처 (주)한라유통을 비씨카드로 변경한다.

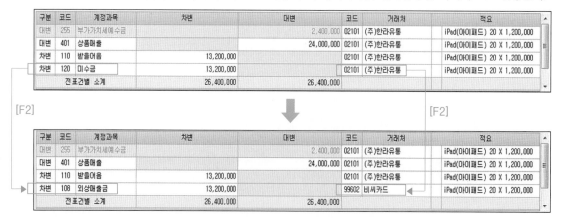

7월 5일 상품을 매입하고 대금은 (주)한라유통 발행 약속어음(어음번호 : 자바31110001, 만기일 : 2023. 8. 20. 지급장소 : 기업은행)을 배서하여 지급하다. 단, 어음의 배서는 매각거래이다.

전자세금계산서	(공급받는자 보관용)		승인번호	20230705-×××× 0114

<table>
<tr><td rowspan="6">공급자</td><td>등록번호</td><td colspan="3">105-84-56788</td><td rowspan="6">공급받는자</td><td>등록번호</td><td colspan="3">104-81-64800</td></tr>
<tr><td>상호</td><td>(주)백두전자</td><td>성명
(대표자)</td><td>김백두</td><td>상호</td><td>(주)서울디지털</td><td>성명
(대표자)</td><td>정다니엘</td></tr>
<tr><td>사업장
주소</td><td colspan="3">서울특별시 마포구 월드컵로 21길 50</td><td>사업장
주소</td><td colspan="3">서울특별시 중구 남대문로 116</td></tr>
<tr><td>업태</td><td>도소매</td><td>종사업자번호</td><td></td><td>업태</td><td>도매 및 소매업</td><td>종사업자번호</td><td></td></tr>
<tr><td>종목</td><td>컴퓨터</td><td></td><td></td><td>종목</td><td>컴퓨터 및 주변장치</td><td></td><td></td></tr>
<tr><td>E-Mail</td><td colspan="3">baekdoo21@daum.net</td><td>E-Mail</td><td colspan="3">korcham21@hanmail.net</td></tr>
</table>

작성일자	2023. 07. 05.	공급가액	12,000,000	세 액	1,200,000
비고					

월	일	품 목 명	규격	수량	단가	공급가액	세액	비고
07	05	iPad(아이패드)	Apple	20	600,000	12,000,000	1,200,000	

합계금액	현금	수표	어음	외상미수금	이 금액을 ● 영수 함 ○ 청구
13,200,000			13,200,000		

① [물류관리] – [구매관리] – [입고입력] …… [전표추가] – [전송]

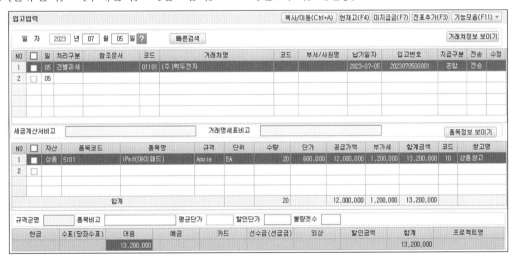

② [회계] – [전표입력/장부] – [매입매출전표입력] : [전자세금]란에 '1 전자입력'

③ [F2]도움 자판 – '지급어음'을 '받을어음'으로 변경, (주)백두전자를 (주)한라유통으로 변경

구분	코드	계정과목	차변	대변	코드	거래처	적요
차변	135	부가가치세대급금	1,200,000		01101	(주)백두전자	iPad(아이패드) 20 X 600,000
차변	146	상품	12,000,000		01101	(주)백두전자	iPad(아이패드) 20 X 600,000
대변	252	지급어음		13,200,000	01101	(주)백두전자	iPad(아이패드) 20 X 600,000
		전표건별 소계	13,200,000	13,200,000			

[F2]   [F2]

구분	코드	계정과목	차변	대변	코드	거래처	적요
차변	135	부가가치세대급금	1,200,000		01101	(주)백두전자	iPad(아이패드) 20 X 600,000
차변	146	상품	12,000,000		01101	(주)백두전자	iPad(아이패드) 20 X 600,000
대변	110	받을어음		13,200,000	02101	(주)한라유통	iPad(아이패드) 20 X 600,000
		전표건별 소계	13,200,000	13,200,000			

④ [F3]도움 자판 – [어음상태]란의 2:할인을 3:배서로 변경, 어음번호란에 [F2]도움 자판으로 배서하는 어음번호 선택 입력 후 [지급거래처]에 (주)백두전자를 선택 입력한다.

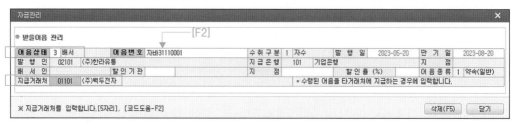

7월 19일 상품을 매출하고 대금 중 ₩500,000은 현금으로 미리 받은 선수금과 상계하고 ₩8,000,000은 동점 발행 약속어음(어음번호 : 자바31110002, 만기일 : 2023. 10. 19. 지급장소 : 기업은행)으로 받고 잔액은 배당금지급통지서로 받다.

전자세금계산서				(공급자 보관용)		승인번호	20230719-××××0232

공급자	등록번호	104-81-64800			공급받는자	등록번호	616-84-35681	
	상호	(주)서울디지털	성명(대표자)	정다니엘		상호	(주)한라유통	성명(대표자)	임한라
	사업장주소	서울특별시 중구 남대문로 116				사업장주소	제주특별자치도 제주시 신대로 101	
	업태	도매 및 소매업	종사업자번호			업태	도소매	종사업자번호
	종목	컴퓨터 및 주변장치				종목	컴퓨터	
	E-Mail	korcham21@hanmail.net				E-Mail	jeju777@naver.com	

작성일자	2023. 07. 19.	공급가액	12,000,000	세 액	1,200,000

비고							
월	일	품 목 명	규격	수량	단가	공급가액	세액	비고
07	19	iPad(아이패드)	Apple	10	1,200,000	12,000,000	1,200,000	

합계금액	현금	수표	어음	외상미수금	이 금액을	● 영수 ○ 청구	함
13,200,000	5,200,000		8,000,000				

▶ 하단의 현금란 5,200,000에는 미리 받은 선수금 500,000원이 포함되어 있는 것을 알고 있어야 한다.

① [물류관리] - [판매관리] - [출고입력] ⋯⋯ [전표추가] - [전송]

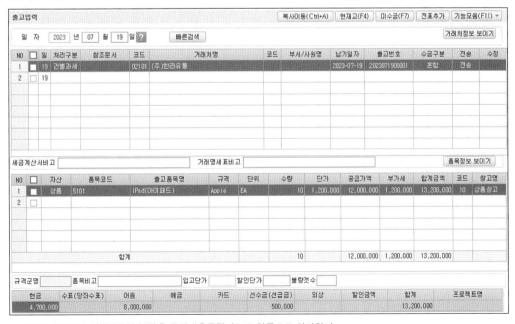

▶ 배당금지급통지서(배당금영수증)은 통화대용증권이므로 현금으로 처리한다.

② [회계] – [전표입력/장부] – [매입매출전표입력] : [전자세금]란에 '1 전자입력'

③ [매입매출전표입력] 하단의 '받을어음'에 [F3] – 어음번호와 만기일, 지급은행 [F2] 입력

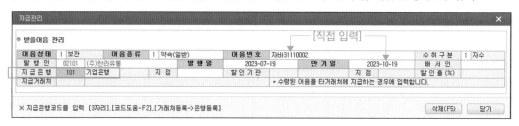

9월 25일 상품을 매입하고 대금 중 ₩16,500,000은 약속어음(어음번호 : 가차51230002, 만기일 2024. 1. 25. 지급은행 : 국민은행)을 발행하여 지급하고, 잔액은 법인신용카드(신한 VISA카드)로 결제하다.

전자세금계산서				(공급받는자 보관용)			승인번호	20230925-××××0115	
공급자	등록번호	105-84-56788			공급받는자	등록번호	104-81-64800		
	상호	(주)백두전자	성명(대표자)	김백두		상호	(주)서울디지털	성명(대표자)	정다니엘
	사업장주소	서울특별시 마포구 월드컵로 21길 50				사업장주소	서울특별시 중구 남대문로 116		
	업태	도소매	종사업자번호			업태	도매 및 소매업	종사업자번호	
	종목	컴퓨터				종목	컴퓨터 및 주변장치		
	E-Mail	baekdoo21@daum.net				E-Mail	korcham21@hanmail.net		

작성일자	2023. 09. 25.	공급가액	18,000,000	세 액	1,800,000
비고					

월	일	품 목 명	규격	수량	단가	공급가액	세액	비고
09	25	iPad(아이패드)	Apple	30	600,000	18,000,000	1,800,000	

합계금액	현금	수표	어음	외상미수금	이 금액을	● 영수	함
19,800,000			16,500,000	3,300,000		○ 청구	

① [물류관리] - [판매관리] - [출고입력] …… [전표추가] - [전송]

② [회계] - [전표입력/장부] - [매입매출전표입력] : [전자세금]란에 '1 전자입력'

③ [매입매출전표입력] 하단의 '지급어음'에 [F3] - 어음번호[F2]와 만기일 입력

④ [F2]도움 자판 – 미지급금을 외상매입금으로 변경하고, 거래처 (주)백두전자를 신한(VISA)카드로 변경한다.

구분	코드	계정과목	차변	대변	코드	거래처	적요	관리
차변	135	부가가치세대급금	1,800,000		01101	(주)백두전자	iPad(아이패드) 30 X 600,000	
차변	146	상품	18,000,000		01101	(주)백두전자	iPad(아이패드) 30 X 600,000	
대변	252	지급어음		16,500,000	01101	(주)백두전자	가차51230002-발행-[만기일자:2022.01.25]	지급어음
대변	253	미지급금		3,300,000	01101	(주)백두전자	iPad(아이패드) 30 X 600,000	
		전표건별 소계	19,800,000	19,800,000				

[F2] ⬇ [F2]

구분	코드	계정과목	차변	대변	코드	거래처	적요	관리
차변	135	부가가치세대급금	1,800,000		01101	(주)백두전자	iPad(아이패드) 30 X 600,000	
차변	146	상품	18,000,000		01101	(주)백두전자	iPad(아이패드) 30 X 600,000	
대변	252	지급어음		16,500,000	01101	(주)백두전자	가차51230002-발행-[만기일자:2022.01.25]	지급어음
대변	251	외상매입금		3,300,000	99601	신한VISA카드	iPad(아이패드) 30 X 600,000	
		전표건별 소계	19,800,000	19,800,000				

10월 13일 상품을 매출하고 대금 중 ₩10,000,000은 동점 발행 전자어음으로 받고, 잔액은 외상으로 하다. 별도로 발송비용 ₩200,000을 현금으로 지급하고 영수증을 받다.

전 자 세 금 계 산 서		(공급자 보관용)				승인번호	20231013-×××0233	

공급자	등록번호	104-81-64800			공급받는자	등록번호	616-84-35681	
	상호	(주)서울디지털	성명(대표자)	정다니엘		상호	(주)한라유통	성명(대표자) 임한라
	사업장주소	서울특별시 중구 남대문로 116				사업장주소	제주특별자치도 제주시 신대로 101	
	업태	도매 및 소매업	종사업자번호			업태	도소매	종사업자번호
	종목	컴퓨터 및 주변장치				종목	컴퓨터	
	E-Mail	korcham21@hanmail.net				E-Mail	jeju777@naver.com	

작성일자	2023. 10. 13.	공급가액	19,500,000	세 액	1,950,000

	비고							

월	일	품 목 명	규격	수량	단가	공급가액	세액	비고
10	13	iPad(아이패드)	Apple	15	1,300,000	19,500,000	1,950,000	

합계금액	현금	수표	어음	외상미수금	이 금액을	○ 영수 ● 청구	함
21,450,000			10,000,000	11,450,000			

전 자 어 음

(주)서울디지털 귀하   02120231013001234561

금 일천만원정   **10,000,000원**

위의 금액을 귀하 또는 귀하의 지시인에게 지급하겠습니다.

지급기일	2024년 1월 13일	발행일	2023년 10월 13일
지 급 지	기업은행	발행지	제주특별자치도 제주시
지급장소	제주지점	주 소	신내로 101
		발행인	(주)한라유통

① [물류관리] – [판매관리] – [출고입력] …… [전표추가]–[전송]

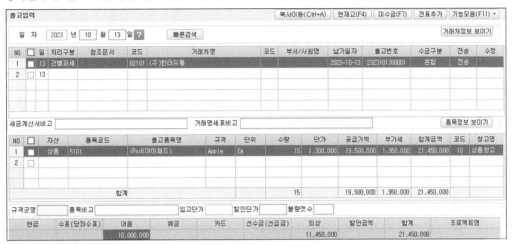

② [회계]–[전표입력/장부]–[매입매출전표입력] : [전자세금]란에 '1 전자입력'

▶ 발송운임의 분개는 별도로 출금전표를 작성하면 안되고 매입매출전표 하단에 하나의 전표에 추가로 해야한다.

③ [매입매출전표입력] 화면 하단의 '받을어음'에 [F3]도움 자판 – 어음종류(6:전자), 어음번
   호와 만기일, 지급은행 [F2] 입력

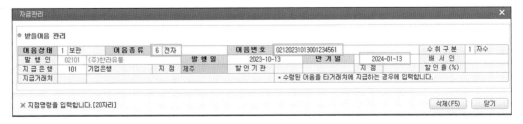

10월 15일 정요한에게 상품을 판매하고 현금영수증을 발행해 주다. 대금은 현금으로 받은 후 당좌예금(국민은행)에 입금하다.

현 금 영 수 증

● 거래 정보

거래일시	2023-10-15
승인번호	27272727
거래구분	승인거래
거래용도	소득증빙
발급수단번호	010-2255-3896

● 거래 금액

품목	수량	공급가액	부가세	봉사료	총거래금액
아이패드	1	1,200,000	120,000	0	1,320,000
합계					1,320,000

● 가맹점 정보

상호	(주)서울디지털
사업자번호	104-81-64800
대표자명	정다니엘
주소	서울특별시 중구 남대문로 116

① [물류관리] – [판매관리] – [출고입력] .... [전표추가] – [전송]

▶ 개인에게 상품을 판매할 때는 세금계산서가 발급되지 않고 현금영수증을 발행할 때는 '건별현과'를 선택해야 한다.

② [회계] – [전표입력/장부] – [매입매출전표입력]

| 매입매출전표입력 104-81-64800 | | | 복수거래 | 수정세금계산서 | 어음등록 | 검색 ▼ | 복사(F4) | 이동(Ctrl+F4) | 기능모음(F11) ▼ |

일자 2023 년 10 ▼ 월 15 일 현금잔액 68,480,000원 　　　　　　　　　　　　　　　　　출고입력 복수 매출 50001

□	일	유형	품명	수량	단가	공급가액	부가세	합계	코드	거래처명	사업.주민번호	전자세금	분개
■	15	현과	iPad(아이패드)	1	1,200,000	1,200,000	120,000	1,320,000	03201	정요한	860314-1108814		현금
□	15												
		업체별 소계		1		1,200,000	120,000	1,320,000					

구분	코드	계정과목	차변	대변	코드	거래처	적요
입금	255	부가가치세예수금	현금	120,000	03201	정요한	iPad(아이패드) 1 X 1,200,000
입금	401	상품매출	현금	1,200,000	03201	정요한	iPad(아이패드) 1 X 1,200,000
		전표건별 소계	1,320,000	1,320,000			

10월 24일 회사 내 체육대회를 개최하고 전 직원들에게 제공할 모자를 구입하고 전자세금계산서를 발급받다.

▶ [회계] – [전표입력/장부] – [매입매출전표입력] ..... [분개]란에 '현금', 하단 분개란에 복리 후생비로 수정

| 매입매출전표입력 104-81-64800 | | | 복수거래 | 수정세금계산서 | 어음등록 | 검색 ▼ | 복사(F4) | 이동(Ctrl+F4) | 기능모음(F11) ▼ |

일자 2023 년 10 월 24 일 현금잔액 66,830,000원 　　　　　　　　　　　　　　　　　매입 50001

□	일	유형	품명	수량	단가	공급가액	부가세	합계	코드	거래처명	사업.주민번호	전자세금	분개
☑	24	과세	전직원 모자			1,500,000	150,000	1,650,000	03103	코참상사(주)	127-81-86165	전자입력	현금
□	24												
		업체별 소계				1,500,000	150,000	1,650,000					

구분	코드	계정과목	차변	대변	코드	거래처	적요
출금	135	부가가치세대급금	150,000	현금	03103	코참상사(주)	전직원 모자
출금	811	복리후생비	1,500,000	현금	03103	코참상사(주)	전직원 모자
		전표건별 소계	1,650,000	1,650,000			

10월 27일 대표이사가 업무용으로 사용하는 소형승용차(2,500cc)의 타이어를 교체하고 전자세금
계산서를 받았다.

전자세금계산서			(공급받는자 보관용)		승인번호	20231027-×××0321	

공급자	등록번호	101-81-01238			공급받는자	등록번호	104-81-64800		
	상호	동남에너지(주)	성명(대표자)	최동남		상호	(주)서울디지털	성명(대표자)	정다니엘
	사업장주소	서울시 종로구 세종대로 105				사업장주소	서울특별시 중구 남대문로 116		
	업태	도소매	종사업자번호			업태	도매 및 소매업	종사업자번호	
	종목	율, 타이어				종목	컴퓨터 및 주변장치		
	E-Mail	dongnam@daum.net				E-Mail	korcham21@hanmail.net		

작성일자	2023. 10. 27.	공급가액	480,000	세 액	48,000

비고								
월	일	품 목 명	규격	수량	단가	공급가액	세액	비고
10	27	타이어		4	120,000	480,000	48,000	

합계금액	현금	수표	어음	외상미수금	이 금액을	○ 영수	함
528,000	200,000			328,000		● 청구	

① [회계] - [전표입력/장부] - [매입매출전표입력] ..... [유형]에 매입 '54 불공', [불공제사유
선택] 창에 [2. 사업과 관련없는 지출] 선택, [분개] 란에 '혼합'

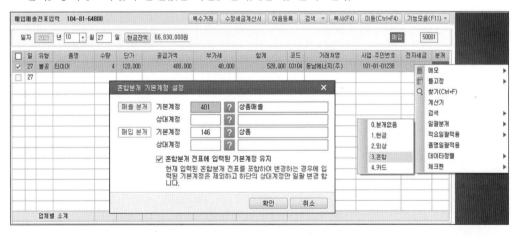

② 하단 분개란에 '146 상품'을 '822 차량유지비'로 수정하고 대변에는 '101 현금' ₩200,000과
'253 미지급금' ₩328,000을 입력한 후 상단 [전자세금]란에 '1. 전자입력'을 표시한다.

11월 9일 주차장 부지 100평을 ₩ 8,000,000에 취득하고 전자계산서를 발급받다. 대금 중 ₩ 3,000,000은 6월 1일 지급한 계약금을 상계하고 나머지 대금은 국민은행 당좌수표를 발행하여 지급하다.

전 자 계 산 서			(공급받는자 보관용)			승인번호	20231109-×××0301	

공급자	등록번호	123-81-66212			공급받는자	등록번호	104-81-64800	
	상호	상공개발(주)	성명(대표자)	정상공		상호	(주)서울디지털	성명(대표자) 정다니엘
	사업장주소	경기 안양시 동안구 경수대로 489				사업장주소	서울특별시 중구 남대문로 116	
	업태	건설	종사업자번호			업태	도매 및 소매업	종사업자번호
	종목	부동산공급				종목	컴퓨터 및 주변장치	
	E-Mail	sang555@naver.com				E-Mail	korcham21@hanmail.net	

작성일자	2023. 11. 09.	공급가액	8,000,000

비고	

월	일	품 목 명	규격	수량	단가	공급가액	비고
11	09	토지				8,000,000	

합계금액	현금	수표	어음	외상미수금	이 금액을	● 영수 ○ 청구	함
8,000,000	3,000,000	5,000,000					

① [회계] – [전표입력/장부] – [매입매출전표입력] ..... [유형]에 '53 면세', [분개]란에 '혼합'

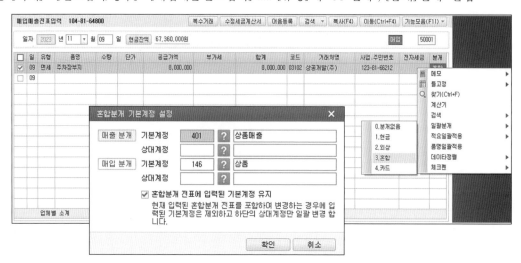

② 하단 분개란에 '146 상품'을 '201 토지'로 수정하고, 대변은 '214 건설중인자산' ₩3,000,000과 '102 당좌예금' 거래처 '98001 국민은행(당좌)'로 입력한 후 상단 [전자세금]란에 '1. 전자입력'을 표시한다.

7. 다음 거래를 일반전표입력 메뉴에 입력하시오. (단, 채권·채무 및 금융거래는 거래처 코드를 입력하고, 각 문항별 한 개의 전표번호로 입력한다.)

5월 26일　(주)한라유통으로부터 상품대금으로 결제받은 비씨카드 대금 ₩13,200,000 중 카드수수료 2%를 차감한 대금은 신한은행 보통예금 계좌로 입금받다.

8월 14일　4월 15일 (주)백두전자에 발행한 약속어음(어음번호 : 가차51230001, 만기일 : 2023. 8. 14. 지급은행 : 국민은행)이 만기가 되어 거래처와의 협의에 따라 6개월 후 지급 조건의 차입금으로 전환하다. 단, 발행한 약속어음은 회수하였다.

[F3]

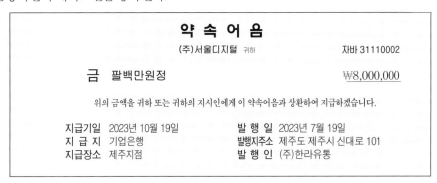

9월 13일　(주)한라유통에 상품을 판매하고 받은 약속어음을 국민은행에서 할인하고 할인료 등 제비용을 차감한 실수금 ₩7,845,363은 국민은행 당좌예금 계좌로 이체받다. 단, 할인어음은 금융자산의 제거조건을 충족한다.

약 속 어 음

(주)서울디지털 귀하　　　　　　　　자바 31110002

금　팔백만원정　　　　　　　　　　　₩8,000,000

위의 금액을 귀하 또는 귀하의 지시인에게 이 약속어음과 상환하여 지급하겠습니다.

지급기일　2023년 10월 19일　　발 행 일　2023년 7월 19일
지 급 지　기업은행　　　　　　　발행지주소　제주도 제주시 신대로 101
지급장소　제주지점　　　　　　　발 행 인　(주)한라유통

① 대체전표를 작성한다.

	일	번호	구분	코드	계정과목	코드	거래처	적요	차변	대변
☐	13	00001	차변	102	당좌예금	98001	국민은행(당좌)	03 받을어음할인액 당좌입금	7,845,363	
☐	13	00001	차변	936	매출채권처분손실				154,637	
☐	13	00001	대변	110	받을어음	02101	(주)한라유통			8,000,000
☐	13									

일자 2023 년 09 ▼ 월 13 일 현금잔액 67,720,000원

② [F3]도움 자판 – 받을어음관리창, [F2]도움 자판으로 해당 어음 선택

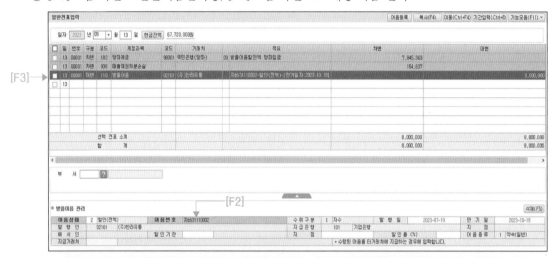

NCS 연결고리

'회계 실무' 과목은 2015 개정교육과정 내용인 국가직무능력표준(NCS 능력단위, 능력단위요소)에 해당하는 실무를 배우는 바탕이 된다. 이번 영역에서 배우게 될 내용이 실무 과목과 어떻게 이어져 실무 능력을 배양하는 데 도움이 되는지 살펴보자.

대분류	경영·회계·세무
중분류	재무·회계
소분류	회계
세분류	회계·감사

능력 단위	결산 관리 (0203020104_14v2)	능력 단위 요소 (수준)	결산 분개하기 (0203020104_14v2.1) (3수준)
영역과의 관계	재무 상태를 파악하기 위하여 재무상태표일 현재의 자산·부채·자본을 측정·평가하고, 회계 기간의 수익·비용을 확정하여 재무성과를 파악함과 동시에 자산·부채에 대한 평가 능력과 손익 산정 능력을 증대시키는 데 도움이 될 것이다.		

8. 다음 기말(12월 31일) 결산 정리 사항을 회계 처리하고 마감하시오.

(1) 현금의 실사 결과 장부상 현금이 실제 현금보다 ₩50,000이 초과함을 발견하다. 분석 결과 ₩30,000은 영업팀의 당일 시내교통비 지급액을 누락한 것이며, 나머지 차이는 원인불명이다.

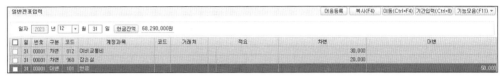

▶ 장부상 현금이 실제 현금보다 ₩50,000이 초과한 것은 현금의 부족액을 말한다. 단, 그 불일치를 결산 당일에 발견했으므로 현금과부족 계정을 설정하지 않고 원인불명액은 잡손실로 처리한다.

(2) 2023년 한국거래소의 폐장으로 보유하고 있는 (주)한국유통 주식 200주(장부금액 @ ₩6,000)의 1주당 종가는 ₩9,000으로 확인되어 회계처리하다.

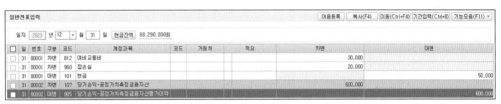

▶ 수기로 계산한다 : 200주 × (9,000−6,000) = 600,000(평가이익)

(3) 기타포괄손익-공정가치측정금융자산(비유동)을 1주당 ₩15,000으로 평가하다.

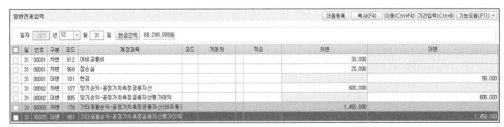

▶ [회계]−[전표입력/장부]−[합계잔액시산표]를 실행하여 기타포괄손익−공정가치측정금융자산(비유동) 계정을 더블 클릭하면 9월 5일 취득한 전표가 조회된다. 6,050,000 ÷ 500주 = 12,100원의 1주당 취득원가를 구한 뒤 500주 × (15,000−12,100) = 1,450,000(평가이익)을 계산한다.

(4) 11월 1일 투자한 (주)남대문전자 회사채에 대해 결산일 현재 이자수익을 계상하다. 단 유효이자율은 5%이며, 이자계산은 월할계산에 의한다.

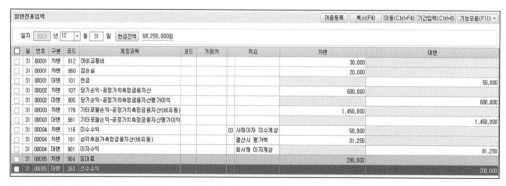

회계 충전소

1. 상각후원가측정금융자산은 결산 시 공정가치로 평가하지 않으며, 유효이자율법을 이용하여 상각후원가로 평가한다. 상각후원가로 평가하는 이유는 만기에 상환받을 때는 취득금액이 아닌 액면금액으로 상환받기 때문에 취득금액 ₩9,750,000과 액면금액 ₩10,000,000의 차액 ₩250,000을 만기가 되기까지 매년 결산 시 유효이자율법으로 상각한 금액을 이자수익 계정 대변에 기록하면서 차변에는 상각후원가측정금융자산의 장부금액에 가산시켜 주어야 하는 것이다.

2. 11월 1일 거래를 살펴보면 액면 ₩10,000,000의 회사채로 표시이자율은 3%이다. 따라서 표시이자는 10,000,000×3%×2/12 = 50,000원 이고, 유효이자율법으로 상각후원가를 평가하면 9,750,000×5%×2/12 = 81,250원이다. 그러므로 81,250-50,000 = 31,250원이 상각후원가측정금융자산의 장부금액에 가산될 금액이다.

(5) 임대료에 대한 결산 정리를 하다. 단 월할계산에 의한다.

▶ [회계]-[전표입력/장부]-[합계잔액시산표]를 실행하여 임대료 계정을 더블클릭하면 12월 1일에 6개월 분 임대료를 수령한 전표가 조회된다. 따라서 240,000×5/6 = 200,000원(2024년 1월 ~ 5월까지 미경과분)

(6) 소모품의 미사용액(기말재고액)은 ₩60,000이다.

▶ 소모품 구입 시 비용처리법은 결산 시 '미사용액'을 분개하고, 자산처리법은 '사용액'을 분개한다. 단, 처리방법의 확인은 합계잔액시산표를 실행하여 계정과목란에 '소모품비'로 조회되면 비용처리법이고, ' 소모품'으로 조회되면 '자산처리법이다.

(7) 10월 1일에 지급한 보험료에 대한 결산 정리를 하다. 단 월할계산에 의한다.

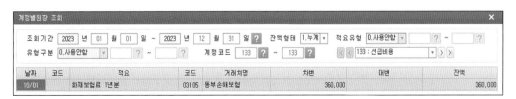

▶ [회계]-[전표입력/장부]-[합계잔액시산표]를 실행하여 조회하면 보험료 계정이 없으므로 선급비용 계정을 더블클릭을 하여 10월 1일에 화재보험료 1년 분 지급한 전표가 조회된다. 따라서 본 문제는 보험료를 지급 시 자산처리를 하였으므로 결산 시에는 경과분을 계산하여 선급비용 계정에서 보험료 계정으로 대체한다. 360,000×3/12 = 90,000원(2023년 10월 ~ 12월, 3개월 경과분)

(8) 단기대여금에 대한 이자 미수액을 계상하다. 단, 대여기간은 2023년 9월 1일 ~ 2024년 8월 31일, 이율 연 10%, 이자는 월할계산에 의한다.

	일	번호	구분	코드	계정과목	코드	거래처	적요	차변	대변
☐	31	00002	차변	107	당기손익-공정가치측정금융자산				600,000	
☐	31	00002	대변	905	당기손익-공정가치측정금융자산평가이익					600,000
☐	31	00003	차변	178	기타포괄손익-공정가치측정금융자산(비유동)				1,450,000	
☐	31	00003	대변	981	기타포괄손익-공정가치측정금융자산평가이익					1,450,000
☐	31	00004	차변	116	미수수익			03 사채이자 미수계상	50,000	
☐	31	00004	차변	181	상각후원가측정금융자산(비유동)			결산시 평가액	31,250	
☐	31	00004	대변	901	이자수익			회사채 이자계상		81,250
☐	31	00005	차변	904	임대료				200,000	
☐	31	00005	대변	263	선수수익					200,000
☐	31	00006	차변	172	소모품				60,000	
☐	31	00006	대변	830	소모품비					60,000
☐	31	00007	차변	821	보험료				90,000	
☐	31	00007	대변	133	선급비용					90,000
☐	31	00008	차변	116	미수수익				40,000	
■	31	00008	대변	901	이자수익					40,000

▶ [회계]-[전표입력/장부]-[합계잔액시산표]를 실행하여 9월 1일 단기대여금이 조회된다. 따라서 1,200,000×10%×4/12 = 40,000원(2023년 9월 ~ 12월까지 4개월분 미수이자)

(9) 토지를 공정가치 ₩10,000,000으로 재평가하다.

	일	번호	구분	코드	계정과목	코드	거래처	적요	차변	대변
☐	31	00003	차변	178	기타포괄손익-공정가치측정금융자산(비유동)				1,450,000	
☐	31	00003	대변	981	기타포괄손익-공정가치측정금융자산평가이익					1,450,000
☐	31	00004	차변	116	미수수익			03 사채이자 미수계상	50,000	
☐	31	00004	차변	181	상각후원가측정금융자산(비유동)			결산시 평가액	31,250	
☐	31	00004	대변	901	이자수익			회사채 이자계상		81,250
☐	31	00005	차변	904	임대료				200,000	
☐	31	00005	대변	263	선수수익					200,000
☐	31	00006	차변	172	소모품				60,000	
☐	31	00006	대변	830	소모품비					60,000
☐	31	00007	차변	821	보험료				90,000	
☐	31	00007	대변	133	선급비용					90,000
☐	31	00008	차변	116	미수수익				40,000	
☐	31	00008	대변	901	이자수익					40,000
☐	31	00009	차변	201	토지				2,000,000	
■	31	00009	대변	987	재평가잉여금					2,000,000

▶ [회계]-[전표입력/장부]-[합계잔액시산표]를 실행하여 토지 계정을 조회하여 재평가차액을 계산한다.
10,000,000-8,000,000 = 2,000,000원(재평가잉여금으로 기타포괄손익누계액에 속한다.)

(10) 매출채권 잔액에 대하여 1% 대손충당금(보충법)을 설정하다.

결산 시 대손충당금의 설정은 [회계]-[전표입력/장부]-[합계잔액시산표]를 실행하여 매출채권 잔액과 대손충당금 계정 잔액을 조회하여 설정액을 계산한 후 별도 수동분개를 하지 않고 [결산자료입력] 메뉴에 해당 금액을 입력하면 자동분개가 된다.

① 매출채권 잔액의 조회 ······ [합계잔액시산표]

	차 변		계 정 과 목	대 변		
잔 액	합 계			합 계	잔 액	
190,816,363	330,221,363		◀유 동 자 산▶	139,405,000		
145,756,363	285,161,363		◁당 좌 자 산▷	139,405,000		
68,290,000	141,280,000		현 금	72,990,000		
26,815,363	43,845,363		당 좌 예 금	17,030,000		
20,263,500	33,958,500		보 통 예 금	13,695,000		
1,800,000	2,400,000		당기손익-공정가치측정금융자산	600,000		
11,450,000	24,650,000		외 상 매 출 금	13,200,000		
10,000,000	31,200,000		받 을 어 음	21,200,000		
1,200,000	1,200,000		단 기 대 여 금			

【 설정액 】 외상매출금 : 11,450,000×1% = 114,500, 받을어음 : 10,000,000×1% = 100,000

② [회계]-[결산재무제표1]-[결산자료입력]을 실행하여 대손충당금 설정액을 5).대손상각에 입력한다. [결산자료입력]에서 결산일자 (2023. 01 ~ 2023. 12)를 입력하고, [매출원가 및 경비선택]창이 나타나면 [451]상품 매출원가코드는 자동 반영되므로 입력하지 않고 [확인]단추를 누르면 [결산자료입력]화면이 나타난다.

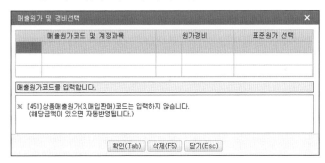

(11) 모든 비유동자산에 대하여 감가상각비를 계상하다.

① 감가상각비 조회는 [회계]-[고정자산등록]-[원가경비별감가상각명세서]를 실행하여 [유형자산총괄] 단추를 누르고 [Enter] 하면 '당기상각비' 가 조회된다.

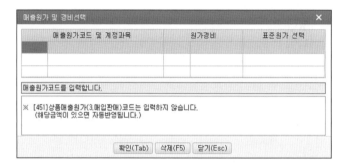

▶ 건물감가상각비 ₩277,291, 차량운반구감가상각비 ₩1,140,654

② [결산자료입력]화면상의 4). 감가상각비에 입력한다. [결산자료입력]에서 결산일자 (2023. 01 ~ 2023. 12)를 입력하고, [매출원가 및 경비선택]창이 나타나면 [451]상품 매출원가코드는 자동 반영되므로 입력하지 않고 [확인]단추를 누르면 [결산자료입력]화면이 나타난다.

(12) 기말상품재고액을 입력하고 결산 처리하다. 단, 재고평가는 선입선출법으로 한다.

① [물류관리]-[재고관리]-[재고자산수불부]를 실행하여 [기간]을 입력하고 상품수불내역을 조회한다. 기능모음(F11) 의 평가방법에서 재고자산평가방법(선입선출법, 총평균법, 이동평균법, 개별법)을 선택하여 매출원가와 재고자산평가액을 결정할 수 있다. 또한 마감(F3) 단추를 눌러 마감에 대한 내역을 지정할 수 있다.

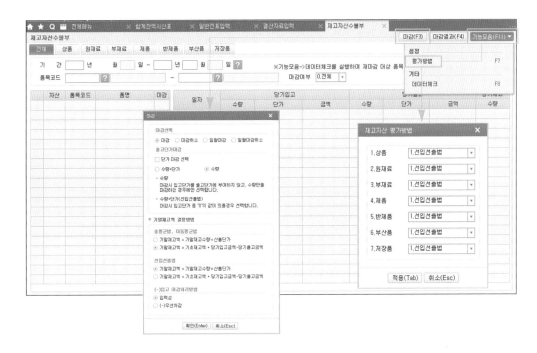

② 내장된 재고평가방법은 '선입선출법'이므로 선택할 필요가 없이 마감하고자하는 기간을 입력하고 마감(F3) 단추를 클릭하여 '일괄마감'에 체크하고 [확인]단추를 누르면 [마감]란에 '여'로 표시된다.

③ [물류관리] – [재고관리] – [재고자산명세서]를 실행하여 기말상품재고액 ₩20,400,000을 조회한다.

▷ [재고자산수불부]에서 '마감'을 실행하지 않으면 기말상품재고액은 조회되지 않는다.

④ [회계] – [결산/재무제표1] – [결산자료입력]을 실행하여 기말상품재고액 ₩20,400,000을 입력하고 전표추가(F3) 단추를 눌러 결산분개를 자동으로 생성되게 해야 한다.

⑤ [일반전표입력] 메뉴에서 12월 31일자 로 조회하면 자동으로 생성된 결산정리분개 전표를 확인할 수 있다.

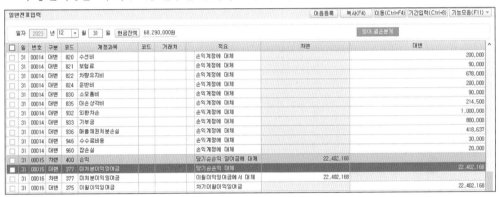

⑥ 필수 실습과정은 아니지만 [회계]-[결산/재무제표1]-[이익잉여금처분계산서]를 실행하여 상단의 [전표추가(F3)] 단추를 클릭하면 수익·비용 및 순손익의 대체분개가 완료된다.

| 회 계 | 충전소 |

▶ 결산 자동분개 및 대체분개 일괄 삭제 방법

　[일반전표입력]의 12월 31일 화면에서 [Shift] 자판을 누른 상태에서 [F5] 도움 자판을 누르면 [Shift]+[F5] 일괄자동분개 삭제 화면이 나타나며 하단의 [삭제(F5)] 단추를 누르면 [삭제확인]을 묻는 메시지 창이 나타나고 [삭제(Ctrl+F5)] 단추를 누르면 결산 자동분개 및 대체분개가 일괄 삭제된다.

NCS 자가 진단

능력단위요소	자가 진단 내용	문 항 평 가				
		매우 미흡	미흡	보통	우수	매우 우수
결산 분개하기 (0203020104_14v 2.1)(3수준)	3. 나는 손익계정에 관한 결산정리사항을 분개할 수 있다.	①	②	③	④	⑤
	4. 나는 자산·부채 계정에 관한 결산정리사항을 분개할 수 있다.	①	②	③	④	⑤

05 재무제표와 각종 장부 조회

NCS 연결고리

'회계 실무' 과목은 2015 개정교육과정 내용인 국가직무능력표준(NCS 능력단위, 능력단위요소)에 해당하는 실무를 배우는 바탕이 된다. 이번 영역에서 배우게 될 내용이 실무 과목과 어떻게 이어져 실무 능력을 배양하는 데 도움이 되는지 살펴보자.

대분류	경영·회계·세무
중분류	재무·회계
소분류	회계
세분류	회계·감사

능력 단위	회계정보시스템 운용 (0203020105_14v2)	능력 단위 요소 (수준)	회계프로그램 운용하기 (0203020105_14v2.2) (3수준)
영역과의 관계	회계프로그램 매뉴얼에 따라 정보 산출에 필요한 자료를 입력·수정하고, 결산 작업 후 기간별, 시점별로 작성한 각종 장부 및 재무제표를 검색·출력하는데 도움이 될 것이다.		

전표입력/장부
- 일반전표입력
- 매입매출전표입력
- 일/월계표
- **합계잔액시산표**
- 계정별원장
- 거래처원장
- 전표출력
- 분개장
- 총계정원장
- 현금출납장

1 합계잔액시산표

[회계]-[전표입력/장부]-[합계잔액시산표]를 실행하여 [조회] 한다.

합계잔액시산표 | 기능모음(F11) ▼

과목별 | 제출용

기간 2023 년 12 ▼ 월 31 일

차변			계 정 과 목	대변		
잔 액	합 계			합 계	잔 액	
166,216,363	330,221,363		◀유 동 자 산▶	164,219,500	214,500	
145,756,363	285,161,363		◁당 좌 자 산▷	139,619,500	214,500	
68,290,000	141,280,000		현 금	72,990,000		
26,815,363	43,845,363		당 좌 예 금	17,030,000		
20,263,500	33,958,500		보 통 예 금	13,695,000		
1,800,000	2,400,000		당기손익-공정가치측정금융자산	600,000		
11,450,000	24,650,000		외 상 매 출 금	13,200,000		
			대 손 충 당 금	114,500	114,500	
10,000,000	31,200,000		받 을 어 음	21,200,000		
			대 손 충 당 금	100,000	100,000	
1,200,000	1,200,000		단 기 대 여 금			
90,000	90,000		미 수 수 익			
270,000	360,000		선 급 비 용	90,000		
	600,000		가 지 급 금	600,000		
5,565,000	5,565,000		부 가 가치세대급금			
12,500	12,500		선 납 세 금			
20,460,000	45,060,000		◁재 고 자 산▷	24,600,000		
20,400,000	45,000,000		상 품	24,600,000		
60,000	60,000		소 모 품			
202,932,613	578,686,363		합 계	578,686,363	202,932,613	

2 재무상태표

[회계] – [결산재무제표 1] – [재무상태표]를 실행하여 [조회] 한다.

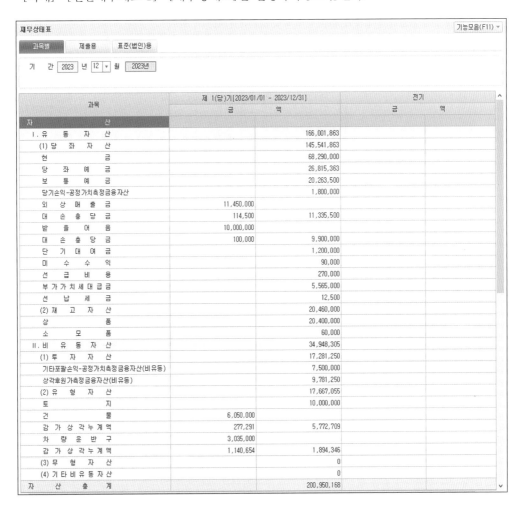

재무상태표   기능모음(F11) ▼

과목	제 1(당)기[2023/01/01 ~ 2023/12/31]		전기	
	금 액		금	액
자 산				
Ⅰ. 유 동 자 산		166,001,863		
(1) 당 좌 자 산		145,541,863		
현 금		68,290,000		
당 좌 예 금		26,815,363		
보 통 예 금		20,263,500		
당기손익-공정가치측정금융자산		1,800,000		
외 상 매 출 금	11,450,000			
대 손 충 당 금	114,500	11,335,500		
받 을 어 음	10,000,000			
대 손 충 당 금	100,000	9,900,000		
단 기 대 여 금		1,200,000		
미 수 수 익		90,000		
선 급 비 용		270,000		
부 가 가 치 세 대 급 금		5,565,000		
선 납 세 금		12,500		
(2) 재 고 자 산		20,460,000		
상 품		20,400,000		
소 모 품		60,000		
Ⅱ. 비 유 동 자 산		34,948,305		
(1) 투 자 자 산		17,281,250		
기타포괄손익-공정가치측정금융자산(비유동)		7,500,000		
상각후원가측정금융자산(비유동)		9,781,250		
(2) 유 형 자 산		17,667,055		
토 지		10,000,000		
건 물	6,050,000			
감 가 상 각 누 계 액	277,291	5,772,709		
차 량 운 반 구	3,035,000			
감 가 상 각 누 계 액	1,140,654	1,894,346		
(3) 무 형 자 산		0		
(4) 기 타 비 유 동 자 산		0		
자 산 총 계		200,950,168		

 충전소

▶ 재무상태표 조회 시 [에러] 창이 나타나면 [회계] 모듈 – [결산/재무제표 I] – [이익잉여금처분계산서]를 실행하여 조회하면 그 이후 더 이상 [에러] 창이 나타나지 않는다. 즉, 작업을 잘못한 것이 아니라 프로그램상 문제이다.

③ 손익계산서

[회계]－[결산재무제표 1]－[손익계산서]를 실행하여 [조회]한다.

손익계산서

기　간 2023 년 12 ▼ 월

| 과목별 | 제출용 | 표준(법인)용 | 포괄손익 |

과목	제 1(당)기 [2023/01/01 ~ 2023/12/31]	
	금액	
Ⅰ. 매　　출　　액		56,700,000
상　품　매　출	56,700,000	
Ⅱ. 매　　출　원　가		24,600,000
상　품　매　출　원　가		24,600,000
기　초　상　품　재　고　액	0	
당　기　상　품　매　입　액	45,000,000	
기　말　상　품　재　고　액	20,400,000	
Ⅲ. 매　　출　총　이　익		32,100,000
Ⅳ. 판　매　비　와　관　리　비		8,475,445
종　업　원　급　여	3,000,000	
복　리　후　생　비	1,600,000	
여　비　교　통　비	480,000	
접　　　대　　　비	280,000	
통　　　신　　　비	145,000	
세　금　과　공　과	80,000	
감　가　상　각　비	1,417,945	
수　　　선　　　비	200,000	
보　　　험　　　료	90,000	
차　량　유　지　비	678,000	
운　　　반　　　비	200,000	
소　　모　　품　　비	90,000	
대　손　상　각　비	214,500	
Ⅴ. 영　　업　　이　　익		23,624,555
Ⅵ. 영　업　외　수　익		1,046,250
이　　자　　수　　익	221,250	
임　　　대　　　료	40,000	
당기손익-공정가치측정금융자산평가이익	600,000	
당기손익-공정가치측정금융자산처분이익	185,000	
Ⅶ. 영　업　외　비　용		2,268,637
외　　환　　차　　손	1,000,000	
기　　　부　　　금	800,000	
매　출　채　권　처　분　손　실	418,637	
수　　수　　료　　비　용	30,000	
잡　　　손　　　실	20,000	
Ⅷ. 법　인　세　차　감　전　이　익		22,402,168
Ⅸ. 법　　　인　　세　　　등		0
Ⅹ. 당　기　순　이　익		22,402,168

4 K-IFRS 재무상태표

[회계]-[K-IFRS 재무제표]-[K-IFRS 재무상태표]-[제출용]단추를 클릭하여 [조회]한다.

K-IFRS 재무상태표

기간 : 2023 년 12 ▼ 월 2023년

| 과목별 | 제출용 |

과목	제 1(당)기 [2023/01/01] ~ 2023/12/31]	
	금	액
자 산		
Ⅰ. 유 동 자 산		166,001,863
(1) 현 금 및 현 금 성 자 산		115,368,863
(2) 매 출 채 권 및 기 타 채 권		22,795,500
(3) 기 타 유 동 금 융 자 산		1,800,000
(4) 재 고 자 산		20,460,000
(5) 기 타 의 유 동 자 산		5,577,500
Ⅱ. 비 유 동 자 산		34,948,305
(1) 기타포괄손익-공정가치측정금융자산		7,500,000
(2) 상 각 후 원 가 측 정 금 융 자 산		9,781,250
(3) 유 형 자 산		17,667,055
자 산 총 계		200,950,168
부 채		
Ⅰ. 유 동 부 채		49,098,000
(1) 매 입 채 무 및 기 타 채 무		43,898,000
(2) 단 기 차 입 금		5,000,000
(3) 기 타 유 동 부 채		200,000
Ⅱ. 비 유 동 부 채		45,650,000
(1) 기 타 비 유 동 부 채		9,650,000
(2) 매입채무및기타비유동채무		36,000,000
부 채 총 계		94,748,000
자 본		
Ⅰ. 납 입 자 본		79,500,000
(1) 자 본 금		55,000,000
(2) 주 식 발 행 초 과 금		24,500,000
Ⅱ. 이 익 잉 여 금		22,402,168
(1) 미 처 분 이 익 잉 여 금		22,402,168
Ⅲ. 기 타 자 본 구 성 요 소		4,300,000
(1) 자 본 잉 여 금		850,000
(2) 기 타 포 괄 손 익 누 계 액		3,450,000
(당 기 순 이 익)		
당기계속 : 22,402,168 원		
전기계속 : 0 원		
자 본 총 계		106,202,168
부 채 및 자 본 총 계		200,950,168

▶ [과목별]로 조회하는 경우 '재무상태표'메세지 창에서 〈에러〉가 나타나는 경우에는 창을 닫은 후 [회계]-[결산재무제표1]-[이익잉여금처분계산서]를 실행한 후에 다시 조회하면 나타나지 않는다.

5 K-IFRS 포괄손익계산서

[회계] − [K-IFRS 재무제표] − [K-IFRS 포괄손익계산서]를 실행하여 [조회]한다.

K-IFRS 포괄손익계산서

기 간 2023 년 12 ▼ 월

제출용

과목	제 1(당)기 [2023/01/01 ~ 2023/12/31]	
	금액	
Ⅰ. 수 익 (매 출 액)		56,700,000
상 품 매 출	56,700,000	
Ⅱ. 매 출 원 가		24,600,000
상 품 매 출 원 가		24,600,000
기 초 상 품 재 고 액	0	
당 기 상 품 매 입 액	45,000,000	
기 말 상 품 재 고 액	20,400,000	
[매 출 총 이 익]		32,100,000
Ⅲ. 판 매 비 와 관 리 비		8,475,445
종 업 원 급 여	3,000,000	
복 리 후 생 비	1,600,000	
여 비 교 통 비	480,000	
접 대 비	280,000	
통 신 비	145,000	
세 금 과 공 과	80,000	
감 가 상 각 비	1,417,945	
수 선 비	200,000	
보 험 료	90,000	
차 량 유 지 비	678,000	
운 반 비	200,000	
소 모 품 비	90,000	
대 손 상 각 비	214,500	
[영 업 이 익]		23,624,555
Ⅳ. 기 타 수 익		825,000
임 대 료	40,000	
당기손익-공정가치측정금융자산평가이익	600,000	
당기손익-공정가치측정금융자산처분이익	185,000	
Ⅴ. 기 타 비 용		1,268,637
기 부 금	800,000	
매 출 채 권 처 분 손 실	418,637	
수 수 료 비 용	30,000	
잡 손 실	20,000	
Ⅵ. 금 융 수 익		221,250
이 자 수 익	221,250	
Ⅶ. 금 융 원 가		1,000,000
외 환 차 손	1,000,000	
[법 인 세 차 감 전 순 이 익]		22,402,168
Ⅷ. 법 인 세 비 용		0
Ⅸ. 당 기 순 이 익		22,402,168
Ⅹ. 기 타 포 괄 손 익		1,450,000
(1) F VOCI금융자산평가손익		1,450,000
기타포괄손익-공정가치측정금융자산평가이익	1,450,000	
ⅩⅠ. 총 포 괄 손 익		23,852,168

함께해보기 – 재무제표와 각종 장부의 조회

◯ (주)서울디지털의 다음 사항을 조회하여 번호 순서대로 물음에 답하시오.

(1) 5월 1일부터 7월 31일까지 보통예금의 순증가액은 얼마인가?

(2) 상반기(1월 ~ 6월) 판매비와관리비 월평균 발생액은 얼마인가? (단, 원미만 반올림 할 것)

(3) 4월부터 9월에 (주)백두전자에 발행한 지급어음 금액은 얼마인가?

(4) 2023년 제1기 부가가치세 확정신고 시 차가감 납부할 세액은 얼마인가? (단, 제1기 예정신고 는 없었다.)

(5) 2023년 제2기 부가가치세 예정신고 시 과세표준은 얼마인가?

(6) 7월까지 판매된 iPad(아이패드)의 수량은 몇 개(EA)인가?

(7) 4월부터 9월까지 iPad(아이패드)를 가장 많이 구매한 달은 몇 월인가?

(8) 5월 1일부터 7월 31일까지 (주)한라유통에 매출한 공급가액은 얼마인가?

(9) 5월부터 10월까지 발생한 상품 매출거래는 몇 건이며, 판매대금 합계액은 얼마인가?

(10) 7월부터 9월까지 받을어음의 배서와 할인으로 인한 양도액은 총 얼마인가?

(11) 1월 1일부터 12월 31일까지 한국채택국제회계기준(K-IFRS)에 의한 포괄손익계산서(기능별) 에 표시되는 판매비와관리비는 얼마인가?

(12) 12월 31일 현재 한국채택국제회계기준(K-IFRS)에 의한 재무상태표에 표시되는 (순)매출채 권의 금액은 얼마인가?

(13) 12월 31일 현재 한국채택국제회계기준(K-IFRS)에 의한 재무상태표에 표시되는 납입자본은 얼마인가?

(14) 1월 1일부터 12월 31일까지 한국채택국제회계기준(K-IFRS)에 의한 포괄손익계산서(기능별) 에 표시되는 총포괄손익은 얼마인가?

(15) 한국채택국제회계기준(K-IFRS)에 의한 재무상태표에서 12월 31일 현재 비유동자산 총액은 얼마인가?

(1) 5월 1일부터 7월 31일까지 보통예금의 순증가액은 얼마인가?   ₩11,221,000

① [회계] - [전표입력/장부] - [합계잔액시산표]

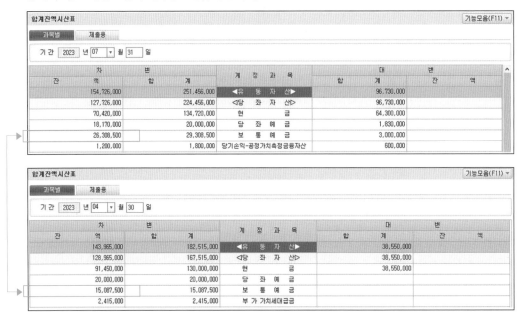

【 계산 】 7월 말 잔액 ₩26,308,500 - 4월 말 잔액 ₩15,087,500 = 11,221,000

② 또는 [회계] - [전표입력/장부] - [계정별원장]

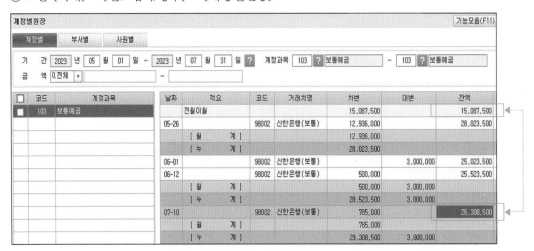

(2) 상반기(1월 ~ 6월) 판매비와관리비 월평균 발생액은 얼마인가? (단, 원미만 반올림 할 것)

₩146,667

① [회계] – [결산/재무제표1] – [손익계산서]

손익계산서

기 간 2023 년 06 ▼ 월

과목별 | 제출용 | 표준(법인)용 | 포괄손익

과목	제 1(당)기 [2023/01/01 ~ 2023/6/30]	
		금액
I. 매　　출　　액		24,000,000
상　품　매　출	24,000,000	
II. 매　출　원　가		0
상　품　매　출　원　가		0
기　초　상　품　재　고　액	0	
당　기　상　품　매　입　액	15,000,000	
기　말　상　품　재　고　액	15,000,000	
III. 매　출　총　이　익		24,000,000
IV. 판　매　비　와　관　리　비		880,000

【 계산 】 ₩880,000 ÷ 6월 = 146,667(원 미만 반올림)

② 또는 [회계] – [전표입력/장부] – [합계잔액시산표]

합계잔액시산표　　　　　　　　　　　　　　　　　　기능모음(F11) ▼

과목별 | 제출용

기 간 2023 년 06 ▼ 월 30 일

차　　변		계 정 과 목	대　　변	
잔　액	합　계		합　계	잔　액
		선　수　금	500,000	500,000
	24,000,000	◀비 유 동 부 채▶	60,000,000	36,000,000
	24,000,000	외 화 장 기 차입금	60,000,000	36,000,000
		◀자　본　금▶	50,000,000	50,000,000
		보 통 주 자 본금	50,000,000	50,000,000
		◀자 본 잉 여 금▶	20,000,000	20,000,000
		주 식 발 행 초과금	20,000,000	20,000,000
		◀매　　출▶	24,000,000	24,000,000
		상　품　매　출	24,000,000	24,000,000
880,000	880,000	◀판 매 관 리 비▶		
450,000	450,000	여 비 교 통 비		

(3) 4월부터 9월에 (주)백두전자에 발행한 지급어음 금액은 얼마인가?　　　₩21,500,000

▶ [회계] – [전표입력/장부] – [거래처원장]... [내용]Tab 선택, 조회기간 2023-01-01 ~ 2023-09-30 입력, 계정과목[252. 지급어음] 입력, 거래처[(주)백두전자] 입력 후 [내용]

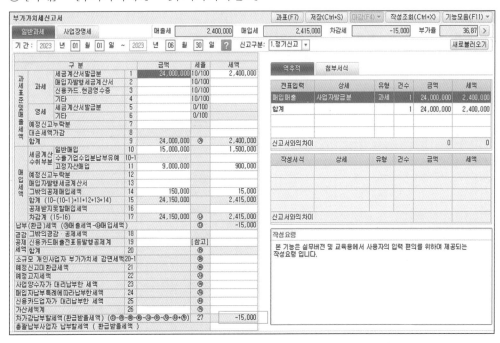

날짜	적요	차변	대변	잔액	전표번호	코드	거래처분류명	코드	신용카드명
04-15	가차51230001-발행-[만기일자:2023.08.14]		5,000,000	5,000,000	50001				
	[월 계]		5,000,000						
	[누 계]		5,000,000						
08-14	가차51230001-결제-[만기일자:2023.08.14]	5,000,000			00001				
	[월 계]	5,000,000							
	[누 계]	5,000,000	5,000,000						
09-25	가차51230002-발행-[만기일자:2024.01.25]		16,500,000	16,500,000	50001				
	[월 계]		16,500,000						
	[누 계]	5,000,000	21,500,000						

▶ 본 실습문제에서는 [회계]-[전표입력/장부]-[합계잔액시산표]를 실행하여 대변 합계금액 ₩21,500,000을 조회할 수 있지만, 만약 4월 이전 발행액이 있는 경우나 거래처가 2개 이상인 경우에는 합계잔액시산표를 실행해서는 안된다. 또한 [지급어음 현황]에서는 잔액만 나타나므로 실행해서는 안된다.

(4) 2023년 제1기 부가가치세 확정신고 시 차가감 납부할(환급받을) 세액은 얼마인가? (단, 제1 기 예정신고는 없었다.)

<u>₩15,000</u>

① [회계] - [부가가치세1] - [부가가치세신고]

② 또는 [회계] - [전표입력/장부] - [합계잔액시산표]

차 변		계 정 과 목	대 변	
잔 액	합 계		합 계	잔 액
	600,000	가 지 급 금	600,000	
2,415,000	2,415,000	부 가 가 치 세 대 급 금		
12,500	12,500	선 납 세 금		
15,000,000	15,000,000	◁재 고 자 산▷		
15,000,000	15,000,000	상 품		
12,085,000	12,085,000	◀비 유 동 자 산▶		
12,085,000	12,085,000	◁유 형 자 산▷		
6,050,000	6,050,000	건 물		
3,035,000	3,035,000	차 량 운 반 구		
3,000,000	3,000,000	건 설 중 인 자 산		
	500,000	◀유 동 부 채▶	26,500,000	26,000,000
		외 상 매 입 금	11,500,000	11,500,000
		지 급 어 음	5,000,000	5,000,000
		미 지 급 금	6,600,000	6,600,000
		부 가 가 치 세 예 수 금	2,400,000	2,400,000
	500,000	가 수 금	500,000	

【 계산 】 부가가치세예수금 ₩2,400,000 − 부가가치세대급금 ₩2,415,000 = −15,000(환급세액)

(5) 2023년 제2기 부가가치세 예정신고 시 과세표준은 얼마인가? ₩12,000,000

▶ [회계] − [부가가치세1] − [부가가치세신고] : [과표(F7)]

(6) 7월까지 판매된 iPad(아이패드)의 수량은 몇 개(EA)인가? 30개(EA)

① [물류관리] − [판매관리] − [품목별 판매현황]

② 또는 [물류관리]-[재고관리]-[재고자산수불부]

(7) 4월부터 9월까지 iPad(아이패드)를 가장 많이 구매한 달은 몇 월인가?   9월

① [물류관리] - [구매관리] - [품목별 구매현황]

② 또는 [물류관리] - [재고관리] - [재고자산수불부]

(8) 5월 1일부터 7월 31일까지 (주)한라유통에 매출한 공급가액은 얼마인가?   ₩36,000,000

① [물류관리] - [판매관리] - [거래처별 판매현황]

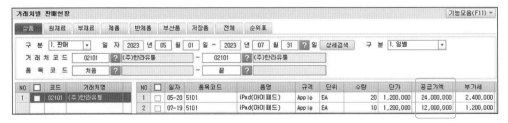

② 또는 [물류관리] – [판매관리] – [품목별 판매현황]

▶ **공급가액과 공급대가** : 공급가액은 순수 상품의 판매(매입)금액으로 부가가치세가 포함되지 않은 금액이고, 공급대가는 상품의 판매(매입)금액에 부가가치세가 포함된 금액이다.

(9) 5월부터 10월까지 발생한 상품 매출거래는 몇 건이며, 판매대금 합계액은 얼마인가?

<u>4건, ₩62,370,000</u>

▶ [물류관리] – [판매관리] – [품목별 판매현황]

(10) 7월부터 9월까지 받을어음의 배서와 할인으로 인한 양도액은 총 얼마인가?   <u>₩21,200,000</u>

▶ [회계] – [전표입력/장부] – [받을어음현황] … [어음조회] 선택

(11) 1월 1일부터 12월 31일까지 한국채택국제회계기준(K-IFRS)에 의한 포괄손익계산서(기능별)에 표시되는 판매비와관리비는 얼마인가?

<u>₩8,475,445</u>

▶ [회계] – [K-IFRS 재무제표] – [K-IFRS 포괄손익계산서]

K-IFRS 포괄손익계산서

기 간 2023 년 12 ▼ 월

제출용

과목	제 1(당)기 [2023/01/01 ~ 2023/12/31]	
		금액
Ⅰ. 수 익 (매 출 액)		56,700,000
상 품 매 출	56,700,000	
Ⅱ. 매 출 원 가		24,600,000
상 품 매 출 원 가		24,600,000
기 초 상 품 재 고 액	0	
당 기 상 품 매 입 액	45,000,000	
기 말 상 품 재 고 액	20,400,000	
[매 출 총 이 익]		32,100,000
Ⅲ. 판 매 비 와 관 리 비		8,475,445

(12) 12월 31일 현재 한국채택국제회계기준(K-IFRS)에 의한 재무상태표에 표시되는 (순)매출 채권의 금액은 얼마인가? ₩21,235,500

▶ [회계] – [K-IFRS 재무제표] – [K-IFRS 재무상태표]

K-IFRS 재무상태표

기간 : 2023 년 12 ▼ 월 2023년

과목별   제출용

과목	제 1(당)기 [2023/01/01] ~ 2023/12/31]	
	금	액
자 산		
Ⅰ. 유 동 자 산		166,001,863
(1) 현 금 및 현 금 성자산		115,368,863
현 금		68,290,000
당 좌 예 금		26,815,363
보 통 예 금		20,263,500
(2) 매 출 채 권및기타채권		22,795,500
외 상 매 출 금	11,450,000	
대 손 충 당 금	114,500	11,335,500
받 을 어 음	10,000,000	
대 손 충 당 금	100,000	9,900,000

(13) 12월 31일 현재 한국채택국제회계기준(K-IFRS)에 의한 재무상태표에 표시되는 납입자본은 얼마인가? ₩79,500,000

▶ [회계] − [K-IFRS 재무제표] − [K-IFRS 재무상태표]

K-IFRS 재무상태표

기간 : 2023 년 12 ▼ 월 | 2023년

과목별 | 제출용

과목	제 1(당)기 [2023/01/01] ~ 2023/12/31]	
	금	액
자 본		
Ⅰ. 납 입 자 본		79,500,000
(1) 자 본 금		55,000,000
보 통 주 자 본 금		55,000,000
(2) 주 식 발 행 초 과 금		24,500,000
주 식 발 행 초 과 금		24,500,000

(14) 1월 1일부터 12월 31일까지 한국채택국제회계기준(K-IFRS)에 의한 포괄손익계산서(기능별)에 표시되는 총포괄손익은 얼마인가? ₩23,852,168

▶ [회계] − [K-IFRS 재무제표] − [K-IFRS 포괄손익계산서]

K-IFRS 포괄손익계산서

기 간 2023 년 12 ▼ 월

제출용

과목	제 1(당)기 [2023/01/01 ~ 2023/12/31]	
	금액	
Ⅳ. 기 타 수 익		825,000
임 대 료	40,000	
당기손익-공정가치측정금융자산평가이익	600,000	
당기손익-공정가치측정금융자산처분이익	185,000	
Ⅴ. 기 타 비 용		1,268,637
기 부 금	800,000	
매 출 채 권 처 분 손 실	418,637	
수 수 료 비 용	30,000	
잡 손 실	20,000	
Ⅵ. 금 융 수 익		221,250
이 자 수 익	221,250	
Ⅶ. 금 융 원 가		1,000,000
외 환 차 손	1,000,000	
[법 인 세 차 감 전 순 이 익]		22,402,168
Ⅷ. 법 인 세 비 용		0
Ⅸ. 당 기 순 이 익		22,402,168
Ⅹ. 기 타 포 괄 손 익		1,450,000
(1) FVOCI금융자산평가이익		1,450,000
기타포괄손익-공정가치측정금융자산평가이익	1,450,000	
ⅩⅠ. 총 포 괄 손 익		23,852,168

(15) 한국채택국제회계기준(K-IFRS)에 의한 재무상태표에서 12월 31일 현재 비유동자산 총액은 얼마인가? ₩34,948,305

▶ [회계] - [K-IFRS 재무제표] - [K-IFRS 재무상태표]

K-IFRS 재무상태표

기간 : 2023 년 12 ▼ 월 2023년

과목별	제출용		

과목	제 1(당)기 [2023/01/01] ~ 2023/12/31]	
	금	액
Ⅱ. 비 유 동 자 산		34,948,305
(1) 기타포괄손익-공정가치 측정금융자산		7,500,000
기타포괄손익-공정가치 측정금융자산		7,500,000
(2) 상각후원가측정금융자산		9,781,250
상각후원가측정금융자산(비유동)		9,781,250
(3) 유 형 자 산		17,667,055
토 지		10,000,000
건 물	6,050,000	
감 가 상 각 누 계 액	277,291	5,772,709
차 량 운 반 구	3,035,000	
감 가 상 각 누 계 액	1,140,654	1,894,346
자 산 총 계		200,950,168

제5장 ...

원가회계

1. 제조기업의 입력 따라하기

01 제조기업의 입력 따라하기

'회계 정보 처리 시스템' 과목은 국가직무능력표준(NCS)을 기반으로 하는 실무 과목인 '회계 실무'를 배우는 바탕이 된다. 이번 영역에서 배우게 될 내용이 실무 과목과 어떻게 이어져 실무 능력을 배양하는 데 도움이 되는지 살펴보자.

대분류	경영·회계·세무
중분류	재무·회계
소분류	회계
세분류	회계·감사

능력 단위	원가 계산 (0203020103_14v2)	능력 단위 요소 (수준)	원가 요소 분류하기 (0203020103_14v2.1) (3수준)
			원가 배부하기 (0203020103_14v2.2) (4수준)
			원가 계산하기 (0203020103_14v2.3) (4수준)
영역과의 관계	VI. 원가 회계 정보 처리 2. 원가 계산의 절차 영역에 대한 학습을 바탕으로 원가와 비용에 대한 구분과 원가 흐름에 대한 분개방법 및 공통 원가의 배부와 보조 부문 원가를 주요 부문 원가에 배부하는 방법과 원가 계산 방법에 따른 원가 산출과 업종 특성에 따른 원가 계산과 계산 관련 프로그램을 활용하는 데 도움이 될 것이다.		

제조기업의 입력

제조기업의 거래 발생에서 원가계산 및 재무제표 작성까지를 실습하기로 한다.

1. 다음 회사(사업장) 정보를 등록하시오.

① 회사코드 : 4568
② 회사명 : (주)남대문공업
③ 회계연도 : 제1기 2023년 1월 1일부터 12월 31일
④ 사업자등록번호 : 104-83-45675
⑤ 법인등록번호 : 101056-7890124
⑥ 대표자명 : 김대문
⑦ 사업장주소 : 서울특별시 중구 남대문로 10-1(남대문로4가)
⑧ 전화번호 : 02-2254-1234
⑨ 팩스번호 : 02-2254-1235
⑩ 업종코드 : 300100(업태 : 제조 / 종목 : 컴퓨터)
⑪ 설립년월일 : 2023년 1월 1일
⑫ 개업년월일 : 2023년 1월 2일

입력화면

2. 다음 신규 거래처를 등록하시오. 단, 일반거래처의 거래시작일은 2023. 1. 3. 이다.

▶ 일반거래처

거래처코드	거래처(명)	사업자등록번호	대표자	거래처분류	업태/종목
1101	(주)상공전산	201-82-34564	박상공	매입처	제조 / 전산용품
2101	(주)수원전자	124-81-23458	김수원	매출처	도소매/컴퓨터

입력화면

3. 다음의 신규 부서와 작업장을 등록하시오.

부서코드	부서명	부서구분	참조부서	제조/판관	부문구분	사용
10	경리부	부서		판관	공통	여
20	영업부	부서		판관	공통	여
30	생산1부	부서		제조	직접	여
40	생산2부	부서		제조	직접	여
50	동력부	부서		제조	간접	여
60	수선부	부서		제조	간접	여
70	제1작업장	작업장	생산1부	제조	직접	여
80	제2작업장	작업장	생산2부	제조	직접	여

▶ 단, 제1작업장의 참조부서는 생산1부이고, 제2작업장의 참조부서는 생산2부이다.

입력화면

▶ 작업장의 등록 시 참조부서는 [F2]도움 자판을 이용하여 해당 참조부서를 선택하여 입력한다.

	코드	부서명	부서구분	참조부서	제조/판관	부문구분	사용		코드	사원명	사용	입사년월일	E-Mail	연락처
	10	경리부	부서		판관	공통	여							
	20	영업부	부서		판관	공통	여							
	30	생산1부	부서		제조	직접	여							
	40	생산2부	부서		제조	직접	여							
	50	동력부	부서		제조	간접	여							
	60	수선부	부서		제조	간접	여							
	70	제1작업장	작업장	생산1부	제조	직접	여							
■	80	제2작업장	작업장	생산2부	제조	직접	여							

부서/사원등록 · 기능모음(F11) ▾

4. 다음의 신규 창고 및 품목을 등록하시오.

(1) 창고 등록

창고코드	창고명	담당자	비고
10	원재료창고	영업부	
20	제품창고	영업부	

(2) 품목 등록

품목코드	품목종류(자산)	품목(품명)	(상세)규격	기본단위	원가구분	구매단가
5101	갑제품	제품	AA	EA	개별원가	–
5102	을제품	제품	BB	EA	종합원가	–
5201	A자재	원재료	CC	EA		₩800

입력화면

① 창고등록

창고등록   창고분류등록(F3)

		코드	창고명	담당자	전화번호	내선	주소	코드	창고분류명	비고	사용여부
1		10	원재료창고	2000 영업부							여
2		20	제품창고	2000 영업부							여
3											

② 품목등록

▶ 제품의 등록 시에는 반드시 화면 하단의 [17. 원가구분]에서 [0.개별, 1.종합]을 선택해야 한다.

종합실습예제

1월 2일 (주)남대문공업은 회사 설립을 위해 보통 주식 4,000주(액면 @₩5,000)를 액면 발행하고 납입금은 현금으로 받다.

▶ [회계] - [전표입력/장부] - [일반전표입력]을 실행하여 [입금전표]를 작성한다.

	일반전표입력						어음등록	복사(F4)	이동(Ctrl+F4)	기간입력(Ctrl+8)	기능모음(F11) ▾
일자	2023 년 01 ▾ 월 02 일		현금잔액	20,000,000원							

☐	일	번호	구분	코드	계정과목	코드	거래처	적요	차변	대변
☐	02	00001	입금	331	보통주자본금			04 설립자본금의 현금납입	현금	20,000,000
☐	02									

1월 3일 원재료를 매입하고 전자세금계산서를 발급받다.

전자세금계산서		(공급받는자 보관용)		승인번호	20230103-×××ㅇ0111

공급자	등록번호	201-82-34564			공급받는자	등록번호	104-83-45675		
	상호	(주)상공전산	성명 (대표자)	강상공		상호	(주)남대문공업	성명 (대표자)	김대문
	사업장 주소	서울특별시 중구 마른내로 100				사업장 주소	서울특별시 중구 남대문로 10-1		
	업태	제조	종사업자번호			업태	제조	종사업자번호	
	종목	전산용품				종목	컴퓨터		
	E-Mail	sangkong21@daum.net				E-Mail	namdaemoon21@hanmail.net		

작성일자	2023. 01. 03.	공급가액	1,600,000	세 액	160,000
비고					

월	일	품 목 명	규격	수량	단가	공급가액	세액	비고
01	03	A자재	CC	2,000	800	1,600,000	160,000	

합계금액	현금	수표	어음	외상미수금	이 금액을	○ 영수 ● 청구	함
1,760,000				1,760,000			

입력화면

① [물류관리] - [구매관리] - [입고입력]을 실행하여 원재료를 등록한다. 상기업의 입고 입력 절차와 동일한 방법으로 하되, 화면 하단의 [자산] 선택상자에서 '원재료'를 선택하고 진행한다. - [전표추가(F3)] - [전송]

② [매입매출전표입력] …… [전자세금]란에 '1. 전자입력'

③ [물류관리]−[구매관리]−[품목별구매현황]을 실행하면 매입한 원재료의 내역을 확인할 수 있다.

> 1월 5일 당월의 생산(작업)지시서 내역은 다음과 같다.

지시일자	제품명	작업장	작업지시량	작업기간
1월 5일	갑제품	제1작업장	500개(EA)	1월 5일 ~ 1월 31일
1월 5일	을제품	제2작업장	400개(EA)	1월 5일 ~ 2월 08일

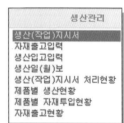

입력화면

① [물류관리]−[생산관리]−[생산(작업)지시서]를 실행한다.
② 지시 일자와 작업 완료일을 입력하고 [Enter]한다.
③ 하단의 [자산]란에서 '제품'을 선택하고, 품목명, 작업 지시량, 작업장명[F2]을 입력한다.

▶ 갑제품의 작업지시 등록

▶ 을제품의 작업지시 등록

▶ 화면 상단의 [인쇄] 단추를 누르면 생산(작업)지시서를 인쇄출력할 수 있다.

1월 6일 앞서 1월 5일에 발행된 생산(작업)지시서에 따른 원재료(자재)를 다음과
같이 출고하였다.

갑제품 : A자재 1,000개(제1작업장), @₩800(부가가치세 별도)
을제품 : A자재 500개(제2작업장), @₩800(부가가치세 별도)

입력화면

① [물류관리] - [생산관리] - [자재출고입력]을 실행한다.

② 일자를 입력하고 [생산지시번호]란에 [F2] 도움 자판을 이용하여 해당
지시번호를 선택하고 [확인] 단추를 클릭하면 앞서 등록한 갑제품의 작
업지시서 내용이 상단에 표시된다.

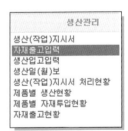

③ 하단 [자산]란에 원재료를 선택하고, 품명, 출고수량, 작업장명을 입력하면 된다.

④ 제시된 원재료 단가 ₩800은 [입고입력]을 하여 프로그램상 인식하고 있으므로 자재출고 시 입력할 경로가 없다.

▶ 갑제품의 원재료(자재)출고

		일	생산지시번호	자산	품목코드	품명	규격	단위	생산량	완료예정일	자재출고번호
1		06	2023010500001	제품	5101	갑제품	AA	EA	500	2023-01-31	2023010600001
2		06									

		자산	자재코드	품명	규격	단위	출고수량	코드	출고창고명	코드	작업장명
1		원재료	5201	A자재	CC	EA	1,000	10	원재료창고	7000	제1작업장
2											

▶ 을제품의 원재료(자재)출고 : 갑제품의 원재료(자재)출고와 동일한 방법으로 실행하면 된다.

		일	생산지시번호	자산	품목코드	품명	규격	단위	생산량	완료예정일	자재출고번호
1		06	2023010500001	제품	5101	갑제품	AA	EA	500	2023-01-31	2023010600001
2		06	2023010500002	제품	5102	을제품	BB	EA	400	2023-02-08	2023010600002
3		06									

		자산	자재코드	품명	규격	단위	출고수량	코드	출고창고명	코드	작업장명
1		원재료	5201	A자재	CC	EA	500	10	원재료창고	8000	제2작업장

1월 25일   공장 부서의 다음과 같은 임금 총액에서 소득세 등을 원천징수하고 잔액은 현금으로 지급하다.

부서	임금총액	소득세	건강보험료	국민연금	차감지급액
생산1부	900,000	20,000	10,000	10,000	860,000
생산2부	900,000	20,000	10,000	10,000	860,000
동 력 부	280,000	10,000	5,000	5,000	260,000
수 선 부	200,000	4,000	3,000	3,000	190,000
계	2,280,000	54,000	28,000	28,000	2,170,000

입력화면

① 전표 일자와 [구분]에서 3 : 차변을 입력한 후 [504 임금]을 부서별로 각각 입력한다.

② 전표입력 화면의 [부서]를 개별적으로 입력한다. 만약 [부서]를 입력하지 않고 저장하면 나중 원가 계산을 할 때 총임금이 나타나지 않으므로 유의하기 바란다.

③ [구분]에서 4 : 대변을 입력하고 예수금과 현금을 입력한다.

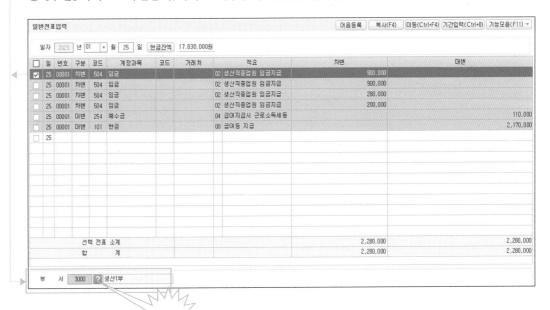

1월 30일　다음과 같이 제조경비를 현금으로 지급하다.

	생산1부	생산2부	동력부	수선부
가스수도료	–	–	₩42,000	–
통 신 비	–	–	–	₩18,000
전 력 비	₩24,000	–		
보 험 료		₩30,000		

입력화면

① 전표 일자를 입력하고 [구분]에서 1 : 출금을 입력한 후 [515 가스수도료] 등을 입력한다.

② 전표 입력 화면의 [부서]를 반드시 입력해야 한다. 만약 [부서]를 입력하지 않고 저장하면 나중 제조간접비 계산 시 가스수도료와 통신비 등이 나타나지 않으므로 유의하기 바란다.

1월 31일　작업지시서(1월 5일 발행)에 대해 다음과 같이 생산자료를 등록하다.

품목	완성량	재 공 품		작업(투입) 시간	작업장
		월말수량	완성도		
갑 제 품	500개	–	–	300	제1작업장
을 제 품	150개	250개	20%	100	제2작업장

입력화면

① [물류관리] – [생산관리] – [생산입고입력]을 실행한다.

② 일자를 입력하고 [생산지시번호]란에 [F2] 도움 자판을 이용하여 해당 작업지시등록 내역을 선택하면 생산 자료를 등록한 내용이 나타난다.

③ 하단에 갑제품의 투입시간을 입력한다.

▶ 을제품의 생산량과 투입시간을 입력한다.

1월 31일   1월의 원가 기준 정보를 다음과 같이 등록하다.

---

1. 노무비 배부 기준

관련부문	생산1부	생산2부
총근무시간	400시간	200시간

2. 보조 부문비 배부 기준

관련부문	생산1부	생산2부
동력부	40	20
수선부	40	20

입력화면

① 노무비 배부 기준 등록은 [물류관리] - [원가관리(원가기준정보)] - [배부
기준등록]을 실행하여 2023년 1월을 입력 후 화면 오른쪽 상단의
[당월데이터 생성] 단추를 클릭하면 아래와 같은 [안내] 창이 나타난다.

② [예] 단추를 클릭하면 노무비 데이터의 내역이 나타나고, 부서별로 총근무시간을 입력하면 임율이 자동 생성된다.

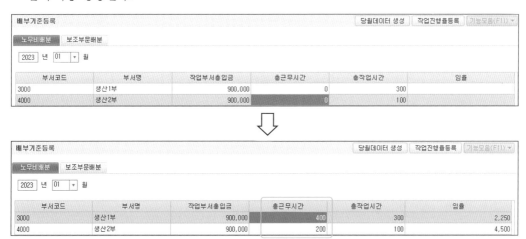

③ 보조부문비 배부 기준은 [물류관리] – [원가관리(원가기준정보)] – [배부기준등록]을 실행하여 [보조부문배분] Tab을 클릭한 후 화면 오른쪽 상단의 [보조부문 가져오기] 단추를 클릭하면 아래와 같은 [안내] 창이 나타난다.

④ [예] 단추를 클릭하고 각 보조부문비 배부기준을 입력한다.

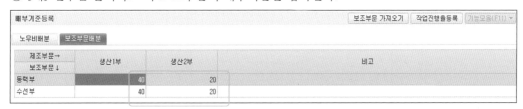

> 1월 31일　앞서 생산 입고 입력 시 을제품의 작업지시량은 400개이고, 그 중 완성수량
> 은 150개, 재공품은 250개 완성도는 20%이다.

입력화면

① [물류관리]-[원가관리(원가기준정보)]-[작업진행률등록]을 실행한다. 또는 [배부기준등록] 화면 우측 상단의 [작업진행률 등록] 단추를 클릭한다.

② 2023년 1월을 선택 입력한 후 을제품의 생산 자료가 나타나면 완성도(작업진행률 20%)를 입력한다.

> 1월 31일　1월의 실제 원가계산을 실시하시오.

1 기초재공품의 계산

[물류관리]-[원가관리(원가기준정보)]-[기초재공품계산]을 실행하여, 기간(2023-01)을 선택 입력 하는데, 본 문제에서는 기초재공품의 자료가 없으므로 다음과 같이 나타나지만 무시하고 진행한다.

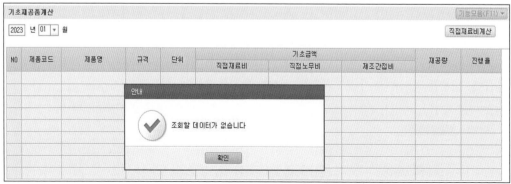

2 직접재료비의 계산

① [물류관리] – [재고관리] – [재고자산수불부]를 실행하여 조회기간을 입력한 후, 화면 상단의 [마감(F3)] 단추를 눌러 마감을 하여야 정확한 직접재료비 계산이 이루어진다.

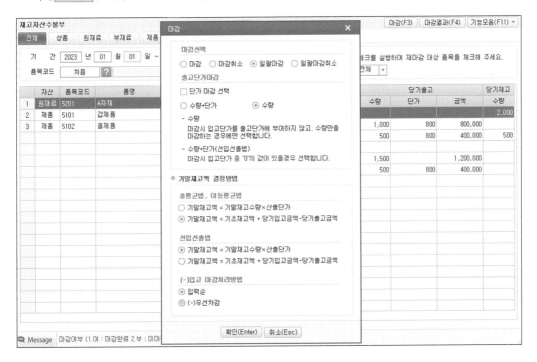

② [물류관리] – [원가관리(원가계산)] – [직접재료비계산]을 실행한다.

직접재료비계산

| | | | | 마감취소 | 기능모음(F11) ▼ |

2023 년 01 ▼ 월   ※ 정확한 자재 투입금액을 계산하기 위해서 먼저 마감을 실행하세요.   직접노무비계산

	작업지시번호	작업장	품목코드	품명	규격	단위	작업지시량	작업시작일	작업종료일	생산량	진행상태
1	2023010500001	제1작업장	5101	갑제품	AA	EA	500	2023-01-05	2023-01-31	500	완료
2	2023010500002	제2작업장	5102	을제품	BB	EA	400	2023-01-05	2023-02-08	150	진행

	자재코드	자재명	규격	단위	사용량	단가	금액
1	5201	A자재	CC	EA	500	800	400,000

③ 직접노무비의 계산

[물류관리]-[원가관리(원가계산)]-[직접노무비계산]을 실행하여 기간(2023-01)을 입력하면 직접노무비 계산이 이루어진다.

직접노무비계산

| | | | | | | 기능모음(F11) ▼ |

2023 년 01 ▼ 월   제조간접비(부문별)

NO	작업지시번호	품목코드	품명	부서코드	부서명	투입시간	임율	직접노무비
1	2023010500001	5101	갑제품	3000	생산1부	300	2,250	675,000
2	2023010500002	5102	을제품	4000	생산2부	100	4,500	450,000

④ 제조간접비의 계산

제조간접비의 계산은 제조간접비 계산(부문별), 제조간접비 계산(보조 부문), 제조간접비의 계산(제조 부문)의 순서로 [물류관리]-[원가관리(원가계산)]-[제조간접비 계산(부문별)]을 실행하여 진행한다.

① 제조간접비 계산(부문별) : 기간(2023-01)을 입력한다.

제조간접비계산(부문별)

| | | | | | | 기능모음(F11) ▼ |

2023 년 01 ▼ 월   제조간접비(보조부문)

계정코드	계정명	제조부문		보조부문		합계
		생산1부	생산2부	동력부	수선부	
51400	통신비				18,000	18,000
51500	가스수도료			42,000		42,000
51600	전력비	24,000				24,000
52100	보험료		30,000			30,000
BBB	간접노무비	225,000	450,000	280,000	200,000	1,155,000

② 제조간접비 계산(보조 부문) : 기간(2023-01)을 입력한다.

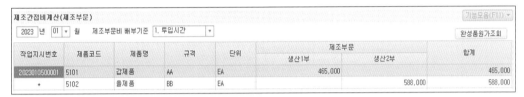

| 부서코드 | 부서명 | 제조부문 | | 합계 |
		생산1부	생산2부	
5000	동력부	128,800	64,400	193,200
6000	수선부	87,200	43,600	130,800

③ 제조간접비의 계산(제조 부문) : 기간(2023-01)을 입력하고 투입시간을 선택한 후 [Enter]한다.

| 작업지시번호 | 제품코드 | 제품명 | 규격 | 단위 | 제조부문 | | 합계 |
					생산1부	생산2부	
2023010500001	5101	갑제품	AA	EA	465,000		465,000
*	5102	을제품	BB	EA		588,000	588,000

⑤ 개별원가계산과 종합원가계산(평균법)

[물류관리]-[원가관리(원가계산)]-[완성품원가조회]를 실행하여 2023년 01월을 선택입력하고, 원가계산방법(종합)을 '평균법'을 선택하면 완성품원가가 조회된다.

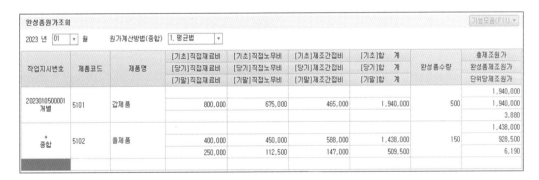

작업지시번호	제품코드	제품명	[기초]직접재료비 [당기]직접재료비 [기말]직접재료비	[기초]직접노무비 [당기]직접노무비 [기말]직접노무비	[기초]제조간접비 [당기]제조간접비 [기말]제조간접비	[기초]합 계 [당기]합 계 [기말]합 계	완성품수량	총제조원가 완성품제조원가 단위당제조원가
2023010500001 개별	5101	갑제품	800,000	675,000	465,000	1,940,000 1,940,000	500	1,940,000 1,940,000 3,880
* 종합	5102	을제품	400,000 250,000	450,000 112,500	588,000 147,000	1,438,000 1,438,000 509,500	150	1,438,000 928,500 6,190

⑥ 제품 단위당 제조원가 반영

앞서 각 제품의 완성품 원가의 조회 시 파악된 각 제품 단위당 원가를 [물류관리]-[생산관리]-[생산입고입력]을 실행하여 반영한다.

① 갑제품 : 기간(2023-01-31)을 입력하고, [Enter]한 다음 갑제품 단가 ₩3,880을 입력한다.

② 을제품 : 을제품 단가 ₩6,190을 입력한다.

7 원가 반영 작업

앞서 작업한 완성품 원가 계산이 완료되면 [결산자료입력]을 통하여 프로그램에 내장된 상기업의 환경을 제조업의 환경으로 변경하고, 기말 원재료 재고액과 기말 재공품 재고액을 반영하여 제조업의 결산을 진행해야 한다.

① [물류관리] – [원가관리(원가계산)] – [결산자료입력]을 실행하여 기간을 1월~1월로 입력하면 [매출원가 및 경비선택] 창이 나타난다.

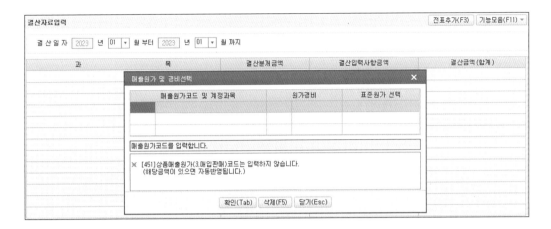

② 매출원가코드를 [F2] 도움 자판을 이용하여 '455 제품매출원가'를 선택 입력하고, 원가 경비에는 숫자 '1' 자판을 입력하여 500번대 '제조'를 선택한 후 [확인] 단추를 클릭한다.

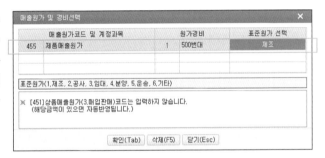

③ **결산 자료 입력** : [결산자료입력]화면 오른쪽 상단의 [기능모음(F11) ▼] 단추를 누른 후 [기말 재고반영]을 클릭하면 기말 원재료 재고액과 기말 재공품 재고액이 자동으로 반영된다.

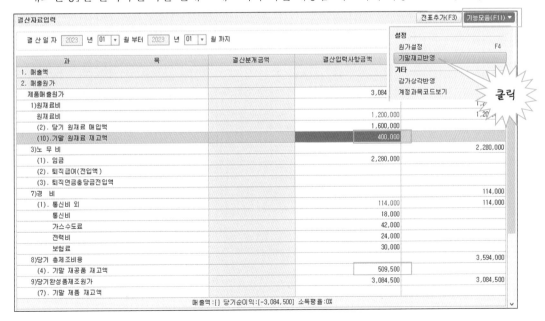

④ [전표추가(F3)] 단추를 클릭하여 결산분개를 자동으로 생성시킨다. 아래 화면은 [일반전표입력]에서 조회할 수 있다.

	일	번호	구분	코드	계정과목	코드	거래처	적요	차변	대변
	31	00001	결차	501	원재료비			01 원재료사용분 재료비대체	1,200,000	
	31	00001	결대	153	원재료			04 원재료사용분 재료비대체		1,200,000
	31	00002	결차	169	재공품				1,200,000	
	31	00002	결대	501	원재료비			02 재료비 제조로 대체		1,200,000
	31	00003	결차	169	재공품				2,280,000	
	31	00003	결대	504	임금			08 제조로 대체		2,280,000
	31	00004	결차	169	재공품				114,000	
	31	00004	결대	514	통신비			08 제조로 대체		18,000
	31	00004	결대	515	가스수도료			08 제조로 대체		42,000
	31	00004	결대	516	전력비			08 제조로 대체		24,000
	31	00004	결대	521	보험료			08 제조로 대체		30,000
■	31	00005	결차	150	제품			01 완성품 제조원가 제품대체	3,084,500	
	31	00005	결대	169	재공품					3,084,500
	31	00006	결차	455	제품매출원가			01 제품매출원가 대체	3,084,500	
	31	00006	결대	150	제품			04 제품 매출원가 대체		3,084,500
	31									
		선택 전표 소계							3,084,500	3,084,500
		합 계							10,963,000	10,963,000

일자 2023 년 01 월 31 일 현금잔액 17,716,000원   결산분개

어음등록 복사(F4) 이동(Ctrl+F4) 기간입력(Ctrl+8) 기능모음(F11) ▼

NCS 자가 진단

능력단위요소	자가 진단 내용	문항 평가				
		매우미흡	미흡	보통	우수	매우우수
원가 배부하기 (0203020103_14v 2.2)(4수준)	1. 나는 원가계산 대상에 따라 직접원가와 간접원가를 구분할 수 있다.	①	②	③	④	⑤
	3. 나는 원가계산 대상에 따라 합리적인 원가배부기준을 적용할 수 있다.	①	②	③	④	⑤

능력단위요소	자가 진단 내용	문항 평가				
		매우미흡	미흡	보통	우수	매우우수
원가 배부하기 (0203020103_14v 2.2)(4수준)	3. 나는 보조부문의 개별원가와 공통원가를 집계할 수 있다.	①	②	③	④	⑤
	4. 나는 보조부문의 개별원가와 공통원가를 배부할 수 있다.	①	②	③	④	⑤

능력단위요소	자가 진단 내용	문항 평가				
		매우미흡	미흡	보통	우수	매우우수
원가 계산하기 (0203020103_14v 2.3)(4수준)	1. 나는 원가계산시스템의 종류에 따라 원가계산방법을 선택할 수 있다.	①	②	③	④	⑤
	2. 나는 업종 특성에 따라 개별원가계산을 할 수 있다.	①	②	③	④	⑤
	3. 나는 업종 특성에 따라 종합원가계산을 할 수 있다.	①	②	③	④	⑤

1월 31일   제품을 매출하고 전자세금계산서를 발급해 주다.

전자세금계산서				(공급자 보관용)		승인번호	20230131-×××× 0261	

전자세금계산서 (공급자 보관용) 승인번호 20230131-××××0261

	등록번호	104-83-45675				등록번호	124-81-23458	
공급자	상호	(주)남대문공업	성명(대표자)	김대문	공급받는자	상호	(주)수원전자	성명(대표자) 김수원
	사업장주소	서울특별시 중구 남대문로 10-1				사업장주소	수원시 권선구 경수대로 123	
	업태	제조	종사업자번호			업태	도소매	종사업자번호
	종목	컴퓨터				종목	컴퓨터	
	E-Mail	namdaemoon21@hanmail.net				E-Mail	computer21@naver.com	

작성일자	2023. 01. 31.	공급가액	5,000,000	세 액	500,000
비고					

월	일	품 목 명	규격	수량	단가	공급가액	세액	비고
01	31	갑제품		300	10,000	3,000,000	300,000	
01	31	을제품		100	20,000	2,000,000	200,000	

합계금액	현금	수표	어음	외상미수금	이 금액을	○ 영수 함
5,500,000				5,500,000		● 청구

입력화면

① 상기업의 [출고입력] 절차와 동일한 방법으로 하되 하단의 [자산]란에 '제품'으로 변경하고 진행한다. - [전표추가] - [전송]

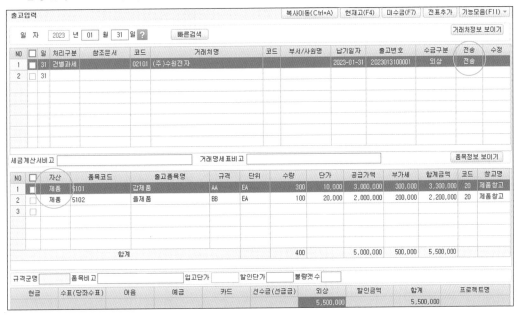

② [매입매출전표입력] …… [전자세금]란에 '1. 전자입력'

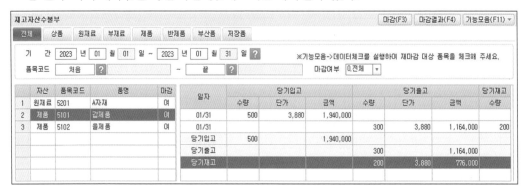

	일	유형	품명	수량	단가	공급가액	부가세	합계	코드	거래처명	사업.주민번호	전자세금	분개
☐	31	과세	갑제품외			5,000,000	500,000	5,500,000	02101	(주)수원전자	124-81-23458	전자입력	외상
☐	31												

1월 31일 1월의 원가 계산을 마감하시오.

입력화면

① [물류관리]-[생산/재고관리]-[재고관리]-[재고자산수불부]를 실행하여 1월로 [마감취소]
를 한 후 다시 재마감을 하면 기말제품재고액을 파악할 수 있다.

② [물류관리]-[생산/재고관리]-[재고관리]-[재고자산명세서]를 실행하여 기간을 2023-
01-31로 입력하고 [Enter]하면 기말제품재고액 ₩1,085,500이 조회된다.

	☐	자산	품목코드	품명	규격	단위	재고수량	재고단가	재고금액
1	☐	원재료	5201	A자재	CC	EA	500	800	400,000
2	☐	원재료		[자산별 합계]			500		400,000
3	☐	제품	5101	갑제품	AA	EA	200	3,880	776,000
4	☐	제품	5102	을제품	BB	EA	50	6,190	309,500
5	☐	제품		[자산별 합계]			250		1,085,500

③ [물류관리] – [생산/재고관리] – [원가관리) 원가계산)] – [결산자료입력]을 실행하여 기간을 1월~1월로 입력한 후 하단의 [기말제품재고액]란에 ₩1,085,500을 입력하면 매출원가와 매출총이익이 자동 계산된다.

결산자료입력   전표추가(F3) 기능모음(F11) ▼

결 산 일 자 2023 년 01 ▼ 월 부터 2023 년 01 ▼ 월 까지

과　　　　　　　목	결산분개금액	결산입력사항금액	결산금액(합계)
1. 매출액			5,000,000
제품매출		5,000,000	
2. 매출원가			1,999,000
제품매출원가	3,084,500	-1,085,500	1,999,000
1)원재료비			1,200,000
원재료비	1,200,000		1,200,000
(2). 당기 원재료 매입액		1,600,000	
(10).기말 원재료 재고액		400,000	
3)노 무 비			2,280,000
(1). 임금	2,280,000		
(2). 퇴직급여(전입액)			
(3). 퇴직연금충당금전입액			
7)경　비			114,000
(1). 통신비 외	114,000		114,000
통신비	18,000		
가스수도료	42,000		
전력비	24,000		
보험료	30,000		
8)당기 총제조비용			3,594,000
(4). 기말 재공품 재고액		509,500	
9)당기완성품제조원가	3,084,500		3,084,500
(7). 기말 제품 재고액		1,085,500	
3. 매출총이익			3,001,000

매출액:[5,000,000] 당기순이익:[3,001,000] 소득평율:60.02%

④ [전표추가(F3)] 단추를 클릭하여 앞서 자동 생성된 결산분개를 삭제하고 다시 전표추가를 해야 기말제품이 재무제표에 반영이 된다.

┌───┐
│ 1월 31일　1월의 제조원가명세서와 결산 재무제표를 조회하시오. │
└───┘

┌──────────────────────┐
│　　원가관리 (원가계산)　│
│ 기초재공품계산 │
│ 직접재료비계산 │
│ 직접노무비계산 │
│ 제조간접비계산(부문별) │
│ 제조간접비계산(보조부문) │
│ 제조간접비계산(제조부문) │
│ 완성품원가조회 │
│ 결산자료입력 │
│ 제조원가명세서 │
│ 손익계산서 │
│ 재무상태표 │
└──────────────────────┘

① **제조원가명세서** : [물류관리] – [생산/재고관리] – [원가관리(원가계산)] – [제조원가명세서]

※실제 검정시험 시 제조원가명세서 조회를 하지 않으면 4점 감점을 한다.

제조원가명세서

과목별	제출용	표준(법인)용

2023 년 01 ▼ 월 2023년	구분 500번대 제조 ▼

과 목	제 1 (당)기 [2023/01/01 ~ 2023/01/31]
	금 액
Ⅰ. 원 재 료 비		1,200,000
기 초 원재료재고액	0	
당 기 원재료매입액	1,600,000	
기 말 원재료재고액	400,000	
Ⅱ. 노 무 비		2,280,000
임 금	2,280,000	
Ⅲ. 경 비		114,000
통 신 비	18,000	
가 스 수 도 료	42,000	
전 력 비	24,000	
보 험 료	30,000	
Ⅳ. 당 기 총 제 조 비 용		3,594,000
Ⅴ. 기 초 재 공 품 재 고 액		0
Ⅵ. 합 계		3,594,000
Ⅶ. 기 말 재 공 품 재 고 액		509,500
Ⅷ. 타 계 정 으 로 대 체 액		0
Ⅸ. 당 기 제 품 제 조 원 가		3,084,500

② **손익계산서** : [물류관리] – [생산/재고관리] – [원가관리(원가계산)] – [손익계산서]

손익계산서

기 간 2023 년 01 ▼ 월

과목별	제출용	표준(법인)용	포괄손익

과 목	제 1(당)기 [2023/01/01 ~ 2023/1/31]
	금액
Ⅰ. 매 출 액		5,000,000
제 품 매 출	5,000,000	
Ⅱ. 매 출 원 가		1,999,000
제 품 매 출 원 가		1,999,000
기 초 제 품 재 고 액	0	
당 기 제 품 제 조 원 가	3,084,500	
기 말 제 품 재 고 액	1,085,500	
Ⅲ. 매 출 총 이 익		3,001,000
Ⅳ. 판 매 비 와 관 리 비		0
Ⅴ. 영 업 이 익		3,001,000
Ⅵ. 영 업 외 수 익		0
Ⅶ. 영 업 외 비 용		0
Ⅷ. 법 인 세 차 감 전 이 익		3,001,000
Ⅸ. 법 인 세 등		0
Ⅹ. 당 기 순 이 익		3,001,000

회 계 충전소

❤ **약속어음(전자어음)의 최초 등록 시 잘못 등록한 경우의 수정 방법**

1. 1월 5일 : 당좌거래하는 기업은행으로부터 수령한 약속어음 5매(어음번호 : 가나 12341001~
   12341005)를 가타12341001~12341005, 5매로 잘못 등록한 경우

2. 1월 6일 : 매입처 (주)코리아상사의 외상매입금 ₩200,000을 약속어음(어음번호 : 가나 12341001, 만기
   일 : 2023년 3월 6일)을 발행하여 지급하는 거래의 대체전표를 작성하면서 최초 어음등록이 '가타'로 잘
   못된 것을 뒤늦게 알게 된 경우

3. 최초 등록된 어음을 찾아 삭제해야 하는데 [기능모음(F11)]-[어음등록]에서 최초 등록일자와 거래은행
   을 입력 후 하단의 [편집(F4)]단추를 누르면 [어음편집]창에서 삭제할 어음번호가 나타난다.

4. 위에 나타난 [어음편집] 창의 왼쪽 선택상자에 체크를 한 후 하단 [삭제(F5)] 단추를 누르면 '체크 표시된 어음 [5]개를 정말 삭제하시겠습니까?'라는 메시지창이 나타나고 [예] 단추를 누르면 삭제된다.

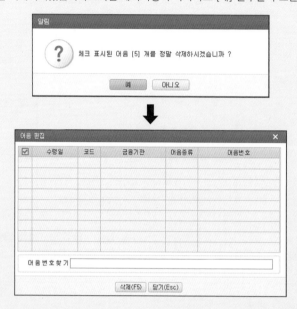

5. [기능모음(F11)]-[어음등록]에서 정확한 어음등록을 다시 한다.

제6장 ...

기출문제 교육용 따라하기

1. 기출문제 교육용 따라하기

202×년 상시 전산회계운용사 실기시험

2급	프로그램	제한시간
유형1	New sPLUS	80분

< 유의사항 >

■ 시험은 반드시 주어진 문제의 순서대로 진행하여야 합니다.

■ 지시사항에 따라 기초기업자료를 확인하고, 해당 기초기업자료가 나타나지 않는 경우는 감독관에게 문의하시기 바랍니다.

■ 기초기업자료를 선택하여 해당 문제를 풀이한 후 프로그램 종료 전 반드시 답안을 저장해야 합니다.

■ 각종 코드는 문제에서 제시된 코드로 입력하여야 하며, 수험자가 임의로 부여한 코드는 오답으로 처리합니다.

■ 일반전표입력의 거래는 부가가치세를 고려하지 말고 매입매출전표 입력의 모든 거래는 부가가치세의 과세유형을 고려한다.

■ 계정과목을 입력할 때는 반드시 [검색] 기능이나 [조회] 기능을 이용하여 계정과목을 등록하되 다음의 자산은 변경 후 계정과목(평가손익, 처분손익)을 적용합니다.

변경 전	변경 후
계정과목	계정과목
단기매매금융자산	당기손익-공정가치측정금융자산
매도가능금융자산	기타포괄손익-공정가치측정금융자산
만기보유금융자산	상각후원가측정금융자산

■ 답안파일명은 자동으로 부여되므로 별도 답안파일을 작성할 필요가 없습니다. 또한 답안 저장 및 제출 시간은 별도로 주어지지 아니하므로 제한 시간 내에 답안 저장 및 제출을 완료해야 합니다.

----

1. <유의사항>을 준수하지 않아 발생한 모든 책임은 수험자 책임으로 합니다.

2. 수험자는 문제지를 확인하시고 문제지 표지와 내지간 형별, 총면수, 문제번호의 일련순서, 인쇄상태 등을 확인하시고 이상이 있는 경우 즉시 감독관에게 교체를 요구하여야 합니다.

3. 시험 종료 후 반드시 문제지를 제출하여야 합니다. 문제지를 소지한 채 무단퇴실 하거나 제출거부 또는 외부유출 시 부정행위자로 처리됩니다.

4. 부정행위를 한 수험자는 관련법에 따라 응시한 자격검정이 정지 및 무효 처리되며 차후 자격검정에도 응시가 제한됩니다.

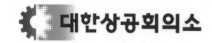

대한상공회의소

< 문제1 : 재무회계 >

기초데이터 코드 : 2100, 정답 코드 : 2200

◎ 지시사항 : '바네스데코(주)'의 거래 자료이며, 회계연도는 2023. 1. 1 ~ 12. 31 이다.

1. 다음 제시되는 기준정보를 입력하시오. <4점>

(1) 다음의 일반 거래처(매입거래처, 매출거래처)를 등록하시오. (각1점)

거래처(명)	거래처분류(구분)	거래처코드	대표자	사업자등록번호	업태/종목
(주)호수거울	매입처	02008	김현성	109-81-12345	제조/유리및거울
(주)유로거울	매출처	03008	고장명	110-86-62909	도소매/거울

(2) 다음의 신규 상품(품목)을 등록하시오. (2점)

품목코드	품목(품명)	(상세)규격	품목종류(자산)	기본단위(단위명)
404	LED조명거울	RCM	상품	EA

2. 다음 거래를 매입매출전표입력 메뉴에 입력하시오. <16점/각4점> (단, 채권·채무 및 금융 거래는 거래처 코드를 입력하고 각 문항별 한 개의 전표번호로 입력한다.)

(1) 12월 13일   상품을 매입하고 대금 중 ₩5,000,000은 약속어음을 발행(어음번호 : 자바 35351213, 만기일 : 2024. 03. 13. 지급은행 : 신한은행)하여 지급하고, 잔액은 외상으로 하다.

전 자 세 금 계 산 서	(공급받는자 보관용)			승인번호	20231213-××××0101		

공급자	등록번호	110-81-55742			공급받는자	등록번호	110-81-12345		
	상호	(주)정밀거울	성명(대표자)	김연민		상호	바네스데코(주)	성명(대표자)	김바네
	사업장주소	서울특별시 서대문구 가좌로 111				사업장주소	서울특별시 서대문구 간호대로 11-30		
	업태	도소매	종사업자번호			업태	도매 및 상품중개업	종사업자번호	
	종목	유리/거울				종목	거울/미용기구		
	E-Mail	jungmill77@naver.com				E-Mail	baeksul21@hanmail.net		

작성일자	2023. 12. 13.	공급가액	9,500,000	세 액	950,000
비고					

월	일	품 목 명	규격	수량	단가	공급가액	세액	비고
12	13	손거울	SM	350	10,000	3,500,000	350,000	
12	13	벽걸이거울	TRM	200	30,000	6,000,000	600,000	

합계금액	현금	수표	어음	외상미수금	이 금액을	○ 영수	함
10,450,000			5,000,000	5,450,000		● 청구	

(2) 12월 21일　상품을 매출하고 전자세금계산서를 발급받다. 대금 중 ₩2,970,000은 전자어음
으로 받고, 잔액은 30일 후 기업은행 보통예금계좌로 받기로 하다.

전자세금계산서				(공급자 보관용)			승인번호		20231221-××××0221	
공급자	등록번호	110-81-12345			공급받는자	등록번호	110-81-77557			
	상호	바네스데코(주)	성명(대표자)	김바네		상호	(주)고려거울	성명(대표자)		김연민
	사업장주소	서울특별시 서대문구 간호대로 11-30				사업장주소	서울특별시 서대문구 통일로 113			
	업태	도매 및 상품중개업	종사업자번호			업태	도소매		종사업자번호	
	종목	거울/미용기구				종목	유리/거울			
	E-Mail	baeksul21@hanmail.net				E-Mail	korea21@naver.com			
작성일자		2023. 12. 21.	공급가액		21,000,000		세 액		2,100,000	
비고										

월	일	품 목 명	규격	수량	단가	공급가액	세액	비고
12	21	전신거울	BM	100	90,000	9,000,000	900,000	
12	21	벽걸이거울	TRM	200	60,000	12,000,000	1,200,000	

합계금액	현금	수표	어음	외상미수금	이 금액을	○ 영수 ● 청구	함
23,100,000			2,970,000	20,130,000			

전 자 어 음

바네스데코(주) 귀하　　　　　　　07120231221003456785

금 이백구십칠만원정　　　　　　　2,970,000원

위의 금액을 귀하 또는 귀하의 지시인에게 지급하겠습니다.

지급기일	2024년 3월 21일	발행일	2023년 12월 21일
지 급 지	신한은행	발행지	서울특별시 서대문구 통일로
지급장소	서대문지점	주 소	113(미근동)
		발행인	(주)고려거울

(3) 12월 26일　(주)종로가구에서 책장(1개)를 구입하고, 대금은 구입대금과 운송비를 함께 보
통예금(기업은행)에서 인출하여 현금으로 지급하고, 전자세금계산서를 발급받
다. 단, 고정자산을 등록하시오.

자산코드	자산명	수량	내용연수	상각방법	경비구분
302	책장	1개	5년	정액법	판관비

전자세금계산서

(공급받는자 보관용) 　　승인번호 20231226-××××0108

공급자	등록번호	101-81-66774			공급받는자	등록번호	110-81-12345		
	상호	(주)종로가구	성명(대표자)	조기철		상호	바네스데코(주)	성명(대표자)	김바네
	사업장주소	서울특별시 종로구 세종대로 149				사업장주소	서울특별시 서대문구 간호대로 11-30		
	업태	도소매	종사업자번호			업태	도매 및 상품중개업	종사업자번호	
	종목	가구				종목	거울/미용기구		
	E-Mail	jongro21@daum.net				E-Mail	baeksul21@hanmail.net		

작성일자	2023. 12. 26.	공급가액	2,000,000	세 액	200,000
비고					

월	일	품 목 명	규격	수량	단가	공급가액	세액	비고
12	13	책장		1	2,000,000	2,000,000	200,000	

합계금액	현금	수표	어음	외상미수금	이 금액을	● 영수 ○ 청구	함
2,200,000	2,200,000						

보통예금 통장 거래 내역

계좌번호 999-789-01-998877 바네스데코(주) 　　　　　　기업은행

번호	날짜	내용	출금액	입금액	잔액	거래점
1	2023-12-06	책장 1개 구입	2,200,000	***	***	하나은행
2	2023-12-06	구입 운송비	50,000	***	***	하나은행

이 하 생 략

(4) 12월 28일　(주)한국마트에서 연말 불우이웃돕기를 위한 겨울옷을 구매하여 사회복지법인에 기증하고, 대금은 비씨카드로 결제하다.

단말기번호	5678901234		전표번호	
카드종류	비씨카드			
회원번호	3535-3535-3535-3535			
유효기간		거래일시	취소시 당초거래일	
		2023. 12. 28.		
거래유형	승인	품명	겨울옷	

결제방법	일시불	금 액 AMOUNT	1 2 0 0 0 0 0
매장명		부가세 VAT	1 2 0 0 0 0
판매자		봉사료 S/C	
대표자	국도양	합 계 TOTAL	1 3 2 0 0 0 0
알림/NOTICE		승인번호	34343434

가맹점주소　서울특별시 노원구 노원로 192
가맹점번호　1122334455
사업자등록번호　217-81-24249

가맹점명　(주)한국마트

문의전화/HELP DESK	서명/SIGNATURE
TEL : 1544-4700	바네스데코(주)
(회원용)	

3. 다음 거래를 일반전표입력 메뉴에 입력하시오. <20점/각4점> (단, 채권·채무 및 금융 거래는 거래처 코드를 입력하고, 각 문항별 한 개의 전표번호로 입력한다.)

(1) 12월 1일 (주)건강약품에서 발행한 회사채 1,000좌(액면 @₩10,000, 만기일 : 2026년 11월 30일, 표시이자율 : 3%)를 ₩9,700,000에 취득하고, 거래수수료 ₩25,000을 포함한 대금은 기업은행 보통예금계좌에서 이체하다. 단, 동 회사채는 이자획득을 목적으로만 구입한 것이다.

(2) 12월 6일 당사는 코로나-19 확산으로 인한 영업부진에 따른 고용노동부의 재난지원금 대상 기업으로 선정되어 정부지원금 ₩3,000,000이 기업은행 보통예금 계좌로 입금되다. 단, 계정과목 '923. 회사설정계정과목'을 '정부지원금'으로 수정하여 등록하시오.(구분 : 일반, 표준코드 : 170. 정부보조금으로 등록하시오.)

보통예금 통장 거래 내역

계좌번호 999-789-01-998877 바네스데코(주) 　　　　　　　　　　　기업은행

번호	날짜	내용	출금액	입금액	잔액	거래점
1	2023-12-06	고용노동부	***	3,000,000	***	***
이 하 생 략						

(3) 12월 14일 (주)서울거울의 부도로 동사에 대한 외상매출금 ₩1,000,000과 단기대여금 ₩2,000,000을 전액 대손처리하다.

(4) 12월 17일 자기주식 200주 중 100주를 1주당 ₩11,000에 처분하고, 수수료 ₩30,000을 차감한 금액을 기업은행 보통예금계좌에 입금하다.

(5) 12월 19일 기업은행 보통예금계좌에 세금 ₩15,400을 제외한 ₩84,600의 이자가 입금되다.

4. 다음 기말(12월 31일) 결산 정리 사항을 회계 처리하고 마감하시오. <28점/각4점>

(1) 화재보험료 선급분을 계상하다. 단, 월할계산에 의한다.

(2) 12월 1일 투자한 (주)건강약품 회사채에 대해 결산일 현재 이자수익을 계상하다. 단, 유효이자율은 5%이며, 이자계산은 월할계산에 의하고 소수점 첫째자리에서 반올림한다.

(3) 현금실사 결과 장부상 현금이 실제 현금보다 ₩30,000 초과함을 발견하다. 분석결과 ₩50,000은 총무팀의 당일 시내교통비 지급액을 미계상한 것이며, 나머지 차이는 원인불명이다.

(4) 임차료 선급분을 계상하다. 단, 월할계산에 의한다.

(5) 매출채권 잔액에 대해 1%의 대손충당금(보충법)을 설정하다.

(6) 모든 비유동자산에 대한 감가상각비를 계상하다.

(7) 기말상품재고액을 입력하고 결산 처리하다. 단, 재고평가는 선입선출법으로 한다.

5. 다음 사항을 조회하여 번호 순서대로 단답형 답안에 등록하시오. <12점/각2점>

> ※ New sPLUS [답안수록] 메뉴에서 답안을 등록 후 [답안저장] 버튼을 클릭합니다.
>
> ※ 문자 외의 숫자는 ₩, 원, 월, 단위구분자(,) 등을 생략하고 숫자만 입력하되 소수점이 포함되어 있는 숫자의 경우에는 소수점을 입력합니다.
>
> (예시) 54200(○), 54.251(○), ₩54,200(×), 54,200원(×), 5월(×), 500개(×), 50건(×)

(1) 2월 1일부터 5월 31일까지 손거울을 가장 많이 판매한 거래처의 판매수량은 몇 개인가?

(2) 3월부터 7월까지 판매비와관리비의 현금지출액은 얼마인가?

(3) 5월부터 9월까지 외상매출금 회수액이 가장 많은 거래처의 9월말 현재 외상매출금 잔액은 얼마인가?

(4) 제1기 부가가치세 예정신고 시 (주)고려거울의 매출세액 합계액은 얼마인가?

(5) 12월 31일 현재 한국채택국제회계기준(K-IFRS)에 의한 재무상태표에 표시되는 (순)매출채권의 금액은 얼마인가?

(6) 1월 1일부터 12월 31일까지 한국채택국제회계기준(K-IFRS)에 의한 포괄손익계산서(기능별)에 표시되는 기타수익의 금액은 얼마인가?

> ▶ 실제 검정시험에서는 [원가회계]를 시작하기 위해 화면 왼쪽 상단의 [회사코드]표시부분 클릭 → [회사코드]를 검색하여 해당 회사를 선택한다. 단, 본 서에서는 교육용으로 실습하므로 [원가회계] 지시사항의 제조기업을 불러오기 해야 한다.

< 문제2 : 원가회계 > (기초데이터 코드 : 3100, 정답 코드 : 3200)

◎ 지시사항 : '(주)제일테크'의 거래 자료이며, 회계연도는 2023. 1. 1 ~ 12. 31 이다.

1. 다음의 11월 원가계산 과정을 순서대로 처리하시오. 단, 임금 및 제조경비는 주어진 기초자료에 이미 처리되어 있다. <20점/각4점>

(1) 11월 19일   다음의 작업지시서를 발행하고, 같은 날 주요자재를 출고하였다.

① 작업지시서 내용

지시일자	제품명	작업장	작업지시량(EA)	작업기간
11월 19일	갑제품	제1작업장	160	11월 19일 ~ 11월 30일
11월 19일	을제품	제2작업장	320	11월 19일 ~ 12월 07일

② 자재사용(출고) 등록
  • 갑제품 작업지시서 : 자재X 3,200단위(제1작업장), @₩20,000(부가가치세 별도)
  • 을제품 작업지시서 : 자재X 1,000단위(제2작업장), @₩20,000(부가가치세 별도)
                          자재Y 1,200단위(제2작업장), @₩25,000(부가가치세 별도)

  ※ New sPLUS는 자재출고입력에서 처리한다.

(2) 11월 30일   작업지시서(11월 19일 발행)에 대해 다음과 같이 생산자료를 등록하다.

품 목	완성량(EA)	재 공 품		작업(투입)시간	작업장
		월말 수량 (EA)	작업진행률 (완성도)		
갑제품	160	–	–	400	제1작업장
을제품	200	120	50%	400	제2작업장

  ※ New sPLUS는 완성도(작업진행률등록)를 (3)원가기준정보에서 처리함.

(3) 11월의 원가기준정보를 다음과 같이 등록하다.

  • 노무비 배부기준 등록(총근무시간)

관련부문	생산1부	생산2부
총근무시간	600	400

  • 보조부문비 배부기준 등록

관련부문	생산1부	생산2부
동력부문	60	40
수선부문	50	50

  • 작업진행률 등록 [을제품 : 50%]   ※ New sPLUS에서만 적용함

(4) 11월의 실제원가계산을 작업하시오.

  ① 기초재공품 계산   ② 직접재료비 계산   ③ 직접노무비 계산
  ④ 제조간접비 계산   ⑤ 보조부문비 배부   ⑥ 제조부문비 배부(작업시간기준)
  ⑦ 개별원가계산   ⑧ 종합원가계산(평균법)

(5) 11월의 원가계산 마감한 후 제조원가명세서를 조회하시오. 단, 원미만은 반올림 하시오.

▶ **답안저장하기** : 오른쪽 상단의 [종료 또는 로그아웃]버튼 클릭 → 답안파일 제출

교육용로그인 New-Solution ||||

1 New sPLUS 로그인 및 백업데이터 복구

기출문제 교육용 따라하기의 기초데이터 백업복구방법은 파스칼미디어 홈페이지(www. pascal21.co.kr)에 접속하여 [자료실]−[기초자료다운]코너의 [전산회계운용사2급] Tab을 선택한 후 '2023 (자동)더존 New sPLUS 기초데이터' 파일을 다운로드 받는다.

(1) 다운로드 받은 후 다음 실습 시에는 바탕화면의 기초데이터 파일을 더블클릭한다. 단, 바탕화면에 'New sPLUS 실무교육용프로그램'은 실행하지 않은 상태여야 한다.

 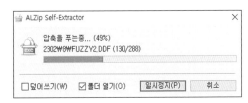

▶ 단, '일반적으로 다운로드 되는 파일이 아니며 컴퓨터를 손상시킬 수 있습니다' 라는 창이 나타나면, [작업(A)]단추를 누르고 나타나는 창에서 [실행]단추를 누른 후 아래 (2)번을 실행한다.

(2) 아래와 같은 '파일 바꾸기확인' 메세지 창이 나타나면 아래의 '모든 파일에 적용'에 체크를 한 다음 [예(Y)] 단추를 클릭하면 모든 데이터가 [C:]−[NIPKCCI_ADB]− [2023]−[DATA]방에 자동으로 설치가 된다.

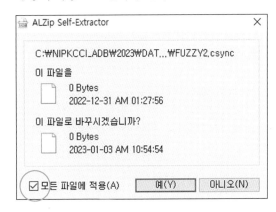

(3) 바탕화면의 'New sPLUS 실무교육용프로그램'을 실행하여 초기화면의 [검색(F2)] 단추를 클릭하면 자동 설치된 바네스데코(주)가 나타나고 [확인] 단추를 누르면 초기 화면에 표시가 된다.

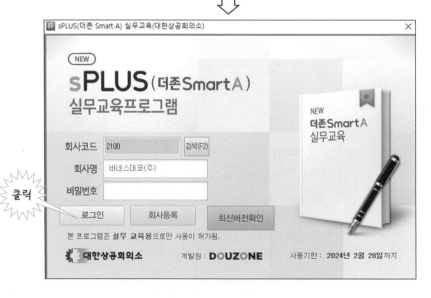

(4) 초기화면의 [로그인]단추를 클릭한 후 [회계] – [기초정보관리] – [회사등록]을 실행하여
'바네스데코(주)'의 기초데이터 백업이 정확하게 되었는지를 확인한다.

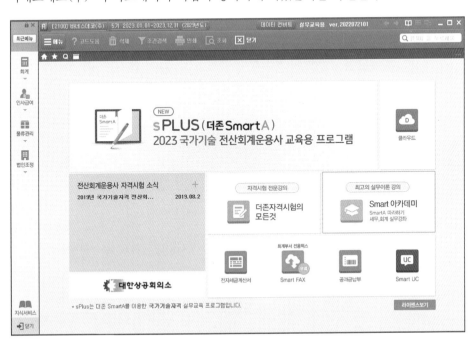

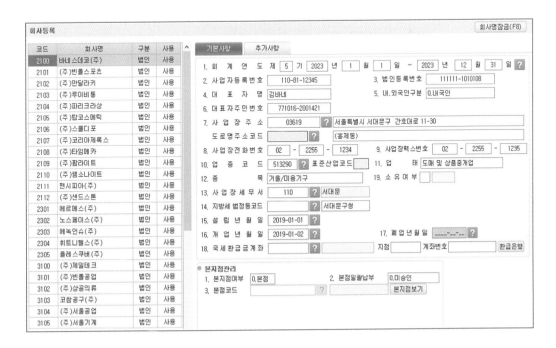

2 기준정보입력

(1) [회계] – [기초정보관리] – [거래처등록]

(2) [물류관리] – [기준정보관리] – [품목등록]

3 매입매출전표입력 답안

(1) 12월 13일

① [물류관리] – [구매관리] – [입고입력] …… [전표추가[F3]] 단추 – [전송] 단추

② [회계] – [전표입력/장부] – [매입매출전표입력] : 전자세금란 '1.전자입력'

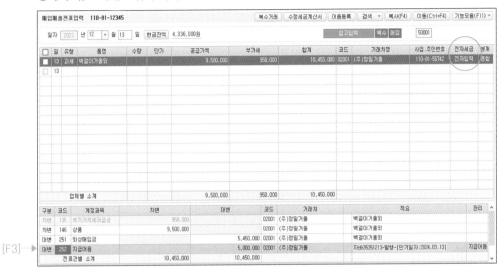

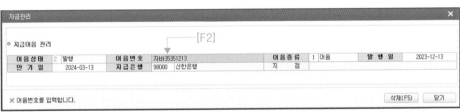

▶ [지급어음 관리]의 어음번호란에 [F2] 도움 자판을 누른 후 해당 어음이 등록되어 있지 않은 경우
   에는 [일반전표입력]을 실행하여 화면 우측의 [기능모음(F11)]에서 어음등록을 직접 하여야 한다.

(2) 12월 21일

① [물류관리] – [판매관리] – [출고입력] ⋯⋯ [전표추가[F3]] 단추 – [전송] 단추

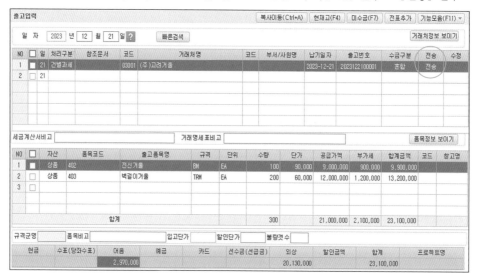

② [회계] – [전표입력/장부] – [매입매출전표입력] : 전자세금란 '1.전자입력'

③ [매입매출전표입력] 화면 하단의 '받을어음'에 [F3] 도움 자판 – 어음종류[6:전자],
   어음번호와 만기일, 지급은행[F2] 입력

(3) 12월 26일

① [회계] – [고정자산등록] – [고정자산등록] : 상각방법란에 '1 정액법'으로 변경

② [매입매출전표입력] – [유형] : 매입, 51과세

(4) 12월 28일 ··· [매입매출전표입력] – [유형] : 매입, 57카과

4 일반전표입력 답안

(1) 12월 1일 … [대체전표 작성]

□	일	번호	구분	코드	계정과목	코드	거래처	적요	차변	대변
□	1	00001	차변	181	상각후원가측정금융자산(비유동)			03 일반 사채 매입	9,725,000	
■	1	00001	대변	103	보통예금	98001	기업은행	일반 사채 매입		9,725,000
□	1									

▶ 문제에서 단, 이자획득을 목적으로만 구입한 것이라고 한 것은 금융자산의 판단 요소 중 계약상 현금흐름의 구분(원금과 이자만으로 구성하는 채무상품)에 해당하므로 상각후원가측정금융자산(비유동)으로 처리해야 한다. 상각후원가측정금융자산의 취득제비용은 원가에 포함한다.

(2) 12월 6일

① [기초정보관리] – [계정과목 및 적요등록] : 코드란에 923을 입력하면 등록할 코드로 이동

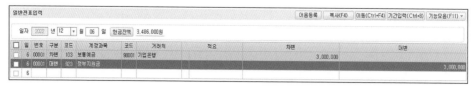

□	코드	계정과목	구분	사용	과목	관계	관리항목	표준코드	표
□	922	기타포괄손익-공정가치측정금융자산처분이익	일 반	○	922		거래처,부서/사원		
□	923	회 사 설 정 계 정 과 목		○	923		거래처,부서/사원		
□	924	회 사 설 정 계 정 과 목		○	924		거래처,부서/사원		
□	925	회 사 설 정 계 정 과 목		○	925		거래처,부서/사원		

□	코드	계정과목	구분	사용	과목	관계	관리항목	표준코드	표준재무제표항목
□	922	기타포괄손익-공정가치측정금융자산처분이익	일 반	○	922		거래처,부서/사원		
□	923	정 부 지 원 금	일 반	○	923		거래처,부서/사원	170	정부보조금
□	924	회 사 설 정 계 정 과 목		○	924		거래처,부서/사원		

▶ [표준코드]란을 더블클릭하여 '영업외수익'에 속하는 170, 정부보조금을 조회하여 선택한다.

② [대체전표] 작성

□	일	번호	구분	코드	계정과목	코드	거래처	적요	차변	대변
□	6	00001	차변	103	보통예금	98001	기업은행		3,000,000	
■	6	00001	대변	923	정부지원금					3,000,000
□	6									

(3) 12월 14일 … [대체전표 작성]

□	일	번호	구분	코드	계정과목	코드	거래처	적요	차변	대변
□	14	00001	차변	109	대손충당금			03 외상매출금 대손상계	200,000	
□	14	00001	차변	835	대손상각비			01 외상매출금의 대손	800,000	
□	14	00001	대변	108	외상매출금	03005	(주)서울거울			1,000,000
□	14	00002	차변	934	기타의대손상각비			03 대여금의 대손	2,000,000	
■	14	00002	대변	114	단기대여금	03005	(주)서울거울			2,000,000
□	14									

▶ [회계] – [전표입력/장부] – [합계잔액시산표]를 실행하여 외상매출금에 대한 109.대손충당금 계정 잔액 ₩200,000을 조회하여 대손액 ₩1,000,000과의 차액 ₩800,000은 대손상각비(판매비와관리비)로 처리하고, 단기대여금에 대한 기타의 대손상각비는 영업외비용으로 처리한다.

(4) 12월 17일 ··· [대체전표 작성]

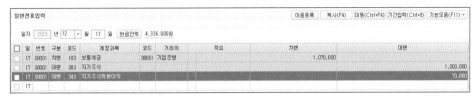

▶ [회계] − [전표입력/장부] − [합계잔액시산표]를 실행하여 자본조정에 속하는 자기주식 계정을 더블클릭하여 자기주식의 주당 단가 ₩10,000을 조회하여 처분이익을 계산한다. 단, 처분 시 수수료는 처분이익에 반영된다. 100주×(11,000−10,000) = 100,000−30,000 = 70,000원

(5) 12월 19일 ··· [대체전표 작성]

▶ 은행예금의 이자소득에 대한 소득세 원천징수세액은 '선납세금'으로 처리해 두었다가 법인세 확정신고 시에 반영한다.

4. 다음 기말(12월 31일) 결산 정리 사항을 회계 처리하고 마감하시오.

(1) 화재보험료 선급분을 계상하다. 단, 월할계산에 의한다.

일반전표입력								어음등록 복사(F4) 이동(Ctrl+F4) 기간입력(Ctrl+8) 기능모음(F11) ▼
일자 2023 년 12 ▼ 월 31 일		현금잔액 4,336,000원						
□ 일	번호	구분	코드	계정과목	코드	거래처	적요	차변	대변
□ 31	00001	차변	133	선급비용			01 미경과 보험료 계상	300,000	
■ 31	00001	대변	821	보험료			03 보험료의 선급비용대체		300,000

▶ [회계] – [결산/재무제표1] – [합계잔액시산표]를 실행하여 보험료 계정을 더블클릭하여 11월 1일 화재보험료 1년분 지급액 ₩360,000을 조회한다. 360,000×10/12 = 300,000원(2024년 1월 ~10월 미경과액)

(2) 12월 1일 투자한 ㈜건강약품 회사채에 대해 결산일 현재 이자수익을 계상하다. 단, 유효이자율은 5%이며, 이자계산은 월할계산에 의하고 소수점 첫째자리에서 반올림한다.

일반전표입력								어음등록 복사(F4) 이동(Ctrl+F4) 기간입력(Ctrl+8) 기능모음(F11) ▼
일자 2023 년 12 ▼ 월 31 일		현금잔액 4,336,000원						
□ 일	번호	구분	코드	계정과목	코드	거래처	적요	차변	대변
□ 31	00001	차변	133	선급비용			01 미경과 보험료 계상	300,000	
□ 31	00001	대변	821	보험료			03 보험료의 선급비용대체		300,000
□ 31	00002	차변	116	미수수익			03 사채이자 미수계상	25,000	
□ 31	00002	차변	181	상각후원가측정금융자산(비유동)				15,521	
■ 31	00002	대변	901	이자수익					40,521

회계 충전소

1. 상각후원가측정금융자산은 결산 시 공정가치로 평가하지 않으며, 유효이자율법을 이용하여 상각후원가로 평가한다.

2. 12월 1일 거래를 살펴보면 액면 ₩10,000,000의 회사채로 표시이자율은 3%이다. 따라서 표시이자는 10,000,000×3%×1/12 = 25,000원 이고, 유효이자율법으로 상각후원가를 평가하면 9,725,000×5%× 1/12 = 40,521원(반올림)이다. 그러므로 40,521 – 25,000 = 15,521원이 상각후원가측정 금융자산의 장부 금액에 가산될 금액이다.

(3) 현금실사 결과 장부상 현금이 실제 현금보다 ₩30,000 초과함을 발견하다. 분석 결과 ₩ 50,000은 총무팀의 당일 시내교통비 지급액을 미계상한 것이며, 나머지 차이는 원인불명 이다.

	일	번호	구분	코드	계정과목	코드	거래처	적요	차변	대변
	31	00001	차변	133	선급비용			01 미경과 보험료 계상	300,000	
	31	00001	대변	821	보험료			03 보험료의 선급비용대체		300,000
	31	00002	차변	116	미수수익			03 사채이자 미수계상	25,000	
	31	00002	대변	181	상각후원가측정금융자산(비유동)				15,521	
	31	00002	대변	901	이자수익					40,521
	31	00003	차변	812	여비교통비				50,000	
	31	00003	대변	101	현금					30,000
	31	00003	대변	930	잡이익					20,000

▶ 결산 당일에 현금의 불일치를 발견하였으므로 현금과부족 계정은 설정하지 않는다. 총무팀의 시내교통비를 (차) 여비교통비 50,000 (대) 현금 50,000으로 장부에 기록하게 되면 실제액이 장부액보다 ₩20,000 초과하게 되어 (차) 현금 20,000 (대) 잡이익 20,000으로 처리하는 것이다. 전표상의 결산정리분개는 두 개의 수정분개 중 현금 ₩20,000을 상쇄하여 하나로 줄인 것이다.

(4) 임차료 선급분을 계상하다. 단, 월할계산에 의한다.

	일	번호	구분	코드	계정과목	코드	거래처	적요	차변	대변
	31	00001	차변	133	선급비용			01 미경과 보험료 계상	300,000	
	31	00001	대변	821	보험료			03 보험료의 선급비용대체		300,000
	31	00002	차변	116	미수수익			03 사채이자 미수계상	25,000	
	31	00002	차변	181	상각후원가측정금융자산(비유동)				15,521	
	31	00002	대변	901	이자수익					40,521
	31	00003	차변	812	여비교통비				50,000	
	31	00003	대변	101	현금					30,000
	31	00003	대변	930	잡이익					20,000
	31	00004	차변	133	선급비용			08 미경과 임차료계상	600,000	
	31	00004	대변	819	임차료					600,000

▶ [회계]-[전표입력/장부]-[합계잔액시산표]를 실행하여 임차료 계정을 더블클릭하여 10월 1일 6개월분 선납액 ₩1,200,000을 조회한다. 1,200,000×3/6 = 600,000원(2024년 1월 ~ 3월 미경과액)

(5) 매출채권 잔액에 대해 1%의 대손충당금(보충법)을 설정하다.

① 매출채권 잔액의 조회 ······ [합계잔액시산표]

합계잔액시산표

과목별 | 제출용

기간 2023 년 12 월 31 일

차	변		계 정 과 목	대	변	
잔 액	합 계			합 계		잔 액
643,236,000	1,609,175,000		◀유 동 자 산▶	965,939,000		
316,236,000	1,282,175,000		◁당 좌 자 산▷	965,939,000		
3,456,000	18,000,000		현 금	14,544,000		
30,000,000	32,000,000		당 좌 예 금	2,000,000		
149,209,600	706,604,600		보 통 예 금	557,395,000		
4,000,000	4,000,000		당기손익-공정가치측정금융자산			
105,300,000	474,300,000		외 상 매 출 금	369,000,000		
200,000			대 손 충 당 금	200,000		
10,670,000	10,670,000		받 을 어 음			
2,000,000			단 기 대 여 금	2,000,000		

【설정액】 외상매출금 : 105,300,000×1% = 1,053,000, 받을어음 : 10,670,000×1% = 106,700

② [회계] - [결산재무제표1] - [결산자료입력] : [확인]단추

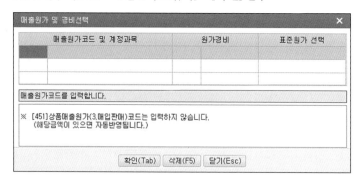

(6) 모든 비유동자산에 대한 감가상각비를 계상하다.

① [회계] - [고정자산등록] - [원가경비별감가상각명세서]를 실행하여 [유형자산총괄]
단추를 누르고 [Enter] 하면 '당기상각비' 가 조회된다.

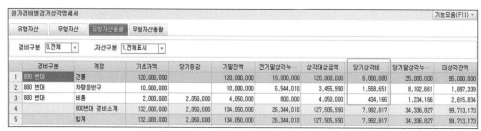

② [회계] - [결산재무제표1] - [결산자료입력] : [확인]단추

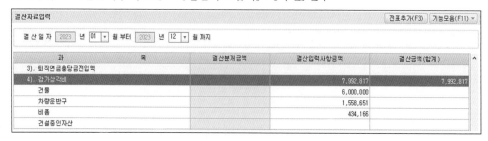

(7) 기말상품재고액을 입력하고 결산 처리하다. 단, 재고평가는 선입선출법으로 한다.

① [물류관리] – [재고관리] – [재고자산수불부] : [마감(F3)] – '일괄마감'

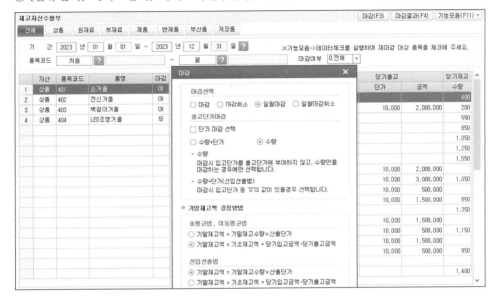

② [물류관리] – [재고관리] – [재고자산명세서]를 실행하여 기말상품재고액 ₩19,000,000
   을 확인한다.

③ [회계] – [결산/재무제표1] – [결산자료입력] : 기말상품재고액 ₩19,000,000 입력

④ [결산자료입력] 화면의 상단 [전표추가(F3)] 단추를 클릭한 후 [일반전표입력]메뉴에서 12월 31일자 로 조회하면 자동으로 생성된 결산정리분개 전표를 확인할 수 있다.

일	번호	구분	코드	계정과목	코드	거래처	적요	차변	대변
31	00002	대변	901	이자수익					40,521
31	00003	차변	812	여비교통비				50,000	
31	00003	대변	101	현금					30,000
31	00003	대변	930	잡이익					20,000
31	00004	차변	133	선급비용			08 미경과 임차료계상	600,000	
31	00004	대변	819	임차료					600,000
31	00005	결차	451	상품매출원가			01 상품매출원가 대체	308,000,000	
31	00005	결대	146	상품			04 상품매출원가 대체		308,000,000
31	00006	결차	818	감가상각비			01 당기말 감가상각계상	7,992,817	
31	00006	결대	203	감가상각누계액			04 당기감가충당금 설정		6,000,000
31	00006	결대	209	감가상각누계액			04 당기감가충당금 설정		1,558,651
31	00006	결대	213	감가상각누계액			04 당기감가충당금 설정		434,166
31	00007	결차	835	대손상각비			01 외상매출금의 대손	1,159,700	
31	00007	결대	109	대손충당금			04 대손충당금 설정		1,053,000
31	00007	결대	111	대손충당금			04 대손충당금 설정		106,700

4. 단답형 답안 작성 조회

(1) 2월 1일부터 5월 31일까지 손거울을 가장 많이 판매한 거래처의 판매수량은 몇 개인가?

700개

▶ [물류관리] – [판매관리] – [품목별 판매현황]

▶ 또는 [물류관리] – [판매관리] – [거래처별 판매현황]

(2) 3월부터 7월까지 판매비와관리비의 현금지출액은 얼마인가?   ₩314,000

▶ [회계] – [전표입력/장부] – [일/월계표]

(3) 5월부터 9월까지 외상매출금 회수액이 가장 많은 거래처의 9월말 현재 외상매출금 잔액은 얼마인가? ₩28,600,000

▶ [회계] – [전표입력/장부] – [거래처원장]

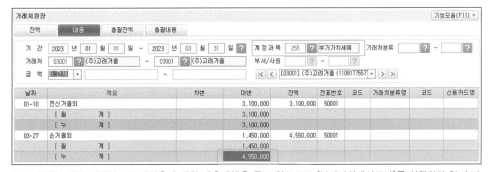

(4) 제1기 부가가치세 예정신고 시 (주)고려거울의 매출세액 합계액은 얼마인가? ₩4,550,000

▶ [회계]–[전표입력/장부]–[거래처원장]실행 ..... 예정신고기간 2023-01-01 ~ 2023-03-31 입력, 계정과목란에 [155. 부가가치세예수금], 거래처란에 [3001 (주) 고려거울] 입력 후 [잔액]Tab이나 [내용]Tab를 누르면 매출세액이 조회된다. 더 상세한 내용은 해당 거래일자에 대한 [매입매출전표입력]에서 조회할 수 있다.

날짜	적요	차변	대변	잔액	전표번호	코드	거래처분류명	코드	신용카드명
01-10	견산거울외		3,100,000	3,100,000	50001				
	[월 계]		3,100,000						
	[누 계]		3,100,000						
03-27	손거울외		1,450,000	4,550,000	50001				
	[월 계]		1,450,000						
	[누 계]		4,550,000						

▶ 본 문제는 특정 거래처 ㈜고려거울에 대한 매출세액을 묻고 있으므로 [부가가치세신고서]를 실행하면 알 수가 없다.

(5) 12월 31일 현재 한국채택국제회계기준(K-IFRS)에 의한 재무상태표에 표시되는 (순)매출채권의 금액은 얼마인가?　　　　　　　　　　　　　　₩114,810,300

▶ [회계] – [K-IFRS 재무제표] – [K-IFRS 재무상태표]

K-IFRS 재무상태표		원장조회 코드보기 기능모음(F11) ▼

기간 : 2023 년 12 ▼ 월　2023년　2022년　2021년

과목별　제출용

과목	제 5(당)기 [2023/01/01 ~ 2023/12/31] 금　　액		제 4(전)기 [2022/01/01 ~ 2022/12/31] 금　　액	
자　　　　　산				
Ⅰ. 유　동　자　산		336,126,300		207,140,000
(1) 현 금 및 현 금 성 자 산		184,715,600		120,000,000
현　　　　금		3,456,000		18,000,000
당　좌　예　금		30,000,000		22,000,000
보　통　예　금		151,259,600		80,000,000
(2) 매 출 채 권 및 기 타 채 권		116,025,300		44,140,000
외　상　매　출　금	105,300,000		42,000,000	
대　손　충　당　금	1,053,000	104,247,000	200,000	41,800,000
받　을　어　음	10,670,000		0	
대　손　충　당　금	106,700	10,563,300	0	0
단　기　대　여　금		0		2,000,000

(6) 1월 1일부터 12월 31일까지 한국채택국제회계기준(K-IFRS)에 의한 포괄손익계산서(기능별)에 표시되는 기타수익의 금액은 얼마인가?　　　　　　　　　₩4,020,000

▶ [회계] – [K-IFRS 재무제표] – [K-IFRS 포괄손익계산서]

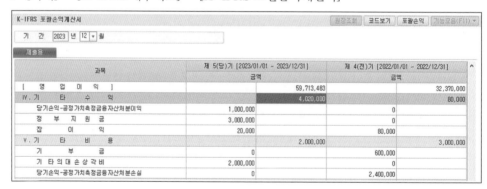

K-IFRS 포괄손익계산서		원장조회 코드보기 포괄손익 기능모음(F11) ▼

기　간 2023 년 12 ▼ 월

제출용

과목	제 5(당)기 [2023/01/01 ~ 2023/12/31] 금액		제 4(전)기 [2022/01/01 ~ 2022/12/31] 금액	
[영　업　이　익]		59,713,483		32,370,000
Ⅳ. 기　타　수　익		4,020,000		80,000
당기손익-공정가치측정금융자산처분이익	1,000,000		0	
정　부　지　원　금	3,000,000		0	
잡　　이　　익	20,000		80,000	
Ⅴ. 기　타　비　용		2,000,000		3,000,000
기　　부　　금	0		600,000	
기 타 의 대 손 상 각 비	2,000,000		0	
당기손익-공정가치측정금융자산처분손실	0		2,400,000	

▶ 실제 검정시험에서는 [원가회계]를 시작하기 위해 화면 왼쪽 상단의 [회사코드]표시부분 클릭 → [회사코드]를 검색하여 해당 회사를 선택한다. 단, 본 서에서는 교육용으로 실습하므로 [원가회계] 지시사항의 제조기업을 불러오기 해야 한다.

분개장 출력화면

분개장

	일자	전표번호	구분	코드	계정과목	차변	대변	코드	거래처
	2023-12-01	00001	차변	181	상각후원가측정금융자산(비유동)	9,725,000			
	2023-12-01	00001	대변	103	보통예금		9,725,000	98001	기업은행
	2023-12-06	00001	차변	103	보통예금	3,000,000		98001	기업은행
	2023-12-06	00001	대변	923	정부지원금		3,000,000		
	2023-12-13	50001	차변	135	부가가치세대급금	950,000		02001	(주)정밀거울
	2023-12-13	50001	차변	146	상품	9,500,000		02001	(주)정밀거울
	2023-12-13	50001	대변	251	외상매입금		5,450,000	02001	(주)정밀거울
	2023-12-13	50001	대변	252	지급어음		5,000,000	02001	(주)정밀거울
	2023-12-14	00001	차변	109	대손충당금	200,000			
	2023-12-14	00001	차변	835	대손상각비 (판)	800,000			
	2023-12-14	00001	대변	108	외상매출금		1,000,000	03005	(주)서울거울
	2023-12-14	00002	차변	934	기타의대손상각비	2,000,000			
	2023-12-14	00002	대변	114	단기대여금		2,000,000	03005	(주)서울거울
	2023-12-17	00001	차변	103	보통예금	1,070,000		98001	기업은행
	2023-12-17	00001	대변	383	자기주식		1,000,000		
	2023-12-17	00001	대변	343	자기주식처분이익		70,000		
	2023-12-19	00001	차변	103	보통예금	84,600		98001	기업은행
	2023-12-19	00001	차변	136	선납세금	15,400			
	2023-12-19	00001	대변	901	이자수익		100,000		
	2023-12-21	50001	대변	255	부가가치세예수금		2,100,000	03001	(주)고려거울
	2023-12-21	50001	대변	401	상품매출		21,000,000	03001	(주)고려거울
	2023-12-21	50001	차변	108	외상매출금	20,130,000		03001	(주)고려거울
	2023-12-21	50001	차변	110	받을어음	2,970,000		03001	(주)고려거울
	2023-12-26	50001	차변	135	부가가치세대급금	200,000		01006	(주)종로가구
	2023-12-26	50001	차변	212	비품	2,050,000		01006	(주)종로가구
	2023-12-26	50001	대변	103	보통예금		2,250,000	98001	기업은행
	2023-12-28	50001	대변	253	미지급금		1,320,000	99800	비씨카드
	2023-12-28	50001	차변	135	부가가치세대급금	120,000		01005	(주)한국마트
	2023-12-28	50001	차변	811	복리후생비 (판)	1,200,000		01005	(주)한국마트
	2023-12-31	00001	차변	133	선급비용	300,000			
	2023-12-31	00001	대변	821	보험료 (판)		300,000		
	2023-12-31	00002	차변	116	미수수익	25,000			
	2023-12-31	00002	차변	181	상각후원가측정금융자산(비유동)	15,521			
	2023-12-31	00002	대변	901	이자수익		40,521		
	2023-12-31	00003	차변	812	여비교통비 (판)	50,000			
	2023-12-31	00003	대변	101	현금		30,000		
	2023-12-31	00003	대변	930	잡이익		20,000		
	2023-12-31	00004	차변	133	선급비용	600,000			
	2023-12-31	00004	대변	819	임차료 (판)		600,000		
	2023-12-31	00005	결차	451	상품매출원가	308,000,000			
	2023-12-31	00005	결대	146	상품		308,000,000		
	2023-12-31	00006	결차	818	감가상각비 (판)	7,992,817			
	2023-12-31	00006	결대	203	감가상각누계액		6,000,000		
	2023-12-31	00006	결대	209	감가상각누계액		1,558,651		
	2023-12-31	00006	결대	213	감가상각누계액		434,166		
	2023-12-31	00007	결차	835	대손상각비 (판)	1,159,700			
	2023-12-31	00007	결대	109	대손충당금		1,053,000		
	2023-12-31	00007	결대	111	대손충당금		106,700		
	합계 (건수 : 17)					372,158,038	372,158,038		

원가회계 New-Solution

1 (주)제일테크 로그인

(1) 앞서 다운받은 (자동)기초데이터를 바탕으로 'New sPLUS 실무교육용프로그램'을 실행하여 초기화면의 [검색(F2)]단추를 클릭하면 자동 설치된 '(주)제일테크'가 나타나고 [확인]단추를 누르면 초기 화면에 표시가 된다.

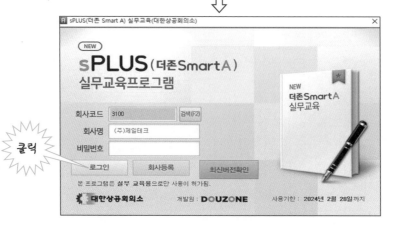

(1) 초기화면의 [로그인]단추를 클릭한 후 [회계]−[기초정보관리]−[회사등록]을 실행하여
  '(주)제일테크'의 기초데이터 백업이 정확하게 되었는지를 확인한다.

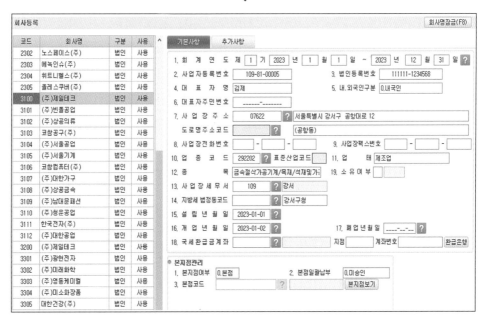

② 원가자료 입력

(1) 11월 19일

(가) 작업지시서 등록 : [물류관리] – [생산관리] – [생산(작업)지시서]

① 갑제품의 작업지시서 등록

② 을제품의 작업지시서 등록

(나) 자재사용(출고)등록 : [물류관리] – [생산관리] – [자재출고입력]

① 갑제품의 자재출고입력

▶ 문제에서 제시된 자재출고 시 단가는 프로그램상 입력 저장이 되어 있고, 출고 시 입력할 경로가 없으므로 입력하지 않는다.

② 을제품의 자재출고입력

(2) 생산 자료 등록 : [물류관리] - [생산관리] - [생산입고입력]

① 갑제품의 투입시간 입력

② 을제품의 생산량과 투입시간 입력

(3) 원가기준정보 등록 : [물류관리] - [원가관리(원가기준정보)] - [배부기준등록]

① 노무비 배부 기준 등록 : 11월 입력 후 [당월데이터 생성] 단추

② 보조부문비 배부 기준 등록 : [보조부문]Tab - [보조부문가져오기] 단추

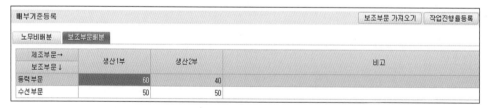

③ 을제품의 작업진행률 입력 : [물류관리] - [원가관리(원가기준정보)] - [작업진행률등록]

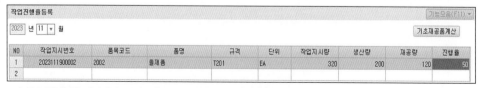

▶ [배부기준등록] 화면 우측 상단의 [작업진행률등록] 단추를 클릭하여 실행해도 된다.

(4) 실제원가계산

① 기초재공품등록 : [물류관리] - [원가관리(원가기준정보)] - [기초재공품계산]

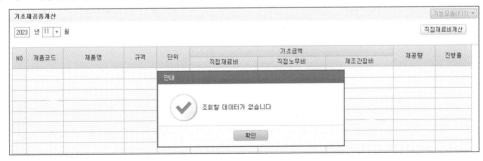

② 직접재료비계산 :

㉠ [물류관리] - [재고관리] - [재고자산수불부] - 일괄마감

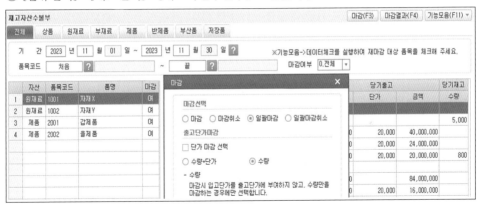

㉡ [물류관리] - [원가관리(원가기준정보)] - [직접재료비계산] : 갑제품

ⓒ 을제품 : [직접재료비계산]

직접재료비계산　　　　　　　　　　　　　　　　　　　　　　　　　　　　　[마감취소]　[기능모음(F11) ▼]

2023 년 11 ▼ 월　　※정확한 자재 투입금액을 계산하기 위해서 먼저 마감을 실행하세요.　　　　　　　　　　[직접노무비계산]

	작업지시번호	작업장	품목코드	품명	규격	단위	작업지시량	작업시작일	작업종료일	생산량	진행상태
1	2023111900001	제1작업장	2001	갑제품	0200	EA	160	2023-11-19	2023-11-30	160	완료
2	2023111900002	제2작업장	2002	을제품	T201	EA	320	2023-11-19	2023-12-07	200	진행

	자재코드	자재명	규격	단위	사용량	단가	금액
1	1001	자재 X	RT001	EA	1,000	20,000	20,000,000
2	1002	자재 Y	RT002	EA	1,200	25,000	30,000,000

③ 직접노무비 계산

직접노무비계산　　　　　　　　　　　　　　　　　　　　　　　　　　　　　[기능모음(F11) ▼]

2023 년 11 ▼ 월　　　　　　　　　　　　　　　　　　　　　　　　　　　　　　[제조간접비(부문별)]

NO	작업지시번호	품목코드	품명	부서코드	부서명	투입시간	임율	직접노무비
1	2023111900001	2001	갑제품	4100	생산1부	400	10,000	4,000,000
2	2023111900002	2002	을제품	4200	생산2부	400	20,000	8,000,000
3								

④ 제조간접비 계산

제조간접비계산(부문별)　　　　　　　　　　　　　　　　　　　　　　　　　[기능모음(F11) ▼]

2023 년 11 ▼ 월　　　　　　　　　　　　　　　　　　　　　　　　　　　　　　[제조간접비(보조부문)]

계정코드	계정명	제조부문		보조부문		합계
		생산1부	생산2부	동력부문	수선부문	
51100	복리후생비	1,600,000	1,400,000	400,000	480,000	3,880,000
51500	가스수도료	1,000,000	800,000	800,000	1,200,000	3,800,000
51600	전력비	600,000	800,000	800,000	400,000	2,600,000
53000	소모품비	1,600,000	2,400,000	2,000,000	1,200,000	7,200,000
BBB	간접노무비	2,000,000		1,600,000	1,200,000	4,800,000

⑤ 보조부문비 계산

제조간접비계산(보조부문)　　　　　　　　　　　　　　　　　　　　　　　　[기능모음(F11) ▼]

2023 년 11 ▼ 월　　　　　　　　　　　　　　　　　　　　　　　　　　　　　　[제조간접비(제조부문)]

부서코드	부서명	제조부문		합계
		생산1부	생산2부	
5100	동력부문	3,360,000	2,240,000	5,600,000
5200	수선부문	2,240,000	2,240,000	4,480,000

⑥ 제조부문비 배부

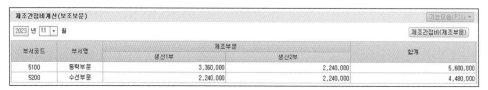

제조간접비계산(제조부문)　　　　　　　　　　　　　　　　　　　　　　　　[기능모음(F11) ▼]

2023 년 11 ▼ 월　　제조부문비 배부기준 [1. 투입시간 ▼]　　　　　　　　　　[완성품원가조회]

작업지시번호	제품코드	제품명	규격	단위	제조부문		합계
					생산1부	생산2부	
2023111900001	2001	갑제품	0200	EA	12,400,000		12,400,000
*	2002	을제품	T201	EA		9,880,000	9,880,000

⑦ 완성품원가계산 : 11월 입력 후 - 평균법으로 수정 입력

(5) 11월의 원가계산 마감한 후 제조원가명세서 조회

(가) 제품 단위당 제조원가 반영 : [물류관리] - [생산관리] - [생산입고입력]

① 갑제품의 단가 ₩502,500

② 을제품의 단가 ₩225,019

(나) 결산자료입력 : [물류관리] - [원가관리)원가계산)] - [결산자료입력]

결산자료입력

결산일자 2023 년 11 월 부터 2023 년 11 월 까지

과	목	결산분개금액	결산입력사항금액	결산금액(합계)

매출원가 및 경비선택

매출원가코드 및 계정과목	원가경비	표준원가 선택

매출원가코드를 입력합니다.

※ [451]상품매출원가(3.매입판매)코드는 입력하지 않습니다.
　(해당금액이 있으면 자동반영됩니다.)

확인(Tab)　삭제(F5)　닫기(Esc)

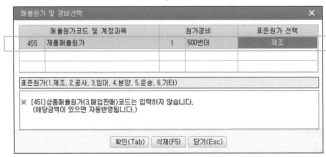

매출원가 및 경비선택

매출원가코드 및 계정과목		원가경비	표준원가 선택
455	제품매출원가	1	500번대	제조

표준원가(1.제조, 2.공사, 3.임대, 4.분양, 5.운송, 6.기타)

※ [451]상품매출원가(3.매입판매)코드는 입력하지 않습니다.
　(해당금액이 있으면 자동반영됩니다.)

확인(Tab)　삭제(F5)　닫기(Esc)

결산자료입력　　전표추가(F3)　기능모음(F11) ▼

결산일자 2023 년 11 월 부터 2023 년 11 월 까지

설정
　원가설정　　　　　　F4
　기말재고반영
기타
　감가상각반영
　계정과목코드보기

클릭

과	목	결산분개금액	결산입력사항금액	결산금액(합계)
1. 매출액				
2. 제품매출원가				
제품매출원가			125,403	
1)원재료비				114,00
원재료비			114,000,000	114,000
(2). 당기 원재료 매입액			225,000,000	
(10).기말 원재료 재고액			111,000,000	
3)노 무 비				16,800,000
(1). 임금			16,800,000	
(2). 퇴직급여(전입액)				
(3). 퇴직연금충당금전입액				
7)경 비				17,480,000
(1). 복리후생비 외			17,480,000	17,480,000
복리후생비			3,880,000	
가스수도료			3,800,000	
전력비			2,600,000	
소모품비			7,200,000	
8)당기 총제조비용				148,280,000
(4). 기말 재공품 재고액				22,876,154
9)당기완성품제조원가			125,403,846	125,403,846
(7). 기말 제품 재고액				

▶ [결산자료입력]화면 오른쪽 상단의 [기능모음(F11) ▼] 단추를 누른 후 [기말재고반영]을 클릭하면 기말 원재료재고
　액과 기말재공품재고액이 자동으로 반영된다.

(다) 제조원가명세서 : [물류관리] − [원가관리(원가계산)] − [제조원가명세서] : 결산자료입력에서 [전표추가(F3)]단추를 눌러야 된다.

제조원가명세서

과목별	제출용	표준(법인)용

2023 년 11 월 2023년 　 구분 500번대 제조

과 목	제 1 (당)기 [2023/01/01 ~ 2023/11/30]	
	금 액	
Ⅰ. 원 재 료 비		114,000,000
기 초 원재료재고액	0	
당 기 원재료매입액	225,000,000	
기 말 원재료재고액	111,000,000	
Ⅱ. 노 무 비		16,800,000
임 금	16,800,000	
Ⅲ. 경 비		17,480,000
복 리 후 생 비	3,880,000	
가 스 수 도 료	3,800,000	
전 력 비	2,600,000	
소 모 품 비	7,200,000	
Ⅳ. 당 기 총 제 조 비 용		148,280,000
Ⅴ. 기 초 재 공 품재고액		0
Ⅵ. 합 계		148,280,000
Ⅶ. 기 말 재 공 품재고액		22,876,154
Ⅷ. 타 계 정 으 로대체액		0
Ⅸ. 당 기 제 품 제조원가		125,403,846

▶ **답안저장하기** : 오른쪽 상단의 [종료 또는 로그아웃]버튼 클릭 → 답안파일 제출

Memo

제7장 ...

실전대비 모의고사

제1회 상시 전산회계운용사 실기모의고사

2급	프로그램	제한시간
유형1	New sPLUS	80분

< 유의사항 >

■ 시험은 반드시 주어진 문제의 순서대로 진행하여야 합니다.

■ 지시사항에 따라 기초기업자료를 확인하고, 해당 기초기업자료가 나타나지 않는 경우는 감독관에게 문의하시기 바랍니다.

■ 기초기업자료를 선택하여 해당 문제를 풀이한 후 프로그램 종료 전 반드시 답안을 저장해야 합니다.

■ 각종 코드는 문제에서 제시된 코드로 입력하여야 하며, 수험자가 임의로 부여한 코드는 오답으로 처리합니다.

■ 일반전표입력의 거래는 부가가치세를 고려하지 말고 매입매출전표 입력의 모든 거래는 부가가치세의 과세유형을 고려한다.

■ 계정과목을 입력할 때는 반드시 [검색] 기능이나 [조회] 기능을 이용하여 계정과목을 등록하되 다음의 자산은 변경 후 계정과목(평가손익, 처분손익)을 적용합니다.

변경 전	변경 후
계정과목	계정과목
단기매매금융자산	당기손익-공정가치측정금융자산
매도가능금융자산	기타포괄손익-공정가치측정금융자산
만기보유금융자산	상각후원가측정금융자산

■ 답안파일명은 자동으로 부여되므로 별도 답안파일을 작성할 필요가 없습니다. 또한 답안 저장 및 제출 시간은 별도로 주어지지 아니하므로 제한 시간 내에 답안 저장 및 제출을 완료해야 합니다.

----

1. <유의사항>을 준수하지 않아 발생한 모든 책임은 수험자 책임으로 합니다.

2. 수험자는 문제지를 확인하시고 문제지 표지와 내지간 형별, 총면수, 문제번호의 일련순서, 인쇄상태 등을 확인하시고 이상이 있는 경우 즉시 감독관에게 교체를 요구하여야 합니다.

3. 시험 종료 후 반드시 문제지를 제출하여야 합니다. 문제지를 소지한 채 무단퇴실 하거나 제출거부 또는 외부유출 시 부정행위자로 처리됩니다.

4. 부정행위를 한 수험자는 관련법에 따라 응시한 자격검정이 정지 및 무효 처리되며 차후 자격검정에도 응시가 제한됩니다.

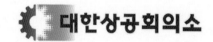

< 문제1 : 재무회계 >

기초데이터 코드 : 2101, 정답 코드 : 2201

◎ 지시사항 : '(주)빈폴스포츠'의 거래 자료이며, 회계연도는 2023. 1. 1 ~ 12. 31 이다.

1. 다음 제시되는 기준정보를 입력하시오. <4점>

(1) 다음의 신규 거래처를 등록하시오.(각1점)

거래처(명)	거래처분류(구분)	거래처코드	대표자	사업자등록번호	업태/종목
힐링파워스포츠(주)	매입처	03004	백천만	305-81-34568	제조/골프용품
부산스포츠(주)	매출처	04005	진솔미	610-81-24695	도소매/골프용품

(2) 다음의 신규 상품(품목)을 등록하시오.(2점)

품목코드	품목(품명)	(상세)규격	품목종류(자산)	기본단위(단위명)
1003	C상품	c1	상품	EA

2. 다음 거래를 매입매출전표입력 메뉴에 입력하시오. <16점/각4점> (단, 채권·채무 및 금융 거래는 거래처 코드를 입력하고, 각 문항별 한 개의 전표번호로 입력한다.)

(1) 12월 5일 상품을 매출하고 대금 중 ₩30,000,000은 동사 발행의 약속어음(어음번호 : 자바22223456, 만기일 : 2024. 04. 10, 지급은행 : 신한은행)으로 받고, 잔액은 동사 발행의 당좌수표로 받다.

전자세금계산서			(공급자 보관용)		승인번호	20231205-×××0123

공급자	등록번호	110-85-67891			공급받는자	등록번호	105-81-38154	
	상호	(주)빈폴스포츠	성명(대표자)	이빈폴		상호	명동스포츠(주)	성명(대표자) 신명동
	사업장주소	서울특별시 서대문구 가좌로 16-11				사업장주소	서울특별시 마포구 월드컵로 23길 2	
	업태	도매 및 상품중개업	종사업자번호			업태	도소매	종사업자번호
	종목	골프장비				종목	골프용품	
	E-Mail	korcham5@hanmail.net				E-Mail	ace123@naver.com	

작성일자	2023. 12. 05.	공급가액	42,000,000	세 액	4,200,000

비고							

월	일	품 목 명	규격	수량	단가	공급가액	세액	비고
12	05	A상품	a1	80	100,000	8,000,000	800,000	
12	05	B상품	b1	170	200,000	34,000,000	3,400,000	

합계금액	현금	수표	어음	외상미수금	이 금액을	◉ 영수 ○ 청구	함
46,200,000	16,200,000		30,000,000				

(2) 12월 18일　상품을 매입하고 대금 중 ₩10,000,000은 소지하고 있던 국민은행 발행 자기앞
수표로 지급하고, 잔액은 약속어음을 발행(어음번호 : 가나30002095, 만기일 :
2024. 04. 18, 지급은행 : 신한은행)하여 지급하다. 그리고 매입 운임 ₩110,000
(부가가치세 포함)을 현금으로 지급하다.

전자세금계산서			(공급받는자 보관용)			승인번호		20231218-×××0115	
공급자	등록번호	305-81-34568			공급받는자	등록번호	110-85-67891		
	상호	힐링파워스포츠(주)	성명 (대표자)	백천만		상호	(주)빈폴스포츠	성명 (대표자)	이빈폴
	사업장 주소	대전광역시 중구 동서대로 1179				사업장 주소	서울특별시 서대문구 가좌로 16-11		
	업태	제조		종사업자번호		업태	도매 및 상품중개업		종사업자번호
	종목	골프용품				종목	골프장비		
	E-Mail	feeling21@daum.net				E-Mail	korcham5@hanmail.net		
작성일자		2023. 12. 18.	공급가액		15,100,000		세 액		1,510,000
비고									

월	일	품 목 명	규격	수량	단가	공급가액	세액	비고
12	18	C상품	c1	100	150,000	15,000,000	1,500,000	
12	18	매입운임				100,000	10,000	

합계금액	현금	수표	어음	외상미수금	이 금액을	● 영수 ○ 청구	함
16,610,000	10,110,000		6,500,000				

(3) 12월 23일　본사 건물에 엘리베이터를 설치 완료하고 전자세금계산서를 발급받다. 관련 공
사 지출금액은 국민은행 보통예금 계좌에서 인출하여 현금으로 지급하다.(단,
당사는 공사 지출금액을 자본적지출로 인식하기로 하고 고정자산 추가등록 후
회계처리한다. 감가상각비는 프로그램에서 자동계산된 것을 반영하고 내용연수
수정하지 말 것)

전자세금계산서			(공급받는자 보관용)			승인번호		20231223-×××0105	
공급자	등록번호	108-83-65144			공급받는자	등록번호	110-85-67891		
	상호	코참건설(주)	성명 (대표자)	박코참		상호	(주)빈폴스포츠	성명 (대표자)	이빈폴
	사업장 주소	서울특별시 동작구 노량진로 103				사업장 주소	서울특별시 서대문구 가좌로 16-11		
	업태	건설		종사업자번호		업태	도매 및 상품중개업		종사업자번호
	종목	부동산공급				종목	골프장비		
	E-Mail	korcham123@daum.net				E-Mail	korcham5@hanmail.net		
작성일자		2023. 12. 23.	공급가액		5,000,000		세 액		500,000
비고									

월	일	품 목 명	규격	수량	단가	공급가액	세액	비고
12	23	엘리베이터 설치		1	5,000,000	5,000,000	500,000	

합계금액	현금	수표	어음	외상미수금	이 금액을	● 영수 ○ 청구	함
5,500,000	5,500,000						

(4) 12월 30일 비사업자 이영철에게 상품을 판매하고 현금영수증을 발행해 주다. 대금은 현금으로 받은 후 보통예금(국민은행)에 입금하다.

현금영수증

● 거래 정보

거래일시	2023-12-30
승인번호	45454545
거래구분	승인거래
거래용도	소득공제
발급수단번호	010-3685-7755

● 거래 금액

품목	수량	공급가액	부가세	봉사료	총거래금액
A상품	1	150,000	15,000	0	165,000
합계					165,000

● 가맹점 정보

상호	(주)빈폴스포츠
사업자번호	110-85-67891
대표자명	이빈폴
주소	서울특별시 서대문구 가좌로 16-11

3. 다음 거래를 일반전표입력 메뉴에 입력하시오. <20점/각4점> (단, 채권·채무 및 금융 거래는 거래처 코드를 입력하고, 각 문항별 한 개의 전표번호로 입력한다.)

(1) 12월 1일 이사회의 결의에 의하여 주식발행초과금 중 ₩20,000,000을 자본에 전입하기로 하고, 보통주 2,000주(액면금액 @₩10,000)를 발행하여 주주에게 무상으로 교부하다.

(2) 12월 3일 장기투자 목적으로 (주)상공의 주식 1,000주(액면금액 @₩5,000)를 취득하고, 동 주식의 공정가치변동분은 기타포괄손익으로 처리하기로 선택하다.

보통예금 통장 거래 내역

계좌번호 107-81-23456-2 (주)빈폴스포츠						국민은행
번호	날짜	내용	출금액	입금액	잔액	거래점
1	2023-12-03	주식 구입	20,000,000	***	***	우리은행
2	2023-12-03	증권수수료	300,000	***	***	우리은행
이 하 생 략						

(3) 12월 21일　10월 16일 수취한 전자어음을 신한은행에서 할인받고, 할인료 ₩120,000을 차감한 잔액은 당좌예금(신한은행) 계좌로 이체받다. 어음할인은 금융자산 제거조건을 충족한다.

<table>
<tr><th colspan="3" style="text-align:center">전 자 어 음</th></tr>
</table>

(주)빈폴스포츠 귀하	00320231016123456781

금　사천만원정　　　　　　　　　　　　₩40,000,000

위의 금액을 귀하 또는 귀하의 지시인에게 지급하겠습니다.

지급기일 2024년 2월 16일	**발 행 일** 2023년 10월 16일
지 급 지 국민은행	**발행지주소** 서울시 강남구 강남대로 252
지급장소 강남지점	**발 행 인** 강남스포츠(주)

(4) 12월 28일　장기 자금 조달 목적으로 액면 ₩10,000,000(시장이자율 : 10%, 액면이자율 : 8%, 상환기간 : 3년)인 사채를 ₩9,502,400에 할인 발행하고, 사채발행비 ₩124,600을 차감한 실수금을 보통예금(국민은행) 계좌에 입금하다.

(5) 12월 29일　당기에 대손 처리한 부산스포츠(주)의 외상매출금 전액을 국민은행 보통예금 계좌로 입금받다.(단, 금액은 마이너스로 입력하지 않는다.)

4. 다음 기말(12월 31일) 결산 정리 사항을 회계 처리하고 마감하시오. <28점/각4점>

(1) 임대료 선수분을 계상하다. 단, 월할계산한다.

(2) 당기 소모품 사용액은 ₩1,600,000이다.

(3) 보험료 미경과분을 월할 계산하여 정리하다.

(4) 외화장기차입금(도이치은행, 전기말 결산 기준 환율 $1:₩1,000)을 당기말 현재 기준 환율 $1:₩1,050으로 평가하다.

(5) 매출채권 잔액에 대해 1%의 대손충당금(보충법)을 설정하다.

(6) 모든 비유동자산(유형 및 무형자산)에 대한 감가상각비를 계상하다.

(7) 기말상품재고액을 입력하고 결산 처리하다. 단, 재고평가는 선입선출법으로 한다.

5. 다음 사항을 조회하여 번호 순서대로 단답형 답안에 등록하시오. <12점/각2점>

> ※ New sPLUS [답안수록]메뉴에서 답안을 등록 후 [답안저장]버튼을 클릭합니다.
> ※ 문자 외의 숫자는 ₩, 원, 월, 단위구분자(,) 등을 생략하고 숫자만 입력하되 소수점이 포함되어 있는 숫자의 경우에는 소수점을 입력합니다.
> (예시) 54200(○), 54.251(○), ₩54,200(×), 54,200원(×), 5월(×), 500개(×), 50건(×)

(1) 2월 10일부터 6월 10일까지 예수금 납부액은 얼마인가?

(2) 1/4분기(1월 1일부터 3월 31일까지)의 상품의 순매출액은 얼마인가?

(3) 제1기 부가가치세 예정신고 시 코리아스포츠(주)의 매입세액 합계액은 얼마인가?

(4) 6월말 현재 미결제된 신용카드(국민카드)의 사용액은 얼마인가?

(5) 12월 31일 현재 한국채택국제회계기준(K-IFRS)에 의한 재무상태표에 표시되는 유동부채는 얼마인가?

(6) 1월 1일부터 12월 31일까지 한국채택국제회계기준(K-IFRS)에 의한 포괄손익계산서(기능별)에 표시되는 금융원가는 일마인가?

▶ 실제 검정시험에서는 [원가회계]를 시작하기 위해 화면 왼쪽 상단의 [회사코드]표시부분 클릭 → [회사코드]를 검색하여 해당 회사를 선택한다. 단, 본 서에서는 교육용으로 실습하므로 [원가회계] 지시사항의 제조기업을 불러오기 해야 한다.

< 문제2 : 원가회계 >

기초데이터 코드 : 3101, 정답 코드 : 3201

◎ 지시사항 : '(주)빈폴공업'의 거래 자료이며, 회계연도는 2023. 1. 1 ~ 12. 31 이다.

1. 다음의 4월 원가계산 과정을 순서대로 처리하시오. 단, 임금 및 제조경비는 주어진 기초자료에 이미 처리되어 있다. <20점/각4점>

(1) 4월 11일 다음의 작업지시서를 발행하고, 같은 날 주요자재를 출고하였다.

① 작업지시서 내용

지시일자	제품명	작업장	작업지시량	작업기간
4월 11일	갑제품	제1작업장	400(EA)	4월 11일 ~ 4월 30일
4월 11일	을제품	제2작업장	400(EA)	4월 11일 ~ 5월 10일

② 자재사용(출고) 등록

• 갑제품 작업지시서 : 자재X 800단위(제1작업장), @₩30,000(부가가치세 별도)

• 을제품 작업지시서 : 자재Y 600단위(제2작업장), @₩20,000(부가가치세 별도)

※ New sPLUS는 자재출고입력에서 처리한다.

(2) 4월 30일 작업지시서(4월 11일 발행)에 대해 다음과 같이 생산자료를 등록하다.

품 목	완성량	재 공 품		작업(투입)시간	작업장
		월말수량	작업진행률 (완성도)		
갑제품	400(EA)	–	–	300	제1작업장
을제품	300(EA)	100개	40%	300	제2작업장

※ New sPLUS는 완성도(작업진행률 등록)를 (3)원가기준정보에서 처리함.

(3) 4월의 원가기준정보를 다음과 같이 등록하다.

• 노무비 배부기준 등록(총근무시간)

관련부문	생산1부	생산2부
총근무시간	400	500

• 보조부문비 배부기준 등록

관련부문	생산1부	생산2부
동력부문	60	40
수선부문	50	50
공장사무부문	40	60

• 작업진행률 등록 [을제품 : 40%]   ※ New sPLUS에서만 적용함

(4) 4월의 실제원가계산을 작업하시오.
  ① 기초재공품 계산   ② 직접재료비 계산   ③ 직접노무비 계산
  ④ 제조간접비 계산   ⑤ 보조부문비 배부   ⑥ 제조부문비 배부(투입시간기준)
  ⑦ 개별원가계산   ⑧ 종합원가계산(평균법)   ⑨ 원가반영 작업

(5) 4월의 원가계산을 마감한 후 제조원가명세서를 조회하시오.(단, 소수점 미만은 반올림)

▶ **답안저장하기** : 오른쪽 상단의 [종료 또는 로그아웃]버튼 클릭 → 답안파일 제출

02 제2회 실전대비 모의고사

< 문제1 : 재무회계 >

기초데이터 코드 : 2102, 정답 코드 : 2202

◎ 지시사항 : '(주)만달라키'의 거래 자료이며, 회계연도는 2023. 1. 1 ~ 12. 31 이다.

1. 다음 제시되는 기준정보를 입력하시오. <4점>

(1) 다음의 신규 거래처를 등록하시오. (각1점)

거래처(명)	거래처분류(구분)	거래처코드	대표자	사업자등록번호	업태/종목
고양조명(주)	매입처	00104	이종욱	128-81-35790	제조·도매/조명기구
창원조명(주)	매출처	00204	박강희	609-81-95147	소매/조명기구

(2) 다음의 신규 상품(품목)을 등록하시오. (2점)

품목코드	품목(품명)	(상세)규격	품목종류(자산)	기본단위(단위명)
115	센서등	8w	상품	EA

2. 다음 거래를 매입매출전표입력 메뉴에 입력하시오. <16점/각4점> (단, 채권·채무 및 금융 거래는 거래처 코드를 입력하고, 각 문항별 한 개의 전표번호로 입력한다.)

(1) 12월 02일 대한자동차(주)로부터 승용차 1대를 매입하고, 전자세금계산서를 발급받다. 구입대금 중 ₩5,000,000과 취득세 등 ₩1,500,000을 기업은행 보통예금 계좌에서 인출하여 현금으로 지급하고 잔액은 10개월 할부로 하다. (단, 고정자산을 해당 메뉴에 등록하시오.)

자산코드	계정과목	자산명	상각방법	내용연수
2000	차량운반구	승용차	정액법	5년

보통예금 통장 거래 내역

계좌번호 001-2568-78923 (주)만달라키   기업은행

번호	날짜	내용	출금액	입금액	잔액	거래점
1	2023-12-02	승용차 구입대금	23,000,000	***	***	하나은행
2	2023-12-02	부가가치세	2,300,000	***	***	하나은행
3	2023-12-02	취득세 및 등록세	1,500,000			하나은행

이 하 생 략

전자세금계산서		(공급받는자 보관용)			승인번호	20231202-×××0810	

전자세금계산서 (공급받는자 보관용) 승인번호 20231202-×××0810

공급자	등록번호	214-81-54327			공급받는자	등록번호	104-81-12340	
	상호	대한자동차(주)	성명(대표자)	정대한		상호	(주)만달라키	성명(대표자)	정다니엘
	사업장주소	서울특별시 서초구 강남대로 163				사업장주소	서울특별시 중구 동호로 353	
	업태	도소매	종사업자번호			업태	도매 및 상품중개업	종사업자번호
	종목	중고자동차				종목	일반조명기구	
	E-Mail	daehan123@daum.net				E-Mail	mandal21@hanmail.net	

작성일자	2023. 12. 02.	공급가액	23,000,000	세 액	2,300,000

비고							

월	일	품 목 명	규격	수량	단가	공급가액	세액	비고
12	02	승용차(2,500cc)		1	23,000,000	23,000,000	2,300,000	

합계금액	현금	수표	어음	외상미수금	이 금액을	○ 영수 ◉ 청구	함
25,300,000	5,000,000			20,300,000			

(2) 12월 7일　상품을 매입하고 대금 중 ₩8,000,000은 약속어음을 발행(어음번호 : 사아52199788, 만기일 2024. 3. 2, 지급은행 : 국민은행)하여 지급하고, 잔액은 외상으로 하다.

전자세금계산서 (공급받는자 보관용) 승인번호 20231207-×××0125

공급자	등록번호	121-81-24268			공급받는자	등록번호	104-81-12340	
	상호	인천조명(주)	성명(대표자)	박인천		상호	(주)만달라키	성명(대표자)	정다니엘
	사업장주소	인천광역시 중구 서해대로 110				사업장주소	서울특별시 중구 동호로 353	
	업태	도소매	종사업자번호			업태	도매 및 상품중개업	종사업자번호
	종목	일반조명기구				종목	일반조명기구	
	E-Mail	inchun123@daum.net				E-Mail	mandal21@hanmail.net	

작성일자	2023. 12. 07.	공급가액	9,250,000	세 액	925,000

비고							

월	일	품 목 명	규격	수량	단가	공급가액	세액	비고
12	07	벽등	4w	25	190,000	4,750,000	475,000	
12	07	거실등	88w	25	120,000	3,000,000	300,000	
12	07	팬던트	9w	25	60,000	1,500,000	150,000	

합계금액	현금	수표	어음	외상미수금	이 금액을	○ 영수 ◉ 청구	함
10,175,000			8,000,000	2,175,000			

(3) 12월 13일　상품을 매출하고 대금 중 ₩27,000,000은 동점 발행의 약속어음(어음번호 : 바사11451256, 만기일 : 2024년 3월 13일, 지급은행 : 기업은행)으로 받고, 잔액은 외상으로 하다.

전자세금계산서			(공급자 보관용)			승인번호	20231213-××××0211	

공급자	등록번호	104-81-12340			공급받는자	등록번호	602-81-24511	
	상호	(주)만달라키	성명(대표자)	정다니엘		상호	부산조명(주)	성명(대표자) 김부산
	사업장주소	서울특별시 중구 동호로 353				사업장주소	부산광역시 중구 보수대로 100	
	업태	도매 및 상품중개업	종사업자번호			업태	도소매	종사업자번호
	종목	일반조명기구				종목	일반조명기구	
	E-Mail	mandal21@hanmail.net				E-Mail	busan21@naver.com	

작성일자	2023. 12. 13.	공급가액	27,300,000	세 액	2,730,000

비고							

월	일	품 목 명	규격	수량	단가	공급가액	세액	비고
12	13	장스탠드	26b	30	300,000	9,000,000	900,000	
12	13	벽등	4w	30	400,000	12,000,000	1,200,000	
12	13	방수등	5w	30	210,000	6,300,000	630,000	

합계금액	현금	수표	어음	외상미수금	이 금액을	○ 영수 ● 청구	함
30,030,000			27,000,000	3,030,000			

(4) 12월 20일　대표이사(정다니엘)가 개인적으로 사용할 노트북을 구입하고 전자세금계산서를 받다.

전자세금계산서			(공급받는자 보관용)			승인번호	20231220-××××0602	

공급자	등록번호	101-81-98766			공급받는자	등록번호	104-81-12340	
	상호	상공유통(주)	성명(대표자)	강상공		상호	(주)만달라키	성명(대표자) 정다니엘
	사업장주소	서울특별시 종로구 삼일대로 383				사업장주소	서울특별시 중구 동호로 353	
	업태	도소매	종사업자번호			업태	도매 및 상품중개업	종사업자번호
	종목	컴퓨터주변기기				종목	일반조명기구	
	E-Mail	sangkong@daum.net				E-Mail	mandal21@hanmail.net	

작성일자	2023. 12. 20.	공급가액	2,000,000	세 액	200,000

비고							

월	일	품 목 명	규격	수량	단가	공급가액	세액	비고
12	20	노트북		1	2,000,000	2,000,000	200,000	

합계금액	현금	수표	어음	외상미수금	이 금액을	○ 영수 ● 청구	함
2,200,000				2,200,000			

3. 다음 거래를 일반전표입력 메뉴에 입력하시오. <20점/각4점> (단, 채권·채무 및 금융 거래는 거래처 코드를 입력하고, 각 문항별 한 개의 전표번호로 입력한다.)

(1) 12월　3일　관련 법률의 절차를 거쳐 액면 금액 @₩5,000인 보통주 5,000주를 1주당 ₩4,000에 발행하고 납입금은 기업은행 보통예금 계좌로 입금되다.

(2) 12월 5일 코참유통(주)의 3년 만기 사채 1,000좌(액면 @₩10,000)를 @₩9,800에 구입하고, 수수료 ₩10,000과 함께 기업은행 보통예금 계좌에서 인출하여 현금으로 지급하다. 단, 동 사채는 이자 획득만을 목적으로 구입한 것이다.

(3) 12월 16일 코참포장기계(주)에서 조명기구 포장용 기계를 매입하기로 하고 계약금 ₩9,000,000을 자기앞수표로 지급하다.

No.		견 적 서					
2023년 12월 16일		공급자	등록번호	135-81-25631			
(주)만달라키 귀하			상호(법인명)	코참포장기계(주)	성명	임 포 장 ㊞	
			사업장주소	경기도 수원시 권선구 경수대로 123			
아래와 같이 견적합니다.			업태	도소매		종목	포장기계
			전화번호				
합계금액 : 사천구백오십만원整 (₩49,500,000)							
품명	규격	수량	단가	공급가액		세액	
포장용 기계	GG	1EA	45,000,000	45,000,000		4,500,000	
이 하 생 략							

(4) 12월 19일 한국유통(주)의 파산으로 11월 14일에 대여한 금액을 전액 대손처리하다.

(5) 12월 21일 업무와 관련하여 다음에 해당하는 내역을 현금으로 납부하다.(단, 건강보험료와 장기요양보험료에는 회사부담분과 종업원부담분을 포함하고 있다.

지 출 결 의 서			결재	계	과장	부장
2023년 12월 21일				대한	상공	회의
번호	적 요			금액(원)		비고
1	건강보험료, 장기요양보험료 납부			200,000		현금지급
합 계				200,000		
이 하 생 략						

4. 다음 기말(12월 31일) 결산 정리 사항을 회계 처리하고 마감하시오. <28점/각4점>

(1) 7월 1일 발행한 사채에 대한 이자를 계상하다. 유효이자율은 연6%이며, 이자지급은 연1회(6월 30일)로 월할계산하다.

(2) 당기 소모품 사용액은 ₩1,300,000이다.

(3) 단기대여금에 대한 선수수익을 월할 계산하여 정리하다.

(4) 기타포괄손익-공정가치측정금융자산의 공정가치는 ₩40,000,000이다.

(5) 매출채권 잔액에 대해 1%의 대손충당금(보충법)을 설정하다.

(6) 모든 비유동자산에 대해 감가상각비를 계상하다.

(7) 기말상품재고액을 입력하고 결산 처리하다. 단, 재고평가는 선입선출법으로 한다.

5. 다음 사항을 조회하여 번호 순서대로 단답형 답안에 등록하시오. <12점/각2점>

※ New sPLUS [답안수록] 메뉴에서 답안을 등록 후 [답안저장] 버튼을 클릭합니다.

※ 문자 외의 숫자는 ₩, 원, 월, 단위구분자(,) 등을 생략하고 숫자만 입력하되 소수점이 포함되어 있는 숫자의 경우에는 소수점을 입력합니다.

(예시) 54200(○), 54.251(○), ₩54,200(×), 54,200원(×), 5월(×), 500개(×), 50긴(×)

(1) 4월 1일부터 9월 30일까지 발생한 외상매출금 총액은 얼마인가?

(2) 4월 1일부터 9월 30일까지 입고한 벽등의 수량은 몇 개인가?

(3) 10월 1일부터 11월 30일까지 결제한 지급어음의 금액은 얼마인가?

(4) 제2기 부가가치세 확정신고 시 납부(환급) 세액은 얼마인가?

(5) 1월 1일부터 12월 31일까지 한국채택국제회계기준(K-IFRS)에 의한 포괄손익계산서 (기능별)에 표시되는 금융수익은 얼마인가?

(6) 12월 31일 현재 한국채택국제회계기준(K-IFRS)에 의한 재무상태표에 표시되는 비유동 부채는 얼마인가?

▶ 실제 검정시험에서는 [원가회계]를 시작하기 위해 화면 왼쪽 상단의 [회사코드] 표시부분 클릭 → [회사코드]를 검색하여 해당 회사를 선택한다. 단, 본 서에서는 교육용으로 실습하므로 [원가회계] 지시사항의 제조기업을 불러오기 해야 한다.

< 문제2 : 원가회계 >

기초데이터 코드 : 3102, 정답 코드 : 3202

◎ 지시사항 : '(주)상공의류' 의 거래 자료이며, 회계연도는 2023. 1. 1 ~ 12. 31 이다.

1. 다음의 11월 원가계산 과정을 순서대로 처리하시오. 단, 임금 및 제조경비는 주어진 기초자료에 이미 처리되어 있다. <20점/각4점>

(1) 11월 01일   다음의 작업지시서를 발행하고, 같은 날 주요자재를 출고하였다.

① 작업지시서 내용

지시일자	제품명	작업장	작업지시량	작업기간
11월 01일	정장원피스	제1작업장	300벌	11월 01일 ~ 11월 30일
11월 01일	웨딩드레스	제2작업장	100벌	11월 01일 ~ 12월 12일

② 자재사용(출고) 등록

　　• 정장원피스 작업지시서 : 폴리에스터　300m(제1작업장), @₩2,000(부가가치세 별도)
　　• 웨딩드레스 작업지시서 : 미카도실크　500m(제2작업장), @₩6,000(부가가치세 별도)
　　※ New sPLUS는 자재출고입력에서 처리한다.

(2) 11월 30일　작업지시서(11월 01일 발행)에 대해 다음과 같이 생산자료를 등록하다.

품 목	완성량	재 공 품		작업(투입)시간	작업장
		월말수량	작업진행률 (완성도)		
정장원피스	300벌	–	–	450	제1작업장
웨딩드레스	60벌	40벌	50%	300	제2작업장

　　※ New sPLUS는 완성도(작업진행률 등록)를 (3)원가기준정보에서 처리함.

(3) 11월의 원가기준정보를 다음과 같이 등록하다.

　　• 노무비 배부기준 등록(총근무시간)

관련부문	생산1부	생산2부
총근무시간	500	400

　　• 보조부문비 배부기준 등록

관련부문	생산1부	생산2부
패 턴 부	80	20
봉 제 부	30	70

　　• 작업진행률 등록 [웨딩드레스 : 50%]　※ New sPLUS에서만 적용함

(4) 11월의 실제원가계산을 작업하시오.

　　① 기초재공품 계산　　② 직접재료비 계산　　③ 직접노무비 계산
　　④ 제조간접비 계산　　⑤ 보조부문비 배부　　⑥ 제조부문비 배부(투입시간기준)
　　⑦ 개별원가계산　　　⑧ 종합원가계산(평균법)　⑨ 원가반영 작업

(5) 11월의 원가계산을 마감한 후 제조원가명세서를 조회하시오.

　　▶ **답안저장하기** : 오른쪽 상단의 [종료 또는 로그아웃]버튼 클릭 → 답안파일 제출

03 제3회 실전대비 모의고사

< **문제1 : 재무회계** > 기초데이터 코드 : 2103, 정답 코드 : 2203

◎ **지시사항** : '(주)루이비통'의 거래 자료이며, 회계연도는 2023. 1. 1 ~ 12. 31 이다.

1. 다음 제시되는 기준정보를 입력하시오. <4점>

(1) 다음의 신규 거래처를 등록하시오. (각1점)

거래처(명)	거래처분류(구분)	거래처코드	대표자	사업자등록번호	업태/종목
(주)시흥	매출처	00105	김시흥	123-81-12341	도소매/잡화
베이징(주)	매입처	00205	유영석	133-86-62902	제조업/가방

(2) 다음의 신규 상품(품목)을 등록하시오. (2점)

품목코드	품목(품명)	(상세)규격	품목종류(자산)	기본단위(단위명)
5004	백팩	BP-1	상품	EA

2. 다음 거래를 매입매출전표입력 메뉴에 입력하시오. <16점/각4점> (단, 채권·채무 및 금융 거래는 거래처 코드를 입력하고, 각 문항별 한 개의 전표번호로 입력한다.)

(1) 12월 11일 상품을 매입하고 대금은 11월 30일에 현금 지급한 계약금을 차감하고, 잔액은 약속어음(어음번호 : 다라22220007, 만기일 : 2024년 3월 12일, 지급은행 : 우리은행)을 발행하여 지급하다.

전자세금계산서				(공급받는자 보관용)		승인번호	20231211-×××0111

공급자	등록번호	121-81-45676			공급받는자	등록번호	109-81-12345	
	상호	런던(주)	성명(대표자)	박런던		상호	(주)루이비통	성명(대표자)	김상공
	사업장주소	인천광역시 중구 서해대로 106				사업장주소	서울특별시 강서구 공항대로 10	
	업태	제조	종사업자번호			업태	도매 및 상품중개업	종사업자번호
	종목	가방				종목	가방 및 여행용품	
	E-Mail	ace777@daum.net				E-Mail	korcham21@hanmail.net	

작성일자	2023. 12. 11.	공급가액	12,500,000	세 액	1,250,000
비고					

월	일	품 목 명	규격	수량	단가	공급가액	세액	비고
12	11	하드캐리어	HC-1	50	200,000	10,000,000	1,000,000	
12	11	크로스백	CB-1	50	50,000	2,500,000	250,000	

합계금액	현금	수표	어음	외상미수금	이 금액을	● 영수 / ○ 청구	함
13,750,000	1,500,000		12,250,000				

(2) 12월 18일 상품을 매출하고 대금 중 ₩5,000,000은 동점 발행의 당좌수표로 받고, 잔액은 (주)충무 발행 약속어음(어음번호 : 자차22220001, 만기일 : 2024년 3월 18일, 지급은행 : 우리은행)으로 받다.

전자세금계산서			(공급자 보관용)			승인번호		20231218-×××0258	
공급자	등록번호	109-81-12345			공급받는자	등록번호	104-81-12340		
	상호	(주)루이비통	성명(대표자)	김상공		상호	(주)충무	성명(대표자)	이충무
	사업장주소	서울특별시 강서구 공항대로 10				사업장주소	서울특별시 중구 남대문로 107		
	업태	도매 및 상품중개업	종사업자번호			업태	도소매	종사업자번호	
	종목	가방 및 여행용품				종목	잡화		
	E-Mail	korcham21@hanmail.net				E-Mail	namdae@naver.com		

작성일자	2023. 12. 18.	공급가액	30,000,000	세 액	3,000,000
비고					

월	일	품 목 명	규격	수량	단가	공급가액	세액	비고
12	18	서류가방	BB-1	50	200,000	10,000,000	1,000,000	
12	18	하드캐리어	HC-1	50	400,000	20,000,000	2,000,000	

합계금액	현금	수표	어음	외상미수금	이 금액을	● 영수	함
33,000,000	5,000,000		28,000,000			○ 청구	

(3) 12월 20일 직원들 유니폼을 현금으로 구입하고 현금영수증을 받다.

현 금 영 수 증

● 거래 정보

거래일시	2023-12-20
승인번호	67676767
거래구분	승인거래
거래용도	지출증빙
발급수단번호	109-81-12345

● 거래 금액

품목	공급가액	부가세	봉사료	총거래금액
유니폼	300,000	30,000	0	330,000

● 가맹점 정보

상호	대한유통(주)
사업자번호	220-81-43219
대표자명	김대한
주소	서울특별시 강남구 강남대로 346

(4) 12월 26일 신문구독료를 법인신용카드로 결제하다.

```
단말기번호    0345678901              전표번호
카드종류      비씨카드
회원번호      1234-5678-9012-3
유효기간              거래일시      취소시 당초거래일
                     2023. 12. 26.

거래유형      승인         품명      구독료

결제방법      일시불    금 액 AMOUNT        200000
매장명                  부가세 VAT
판매자                  봉사료 S/C
대표자        윤서울    합 계 TOTAL         200000
알림/NOTICE
                       승인번호      00567890

가맹점주소    서울특별시 강남구 강남대로 352
가맹점번호    6012345678
사업자등록번호 220-81-87653

가맹점명      서울일보(주)

문의전화/HELP DESK          서명/SIGNATURE
TEL : 1544-4700            (주)루이비통
( 회원용 )
```

3. 다음 거래를 일반전표입력 메뉴에 입력하시오. <20점/각4점> (단, 채권·채무 및 금융 거래는 거래처 코드를 입력하고, 각 문항별 한 개의 전표번호로 입력한다.)

(1) 12월 2일   출장에서 돌아온 직원으로부터 11월 29일에 지급한 여비 개산액에 대하여 다음과 같이 정산하고 잔액을 회계팀에 현금으로 반납하다.

여 비 정 산 서

소속	기획팀	직위	팀장	성명	박경훈
출장일정	일 시		2023년 11월 29일 ~ 2023년 12월 1일		
	출 장 지	지방 거래처 홍보 및 지원			
지급받은 금액	₩600,000	사용 금액	₩520,000	반납 금액	₩80,000
사 용 내 역					
숙박 및 식사비	₩250,000	교통비	₩170,000	거래처직원 경조사비	₩100,000
이 하 생 략					

(2) 12월 5일   현금과부족의 원인이 11월 30일의 거래를 다음과 같이 잘못 처리한 것으로 밝혀지다.

- 사무실 수도료 ₩250,000을 ₩120,000으로 잘못 입력
- 직원 교육 서적 구입비 ₩120,000 지급 기장 누락

(3) 12월 15일　코참전자(주) 발행의 주식 100주를 1주당 ₩25,000에 처분하고, 대금은 보통예금(기업은행) 계좌로 입금되다. 동 주식은 장기투자를 위해 배당금 수령과 매도의 동시 목적으로 취득한 것이다.

(4) 12월 23일　당사가 보관하고 있던 (주)충무 발행 약속어음 ₩5,000,000(어음번호 : 마바99990001, 지급은행 : 우리은행)의 만기가 도래하였으나 (주)충무의 지급 연기 요청을 승낙하고 새로운 약속어음(어음번호 : 자차22220002, 만기일 : 2024. 4. 23. 지급은행 : 우리은행)으로 받고, 지급기일 연장에 대한 이자 ₩100,000은 기업은행 보통예금 계좌로 입금받다.

(5) 12월 29일　12월 중 다음에 해당하는 비용을 현금으로 지급하다.

지 출 결 의 서 2023년 12월 29일		결재	계 대한	과장 상공	부장 회의
번호	적　요		금액(원)		비고
1	연말 희망나눔 이웃돕기 성금		300,000		
2	연말 직원 문화생활 관람료 지원비		500,000		
합　계			800,000		
이 하 생 략					

4. 다음 기말(12월 31일) 결산 정리 사항을 회계 처리하고 마감하시오. <28점/각4점>

(1) 기말 현재 소모품 미사용액은 ₩150,000이다.

(2) 보험료 선급분을 계상하다. 단, 월할계산하다.

(3) 가수금은 전액 (주)당산의 상품 주문 대금으로 밝혀지다.

(4) 단기 투자의 목적으로 보유하고 있는 세계전자(주) 발행의 주식을 1주당 ₩8,000으로 평가하다.

(5) 매출채권 잔액에 대해 1%의 대손충당금(보충법)을 설정하다.

(6) 모든 비유동자산에 대해 감가상각비를 계상하다.

(7) 기말상품재고액을 입력하고 결산 처리하다. 단, 재고평가는 선입선출법으로 한다.

5. 다음 사항을 조회하여 번호 순서대로 단답형 답안에 등록하시오. <12점/각2점>

> ※ New sPLUS [답안수록]메뉴에서 답안을 등록 후 [답안저장]버튼을 클릭합니다.
>
> ※ 문자 외의 숫자는 ₩, 원, 월, 단위구분자(,) 등을 생략하고 숫자만 입력하되 소수점이 포함되어 있는 숫자의 경우에는 소수점을 입력합니다.
> (예시) 54200(○), 54.251(○), ₩54,200(×), 54,200원(×), 5월(×), 500개(×), 50건(×)

(1) 5월 31일 현재 서류가방의 재고수량은 몇 개(EA)인가?

(2) 4월부터 9월까지 중 판매비와관리비가 가장 적게 발생한 월은 몇 월인가?

(3) 9월 30일 현재 (주)충무의 외상매출금 잔액은 얼마인가?

(4) 제2기 부가가치세 확정신고 시 매출세액은 얼마인가?

(5) 12월 31일 현재 한국채택국제회계기준(K-IFRS)에 의한 재무상태표에 표시되는 유동부채의 금액은 얼마인가?

(6) 1월 1일부터 12월 31일까지 한국채택국제회계기준(K-IFRS)에 의한 포괄손익계산서(기능별)에 표시되는 기타수익은 얼마인가?

> ▶ 실제 검정시험에서는 [원가회계]를 시작하기 위해 화면 왼쪽 상단의 [회사코드]표시부분 클릭 → [회사코드]를 검색하여 해당 회사를 선택한다. 단, 본 서에서는 교육용으로 실습하므로 [원가회계] 지시사항의 제조기업을 불러오기 해야 한다.

< 문제2 : 원가회계 >   기초데이터 코드 : 3103, 정답 코드 : 3203

◎ 지시사항 : '(주)코참공구' 의 거래 자료이며, 회계연도는 2023. 1. 1 ~ 12. 31 이다.

1. 다음의 6월 원가계산 과정을 순서대로 처리하시오. 단, 임금 및 제조경비는 주어진 기초자료에 이미 처리되어 있다. <20점/각4점>

(1) 6월 15일 다음의 작업지시서를 발행하고, 같은 날 주요자재를 출고하였다.

① 작업지시서 내용

지시일자	제품명	작업장	작업지시량	작업기간
6월 15일	갑제품	제1작업장	300개(EA)	6월 15일 ~ 6월 30일
6월 15일	을제품	제2작업장	500개(EA)	6월 15일 ~ 7월 10일

② 자재사용(출고) 등록

- 갑제품 작업지시서 : 드릴톱날 400단위(제1작업장), @₩20,000(부가가치세 별도)
- 을제품 작업지시서 : 연마숫돌 600단위(제2작업장), @₩40,000(부가가치세 별도)

※ New sPLUS는 자재출고입력에서 처리한다.

(2) 6월 30일 작업지시서(6월 15일 발행)에 대해 다음과 같이 생산자료를 등록하다.

품 목	완성량	재 공 품		작업(투입)시간	작업장
		월말수량	작업진행률 (완성도)		
갑제품	300개(EA)	–	–	150시간	제1작업장
을제품	420개(EA)	80개	60%	100시간	제2작업장

※ New sPLUS는 완성도(작업진행률 등록)를 (3)원가기준정보에서 처리함.

(3) 6월의 원가기준정보를 다음과 같이 등록하다.

- 노무비 배부기준 등록(총근무시간)

관련부문	생산1부	생산2부
총근무시간	250	200

- 보조부문비 배부기준 등록

관련부문	생산1부	생산2부
동 력 부	40	60
가 공 부	60	40

- 작업진행률 등록 [을제품 : 60%] ※ New sPLUS에서만 적용함

(4) 6월의 실제원가계산을 작업하시오.

① 기초재공품 계산   ② 직접재료비 계산   ③ 직접노무비 계산
④ 제조간접비 계산(제조부문비 배부기준 : 투입시간)
⑤ 개별원가계산   ⑥ 종합원가계산(평균법)   ⑦ 원가반영 작업

(5) 6월의 원가계산 마감한 후 제조원가명세서를 조회하시오. 단, 원미만은 버림으로 처리한다.

▶ **답안저장하기** : 오른쪽 상단의 [종료 또는 로그아웃]버튼 클릭 → 답안파일 제출

04 제4회 실전대비 모의고사

< 문제1 : 재무회계 >

기초데이터 코드 : 2104, 정답 코드 : 2204

◎ 지시사항 : '(주)파리크라상'의 거래 자료이며, 회계연도는 2023. 1. 1 ~ 12. 31 이다.

1. 다음 제시되는 기준정보를 입력하시오. <4점>

(1) 다음의 신규 거래처를 등록하시오. (각1점)

거래처(명)	거래처분류(구분)	거래처코드	대표자	사업자등록번호	업태/종목
(주)대전바게트	매출처	01004	이한밭	123-81-12341	소매업/제과점
(주)보스턴제과	매입처	02004	한보영	133-81-12009	제조업/제빵

(2) 다음의 신규 상품(품목)을 등록하시오. (2점)

품목코드	품목(품명)	(상세)규격	품목종류(자산)	기본단위(단위명)
3004	밤식빵	DH-4	상품	EA

2. 다음 거래를 매입매출전표입력 메뉴에 입력하시오. <16점/각4점> (단, 채권·채무 및 금융 거래는 거래처 코드를 입력하고, 각 문항별 한 개의 전표번호로 입력한다.)

(1) 12월 6일 상품을 매입하고 대금 중 ₩10,000,000은 산업은행 보통예금 계좌에서 자기 앞수표로 인출하여 지급하고, 잔액은 30일 후에 지급하기로 하다.

전자세금계산서					(공급받는자 보관용)			승인번호	20231206-××××0136	

공급자	등록번호	105-81-12343			공급받는자	등록번호	106-82-12343		
	상호	(주)워싱턴제과	성명(대표자)	이구주		상호	(주)파리크라상	성명(대표자)	백종완
	사업장주소	서울특별시 마포구 월드컵로 25				사업장주소	서울특별시 용산구 녹사평대로 134		
	업태	제조	종사업자번호			업태	도매 및 상품중개업	종사업자번호	
	종목	제빵				종목	빵		
	E-Mail	washington@daum.net				E-Mail	ace555@hanmail.net		

작성일자	2023. 12. 06.	공급가액	260,000,000	세 액	26,000,000

비고							

월	일	품 목 명	규격	수량	단가	공급가액	세액	비고
12	06	소보루	DH-1	150,000	800	120,000,000	12,000,000	
12	06	크림빵	DH-2	140,000	1,000	140,000,000	14,000,000	

합계금액	현금	수표	어음	외상미수금	이 금액을	○ 영수 / ● 청구	함
286,000,000	10,000,000			276,000,000			

(2) 12월 20일　상품을 매출하고 대금 중 ₩11,000,000은 배당금지급통지서로 받고, 잔액은 외상으로 하되 10일 이내 회수하는 경우 2% 할인해 주기로 하다.

전자세금계산서 (공급자 보관용)

승인번호 20231220-×××0277

공급자	등록번호	106-82-12343			공급받는자	등록번호	607-81-12344		
	상호	(주)파리크라상	성명 (대표자)	백종완		상호	(주)부산바게트	성명 (대표자)	천창용
	사업장 주소	서울특별시 용산구 녹사평대로 134				사업장 주소	부산광역시 동래구 명륜로 100		
	업태	도매 및 상품중개업	종사업자번호			업태	소매	종사업자번호	
	종목	빵				종목	제과점		
	E-Mail	ace555@hanmail.net				E-Mail	dongrae@naver.com		

작성일자	2023. 12. 20.	공급가액	386,100,000	세 액	38,610,000
비고					

월	일	품 목 명	규격	수량	단가	공급가액	세액	비고
12	20	소보루	DH-1	148,000	1,200	177,600,000	17,760,000	
12	20	크림빵	DH-2	139,000	1,500	208,500,000	20,850,000	

합계금액	현금	수표	어음	외상미수금	이 금액을 ○ 영수 ● 청구 함
424,710,000	11,000,000			413,710,000	

(3) 12월 21일　경영지원팀 직원들이 야근식사를 하고 법인신용카드(신한카드)로 결제하다.

단말기번호	5678901234	전표번호	
카드종류	신한카드		
회원번호	4518-4242-0039-67		
유효기간	거래일시 2023. 12. 21.	취소시 당초거래일	
거래유형	승인	품명	성인무한리필
결제방법	일시불	금 액 AMOUNT	230000
매장명		부가세 VAT	23000
판매자		봉사료 S/C	
대표자	정진사	합 계 TOTAL	253000
알림/NOTICE		승인번호	45678901
가맹점주소	서울특별시 마포구 월드컵로 102		
가맹점번호	5454545454		
사업자등록번호	356-21-01057		
가맹점명	명륜진사갈비		
문의전화/HELP DESK TEL : 1544-4700 (회원용)		서명/SIGNATURE (주)파리크라상	

(4) 12월 24일　비사업자인 전은주씨에게 세금계산서나 현금영수증을 발급하지 않고 다음과 같이 상품을 판매하였다. 대금 ₩374,000(부가가치세 포함)이 당일 보통예금 (산업은행) 계좌에 입금된다.

　　　크림빵　200개　@₩ 1,700　₩340,000(부가가치세 별도)

3. 다음 거래를 일반전표입력 메뉴에 입력하시오. <20점/각4점> (단, 채권·채무 및 금융 거래는 거래처 코드를 입력하고, 각 문항별 한 개의 전표번호로 입력한다.)

(1) 12월 3일   당사는 코로나-19 확산으로 인한 영업부진에 따른 중소벤처기업부의 재난지원금 대상 기업으로 선정되어 정부지원금 ₩5,000,000을 산업은행 보통예금 계좌로 입금되다. 단, 계정과목 '923, 회사설정계정과목'을 '정부지원금'으로 수정하여 등록하시오. (구분 : 일반, 표준코드 : 170. 정부보조금으로 등록하시오.)

<table>
<tr><td colspan="7" align="center">보통예금 통장 거래 내역</td></tr>
<tr><td colspan="5">계좌번호 402-2134-1524-701 (주)파리크라상</td><td colspan="2" align="right">산업은행</td></tr>
<tr><td>번호</td><td>날짜</td><td>내용</td><td>출금액</td><td>입금액</td><td>잔액</td><td>거래점</td></tr>
<tr><td>1</td><td>2023-12-03</td><td>중소벤처기업부</td><td>***</td><td>5,000,000</td><td>***</td><td>***</td></tr>
<tr><td colspan="7" align="center">이 하 생 략</td></tr>
</table>

(2) 12월 13일   (주)뉴욕제과에 대한 외상매입금 중 ₩10,000,000은 자기앞수표로 지급하고, 잔액은 전자어음을 배서양도하다.

전 자 어 음

(주)파리크라상 귀하   02320231020123456781

금   이천만원정   **₩20,000,000**

위의 금액을 귀하 또는 귀하의 지시인에게 지급하겠습니다.

지급기일 2024년 1월 20일   **발 행 일** 2023년 10월 20일
지 급 지 우리은행   **발행지주소** 전주시 완산구 전동 100
지급장소 전주지점   **발 행 인** (주)전주바게트

(3) 12월 16일   장기투자 목적으로 보유하고 있던 한양전자(주) 발행 주식 1,000주(액면금액 @₩5,000, 취득금액 @₩80,000) 중 500주를 1주당 ₩100,000에 처분하고, 처분수수료 ₩25,000을 제외한 대금은 우리은행 당좌예금 계좌로 입금받다. 단, 주식에 대한 평가손익이 자본으로 계상되어 있다.

(4) 12월 27일   이사회 결의에 의하여 기 발행된 주식 1,000주(액면금액 @₩5,000)를 1주당 ₩25,000에 매입하여 소각하고, 대금은 산업은행 보통예금 계좌에서 인출하여 현금으로 지급하다.

(5) 12월 30일   업무와 관련하여 다음에 해당하는 비용을 현금으로 지출하였다.

| 지 출 결 의 서 2023년 12월 30일 | | 결재 | 계 대한 | 과장 상공 | 부장 회의 |

번호	적 요	금액(원)	비고
1	개정 세법 총론 도서구입비	150,000	현금 지급
2	자동차세	300,000	현금 지급
3	직원 온라인 교육비	200,000	현금 지급
	합 계	650,000	

이 하 생 략

4. 다음 기말(12월 31일) 결산 정리 사항을 회계 처리하고 마감하시오. <28점/각4점>

(1) 토지를 ₩3,200,000,000으로 재평가하다.

(2) 이자비용 미경과분을 계상하다. 단, 월할계산한다.

(3) 당기말 보유중인 당기손익－공정가치측정금융자산의 공정가치는 ₩8,000,000이다.

(4) 제2기 확정신고 기간의 부가가치세를 정리하다. 단, 매출세액과 매입세액 중 작은 금액을 기준으로 상계처리하고, 잔액은 미지급세금 계정으로 정리한다.

(5) 매출채권 잔액에 대해 1%의 대손충당금(보충법)을 설정하다.

(6) 모든 비유동자산에 대해 감가상각비를 계상하다.

(7) 기말상품재고액을 입력하고 결산 처리하다. 단, 재고평가는 선입선출법으로 한다.

5. 다음 사항을 조회하여 번호 순서대로 단답형 답안에 등록하시오. <12점/각2점>

> ※ New sPLUS [답안수록] 메뉴에서 답안을 등록 후 [답안저장] 버튼을 클릭합니다.
> ※ 문자 외의 숫자는 ₩, 원, 월, 단위구분자(,) 등을 생략하고 숫자만 입력하되 소수점이 포함되어 있는 숫자의 경우에는 소수점을 입력합니다.
> (예시) 54200(○), 54.251(○), ₩54,200(×), 54,200원(×), 5월(×), 500개(×), 50건(×)

(1) 전기말 대비 3월 31일 현재 보통예금 순 증가(감소)액은 얼마인가?

(2) 6월 30일 현재 외상매출금 잔액이 가장 작은 거래처의 외상매출금 잔액은 얼마인가?

(3) 제1기 부가가치세 확정신고 시 납부(환급)세액은 얼마인가?

(4) 8월 31일 현재 (주)LA제과에 대한 외상매입금 잔액은 얼마인가?

(5) 12월 31일 현재 한국채택국제회계기준(K-IFRS)에 의한 재무상태표에 표시되는 비유동자산의 금액은 얼마인가?

(6) 1월 1일부터 12월 31일까지 한국채택국제회계기준(K-IFRS)에 의한 포괄손익계산서(기능별)에 표시되는 매출원가는 얼마인가?

▶ 실제 검정시험에서는 [원가회계]를 시작하기 위해 화면 왼쪽 상단의 [회사코드]표시부분 클릭 → [회사코드]를 검색하여 해당 회사를 선택한다. 단, 본 서에서는 교육용으로 실습하므로 [원가회계] 지시사항의 제조기업을 불러오기 해야 한다.

< 문제2 : 원가회계 >

기초데이터 코드 : 3104, 정답 코드 : 3204

◎ 지시사항 : '(주)서울공업'의 거래 자료이며, 회계연도는 2023. 1. 1 ~ 12. 31 이다.

1. 다음의 11월 원가계산 과정을 순서대로 처리하시오. 단, 임금 및 제조경비는 주어진 기초자료에 이미 처리되어 있다. <20점/각4점>

(1) 11월 1일 다음의 작업지시서를 발행하고, 같은 날 주요자재를 출고하였다.

① 작업지시서 내용

지시일자	제품명	작업장	작업지시량	작업기간
11월 1일	갑제품	제1작업장	400	11월 01일 ~ 11월 30일
11월 1일	을제품	제2작업장	400	11월 01일 ~ 12월 05일

② 자재사용(출고) 등록

- 갑제품 작업지시서 : 자재A 200단위(제1작업장) @₩400,000(부가가치세 별도)
- 을제품 작업지시서 : 자재B 200단위(제2작업장) @₩500,000(부가가치세 별도)

※ New sPLUS는 자재출고입력에서 처리한다.

(2) 11월 30일   작업지시서(11월 1일 발행)에 대해 다음과 같이 생산자료를 등록하다.

품 목	완성량	재 공 품		작업(투입)시간	작업장
		월말수량	작업진행률 (완성도)		
갑제품	400개	–	–	250	제1작업장
을제품	320개	80개	70%	200	제2작업장

※ New sPLUS는 완성도(작업진행률 등록)를 (3)원가기준정보에서 처리함.

(3) 11월의 원가기준정보를 다음과 같이 등록하다.

• 노무비 배부기준 등록(총근무시간)

관련부문	생산1부	생산2부
총근무시간	400	400

• 보조부문비 배부기준 등록

관련부문	생산1부	생산2부
동 력 부	40	60
수 선 부	60	40

• 작업진행률 등록 [을제품 : 70%]   ※ New sPLUS에서만 적용함

(4) 11월의 실제원가계산을 작업하시오.

① 기초재공품 계산   ② 직접재료비 계산   ③ 직접노무비 계산
④ 제조간접비 계산   ⑤ 보조부문비 배부   ⑥ 제조부문비 배부(작업시간기준)
⑦ 개별원가계산   ⑧ 종합원가계산(평균법)

(5) 11월의 원가계산 마감한 후 제조원가명세서를 조회하시오. 단, 원미만은 반올림 처리한다.

▶ **답안저장하기** : 오른쪽 상단의 [종료 또는 로그아웃]버튼 클릭 → 답안파일 제출

05 제5회 실전대비 모의고사

< 문제1 : 재무회계 >

기초데이터 코드 : 2105, 정답 코드 : 2205

◎ 지시사항 : '(주)탑코스메틱' 의 거래 자료이며, 회계연도는 2023. 1. 1 ~ 12. 31 이다.

1. 다음 제시되는 기준정보를 입력하시오. <4점>

(1) 다음의 신규 거래처를 등록하시오.(각1점)

거래처(명)	거래처분류(구분)	거래처코드	대표자	사업자등록번호	업태/종목
(주)지우생활건강	매입처	01004	이지우	104-81-34553	제조/화장품
(주)강남백화점	매출처	02004	김강남	211-81-20115	소매/백화점

(2) 다음의 신규 상품(품목)을 등록하시오.(2점)

품목코드	품목(품명)	(상세)규격	품목종류(자산)	기본단위(단위명)
203	색조화장품C	BB-3	상품	EA

2. 다음 거래를 매입매출전표입력 메뉴에 입력하시오. <16점/각4점> (단, 채권·채무 및 금융 거래는 거래처 코드를 입력하고, 각 문항별 한 개의 전표번호로 입력한다.)

(1) 12월 5일 상품을 매입하고 대금 중 ₩550,000,000은 당좌수표(우리은행)를 발행하여 지급하고, 잔액은 외상으로 하다.

전자세금계산서				(공급받는자 보관용)		승인번호	20231205-××××0109	

공급자	등록번호	206-81-14251			공급받는자	등록번호	109-81-10027	
	상호	(주)기린코스메틱	성명(대표자)	정기린		상호	(주)탑코스메틱	성명(대표자)	강상공
	사업장 주소	서울특별시 성동구 천호대로 242				사업장 주소	서울특별시 강서구 공항대로 309	
	업태	제조	종사업자번호			업태	도매 및 상품중개업	종사업자번호
	종목	화장품				종목	화장품	
	E-Mail	kirin123@daum.net				E-Mail	top1212@hanmail.net	

작성일자	2023. 12. 05.	공급가액	600,000,000	세 액	60,000,000
비고					

월	일	품 목 명	규격	수량	단가	공급가액	세액	비고
12	09	색조화장품A	BB-1	1,500	200,000	300,000,000	30,000,000	
12	09	색조화장품B	BB-2	1,000	300,000	300,000,000	30,000,000	

합계금액	현금	수표	어음	외상미수금	이 금액을	○ 영수 ● 청구	함
660,000,000		550,000,000		110,00,000			

(2) 12월 8일 전기에 계약금 ₩200,000,000을 지급했던 창고 건설부지에 대한 잔금 ₩200,000,000을 약속어음(만기 2024년 2월 8일)을 발행하여 지급하고 토지로 대체하다.

전 자 계 산 서		(공급받는자 보관용)			승인번호		20231208-×××0101		

공급자	등록번호	105-81-12343			공급받는자	등록번호	109-81-10027		
	상호	(주)민영설비	성명 (대표자)	이민영		상호	(주)탑코스메틱	성명 (대표자)	강상공
	사업장 주소	서울특별시 마포구 월드컵로 108				사업장 주소	서울특별시 강서구 공항대로 309		
	업태	건설업	종사업자번호			업태	도매 및 상품중개업	종사업자번호	
	종목	건설 및 토목				종목	화장품		
	E-Mail	minyoung1@naver.com				E-Mail	top1212@hanmail.net		

작성일자	2023. 12. 08.	공급가액	400,000,000

비고	

월	일	품 목 명	규격	수량	단가	공급가액	비고
12	08	토지				400,000,000	

합계금액	현금	수표	어음	외상미수금	이 금액을	○ 영수 ● 청구	함
400,000,000	200,000,000		200,000,000				

(3) 12월 13일 보유하고 있는 상표권을 ₩100,000,000에 매각하고 대금은 보통예금(KDB산업은행) 계좌로 입금받다. 단, 상표권에 대한 상각은 고려하지 않는다.

전 자 세 금 계 산 서		(공급받는자 보관용)			승인번호		20231213-×××1213		

공급자	등록번호	109-81-10027			공급받는자	등록번호	101-81-00151		
	상호	(주)탑코스메틱	성명 (대표자)	강상공		상호	(주)상공백화점	성명 (대표자)	전상공
	사업장 주소	서울특별시 강서구 공항대로 309				사업장 주소	서울특별시 종로구 삼일대로 391		
	업태	도매 및 상품중개업	종사업자번호			업태	도소매	종사업자번호	
	종목	화장품				종목	화장품		
	E-Mail	top1212@hanmail.net				E-Mail	sanggong@naver.com		

작성일자	2023. 12. 13.	공급가액	100,000,000	세 액	10,000,000

비고	

월	일	품 목 명	규격	수량	단가	공급가액	세액	비고
12	13	상표권 매각대금		1		100,000,000	10,000,000	

합계금액	현금	수표	어음	외상미수금	이 금액을	● 영수 ○ 청구	함
110,000,000	110,000,000						

(4) 12월 19일　상품을 매출하고 대금 중 ₩1,000,000,000은 (주)상공백화점 발행의 전자
어음(어음번호 : 08120231219202402190, 만기일 : 2024년 2월 19일, 지
급은행 : 국민은행)으로 받고, 잔액은 외상으로 하다.

전자세금계산서 (공급자 보관용)

승인번호 20231219-×××0254

공급자	등록번호	109-81-10027			공급받는자	등록번호	101-81-00151		
	상호	(주)탑코스메틱	성명(대표자)	강상공		상호	(주)상공백화점	성명(대표자)	전상공
	사업장주소	서울특별시 강서구 공항대로 309				사업장주소	서울특별시 종로구 삼일대로 391		
	업태	도매 및 상품중개업	종사업자번호			업태	도소매	종사업자번호	
	종목	화장품				종목	화장품		
	E-Mail	top1212@hanmail.net				E-Mail	sanggong22@naver.com		

작성일자	2023. 12. 19.	공급가액	1,500,000,000	세 액	150,000,000
비고					

월	일	품 목 명	규격	수량	단가	공급가액	세액	비고
12	19	기초화장품A	GG-1	2,000	125,000	250,000,000	25,000,000	
12	19	기초화장품B	GG-2	2,000	187,500	375,000,000	37,500,000	
12	19	기초화장품C	GG-3	3,500	250,000	875,000,000	87,500,000	

합계금액	현금	수표	어음	외상미수금	이 금액을	○ 영수	함
1,650,000,000			1,000,000,000	650,00,000		● 청구	

3. 다음 거래를 일반전표입력 메뉴에 입력하시오. <20점/각4점> (단, 채권·채무 및 금융 거래는
거래처 코드를 입력하고, 각 문항별 한 개의 전표번호로 입력한다.)

(1) 12월　2일　장기투자목적으로 (주)제주콜마로부터 토지 20,000,000을 구입하고 대금은
중개수수료 300,000과 함께 KDB산업은행 보통예금 계좌에서 이체하다.

보통예금 통장 거래 내역

계좌번호 701-2466-1022 (주)탑코스메틱　　　　　　　　　　　　　　　KDB산업은행

번호	날짜	내용	출금액	입금액	잔액	거래점
1	2023-12-02	장기투자목적 토지구입	20,000,000	***	***	우리은행
2	2023-12-02	중개수수료 지급	300,000	***	***	우리은행

이 하 생 략

(2) 12월 20일 　(주)상공백화점으로부터 받은 약속어음이 만기가 되어 당좌예금(우리은행)으로 입금받다.

약 속 어 음

(주)탑코스메틱 귀하 　　　　　　　　　　　카타 33331020

금 　일억원정 　　　　　　　　　　　₩100,000,000

위의 금액을 귀하 또는 귀하의 지시인에게 이 약속어음과 상환하여 지급하겠습니다.

지급기일 2023년 12월 20일 　　　발 행 일 2023년 10월 20일
지 급 지 신한은행 　　　　　　　　발행지주소 서울시 종로구 삼일대로 391
지급장소 종로2가지점 　　　　　　발 행 인 (주)상공백화점

(3) 12월 26일 　KDB산업은행 보통예금 계좌에서 ₩3,500,000을 자기앞수표로 인출하여 국민은행에 당좌거래 개설보증금으로 입금하여 당좌거래를 개설하다.

(4) 12월 27일 　장기투자 목적으로 보유하고 있던 기타포괄손익-공정가치측정금융자산(비유동) 전액을 ₩1,400,000,000에 처분하고, 대금은 보통예금(KDB산업은행) 계좌로 입금받다. 단, 기타포괄손익-공정가치측정금융자산평가손실 ₩300,000,000이 있다.

(5) 12월 30일 　국민은행에 대한 장기차입금(₩4,800,000,000)을 이자(연이자 5%, 월할계산)와 함께 보통예금(KDB산업은행) 계좌에서 이체하다. 단, 이자지급 약정일은 매년 12월 말이다.

4. 다음 기말(12월 31일) 결산 정리 사항을 회계 처리하고 마감하시오. <28점/각4점>

(1) 보험료 선급분을 계상하다. 단, 월할계산한다.

(2) 기말 현재 소모품 미사용액은 ₩1,500,000이다.

(3) 당기 법인세비용(지방소득세 포함)은 ₩5,500,000,000이다.

(4) 당기말 보유중인 당기손익-공정가치측정금융자산의 공정가치는 ₩300,000,000이다.

(5) 매출채권 잔액에 대해 1%의 대손충당금(보충법)을 설정하다.

(6) 모든 비유동자산에 대해 감가상각비를 계상하다.

(7) 기말상품재고액을 입력하고 결산 처리하다. 단, 재고평가는 선입선출법으로 한다.

5. 다음 사항을 조회하여 번호 순서대로 단답형 답안에 등록하시오. <12점/각2점>

※ New sPLUS [답안수록] 메뉴에서 답안을 등록 후 [답안저장] 버튼을 클릭합니다.

※ 문자 외의 숫자는 ₩, 원, 월, 단위구분자(,) 등을 생략하고 숫자만 입력하되 소수점이
포함되어 있는 숫자의 경우에는 소수점을 입력합니다.
(예시) 54200(○), 54.251(○), ₩54,200(×), 54,200원(×), 5월(×), 500개(×), 50건(×)

(1) 1월부터 3월까지 판매량이 가장 많은 상품의 품목코드는?

(2) 4월부터 6월까지 보통예금 인출액이 가장 큰 달은 몇 월인가?

(3) 제1기 부가가치세 확정신고 시 납부(환급)세액은 얼마인가?

(4) 7월부터 9월까지 (주)도연생활건강으로부터 매입한 상품 금액은 얼마인가?

(5) 12월 31일 현재 한국채택국제회계기준(K-IFRS)에 의한 재무상태표에 표시되는 현금및
현금성자산은 얼마인가?

(6) 1월 1일부터 12월 31일까지 한국채택국제회계기준(K-IFRS)에 의한 포괄손익계산서
(기능별)에 표시되는 금융수익은 얼마인가?

▶ 실제 검정시험에서는 [원가회계]를 시작하기 위해 화면 왼쪽 상단의 [회사코드]표시부분 클릭 → [회사
코드]를 검색하여 해당 회사를 선택한다. 단, 본 서에서는 교육용으로 실습하므로 [원가회계] 지시사항
의 제조기업을 불러오기 해야 한다.

< 문제2 : 원가회계 >   기초데이터 코드 : 3105, 정답 코드 : 3205

◎ 지시사항 : '(주)서울기계'의 거래 자료이며, 회계연도는 2023. 1. 1 ~ 12. 31 이다.

1. 다음의 11월 원가계산 과정을 순서대로 처리하시오. 단, 임금 및 제조경비는 주어진 기초자
료에 이미 처리되어 있다. <20점/각4점>

(1) 11월 2일 다음의 작업지시서를 발행하고, 같은 날 주요자재를 출고하였다.

① 작업지시서 내용

지시일자	제품명	작업장	작업지시량	작업기간
11월 2일	갑제품	제1작업장	800개(EA)	11월 2일 ~ 11월 30일
11월 2일	을제품	제2작업장	800개(EA)	11월 2일 ~ 12월 12일

② 자재사용(출고) 등록
- 갑제품 작업지시서 : 부속A 600단위(제1작업장), @₩50,000(부가가치세 별도)
- 을제품 작업지시서 : 부속B 200단위(제2작업장), @₩80,000(부가가치세 별도)
  부속C 400단위(제2작업장), @₩100,000(부가가치세 별도)

※ New sPLUS는 자재출고입력에서 처리한다.

(2) 11월 30일 작업지시서(11월 1일 발행)에 대해 다음과 같이 생산자료를 등록하다.

품 목	완성량	재 공 품		작업(투입)시간	작업장
		월말수량	작업진행률 (완성도)		
갑제품	800개(EA)	–	–	240시간	제1작업장
을제품	400개(EA)	400개	50%	160시간	제2작업장

※ New sPLUS는 완성도(작업진행률 등록)를 (3)원가기준정보에서 처리함.

(3) 11월의 원가기준정보를 다음과 같이 등록하다.

- 노무비 배부기준 등록(총근무시간)

관련부문	가공부문	생산부문
총근무시간	500	500

- 보조부문비 배부기준 등록

관련부문	가공부문	생산부문
동력부문	60	40
수선부문	50	50

- 작업진행률 등록 [을제품 : 50%] ※ New sPLUS에서만 적용함

(4) 11월의 실제원가계산을 작업하시오.
① 기초재공품 계산 ② 직접재료비 계산 ③ 직접노무비 계산
④ 제조간접비 계산 ⑤ 보조부문비 배부 ⑥ 제조부문비 배부(투입시간기준)
⑦ 개별원가계산 ⑧ 종합원가계산(평균법) ⑨ 원가반영 작업

(5) 11월의 원가계산을 마감한 후 제조원가명세서를 조회하시오.

▶ **답안저장하기** : 오른쪽 상단의 [종료 또는 로그아웃]버튼 클릭 → 답안파일 제출

06 제6회 실전대비 모의고사

< 문제1 : 재무회계 >

기초데이터 코드 : 2106, 정답 코드 : 2206

◎ 지시사항 : '(주)스쿨디포' 의 거래 자료이며, 회계연도는 2023. 1. 1 ~ 12. 31 이다.

1. 다음 제시되는 기준정보를 입력하시오. <4점>

(1) 다음의 신규 거래처를 등록하시오..(각1점)

거래처(명)	거래처분류(구분)	거래처코드	대표자	사업자등록번호	업태/종목
보은문구(주)	매입처	02004	박보은	140-81-54782	제조/문구용품
주미문구(주)	매출처	03004	한주미	114-81-62191	도소매/문구용품

(2) 다음의 신규 상품(품목)을 등록하시오.(2점)

품목코드	품목(품명)	(상세)규격	품목종류(자산)	기본단위(단위명)
4004	정상품	4호	상품	EA

2. 다음 거래를 매입매출전표입력 메뉴에 입력하시오. <16점/각4점> (단, 채권·채무 및 금융 거래는 거래처 코드를 입력하고, 각 문항별 한 개의 전표번호로 입력한다.)

(1) 12월 9일 상품을 매입하고 대금은 11월 29일 현금 지급한 계약금을 차감하고 잔액은 약속어음(어음번호 : 카하11111201, 만기일 : 2024년 3월 9일, 지급은행 : 신한은행)을 발행하여 지급하다. 단, 약속어음을 등록하시오.

전자세금계산서 (공급받는자 보관용)

승인번호 20231209-×××0109

공급자	등록번호	141-81-12349			공급받는자	등록번호	105-81-12343		
	상호	영섭문구(주)	성명(대표자)	김영섭		상호	(주)스쿨디포	성명(대표자)	홍정식
	사업장주소	경기도 파주시 동서대로 636				사업장주소	서울특별시 마포구 월드컵로 100		
	업태	제조, 도매	종사업자번호			업태	도매 및 상품중개업	종사업자번호	
	종목	문구				종목	문구		
	E-Mail	paju123@daum.net				E-Mail	school77@hanmail.net		

작성일자	2023. 12. 09.	공급가액	44,000,000	세 액	4,400,000

비고							

월	일	품 목 명	규격	수량	단가	공급가액	세액	비고
12	09	갑상품	1호	200	60,000	12,000,000	1,200,000	
12	09	병상품	3호	800	40,000	32,000,000	3,200,000	

합계금액	현금	수표	어음	외상미수금	이 금액을	● 영수 / ○ 청구	함
48,400,000	1,000,000		47,400,000				

(2) 12월 16일   상품을 매출하고 대금은 11월 26일 현금으로 받은 계약금을 제외하고, ₩ 15,000,000은 준영문구(주)발행 약속어음(어음번호 : 아자77778888, 만기일 : 2024년 3월 26일, 지급은행 : 국민은행)으로 받고, 잔액은 외상으로 하다.

전자세금계산서 (공급자 보관용)

승인번호 20231216-×××0216

공급자	등록번호	105-81-12343			공급받는자	등록번호	126-81-24939		
	상호	(주)스쿨디포	성명(대표자)	홍정식		상호	준영문구(주)	성명(대표자)	박은하
	사업장주소	서울특별시 마포구 월드컵로 100				사업장주소	이천시 장호원읍 경충대로 152		
	업태	도매 및 상품중개업	종사업자번호			업태	도소매	종사업자번호	
	종목	문구				종목	문구		
	E-Mail	school77@hanmail.net				E-Mail	jun123@naver.com		

작성일자	2023. 12. 16.	공급가액	38,000,000	세 액	3,800,000
비고					

월	일	품 목 명	규격	수량	단가	공급가액	세액	비고
12	16	갑상품	1호	300	100,000	30,000,000	3,000,000	
12	16	을상품	2호	100	80,000	8,000,000	800,000	

합계금액	현금	수표	어음	외상미수금	이 금액을	○ 영수 ◉ 청구	함
41,800,000	1,000,000		15,000,000	25,800,000			

(3) 12월 19일   태양에너지(주)에서 승용차(2,500cc)에 대한 유류를 주유하고 전자세금계산서를 발급받다.

전자세금계산서 (공급받는자 보관용)

승인번호 20231219-×××1219

공급자	등록번호	214-86-62782			공급받는자	등록번호	105-81-12343		
	상호	태양에너지(주)	성명(대표자)	이태양		상호	(주)스쿨디포	성명(대표자)	홍정식
	사업장주소	서울특별시 서초구 강남대로 163				사업장주소	서울특별시 마포구 월드컵로 100		
	업태	도소매	종사업자번호			업태	도매 및 상품중개업	종사업자번호	
	종목	유류 및 정비				종목	문구		
	E-Mail	sun1234@daum.net				E-Mail	school77@hanmail.net		

작성일자	2023. 12. 19.	공급가액	230,000	세 액	23,000
비고					

월	일	품 목 명	규격	수량	단가	공급가액	세액	비고
12	19	휘발유				230,000	23,000	

합계금액	현금	수표	어음	외상미수금	이 금액을	○ 영수 ◉ 청구	함
253,000				253,000			

(4) 12월 23일   비사업자인 정하은에게 갑상품 5개 @₩100,000(부가가치세 별도)을 판매하고 신용카드 매출전표를 발행하다.

단말기번호	0812345678						전표번호	
카드종류	**비씨카드**							
회원번호	**4981-1234-1234-1234**							
유효기간	거래일시				취소시 당초거래일			
	2023. 12. 23.							
거래유형	**승인**		품명			**갑상품**		
결제방법	**일시불**	금 액 AMOUNT		5	0	0	0	0
매장명		부가세 VAT			5	0	0	0
판매자		봉사료 S/C						
대표자	**홍정식**	합 계 TOTAL		5	5	0	0	0
알림/NOTICE		승인번호		00567890				
가맹점주소	**서울특별시 마포구 월드컵로 100**							
가맹점번호	**6767898901**							
사업자등록번호	**105-81-12343**							
가맹점명	**(주)스쿨디포**							
문의전화/HELP DESK		서명/SIGNATURE						
TEL : 1544-4700		**정하은**						
(회원용)								

3. 다음 거래를 일반전표입력 메뉴에 입력하시오. <20점/각4점> (단, 채권·채무 및 금융 거래는 거래처 코드를 입력하고, 각 문항별 한 개의 전표번호로 입력한다.)

(1) 12월 3일   출장에서 돌아온 직원으로부터 11월 30일 지급한 여비 개산액에 대하여 다음과 같이 보고받고, 잔액은 현금으로 받다.

여 비 정 산 서						
소속	영업부	직위	직원	성명	홍길동	
출장일정	일 시	2023년 11월 30일 ~ 2023년 12월 2일				
	출 장 지	학습 문구 박람회 및 거래처 탐방				
지급받은 금액	₩500,000	사용 금액	₩440,000	반납 금액	₩60,000	
사 용 내 역						
숙박 및 식사비	₩190,000	교통비	₩150,000	거래처직원 식사비	₩100,000	
이 하 생 략						

(2) 12월 7일   영섭문구(주)에 발행한 약속어음(어음번호 : 다라22220004, 발행일 : 2023년 8월 8일, 만기일 : 2023년 12월 7일 지급은행 : 신한은행)이 만기가 되어 당좌예금(신한은행) 계좌에서 결제되다.

(3) 12월 14일　보유하고 있는 당기손익－공정가치측정금융자산 중 200주를 1주당 ₩20,000
　　　　　　에 처분하고, 수수료 ₩50,000을 차감한 잔액은 보통예금(하나은행) 계좌에
　　　　　　입금하다.

(4) 12월 18일　종업원급여를 보통예금(하나은행) 계좌에서 이체하다.

2023년 12월 급여지급대장

부서	성명	급여	공 제 액			차감지급액
			소득세등	건강보험료등	공제액합계	
경리부	이영철	1,500,000	100,000	50,000	150,000	1,350,000
영업부	천창용	1,500,000	100,000	50,000	150,000	1,350,000
합　계		3,000,000	200,000	100,000	300,000	2,700,000

보통예금 통장 거래 내역

계좌번호 2345-7894-5631　(주)스쿨디포　　　　　　　　　　　　　하나은행

번호	날짜	내용	출금액	입금액	잔액	거래점
1	2023-12-18	12월분 급여	2,700,000	***	***	***
이　하　생　략						

(5) 12월 31일　7월 1일 발행한 사채(액면금액 ₩50,000,000) 이자를 현금으로 지급하다.
　　　　　　단, 액면이자율은 연8%, 유효이자율은 연10%이고, 원미만은 버림으로 처리
　　　　　　한다.

4. 다음 기말(12월 31일) 결산 정리 사항을 회계 처리하고 마감하시오.　<28점/각4점>

(1) 기말 현재 소모품 사용액은 ₩900,000이다.

(2) 임차료 선급분을 계상하다. 단, 월할계산한다.

(3) 보유하고 있는 당기손익－공정가치측정금융자산 100주를 1주당 ₩12,000으로 평가하다.

(4) 기말 현재 현금의 실제액은 ₩45,300,000이다.

(5) 매출채권 잔액에 대해 1%의 대손충당금(보충법)을 설정하다.

(6) 모든 비유동자산에 대해 감가상각비를 계상하다.

(7) 기말상품재고액을 입력하고 결산 처리하다. 단, 재고평가는 선입선출법으로 한다.

5. 다음 사항을 조회하여 번호 순서대로 단답형 답안에 등록하시오. <12점/각2점>

> ※ New sPLUS [답안수록] 메뉴에서 답안을 등록 후 [답안저장] 버튼을 클릭합니다.
>
> ※ 문자 외의 숫자는 ₩, 원, 월, 단위구분자(,) 등을 생략하고 숫자만 입력하되 소수점이 포함되어 있는 숫자의 경우에는 소수점을 입력합니다.
>
> (예시) 54200(○), 54.251(○), ₩54,200(×), 54,200원(×), 5월(×), 500개(×), 50건(×)

(1) 6월 30일 현재 갑상품의 재고수량은 몇(EA) 개인가?

(2) 7월 1일부터 8월 31일까지 당좌예금 예입액은 얼마인가?

(3) 9월 30일 현재 다민문구(주)의 외상매출금 미회수액은 얼마인가?

(4) 제1기 부가가치세 확정신고 시 납부(환급)세액은 얼마인가?

(5) 12월 31일 현재 한국채택국제회계기준(K-IFRS)에 의한 재무상태표에 표시되는 유동자산의 금액은 얼마인가?

(6) 1월 1일부터 12월 31일까지 한국채택국제회계기준(K-IFRS)에 의한 포괄손익계산서 (기능별)에 표시되는 기타수익은 얼마인가?

> ▶ 실제 검정시험에서는 [원가회계]를 시작하기 위해 화면 왼쪽 상단의 [회사코드]표시부분 클릭 → [회사 코드]를 검색하여 해당 회사를 선택한다. 단, 본 서에서는 교육용으로 실습하므로 [원가회계] 지시사항 의 제조기업을 불러오기 해야 한다.

< 문제2 : 원가회계 >

기초데이터 코드 : 3106, 정답 코드 : 3206

◎ **지시사항** : '코참컴퓨터(주)'의 거래 자료이며, 회계연도는 2023. 1. 1 ~ 12. 31 이다.

1. 다음의 12월 원가계산 과정을 순서대로 처리하시오. 단, 임금 및 제조경비는 주어진 기초자료에 이미 처리되어 있다. <20점/각4점>

(1) 12월 21일   다음의 작업지시서를 발행하고, 같은 날 주요자재를 출고하였다.

① 작업지시서 내용

지시일자	제품명	작업장	작업지시량	작업기간
12월 21일	갑제품	제1작업장	400개(EA)	12월 21일 ~ 12월 31일
12월 21일	을제품	제2작업장	500개(EA)	12월 21일 ~ 2024년 01월 10일

② 자재사용(출고) 등록

- 갑제품 작업지시서 : X자재 400단위(제1작업장), @₩20,000(부가가치세 별도)
- 을제품 작업지시서 : Y자재 500단위(제2작업장), @₩30,000(부가가치세 별도)

※ New sPLUS는 자재출고입력에서 처리한다.

(2) 12월 31일 작업지시서(12월 21일 발행)에 대해 다음과 같이 생산자료를 등록하다.

품 목	완성량	재 공 품		작업(투입)시간	작업장
		월말수량	작업진행률 (완성도)		
갑제품	400개(EA)	–	–	200시간	제1작업장
을제품	400개(EA)	100개	50%	400시간	제2작업장

※ New sPLUS는 완성도(작업진행률 등록)를 (3)원가기준정보에서 처리함.

(3) 12월의 원가기준정보를 다음과 같이 등록하다.

- 노무비 배부기준 등록(총근무시간)

관련부문	생산1부	생산2부
총근무시간	400	500

- 보조부문비 배부기준 등록

관련부문	생산1부	생산2부
동력부문	40	60
수선부문	50	50

- 작업진행률 등록 [을제품 : 50%] ※ New sPLUS에서만 적용함

(4) 12월의 실제원가계산을 작업하시오.

① 기초재공품 계산   ② 직접재료비 계산   ③ 직접노무비 계산
④ 제조간접비 계산(제조부문비 배부기준 : 투입시간)
⑤ 개별원가계산   ⑥ 종합원가계산(평균법)   ⑦ 원가반영 작업

(5) 12월의 원가계산 마감한 후 제조원가명세서를 조회하시오. 단, 원미만은 버림으로 처리한다.

▶ **답안저장하기** : 오른쪽 상단의 [종료 또는 로그아웃]버튼 클릭 → 답안파일 제출

07 제7회 실전대비 모의고사

< 문제1 : 재무회계 >

기초데이터 코드 : 2107, 정답 코드 : 2207

◎ 지시사항 : '(주)코리아제록스'의 거래 자료이며, 회계연도는 2023. 1. 1 ~ 12. 31 이다.

1. 다음 제시되는 기준정보를 입력하시오. <4점>

(1) 다음의 신규 거래처를 등록하시오.(각1점)

거래처(명)	거래처분류(구분)	거래처코드	대표자	사업자등록번호	업태/종목
가람기기(주)	매입처	03005	김가람	107-81-12349	제조/사무기기
태풍유통(주)	매출처	04005	정태풍	201-81-35659	도소매/사무기기

(2) 다음의 신규 상품(품목)을 등록하시오.(2점)

품목코드	품목(품명)	(상세)규격	품목종류(자산)	기본단위(단위명)
5003	금상품	3호	상품	EA

2. 다음 거래를 매입매출전표입력 메뉴에 입력하시오. <16점/각4점> (단, 채권·채무 및 금융 거래는 거래처 코드를 입력하고, 각 문항별 한 개의 전표번호로 입력한다.)

(1) 12월 11일   상품을 매입하고 대금 중 ₩20,000,000은 외상으로 하고, 잔액은 약속어음(어음번호 : 가나12341238, 만기일 : 2024년 3월 11일, 지급은행 : KEB하나은행)을 발행하여 지급하다.

전자세금계산서			(공급받는자 보관용)			승인번호	20231211-××××0111	

	등록번호	107-81-12349				등록번호	105-81-59881	
공급자	상호	가람기기(주)	성명(대표자)	김가람	공급받는자	상호	(주)코리아제록스	성명(대표자) 정대한
	사업장주소	서울특별시 영등포구 국회대로 529				사업장주소	서울특별시 마포구 월드컵로 103-1	
	업태	제조	종사업자번호			업태	도매 및 상품중개업	종사업자번호
	종목	사무기기				종목	사무용기기	
	E-Mail	garam21@daum.net				E-Mail	samoo777@hanmail.net	

작성일자	2023. 12. 11.	공급가액	50,000,000	세 액	5,000,000
비고					

월	일	품 목 명	규격	수량	단가	공급가액	세액	비고
12	11	갑상품	1호	400	50,000	20,000,000	2,000,000	
12	11	금상품	3호	500	60,000	30,000,000	3,000,000	

합계금액	현금	수표	어음	외상미수금	이 금액을	○ 영수 함
55,000,000			35,000,000	20,000,000		◉ 청구

(2) 12월 13일 사용 중이던 비품01을 북문개발(주)에 전자세금계산서를 발급하고 아래와 같이 처분하였다. 판매대금은 다음 달 말일에 받기로 하였다. 처분하기 전까지의 회계 처리는 적정하게 반영되었다.

전자세금계산서				(공급자 보관용)		승인번호	20231213-×××0231		
공급자	등록번호	105-81-59881			공급받는자	등록번호	104-81-09258		
	상호	(주)코리아제록스	성명(대표자)	정대한		상호	북문개발(주)	성명(대표자)	이북문
	사업장주소	서울특별시 마포구 월드컵로 103-1				사업장주소	서울특별시 중구 남대문로 112		
	업태	도매 및 상품중개업	종사업자번호			업태	도소매	종사업자번호	
	종목	사무용기기				종목	사무기기		
	E-Mail	samoo777@hanmail.net				E-Mail	bukmoon21@daum.net		
작성일자		2023. 12. 13.	공급가액		1,500,000		세 액		150,000
비고									

월	일	품 목 명	규격	수량	단가	공급가액	세액	비고
12	13	비품01 매각처분				1,500,000	150,000	

합계금액	현금	수표	어음	외상미수금	이 금액을	○ 영수 ● 청구	함
1,650,000				1,650,000			

(3) 12월 20일 영업부 특정 매출거래처의 체육대회에 후원할 목적으로 수건을 송월타올(주)에서 구입하고 전자세금계산서를 발급받다. 대금은 전액 보통예금(신한은행) 계좌에서 인출하여 현금으로 지급하다.

전자세금계산서				(공급받는자 보관용)		승인번호	20231220-×××0220		
공급자	등록번호	101-81-23455			공급받는자	등록번호	105-81-59881		
	상호	송월타올(주)	성명(대표자)	정송월		상호	(주)코리아제록스	성명(대표자)	정대한
	사업장주소	서울특별시 종로구 삼일대로 394				사업장주소	서울특별시 마포구 월드컵로 103-1		
	업태	도소매	종사업자번호			업태	도매 및 상품중개업	종사업자번호	
	종목	타올				종목	사무용기기		
	E-Mail	song123@naver.com				E-Mail	samoo777@hanmail.net		
작성일자		2023. 12. 20.	공급가액		300,000		세 액		30,000
비고									

월	일	품 목 명	규격	수량	단가	공급가액	세액	비고
12	20	수건		150	2,000	300,000	30,000	

합계금액	현금	수표	어음	외상미수금	이 금액을	● 영수 ○ 청구	함
330,000	330,000						

(4) 12월 30일　상품을 매출하고 대금 중 ₩20,000,000은 태풍유통(주) 발행의 약속어음(어음 번호 : 바라55552222, 만기일 : 2024년 3월 30일, 지급은행 : 신한은행)으로 받고, 잔액은 외상으로 하다.

전자세금계산서			(공급자 보관용)			승인번호	20231230-××××0230	

공급자	등록번호	105-81-59881			공급받는자	등록번호	201-81-35659	
	상호	(주)코리아제록스	성명(대표자)	정대한		상호	태풍유통(주)	성명(대표자) 정태풍
	사업장주소	서울특별시 마포구 월드컵로 103-1				사업장주소	서울특별시 중구 삼일대로 300	
	업태	도매 및 상품중개업	종사업자번호			업태	도소매	종사업자번호
	종목	사무용기기				종목	사무기기	
	E-Mail	samoo777@hanmail.net				E-Mail	taepoong7@naver.com	

작성일자	2023. 12. 30.	공급가액	69,000,000	세 액	6,900,000
비고					

월	일	품 목 명	규격	수량	단가	공급가액	세액	비고
12	30	갑상품	1호	200	120,000	24,000,000	2,400,000	
12	30	금상품	3호	300	150,000	45,000,000	4,500,000	

합계금액	현금	수표	어음	외상미수금	이 금액을	○ 영수 / ● 청구	함
75,900,000			20,000,000	55,900,000			

3. 다음 거래를 일반전표입력 메뉴에 입력하시오. <20점/각4점> (단, 채권·채무 및 금융 거래는 거래처 코드를 입력하고, 각 문항별 한 개의 전표번호로 입력한다.)

(1) 12월 4일　9월 4일 달빛기기(주)에 발행한 약속어음(어음번호 : 가나12341236, 만기일 : 2023년 12월 4일, 지급은행 : KEB하나은행)이 만기가 되어 당좌예금(KEB하나은행) 계좌에서 결제되다.

(2) 12월 5일　국민은행에 3년 만기 정기예금에 가입하고 현금 ₩40,000,000을 예입하다. 단, 다음의 정기예금을 등록하시오.

거래처(상호)명	거래처코드	은행(금융기관)명	적금종류명	계좌번호	계약기간	이자율
국민(정기예금)	98003	국민은행	정기예금	118-15-76565	2023.12.05~2026.12.05	연5%

(3) 12월 10일　현금과부족의 원인을 조사한 결과 10월 31일 전화요금 ₩50,000을 현금 지급한 것을 당좌수표(KEB하나은행)를 발행하여 지급한 것으로 입력하였음이 밝혀지다.

(4) 12월 12일　보유하고 있는 전자어음을 KEB하나은행에서 할인받고 할인료(각자 계산)를 차감한 실수금을 당좌예금(KEB하나은행)에 입금하다. 단, 할인어음은 금융자산의 제거조건을 충족한다.

전 자 어 음

(주)코리아제록스 귀하　　　　　　07120231114123456786

금　삼천삼백만원정　　　　　　　　　　　₩33,000,000

위의 금액을 귀하 또는 귀하의 지시인에게 지급하겠습니다.

지급기일 2024년 2월 14일　　　발 행 일 2023년 11월 14일
지 급 지 신한은행　　　　　　　발행지주소 서울시 마포구 마포대로 108
지급장소 공덕지점　　　　　　　발 행 인 동문유통(주)

당좌예금 통장 거래 내역

계좌번호 118-15-12345-2 (주)코리아제록스　　　　　　KEB하나은행

번호	날짜	내용	출금액	입금액	잔액	거래점
1	2023-12-12	약속어음 할인 실수금	***	32,764,932	***	***
이 하 생 략						

(5) 12월 30일　7월 1일 발행한 사채에 대한 이자를 현금으로 지급하다. 단, 사채의 액면이자율은 연8%, 유효이자율은 연10%이며, 이자지급은 연2회(6월 30일, 12월 31일)이다.

4. 다음 기말(12월 31일) 결산 정리 사항을 회계 처리하고 마감하시오.　<28점/각4점>

(1) 보험료 미경과액을 계상하다. 단, 월할계산한다.

(2) 임대료 선수분을 계상하다. 단, 월할계산한다.

(3) 제2기 확정 신고 기간의 부가가치세를 정리하고, 차액은 미지급세금으로 처리할 것.

(4) 기말 현재 현금 실제액은 ₩160,000,000이다.

(5) 매출채권 잔액에 대해 1%의 대손충당금(보충법)을 설정하다.

(6) 모든 비유동자산에 대해 감가상각비를 계상하다.

(7) 기말상품재고액을 입력하고 결산 처리하다. 단, 재고평가는 선입선출법으로 한다.

5. 다음 사항을 조회하여 번호 순서대로 단답형 답안에 등록하시오. <12점/각2점>

> ※ New sPLUS [답안수록] 메뉴에서 답안을 등록 후 [답안저장] 버튼을 클릭합니다.
>
> ※ 문자 외의 숫자는 ₩, 원, 월, 단위구분자(,) 등을 생략하고 숫자만 입력하되 소수점이 포함되어 있는 숫자의 경우에는 소수점을 입력합니다.
> (예시) 54200(○), 54.251(○), ₩54,200(×), 54,200원(×), 5월(×), 500개(×), 50건(×)

(1) 5월 31일 현재 갑상품의 재고액은 얼마인가?

(2) 8월 31일 현재 보통예금의 잔액은 얼마인가?

(3) 9월 30일 현재 동문유통(주)의 외상매출금 잔액은 얼마인가?

(4) 제2기 부가가치세 확정신고 시 납부(환급)세액은 얼마인가?

(5) 12월 31일 현재 한국채택국제회계기준(K-IFRS)에 의한 재무상태표에 표시되는 유동자산의 금액은 얼마인가?

(6) 1월 1일부터 12월 31일까지 한국채택국제회계기준(K-IFRS)에 의한 포괄손익계산서(기능별)에 표시되는 매출원가는 얼마인가?

> ▶ 실제 검정시험에서는 [원가회계]를 시작하기 위해 화면 왼쪽 상단의 [회사코드]표시부분 클릭 → [회사코드]를 검색하여 해당 회사를 선택한다. 단, 본 서에서는 교육용으로 실습하므로 [원가회계] 지시사항의 제조기업을 불러오기 해야 한다.

< 문제2 : 원가회계 >   기초데이터 코드 : 3107, 정답 코드 : 3207

◎ **지시사항** : '대한가구(주)'의 거래 자료이며, 회계연도는 2023. 1. 1 ~ 12. 31 이다.

1. 다음의 12월 원가계산 과정을 순서대로 처리하시오. 단, 임금 및 제조경비는 주어진 기초자료에 이미 처리되어 있다. <20점/각4점>

(1) 12월 23일   다음의 작업지시서를 발행하고, 같은 날 주요자재를 출고하였다.

① 작업지시서 내용

지시일자	제품명	작업장	작업지시량	작업기간
12월 23일	갑제품	제1작업장	500개(EA)	12월 23일 ~ 12월 31일
12월 23일	을제품	제2작업장	600개(EA)	12월 23일 ~ 2024년 01월 07일

② 자재사용(출고) 등록

- 갑제품 작업지시서 : 자재A 500단위(제1작업장)
- 을제품 작업지시서 : 자재B 600단위(제2작업장)

※ New sPLUS는 자재출고입력에서 처리한다.

(2) 12월 31일 작업지시서(12월 23일 발행)에 대해 다음과 같이 생산자료를 등록하다.

품 목	완성량	재 공 품		작업(투입)시간	작업장
		월말수량	작업진행률 (완성도)		
갑제품	500개(EA)	–	–	120시간	제1작업장
을제품	540개(EA)	60개	40%	100시간	제2작업장

※ New sPLUS는 완성도(작업진행률 등록)를 (3)원가기준정보에서 처리함.

(3) 12월의 원가기준정보를 다음과 같이 등록하다.

- 노무비 배부기준 등록(총근무시간)

관련부문	생산1부	생산2부
총근무시간	160	200

- 보조부문비 배부기준 등록

관련부문	생산1부	생산2부
동력부문	50	50
가공부문	30	70

- 작업진행률 등록 [을제품 : 40%]   ※ New sPLUS에서만 적용함

(4) 12월의 실제원가계산을 작업하시오.

① 기초재공품 계산   ② 직접재료비 계산   ③ 직접노무비 계산
④ 제조간접비 계산(제조부문비 배부기준 : 투입시간)
⑤ 개별원가계산   ⑥ 종합원가계산(평균법)   ⑦ 원가반영 작업

(5) 12월의 원가계산 마감한 후 제조원가명세서를 조회하시오. 단, 원미만은 버림으로 처리한다.

▶ **답안저장하기** : 오른쪽 상단의 [종료 또는 로그아웃]버튼 클릭 → 답안파일 제출

08 제8회 실전대비 모의고사

< 문제1 : 재무회계 >

기초데이터 코드 : 2108, 정답 코드 : 2208

◎ 지시사항 : '(주)타임메카'의 거래 자료이며, 회계연도는 2023. 1. 1 ~ 12. 31 이다.

1. 다음 제시되는 기준정보를 입력하시오. <4점>

(1) 다음의 신규 거래처를 등록하시오.(각1점)

거래처(명)	거래처분류(구분)	거래처코드	대표자	사업자등록번호	업태/종목
보람시계(주)	매입처	02004	신보람	214-86-54787	제조/시계
우주시계(주)	매출처	03004	정우주	214-81-57232	도,소매/시계

(2) 다음의 신규 상품(품목)을 등록하시오.(2점)

품목코드	품목(품명)	(상세)규격	품목종류(자산)	기본단위(단위명)
4004	M상품	4호	상품	EA

2. 다음 거래를 매입매출전표입력 메뉴에 입력하시오. <16점/각4점> (단, 채권·채무 및 금융 거래는 거래처 코드를 입력하고, 각 문항별 한 개의 전표번호로 입력한다.)

(1) 12월 11일　상품을 매입하고 전자세금계산서를 발급받다.

전자세금계산서					(공급받는자 보관용)		승인번호	20231211-×××0101	
공급자	등록번호	214-86-54787			공급받는자	등록번호	104-81-14218		
	상호	보람시계(주)	성명(대표자)	신보람		상호	(주)타임메카	성명(대표자)	전상공
	사업장주소	서울특별시 서초구 강남대로 163				사업장주소	서울특별시 중구 남대문로 10		
	업태	제조	종사업자번호			업태	도매 및 상품중개업	종사업자번호	
	종목	시계				종목	시계		
	E-Mail	boram23@daum.net				E-Mail	time123@hanmail.net		

작성일자	2023. 12. 11.	공급가액	49,000,000	세 액	4,900,000
비고					

월	일	품 목 명	규격	수량	단가	공급가액	세액	비고
12	11	C상품	3호	120	200,000	24,000,000	2,400,000	
12	11	M상품	4호	250	100,000	25,000,000	2,500,000	

합계금액	현금	수표	어음	외상미수금	이 금액을	○ 영수	함
53,900,000		10,000,000		43,900,000		● 청구	

(2) 12월 15일 사용 중이던 사무용책상(비품)을 중고가구(주)에 전자세금계산서를 발급하고
아래와 같이 처분하였다. 판매대금은 현금으로 받아 즉시 보통예금(우리은행)
으로 예입하였다. 처분시점의 감가상각비 계상을 일반전표에 별도로 입력할 것.

전자세금계산서		(공급자 보관용)			승인번호	20231215-×××0117	
공급자	등록번호	104-81-14218		공급받는자	등록번호	104-81-09258	

| 전자세금계산서 (공급자 보관용) | | | | | | 승인번호 | 20231215-×××0117 |

	등록번호	104-81-14218				등록번호	104-81-09258	
공급자	상호	(주)타임메카	성명(대표자)	전상공	공급받는자	상호	중고가구(주)	성명(대표자) 정두령
	사업장주소	서울특별시 중구 남대문로 10				사업장주소	서울특별시 중구 남대문로 114	
	업태	도매 및 상품중개업	종사업자번호			업태	도소매	종사업자번호
	종목	시계				종목	집기	
	E-Mail	time123@hanmail.net				E-Mail	gungko77@daum.net	

작성일자	2023. 12. 15.	공급가액	2,300,000	세 액	230,000
비고					

월	일	품 목 명	규격	수량	단가	공급가액	세액	비고
12	15	비품 매각처분				2,300,000	230,000	

합계금액	현금	수표	어음	외상미수금	이 금액을	● 영수 함
2,530,000	2,530,000					○ 청구

(3) 12월 21일 팬시문구(주)에서 영업부 사무실 컬러프린터기에 사용할 잉크 등을 구입하고
현금영수증(지출증빙용)을 교부받다. 부가가치세 공제요건은 충족하였다.

현 금 영 수 증

● 거래 정보

거래일시	2023-12-21
승인번호	51515151
거래구분	승인거래
거래용도	지출증빙
발급수단번호	104-81-14218

● 거래 금액

품목	공급가액	부가세	봉사료	총거래금액
잉크	90,000	9,000	0	99,000

● 가맹점 정보

상호	팬시문구(주)
사업자번호	108-83-65144
대표자명	신창조
주소	서울특별시 동작구 동작대로 105

(4) 12월 26일   다음과 같이 상품을 매출하다.

전자세금계산서				(공급자 보관용)			승인번호		20231226-××××0226	
공급자	등록번호	104-81-14218				공급받는자	등록번호	214-81-57232		
	상호	(주)타임메카	성명(대표자)	전상공			상호	우주시계(주)	성명(대표자)	정우주
	사업장주소	서울특별시 중구 남대문로 10					사업장주소	서울특별시 서초구 강남대로 156-1		
	업태	도매 및 상품중개업	종사업자번호				업태	도소매	종사업자번호	
	종목	시계					종목	시계		
	E-Mail	sanggong2@hanmail.net					E-Mail	wooju77@naver.com		

작성일자	2023. 12. 26.	공급가액	50,000,000	세 액	5,000,000
비고					

월	일	품 목 명	규격	수량	단가	공급가액	세액	비고
12	26	A상품	1호	100	100,000	10,000,000	1,000,000	
12	26	C상품	3호	50	350,000	17,500,000	1,750,000	
12	26	M상품	4호	150	150,000	22,500,000	2,250,000	

합계금액	현금	수표	어음	외상미수금	이 금액을	○ 영수	함
55,000,000	16,000,000			39,000,000		● 청구	

3. 다음 거래를 일반전표입력 메뉴에 입력하시오. <20점/각4점> (단, 채권·채무 및 금융 거래는 거래처 코드를 입력하고, 각 문항별 한 개의 전표번호로 입력한다.)

(1) 12월   1일   사업 확장을 위한 자금조달 목적으로 3년 만기 사채(액면금액 ₩20,000,000)를 ₩19,239,600에 할인발행하고, 납입금은 사채발행비 ₩200,000 차감한 전액 당좌예입(국민은행)하다. 단, 액면이자율은 10%, 유효이자율은 12%이다.

당좌예금 통장 거래 내역

계좌번호 1003-001-56789 (주)타임메카   국민은행

번호	날짜	내용	출금액	입금액	잔액	거래점
1	2023-12-01	사채발행 납입금	***	19,039,600	***	신한은행

이 하 생 략

(2) 12월   5일   용산전자(주)로부터 복사기 1대를 10개월 간 렌트하고 월 렌탈료 ₩300,000을 보통예금(우리은행)에서 인출하여 현금으로 지급하다.

(3) 12월 13일   현금과부족의 원인은 다음과 같다. 현금과부족에 대한 대체분개를 입력하시오.

- 11월 21일에 지급한 수도광열비는 ₩520,000을 ₩250,000으로 잘못 기장하였음
- 기업 브랜드 가치를 높이기 위한 홍보물 제작비 ₩300,000 지급 기장 누락되었음

(4) 12월 20일　명성시계(주)의 외상매입금 ₩15,000,000을 보관하고 있던 약속어음(어음번호 : 다라22221128, 만기일 : 2024년 1월 27일, 발행인 : 새한시계(주), 지급은행 : 국민은행)으로 배서양도하다. 단, 어음 배서양도 시 매각거래로 처리한다.

(5) 12월 28일　씨티은행에서 $10,000를 차입한 외화장기차입금 ₩10,000,000을 원화를 달러로 환전하여 전액 중도 상환하다. 단, 전기 말 $1 당 환율은 ₩1,000이었으며, 상환시점의 $1 당 환율은 ₩950이다.

지 출 결 의 서 2023년 12월 28일		결 재	계	과장	부장
			대한	상공	회의

번호	적 요	금액(원)	비고
1	외화장기차입금 상환(씨티은행)	9,500,000	
	합 계	9,500,000	

이 하 생 략

4. 다음 기말(12월 31일) 결산 정리 사항을 회계 처리하고 마감하시오. <28점/각4점>

(1) 보험료 미경과액을 계상하다. 단, 월할계산에 의한다.

(2) 상각후원가측정금융자산에 대한 이자 미수액 ₩350,000을 계상하다.

(3) 기말 현재 소모품 재고액은 ₩200,000이다.

(4) 당기 말 보유 중인 당기손익－공정가치측정금융자산의 공정가치는 ₩5,700,000이다.

(5) 매출채권 잔액에 대해 1%의 대손충당금(보충법)을 설정하다.

(6) 모든 비유동자산에 대한 감가상각비를 계상하다.

(7) 기말상품재고액을 입력하고 결산 처리하다. 단, 재고평가는 선입선출법에 의한다.

5. 다음 사항을 조회하여 번호 순서대로 단답형 답안에 등록하시오. <12점/각2점>

> ※ New sPLUS [답안수록] 메뉴에서 답안을 등록 후 [답안저장] 버튼을 클릭합니다.
> ※ 문자 외의 숫자는 ₩, 원, 월, 단위구분자(,) 등을 생략하고 숫자만 입력하되 소수점이 포함되어 있는 숫자의 경우에는 소수점을 입력합니다.
> (예시) 54200(○), 54.251(○), ₩54,200(×), 54,200원(×), 5월(×), 500개(×), 50건(×)

(1) 10월 말 현재 C상품의 재고액은 얼마인가?

(2) 8월 1일부터 10월 31일까지 보통예금(우리은행)의 인출액은 얼마인가?

(3) 제2기 부가가치세 예정 신고 시 매출세액은 얼마인가?

(4) 12월 31일 현재 명성시계(주)의 외상매입금 잔액은 얼마인가?

(5) 12월 31일 현재 한국채택국제회계기준(K-IFRS)에 의한 재무상태표에 표시되는 유동자산은 얼마인가?

(6) 1월 1일부터 12월 31일까지 한국채택국제회계기준(K-IFRS)에 의한 포괄손익계산서(기능별)에 표시되는 판매비와관리비의 전기와 당기발생액의 차액은 얼마인가?

▶ 실제 검정시험에서는 [원가회계]를 시작하기 위해 화면 왼쪽 상단의 [회사코드]표시부분 클릭 → [회사코드]를 검색하여 해당 회사를 선택한다. 단, 본 서에서는 교육용으로 실습하므로 [원가회계] 지시사항의 제조기업을 불러오기 해야 한다.

< 문제2 : 원가회계 >
기초데이터 코드 : 3108, 정답 코드 : 3208

◎ 지시사항 : '(주)상공금속'의 거래 자료이며, 회계연도는 2023. 1. 1 ~ 12. 31 이다.

1. 다음의 10월 원가계산 과정을 순서대로 처리하시오. 단, 임금 및 제조경비는 주어진 기초자료에 이미 처리되어 있다. <20점/각4점>

(1) 10월 6일 다음의 작업지시서를 발행하고, 같은 날 주요자재를 출고하였다.

① 작업지시서 내용

지시일자	제품명	작업장	작업지시량	작업기간
10월 6일	갑제품	제1작업장	400개(EA)	10월 06일 ~ 10월 31일
10월 6일	을제품	제2작업장	500개(EA)	10월 06일 ~ 11월 05일

② 자재사용(출고) 등록

- 갑제품 작업지시서 : 자재X 400단위(제1작업장), @₩4,000(부가가치세 별도)
- 을제품 작업지시서 : 자재Y 550단위(제2작업장), @₩5,000(부가가치세 별도)
  자재Z 550단위(제2작업장), @₩6,000(부가가치세 별도)

※ New sPLUS는 자재출고입력에서 처리한다.

(2) 10월 31일 작업지시서(10월 6일 발행)에 대해 다음과 같이 생산자료를 등록하다.

품 목	완성량	재 공 품		작업(투입)시간	작업장
		월말수량	작업진행률(완성도)		
갑제품	400개(EA)	–	–	350	제1작업장
을제품	420개(EA)	80개	50%	400	제2작업장

※ New sPLUS는 완성도(작업진행률 등록)를 (3)원가기준정보에서 처리함.

(3) 10월의 원가기준정보를 다음과 같이 등록하다.

- 노무비 배부기준 등록(총근무시간)

관련부문	생산1부	생산2부
총근무시간	400	500

- 보조부문비 배부기준 등록

관련부문	생산1부	생산2부
동력부문	70	30
수선부문	40	60
사무관리부문	50	50

- 작업진행률 등록 [을제품 : 50%] ※ New sPLUS에서만 적용함

(4) 10월의 실제원가계산을 작업하시오.

① 기초재공품 계산 ② 직접재료비 계산 ③ 직접노무비 계산
④ 제조간접비 계산 ⑤ 보조부문비 배부 ⑥ 제조부문비 배부(작업시간기준)
⑦ 개별원가계산 ⑧ 종합원가계산(평균법)

(5) 10월의 원가계산 마감한 후 제조원가명세서를 조회하시오. 단, 원미만은 버림으로 처리한다.

▶ **답안저장하기** : 오른쪽 상단의 [종료 또는 로그아웃]버튼 클릭 → 답안파일 제출

09 제9회 실전대비 모의고사

< 문제1 : 재무회계 >

기초데이터 코드 : 2109, 정답 코드 : 2209

◎ 지시사항 : '(주)팜라이트'의 거래 자료이며, 회계연도는 2023. 1. 1 ~ 12. 31 이다.

1. 다음 제시되는 기준정보를 입력하시오. <4점>

(1) 다음의 신규 거래처를 등록하시오.(각1점)

거래처(명)	거래처분류(구분)	거래처코드	대표자	사업자등록번호	업태/종목
세종조명(주)	매입처	00104	이세종	307-81-34550	제조,도매/조명기구
울산조명(주)	매출처	00204	서울산	610-81-13878	소매/조명기구

(2) 다음의 신규 상품(품목)을 등록하시오.(2점)

품목코드	품목(품명)	(상세)규격	품목종류(자산)	기본단위(단위명)
115	주방등	6w	상품	EA

2. 다음 거래를 매입매출전표입력 메뉴에 입력하시오. <16점/각4점> (단, 채권·채무 및 금융 거래는 거래처 코드를 입력하고, 각 문항별 한 개의 전표번호로 입력한다.)

(1) 12월 5일 상품을 매입하고 대금 중 ₩10,000,000은 약속어음을 발행(어음번호 : 가나 22550001, 만기일 : 2024년 3월 5일, 지급은행 : 국민은행)하여 지급하고, 잔액은 외상으로 하다.

전자세금계산서			(공급받자 보관용)				승인번호		20231205-×××0105	
공급자	등록번호	305-81-13243				공급받는자	등록번호	104-81-12340		
	상호	대전조명(주)	성명(대표자)	정대전			상호	(주)팜라이트	성명(대표자)	정호주
	사업장주소	대전광역시 중구 동서대로 1179					사업장주소	서울특별시 중구 남대문로 116		
	업태	도소매	종사업자번호				업태	도매 및 상품중개업	종사업자번호	
	종목	일반조명기구					종목	일반조명기구		
	E-Mail	daejun22@daum.net					E-Mail	light123@hanmail.net		
작성일자		2023. 12. 05.	공급가액		13,000,000		세 액		1,300,000	
	비고									

월	일	품 목 명	규격	수량	단가	공급가액	세액	비고
12	05	장스탠드	26b	25	130,000	3,250,000	325,000	
12	05	벽등	4w	25	190,000	4,750,000	475,000	
12	05	주방등	6w	50	100,000	5,000,000	500,000	

합계금액	현금	수표	어음	외상미수금	이 금액을	○ 영수 / ● 청구	함
14,300,000			10,000,000	4,300,000			

(2) 12월 15일　상품을 매출하고 대금 중 ₩20,000,000은 동점발행의 약속어음(어음번호 : 사아 56781145, 만기일 : 2024년 3월 15일, 지급은행 : 국민은행)으로 받고, 잔액은 외상으로 하다.

전자세금계산서				(공급자 보관용)				승인번호		20231215-×××0253	
공급자	등록번호	104-81-12340				공급받는자	등록번호	201-81-32763			
	상호	(주)팜라이트	성명 (대표자)	정호주			상호	서울조명(주)	성명 (대표자)	강서울	
	사업장 주소	서울특별시 중구 남대문로 116					사업장 주소	서울특별시 중구 삼일대로 300			
	업태	도매 및 상품중개업	종사업자번호				업태	도소매	종사업자번호		
	종목	일반조명기구					종목	일반조명기구			
	E-Mail	light123@hanmail.net					E-Mail	seoul222@naver.com			
작성일자		2023. 12. 15.	공급가액		19,800,000		세 액		1,980,000		
비고											
월	일	품 목 명	규격	수량	단가	공급가액		세액		비고	
12	15	장스탠드	26b	30	300,000	9,000,000		900,000			
12	15	팬던트	9w	30	150,000	4,500,000		450,000			
12	15	주방등	6w	30	210,000	6,300,000		630,000			
합계금액		현금	수표		어음	외상미수금		이 금액을	○ 영수 ● 청구	함	
21,780,000					20,000,000	1,780,000					

(3) 12월 23일　신입사원 채용을 위해 상공신문(주)에 신입사원 채용 광고를 게재하고 신용카드 매출전표를 발급받다.

단말기번호	1717161622		전표번호	
카드종류	KB카드(법인)			
회원번호	9801-2345-6789-12			
유효기간	거래일시		취소시 당초거래일	
	2023. 12. 23.			
거래유형	승인	품명	광고료	
결제방법	일시불	금 액 AMOUNT		1 5 0 0 0 0
매장명		부가세 VAT		1 5 0 0 0
판매자		봉사료 S/C		
대표자	장상공	합 계 TOTAL		1 6 5 0 0 0
알림/NOTICE		승인번호	56789012	
가맹점주소	서울특별시 용산구 녹사평대로 134			
가맹점번호	7878898910			
사업자등록번호	106-81-54123			
가맹점명	상공신문(주)			
문의전화/HELP DESK TEL : 1544-4700 (회원용)		서명/SIGNATURE 팜라이트		

(4) 12월 28일　강서자동차(주)에서 업무용 승용차 1대를 매입하고 전자세금계산서를 발급받
다. 대금 중 ₩5,000,000은 기업은행 보통예금 계좌에서 이체하여 지급하고 잔
액은 10개월 할부로 하다. 차량매입에 따른 공채증서 액면 ₩1,000,000(만기 3
년, 이자율 4%)을 현금으로 구입하고 이자 획득을 위해 만기까지 보유하기로
하다. 단, 공정가치는 ₩700,000이다.

자산코드	계정과목	자산명	상각방법	내용연수
2000	차량운반구	승용차	정액법	5년

전자세금계산서 (공급받는자 보관용)

승인번호　20231228-××××1228

공급자	등록번호	109-83-11113			공급받는자	등록번호	104-81-12340		
	상호	강서자동차(주)	성명(대표자)	이강서		상호	(주)팜라이트	성명(대표자)	정호주
	사업장주소	서울특별시 강서구 공항대로 163				사업장주소	서울특별시 중구 남대문로 116		
	업태	도소매	종사업자번호			업태	도매 및 상품중개업	종사업자번호	
	종목	중고자동차				종목	일반조명기구		
	E-Mail	gangsucar@naver.com				E-Mail	light123@hanmail.net		

작성일자	2023. 12. 28.	공급가액	10,000,000	세 액	1,000,000
비고					

월	일	품 목 명	규격	수량	단가	공급가액	세액	비고
12	28	승용차 구입(999cc)		1	10,000,000	10,000,000	1,000,000	

합계금액	현금	수표	어음	외상미수금	이 금액을	○ 영수 ● 청구	함
11,000,000	5,000,000			6,000,000			

3. 다음 거래를 일반전표입력 메뉴에 입력하시오. <20점/각4점> (단, 채권·채무 및 금융 거래는
거래처 코드를 입력하고, 각 문항별 한 개의 전표번호로 입력한다.)

(1) 12월 1일　이사회의 결의를 거쳐 액면 금액 @₩10,000인 보통주 5,000주를 1주당 ₩
8,000에 발행하고 납입금은 기업은행 보통예금 계좌로 입금되다. 단, 주식발행
초과금이 ₩8,000,000 있다.

(2) 12월 2일　(주)한국전자에서 발행한 회사채 500좌(액면 @₩10,000, 만기일 : 2028년
12월 1일, 표시이자율 : 4%)를 ₩4,800,000에 취득하고, 거래수수료 ₩
50,000을 포함한 대금은 기업은행 보통예금계좌에서 이체하다. 단, 동 회사
채는 이자획득을 목적으로만 구입한 것으로 한다.

보통예금 통장 거래 내역

계좌번호 001-2568-78923 (주)팜라이트   기업은행

번호	날짜	내용	출금액	입금액	잔액	거래점
1	2023-12-02	회사채 취득	4,800,000	***	***	하나은행
2	2023-12-02	증권수수료 지급	50,000	***	***	하나은행

이 하 생 략

(3) 12월 17일   견적서에 따라 산업용로봇을 구입하기로 하고 계약금 ₩10,000,000을 자기앞
수표로 지급하다.

No.			견 적 서			

2023년 12월 17일

(주)팜라이트   귀하

아래와 같이 견적합니다.

공급자	등록번호	201-81-10250			
	상호(법인명)	(주)중부기계	성명	신의섭 ㊞
	사업장주소	서울특별시 중구 마른내로 4길 13		
	업태	제조	종목	자동기계
	전화번호			

합계금액 : 팔천팔백만원整 (₩88,000,000)

품명	규격	수량	단가	공급가액	세액
산업용 로봇	AA	1EA	80,000,000	80,000,000	8,000,000

이 하 생 략

(4) 12월 24일   대한건설(주)에 건물을 매각하는 계약을 하고 계약금 ₩20,000,000을 국민은
행 당좌예금 계좌로 입금받다.

(5) 12월 29일   직원들의 업무관련 연수를 실시한 홍길동 부장에게 관련 강사료 ₩2,000,000을
소득세 등 ₩350,000을 원천징수하고 지급하다.

지 출 결 의 서		결재	계	과장	부장
2023년 12월 29일			대한	상공	회의

번호	적 요	금액(원)	비고
1	직원 업무연수 강사료 지급	1,650,000	현금지급
	합 계	1,650,000	

이 하 생 략

4. 다음 기말(12월 31일) 결산 정리 사항을 회계 처리하고 마감하시오. <28점/각4점>

(1) 7월 1일 발행한 사채에 대한 이자를 계상하다. 유효이자율은 연7%이며, 이자지급은 연1회
(6월 30일)로 월할계산하다. 단, 원미만 반올림

(2) 당기 소모품 미사용액은 ₩200,000이다.

(3) 보험료 미경과분을 월할 계산하여 정리하다.

(4) 기타포괄손익-공정가치측정금융자산(비유동)의 공정가치는 ₩42,000,000이다.

(5) 매출채권 잔액에 대해 1%의 대손충당금(보충법)을 설정하다.

(6) 모든 비유동자산에 대한 감가상각비를 계상하다.

(7) 기말상품재고액을 입력하고 결산 처리하다. 단, 재고평가는 선입선출법에 의한다.

5. 다음 사항을 조회하여 번호 순서대로 단답형 답안에 등록하시오. <12점/각2점>

※ New sPLUS [답안수록] 메뉴에서 답안을 등록 후 [답안저장] 버튼을 클릭합니다.

※ 문자 외의 숫자는 ₩, 원, 월, 단위구분자(,) 등을 생략하고 숫자만 입력하되 소수점이
포함되어 있는 숫자의 경우에는 소수점을 입력합니다.
(예시) 54200(○), 54.251(○), ₩54,200(×), 54,200원(×), 5월(×), 500개(×), 50건(×)

(1) 1월 1일부터 6월 30일까지 발생한 외상매출금 총액은 얼마인가?

(2) 1월 1일부터 6월 30일까지 입고한 장스탠드의 수량은 몇 개인가?

(3) 10월 1일부터 11월 30일까지 회수된 받을어음의 금액은 얼마인가?

(4) 제2기 부가가치세 확정 신고 시 납부(환급) 세액은 얼마인가?

(5) 1월 1일부터 12월 31일까지 한국채택국제회계기준(K-IFRS)에 의한 포괄손익계산서(기능별)
에 표시되는 영업이익은 얼마인가?

(6) 12월 31일 현재 한국채택국제회계기준(K-IFRS)에 의한 재무상태표에 표시되는 유동자산은
얼마인가?

▶ 실제 검정시험에서는 [원가회계]를 시작하기 위해 화면 왼쪽 상단의 [회사코드]표시부분 클릭 → [회사
코드]를 검색하여 해당 회사를 선택한다. 단, 본 서에서는 교육용으로 실습하므로 [원가회계] 지시사항
의 제조기업을 불러오기 해야 한다.

< 문제2 : 원가회계 >
기초데이터 코드 : 3109, 정답 코드 : 3209

◎ 지시사항 : '(주)남대문패션'의 거래 자료이며, 회계연도는 2023. 1. 1 ~ 12. 31 이다.

1. 다음의 11월 원가계산 과정을 순서대로 처리하시오. 단, 임금 및 제조경비는 주어진 기초자
료에 이미 처리되어 있다. <20점/각4점>

(1) 11월 01일 다음의 작업지시서를 발행하고, 같은 날 주요자재를 출고하였다.

① 작업지시서 내용

지시일자	제품명	작업장	작업지시량	작업기간
11월 01일	자켓원피스	제1작업장	400벌	11월 01일 ~ 11월 30일
11월 01일	남성신사복	제2작업장	120벌	11월 01일 ~ 12월 12일

② 자재사용(출고) 등록

• 자켓원피스 작업지시서 : 폴리에스터 400m(제1작업장), @₩2,000(부가가치세 별도)
• 남성신사복 작업지시서 : 미카도실크 600m(제2작업장), @₩6,000(부가가치세 별도)

※ New sPLUS는 자재출고입력에서 처리한다.

(2) 11월 30일 작업지시서(11월 01일 발행)에 대해 다음과 같이 생산자료를 등록하다.

품 목	완성량	재 공 품		작업(투입)시간	작업장
		월말수량	작업진행률 (완성도)		
자켓원피스	400벌	–	–	400	제1작업장
남성신사복	80벌	40벌	60%	350	제2작업장

※ New sPLUS는 완성도(작업진행률 등록)를 (3)원가기준정보에서 처리함.

(3) 11월의 원가기준정보를 다음과 같이 등록하다.

• 노무비 배부기준 등록(총근무시간)

관련부문	생산1부	생산2부
총근무시간	500	400

• 보조부문비 배부기준 등록

관련부문	생산1부	생산2부
패턴부	70	30
봉제부	20	80

• 작업진행률 등록 [남성신사복 : 60%]   ※ New sPLUS에서만 적용함

(4) 11월의 실제원가계산을 작업하시오.

① 기초재공품 계산   ② 직접재료비 계산   ③ 직접노무비 계산
④ 제조간접비 계산   ⑤ 보조부문비 배부   ⑥ 제조부문비 배부(투입시간 기준)
⑦ 개별원가계산   ⑧ 종합원가계산(평균법)   ⑨ 원가반영작업

(5) 11월의 원가계산 마감한 후 제조원가명세서를 조회하시오.

▶ **답안저장하기** : 오른쪽 상단의 [종료 또는 로그아웃]버튼 클릭 → 답안파일 제출

10 제10회 실전대비 모의고사

< 문제1 : 재무회계 >

기초데이터 코드 : 2110, 정답 코드 : 2210

◎ 지시사항 : '(주)쌤소나이트'의 거래 자료이며, 회계연도는 2023. 1. 1 ~ 12. 31 이다.

1. 다음 제시되는 기준정보를 입력하시오. <4점>

(1) 다음의 신규 거래처를 등록하시오..(각1점)

거래처(명)	거래처분류(구분)	거래처코드	대표자	사업자등록번호	업태/종목
(주)백두	매출처	00105	김백두	204-81-02346	도소매/잡화
호주(주)	매입처	00205	유호주	301-81-87651	제조업/가방

(2) 다음의 신규 상품(품목)을 등록하시오.(2점)

품목코드	품목(품명)	(상세)규격	품목종류(자산)	기본단위(단위명)
5004	소프트케리어	SC-1	상품	EA

2. 다음 거래를 매입매출전표입력 메뉴에 입력하시오. <16점/각4점> (단, 채권·채무 및 금융 거래는 거래처 코드를 입력하고, 각 문항별 한 개의 전표번호로 입력한다.)

(1) 12월 12일　상품을 매입하고 대금 중 ₩5,000,000은 보관하고 있던 (주)충무 발행의 약속어음(어음번호 : 마바99990001, 만기일 : 2023년 12월 23일, 지급은행 : 우리은행)을 배서양도하고 잔액은 외상으로 하다.

	전자세금계산서		(공급받는자 보관용)		승인번호	20231212-××××0112

<table>
<tr><td rowspan="7">공급자</td><td>등록번호</td><td colspan="3">504-8156780</td><td rowspan="7">공급받는자</td><td>등록번호</td><td colspan="3">113-81-12344</td></tr>
<tr><td>상호</td><td>뉴욕(주)</td><td>성명
(대표자)</td><td>신뉴욕</td><td>상호</td><td>(주)쌤소나이트</td><td>성명
(대표자)</td><td>정대한</td></tr>
<tr><td>사업장
주소</td><td colspan="3">대구광역시 북구 경대로 101</td><td>사업장
주소</td><td colspan="3">서울특별시 구로구 시흥대로 527</td></tr>
<tr><td>업태</td><td>제조</td><td>종사업자번호</td><td></td><td>업태</td><td>도매 및 상품중개업</td><td>종사업자번호</td><td></td></tr>
<tr><td>종목</td><td>가방</td><td></td><td></td><td>종목</td><td>가방 및 여행용품</td><td></td><td></td></tr>
<tr><td>E-Mail</td><td colspan="3">newyork77@daum.net</td><td>E-Mail</td><td colspan="3">samsonite@hanmail.net</td></tr>
</table>

작성일자	2023. 12. 12.	공급가액	15,000,000	세 액	1,500,000
비고					

월	일	품 목 명	규격	수량	단가	공급가액	세액	비고
12	12	소프트캐리어	SC-1	100	150,000	15,000,000	1,500,000	

합계금액	현금	수표	어음	외상미수금	이 금액을	○ 영수 ● 청구	함
16,500,000			5,000,000	11,500,000			

(2) 12월 20일   상품을 매출하고 대금은 동점으로부터 11월 24일에 현금 받은 계약금을 차감하고, 대금 중 ₩5,000,000은 동점 발행 약속어음(어음번호 : 마바11110002, 만기일 : 2024년 2월 16일, 지급은행 : 우리은행)으로 받고, 잔액은 외상으로 하다.

전자세금계산서 (공급자 보관용)

승인번호 20231220-×××× 0220

공급자

등록번호	113-81-12344		
상호	(주)쌤소나이트	성명(대표자)	정대한
사업장주소	서울특별시 구로구 시흥대로 527		
업태	도매 및 상품중개업	종사업자번호	
종목	가방 및 여행용품		
E-Mail	samsonite@hanmail.net		

공급받는자

등록번호	602-81-23453		
상호	(주)당산	성명(대표자)	박런던
사업장주소	부산광역시 중구 보수대로 106		
업태	도소매	종사업자번호	
종목	잡화		
E-Mail	busan2121@naver.com		

작성일자	2023. 12. 20.	공급가액	37,500,000	세 액	3,750,000
비고					

월	일	품 목 명	규격	수량	단가	공급가액	세액	비고
12	20	서류가방	BB-1	100	200,000	20,000,000	2,000,000	
12	20	소프트캐리어	SC-1	50	350,000	17,500,000	1,750,000	

합계금액	현금	수표	어음	외상미수금	이 금액을	○ 영수 ● 청구	함
41,250,000	2,000,000		5,000,000	34,250,000			

(3) 12월 22일   영업부에서 사용하던 소형승용차(999cc)의 고장으로 (주)수리센터에서 수리하고 현금영수증(지출증빙)을 받다.

현금영수증

● 거래 정보

거래일시	2023-12-22
승인번호	73747576
거래구분	승인거래
거래용도	지출증빙
발급수단번호	113-81-12344

● 거래 금액

품목	수량	공급가액	부가세	봉사료	총거래금액
수리비		200,000	20,000	0	220,000

● 가맹점 정보

상호	(주)수리센터
사업자번호	135-81-32127
대표자명	김수리
주소	경기도 수원시 권선구 경수대로 169

(4) 12월 26일   행복문고에서 개정 한국채택국제회계기준(K-IFRS) 관련 도서를 구입하고 전자계산서를 발급받다. 도서대금은 보통예금(기업은행)에서 이체하다.

전 자 계 산 서			(공급받는자 보관용)		승인번호		20231226-×××＜0158	
공급자	등록번호	123-12-12345			**공급받는자**	등록번호	113-81-12344	
	상호	행복문고	성명 (대표자)	정행복		상호	(주)쌤소나이트	성명 (대표자)	정대한
	사업장 주소	경기도 안양시 동안구 경수대로 466				사업장 주소	서울특별시 구로구 시흥대로 527	
	업태	도소매		종사업자번호		업태	도매 및 상품중개업		종사업자번호
	종목	도서				종목	가방 및 여행용품	
	E-Mail	good-day@naver.com				E-Mail	samsonite@hanmail.net	
작성일자		2023. 12. 26.		공급가액			120,000	

비고								
월	일	품 목 명	규격	수량	단가	공급가액		비고
12	26	도서(K-IFRS 해설) 구입		2	60,000	120,000		

합계금액	현금	수표	어음	외상미수금	이 금액을	● 영수 ○ 청구	함
120,000	120,000						

3. 다음 거래를 일반전표입력 메뉴에 입력하시오. <20점/각4점> (단, 채권·채무 및 금융 거래는 거래처 코드를 입력하고, 각 문항별 한 개의 전표번호로 입력한다.)

(1) 12월 2일   현금과부족의 원인이 11월 28일의 거래를 다음과 같이 잘못 처리한 것으로 밝혀지다.

• 교통위반 벌과금	￦250,000	지급기장 누락
• 사무실 컴퓨터 수리비(수익적 지출)	￦50,000	지급기장 누락

(2) 12월 8일   전기에 장기투자 목적으로 보유하고 있던 상공전자(주)의 사채(액면 ￦2,000,000, 취득금액 ￦2,000,000)를 ￦2,500,000에 처분하고, 대금은 기업은행 보통예금 계좌로 입금받다. 단, 사채에 대한 평가손익이 계상되어 있다.

(3) 12월 16일   순수매도 목적으로 보유하고 있던 세계전자(주) 발행의 보통주식 300주를 1주당 ￦15,000에 처분하고 처분수수료 및 증권거래세 ￦30,000을 차감한 잔액은 보통예금(기업은행) 계좌로 입금되다.

(4) 12월 26일   단기간 소유 목적으로 자기주식 500주를 1주당 ￦10,000에 구입하고 수수료 ￦50,000을 포함한 대금은 보통예금(기업은행) 계좌에서 인출하여 현금으로 지급하다.

(5) 12월 28일   12월 업무와 관련하여 다음에 해당하는 비용을 지급하다.

	지 출 결 의 서		결	계	과장	부장
	2023년 12월 28일		재	대한	상공	회의
번호	적 요			금액(원)		비고
1	영업용 건물 재산세 납부			250,000		현금지급
2	사무실 직원 유니폼 및 모자 구입비			500,000		현금지급
	합 계			750,000		

이 하 생 략

4. 다음 기말(12월 31일) 결산 정리 사항을 회계 처리하고 마감하시오. <28점/각4점>

(1) 기말 현재 소모품 사용액은 ₩730,000이다.

(2) 임대료 선수분을 계상하다. 단, 월할계산한다.

(3) 8월 1일에 지급한 단기차입금에 대한 이자비용 선급분을 계상하다. 단, 월할계산한다.

(4) 당기 법인세비용 추산액은 ₩5,200,000이다. 단, 법인세 중간예납액이 있다.

(5) 매출채권 잔액에 대해 1%의 대손충당금(보충법)을 설정하다.

(6) 모든 비유동자산에 대한 감가상각비를 계상하다.

(7) 기말상품재고액을 입력하고 결산 처리하다. 단, 재고평가는 선입선출법에 의한다.

5. 다음 사항을 조회하여 번호 순서대로 단답형 답안에 등록하시오. <12점/각2점>

> ※ New sPLUS [답안수록] 메뉴에서 답안을 등록 후 [답안저장] 버튼을 클릭합니다.
> ※ 문자 외의 숫자는 ₩, 원, 월, 단위구분자(,) 등을 생략하고 숫자만 입력하되 소수점이
>   포함되어 있는 숫자의 경우에는 소수점을 입력합니다.
> (예시) 54200(○), 54.251(○), ₩54,200(×), 54,200원(×), 5월(×), 500개(×), 50건(×)

(1) 4월 30일 현재 크로스백의 재고 수량은 몇 개(EA)인가?

(2) 8월 31일 현재 싱가폴(주)의 외상매입금 잔액은 얼마인가?

(3) 10월 31일 현재 현금의 잔액은 얼마인가?

(4) 제2기 부가가치세 확정 신고 시 과세표준은 얼마인가?

(5) 12월 31일 현재 한국채택국제회계기준(K-IFRS)에 의한 재무상태표에 표시되는 매출채권의 장부금액은 얼마인가?

(6) 1월 1일부터 12월 31일까지 한국채택국제회계기준(K-IFRS)에 의한 포괄손익계산서(기능별)에 전기와 비교하여 당기의 판매비와관리비의 증가액은 얼마인가?

▶ 실제 검정시험에서는 [원가회계]를 시작하기 위해 화면 왼쪽 상단의 [회사코드]표시부분 클릭 → [회사코드]를 검색하여 해당 회사를 선택한다. 단, 본 서에서는 교육용으로 실습하므로 [원가회계] 지시사항의 제조기업을 불러오기 해야 한다.

< 문제2 : 원가회계 >

기초데이터 코드 : 3110, 정답 코드 : 3210

◎ 지시사항 : '(주)청운공업'의 거래 자료이며, 회계연도는 2023. 1. 1 ~ 12. 31 이다.

1. 다음의 7월 원가계산 과정을 순서대로 처리하시오. 단, 임금 및 제조경비는 주어진 기초자료에 이미 처리되어 있다. <20점/각4점>

(1) 7월 14일 다음의 작업지시서를 발행하고, 같은 날 주요자재를 출고하였다.

① 작업지시서 내용

지시일자	제품명	작업장	작업지시량	작업기간
7월 14일	갑제품	제1작업장	160개(EA)	7월 14일 ~ 7월 31일
7월 14일	을제품	제2작업장	200개(EA)	7월 14일 ~ 8월 21일

② 자재사용(출고) 등록

• 갑제품 작업지시서 : 자재A 160단위(제1작업장), @₩40,000(부가가치세 별도)
• 을제품 작업지시서 : 자재B 200단위(제2작업장), @₩60,000(부가가치세 별도)

※ New sPLUS는 자재출고입력에서 처리한다.

(2) 7월 31일 작업지시서(7월 14일 발행)에 대해 다음과 같이 생산자료를 등록하다.

| 품 목 | 완성량 | 재 공 품 | | 작업(투입)시간 | 작업장 |
		월말수량	작업진행률 (완성도)		
갑제품	160개(EA)	−	−	240	제1작업장
을제품	160개(EA)	40개	60%	200	제2작업장

  ※ New sPLUS는 완성도(작업진행률 등록)를 (3)원가기준정보에서 처리함.

(3) 7월의 원가기준정보를 다음과 같이 등록하다.

  • 노무비 배부기준 등록(총근무시간)

관련부문	생산1부	생산2부
총근무시간	400	200

  • 보조부문비 배부기준 등록

관련부문	생산1부	생산2부
동력부	20	80
수선부	50	50

  • 작업진행률 등록 [을제품 : 60%]   ※ New sPLUS에서만 적용함

(4) 7월의 실제원가계산을 작업하시오.
    ① 기초재공품 계산   ② 직접재료비 계산   ③ 직접노무비 계산
    ④ 제조간접비 계산   ⑤ 보조부문비 배부   ⑥ 제조부문비 배부(작업시간 기준)
    ⑦ 개별원가계산   ⑧ 종합원가계산(평균법)

(5) 7월의 원가계산 마감한 후 제조원가명세서를 조회하시오. 단, 원미만은 반올림으로 처리한다.

▶ **답안저장하기** : 오른쪽 상단의 [종료 또는 로그아웃]버튼 클릭 → 답안파일 제출

11 제11회 실전대비 모의고사

< 문제1 : 재무회계 >

◎ 지시사항 : '팬시피아(주)'의 거래 자료이며, 회계연도는 2023. 1. 1 ~ 12. 31 이다.

1. 다음 제시되는 기준정보를 입력하시오. <4점>

(1) 다음의 신규 거래처를 등록하시오.(각1점)

거래처(명)	거래처분류(구분)	거래처코드	대표자	사업자등록번호	업태/종목
화랑사무기기(주)	매입처	02005	김화랑	220-81-28765	제조/사무용문구류
드림문구(주)	매출처	03005	김드림	107-81-34566	도소매업/사무용문구류

(2) 다음의 신규 상품(품목)을 등록하시오.(2점)

품목코드	품목(품명)	(상세)규격	품목종류(자산)	기본단위(단위명)
50	서류함	S-100	상품	EA

2. 다음 거래를 매입매출전표입력 메뉴에 입력하시오. <16점/각4점> (단, 채권·채무 및 금융 거래는 거래처 코드를 입력하고, 각 문항별 한 개의 전표번호로 입력한다.)

(1) 12월 3일 건설중인 본사 건물이 완공되어 인수하고 전자세금계산서를 발급받다. 대금은 으뜸건설(주)에 기 지급한 계약금 및 중도금을 제외한 공사비 잔액을 지급하다.

자산코드	자산명	취득금액	잔존가치	계정과목	내용연수	상각방법
05004	본사빌딩	₩15,000,000	없음	건물	20	정액법

전 자 세 금 계 산 서			(공급받는자 보관용)				승인번호	20231203-××××0103	
공급자	등록번호	215-81-74516			공급받는자	등록번호	105-83-45678		
	상호	으뜸건설(주)	성명(대표자)	정으뜸		상호	팬시피아(주)	성명(대표자)	강한국
	사업장주소	서울특별시 송파구 강동대로 57				사업장주소	서울특별시 마포구 월드컵로 104		
	업태	건설	종사업자번호			업태	도매 및 상품중개업	종사업자번호	
	종목	부동산공급				종목	문구		
	E-Mail	king123@naver.com				E-Mail	korea2000@hanmail.net		

작성일자	2023. 12. 03.	공급가액	15,000,000	세 액	1,500,000

비고					

월	일	품 목 명	규격	수량	단가	공급가액	세액	비고
12	03	본사 빌딩		1	15,000,000	15,000,000	1,500,000	

합계금액	현금	수표	어음	외상미수금	이 금액을	◉ 영수 ○ 청구	함
16,500,000	16,500,000						

(2) 12월 5일 상품을 매입하고 대금 중 ₩10,000,000은 동점 앞 약속어음(어음번호 : 가나 22220018, 만기일 : 2024년 2월 5일, 지급은행 : 신한은행)을 발행하여 지급하고 잔액은 외상으로 하다.

전자세금계산서	(공급받는자 보관용)			승인번호	20231205-×××0105		

	등록번호	220-81-28765				등록번호	105-83-45678		
공급자	상호	화랑사무기기(주)	성명(대표자)	김화랑	공급받는자	상호	팬시피아(주)	성명(대표자)	강한국
	사업장주소	서울특별시 강남구 강남대로 298				사업장주소	서울특별시 마포구 월드컵로 104		
	업태	제조	종사업자번호			업태	도매 및 상품중개업	종사업자번호	
	종목	사무용 문구류				종목	문구		
	E-Mail	samoo21@daum.net				E-Mail	korea2000@hanmail.net		

작성일자	2023. 12. 05.	공급가액	31,000,000	세 액	3,100,000
비고					

월	일	품 목 명	규격	수량	단가	공급가액	세액	비고
12	05	계산기	Mid	300	50,000	15,000,000	1,500,000	
12	05	서류함	S-100	200	80,000	16,000,000	1,600,000	

합계금액	현금	수표	어음	외상미수금	이 금액을	○ 영수 ● 청구	함
34,100,000			10,000,000	24,100,000			

(3) 12월 17일 상품을 매출하고 대금 중 ₩10,000,000은 드림문구(주) 발행 약속어음(어음번호 : 차하31310017, 만기일 : 2024년 2월 17일, 지급은행 : 국민은행)으로 받고 잔액은 외상으로 하다.

전자세금계산서	(공급자 보관용)			승인번호	20231217-×××0217		

	등록번호	105-83-45678				등록번호	107-81-34566		
공급자	상호	팬시피아(주)	성명(대표자)	강한국	공급받는자	상호	드림문구(주)	성명(대표자)	김드림
	사업장주소	서울특별시 마포구 월드컵로 104				사업장주소	서울특별시 영등포구 국회대로 549		
	업태	도매 및 상품중개업	종사업자번호			업태	도소매	종사업자번호	
	종목	문구				종목	사무용 문구류		
	E-Mail	korea2000@hanmail.net				E-Mail	dreem21@naver.com		

작성일자	2023. 12. 17.	공급가액	27,000,000	세 액	2,700,000
비고					

월	일	품 목 명	규격	수량	단가	공급가액	세액	비고
12	17	복사지	A4	200	60,000	12,000,000	1,200,000	
12	17	서류함	S-100	100	150,000	15,000,000	1,500,000	

합계금액	현금	수표	어음	외상미수금	이 금액을	○ 영수 ● 청구	함
29,700,000			10,000,000	19,700,000			

(4) 12월 28일 연말을 맞이하여 홍삼선물세트 2개를 법인신용카드(비씨카드)로 구매하여 거래처에 1개, 당사 우수 종업원에게 1개를 각각 전달하다.

단말기번호	1919282833
카드종류	비씨카드
회원번호	469-7894-5689-1
유효기간	거래일시 2023. 12. 28.

전표번호

취소시 당초거래일

거래유형	승인	품명	홍삼선물세트 2세트 @100,000

결제방법	일시불	금 액 AMOUNT	2 0 0 0 0 0
매장명		부가세 VAT	2 0 0 0 0
판매자		봉사료 S/C	
대표자	이관장	합 계 TOTAL	2 2 0 0 0 0
알림/NOTICE		승인번호	56789012

가맹점주소	수원시 팔달구 경수대로 424
가맹점번호	5555666677
사업자등록번호	124-81-00998
가맹점명	(주)정관장

문의전화/HELP DESK TEL : 1544-4700 (회원용)	서명/SIGNATURE 팬시피아

3. 다음 거래를 일반전표입력 메뉴에 입력하시오. <20점/각4점> (단, 채권·채무 및 금융 거래는 거래처 코드를 입력하고, 각 문항별 한 개의 전표번호로 입력한다.)

(1) 12월 1일   장기 자금 조달 목적으로 액면 ₩10,000,000(시장이자율 : 10%, 액면이자율 : 12%, 상환 기간 : 3년)인 사채를 ₩10,502,400에 할증 발행하고, 사채발행비 ₩124,600을 차감한 실수금을 보통예금(기업은행) 계좌에 입금하다.

보통예금 통장 거래 내역

계좌번호 117-81-23452-1 팬시피아(주)   기업은행

번호	날짜	내용	출금액	입금액	잔액	거래점
1	2023-12-01	사채발행 납입금	***	9,377,800	***	우리은행
		이 하 생 략				

(2) 12월 10일   11월 25일에 종업원 급여 지급 시 공제한 소득세, 건강보험료, 국민연금과 회사 부담분을 다음과 같이 현금으로 납부하다.

소 득 세	건강보험료		국민연금		합 계
	종업원부담분	회사부담분	종업원부담분	회사부담분	
₩70,000	₩50,000	₩50,000	₩80,000	₩80,000	₩330,000

(3) 12월 15일 7월 29일 투자 목적으로 취득한 토지를 ₩26,000,000에 처분하고, 수수료 ₩100,000을 차감한 금액을 자기앞수표 정액권 ₩30,000,000으로 받고 거스름돈으로 ₩4,100,000을 현금으로 지급하다.

(4) 12월 22일 이사회의 결의에 의하여 주식발행초과금 중 ₩20,000,000을 자본에 전입하기로 하고, 보통주 4,000주(액면 금액 @₩5,000)를 발행하여 주주에게 무상으로 교부하다.

(5) 12월 30일 업무와 관련하여 다음에 해당하는 비용을 현금으로 지급하다.

지 출 결 의 서		결재	계	과장	부장
2023년 12월 30일			대한	상공	회의

번호	적 요	금액(원)	비고
1	직무 서적 구입비	100,000	현금 지급
2	직원 피복 구입비	300,000	현금 지급
3	업무용 차량 주차위반 과태료	200,000	현금 지급
	합 계	600,000	

이 하 생 략

4. 다음 기말(12월 31일) 결산 정리 사항을 회계 처리하고 마감하시오. <28점/각4점>

(1) 보험료 미경과분을 계상하다. 단, 월할 계산 한다.

(2) 소모품 미사용액은 ₩500,000이다.

(3) 토지를 ₩60,000,000으로 재평가하다.

(4) 장기 투자 목적으로 보유 중인 대한전자(주) 주식 500주의 결산일 현재 공정가치는 1주당 ₩24,000이다.

(5) 매출채권 잔액에 대해 1%의 대손충당금(보충법)을 설정하다.

(6) 모든 비유동자산에 대해 감가상각비를 계상하다.

(7) 기말상품재고액을 입력하고 결산 처리하다. 단, 재고평가는 선입선출법으로 한다.

5. 다음 사항을 조회하여 번호 순서대로 단답형 답안에 등록하시오. <12점/각2점>

※ New sPLUS [답안수록] 메뉴에서 답안을 등록 후 [답안저장] 버튼을 클릭합니다.

※ 문자 외의 숫자는 ₩, 원, 월, 단위구분자(,) 등을 생략하고 숫자만 입력하되 소수점이 포함되어 있는 숫자의 경우에는 소수점을 입력합니다.
(예시) 54200(○), 54.251(○), ₩54,200(×), 54,200원(×), 5월(×), 500개(×), 50건(×)

(1) 4월 30일 현재 보통예금 잔액은 얼마인가?

(2) 제1기 부가가치세 확정 신고 시 납부(환급)세액은 얼마인가?

(3) 1월부터 6월까지 보통예금에서 지급된 법인카드(비씨카드) 결제액은 얼마인가?

(4) 1월 1일부터 10월 31일까지 매출처 다모아문구(주)의 외상매출금 회수액은 얼마인가?

(5) 12월 31일 현재 한국채택국제회계기준(K-IFRS)에 의한 재무상태표에 표시되는 감가상각 대상 유형자산의 장부금액 합계는 얼마인가?

(6) 1월 1일부터 12월 31일까지 한국채택국제회계기준(K-IFRS)에 의한 포괄손익계산서(기능 별)에 표시되는 상반기(1월~6월) 판매비와관리비 월평균 발생액은 얼마인가?(원미만 버림)

▶ 실제 검정시험에서는 [원가회계]를 시작하기 위해 화면 왼쪽 상단의 [회사코드]표시부분 클릭 → [회사코드]를 검색하여 해당 회사를 선택한다. 단, 본 서에서는 교육용으로 실습하므로 [원가회계] 지시사항의 제조기업을 불러오기 해야 한다.

기초데이터 코드 : 3111, 정답 코드 : 3211

< 문제2 : 원가회계 >

◎ 지시사항 : '한국전자(주)'의 거래 자료이며, 회계연도는 2023. 1. 1 ~ 12. 31 이다.

1. 다음의 10월 원가계산 과정을 순서대로 처리하시오. 단, 임금 및 제조경비는 주어진 기초기업자료에 이미 처리되어 있다. <20점/각4점>

(1) 10월 23일 다음의 작업지시서를 발행하고, 같은 날 주요자재를 출고하였다.

① 작업지시서 내용

지시일자	제품명	작업장	작업지시량	작업기간
10월 23일	갑제품	제1작업장	350개(EA)	10월 23일 ~ 10월 31일
10월 23일	을제품	제2작업장	420개(EA)	10월 23일 ~ 11월 10일

② 자재사용(출고) 등록
• 갑제품 작업지시서 : 자재X 400단위(제1작업장), @₩20,000(부가가치세 별도)
• 을제품 작업지시서 : 자재Y 450단위(제2작업장), @₩40,000(부가가치세 별도)

※ New sPLUS는 자재출고입력에서 처리한다.

(2) 10월 31일 작업지시서(10월 23일 발행)에 대해 다음과 같이 생산 자료를 등록하다.

품 목	완성량	재 공 품		작업(투입)시간	작업장
		월말수량	작업진행률 (완성도)		
갑제품	350개	−	−	300	제1작업장
을제품	300개	120개	50%	340	제2작업장

※ New sPLUS는 완성도(작업진행률 등록)를 (3)원가기준정보에서 처리함.

(3) 10월의 원가기준정보를 다음과 같이 등록하다.

• 노무비 배부기준 등록(총근무시간)

관련부문	생산1부	생산2부
총근무시간	400	500

• 보조부문비 배부기준 등록

관련부문	생산1부	생산2부
동력부문	60	40
수선부문	30	70

• 작업진행률 등록 [을제품 : 50%] ※ New sPLUS에서만 적용함

(4) 10월의 실제원가계산을 작업하시오.

① 기초재공품 계산   ② 직접재료비 계산   ③ 직접노무비 계산
④ 제조간접비 계산(제조부문비 배부기준 : 투입시간)
⑤ 개별원가계산   ⑥ 종합원가계산(평균법) ⑦ 원가반영 작업

(5) 10월의 원가계산 마감한 후 제조원가명세서를 조회하시오. 단, 원미만은 버림으로 처리한다.

▶ **답안저장하기** : 오른쪽 상단의 [종료 또는 로그아웃] 버튼 클릭 → 답안파일 제출

12 제12회 실전대비 모의고사

< 문제1 : 재무회계 >

기초데이터 코드 : 2112, 정답 코드 : 2212

◎ 지시사항 : '(주)샌드스톤'의 거래 자료이며, 회계연도는 2023. 1. 1 ~ 12. 31 이다.

---

1. 다음 제시되는 기준정보를 입력하시오. <6점/각2점>

(1) 다음의 신규 상품(품목)을 등록하시오.

품목코드	품목(품명)	(상세)규격	품목종류(자산)	기본단위(단위명)
5003	아동용자전거	HAND-222	상품	EA

(2) 다음의 신규 거래처를 등록하시오.

거래처(명)	거래처분류(구분)	거래처코드	대표자	사업자등록번호	업태/종목
아동용품백화점	매출처	204	한마음	121-83-45670	도,소매/아동용품

(3) 다음의 신규 카드거래처를 등록하시오.

거래처코드	카드(사)명	카드(가맹점)번호	구분	결제계좌
99602	KB국민카드	5272-8922-5547-0239	매출	국민은행(보통예금)

---

2. 다음 거래를 매입매출전표입력 메뉴에 입력하시오. <16점/각4점> (단, 채권·채무 및 금융 거래는 거래처 코드를 입력하고, 각 문항별 한 개의 전표번호로 입력한다.)

(1) 11월 19일   상품을 매출하고 대금 중 ₩6,000,000은 자기앞수표로 받아 즉시 당좌예입 (우리은행)하고, 잔액은 아동용백화점이 보유하고 있던 드림자전거가 발행한 약속어음(어음번호 : 드림33330005, 만기일 : 2024. 2. 19, 지급장소 : 국민 은행)으로 배서양도받다.

전자세금계산서 (공급자 보관용) 승인번호 20231119-××××0253

공급자					공급받는자				
등록번호	128-82-90126				등록번호	121-83-45670			
상호	(주)샌드스톤	성명(대표자)	김상공		상호	아동용품백화점	성명(대표자)	한마음	
사업장주소	경기도 고양시 일산동구 마두1동				사업장주소	인천광역시 중구 서해대로 120			
업태	도매 및 상품중개업	종사업자번호			업태	도소매	종사업자번호		
종목	자전거 및 부품				종목	아동용품			
E-Mail	sandstone@hanmail.net				E-Mail	hanmaum20@naver.com			

작성일자	2023. 11. 19.	공급가액	11,600,000	세 액	1,160,000
비고					

월	일	품목명	규격	수량	단가	공급가액	세액	비고
11	19	산악용 자전거	MOU	20	280,000	5,600,000	560,000	
11	19	접는용 자전거	BEN	20	300,000	6,000,000	600,000	

합계금액	현금	수표	어음	외상미수금	이 금액을	● 영수 ○ 청구	함
12,760,000	6,000,000		6,760,000				

(2) 11월 24일 상품을 매입하고 대금 중 ₩3,000,000은 소유하고 있던 매출처 드림자전거 발행 약속어음(어음번호 : 사아 33330002, 발행일 : 2023. 09. 10, 만기일 : 2023. 12. 10, 지급은행 : KEB하나은행))을 배서 양도하고 잔액은 외상으로 하다. 단, 배서 양도 시 매각거래에 의한다.

전자세금계산서 (공급받는자 보관용) 승인번호 20231124-××××0124

공급자				공급받는자				
등록번호	138-81-11117			등록번호	128-82-90126			
상호	(주)미래자전거	성명(대표자)	윤미래	상호	(주)샌드스톤	성명(대표자)	김상공	
사업장주소	안양시 동안구 경수대로 428			사업장주소	경기도 고양시 일산동구 마두1동			
업태	제조	종사업자번호		업태	도매 및 상품중개업	종사업자번호		
종목	자전거			종목	자전거 및 부품			
E-Mail	meerae77@daum.net			E-Mail	sandstone@hanmail.net			

작성일자	2023. 11. 24.	공급가액	3,600,000	세 액	360,000
비고					

월	일	품목명	규격	수량	단가	공급가액	세액	비고
11	24	아동용 자전거	HAND	40	90,000	3,600,000	360,000	

합계금액	현금	수표	어음	외상미수금	이 금액을	○ 영수 ● 청구	함
3,960,000			3,000,000	960,000			

(3) 12월 21일 비사업자인 개인 이영철(620217-1810133)에게 산악용자전거 1대를 판매하고 현금영수증을 발급하다. 거래처 신규 등록할 것. (거래처코드 : 00404, 거래처구분 : 매출처)

현 금 영 수 증

● 거래 정보

거래일시	2023-12-21
승인번호	69693636
거래구분	승인거래
거래용도	지출증빙
발급수단번호	620217-1810133

● 거래 금액

품목	공급가액	부가세	봉사료	총거래금액
산악용자전거	300,000	30,000		330,000

● 가맹점 정보

상호	(주)샌드스톤
사업자번호	128-82-90126
대표자명	김상공
주소	경기도 고양시 일산동구 마두1동

(4) 12월 23일　사용 중이던 상품 운반용 트럭이 사고로 인하여 1급공업사에서 엔진을 교체하고　전자세금계산서를 발급받다. 대금은 당좌수표(우리은행)를 발행하여 지급하다. 이는 자본적지출에 해당하는 것으로 고정자산등록에 추가 입력할 것. 단, 내용연수와 상각방법은 수정하지 않는다.

전 자 세 금 계 산 서　(공급받는자 보관용)

승인번호 20231223-××××0226

공급자	등록번호	107-81-40544			공급받는자	등록번호	128-82-90126		
	상호	1급공업사(주)	성명(대표자)	전일급		상호	(주)샌드스톤	성명(대표자)	김상공
	사업장주소	서울특별시 영등포구 국회대로 547				사업장주소	경기도 고양시 일산동구 마두1동		
	업태	서비스	종사업자번호			업태	도매 및 상품중개업	종사업자번호	
	종목	자동차수리				종목	자전거 및 부품		
	E-Mail	carcenter@naver.com				E-Mail	sandstone@hanmail.net		

작성일자	2023. 12. 23.	공급가액	500,000	세 액	50,000
비고					

월	일	품 목 명	규격	수량	단가	공급가액	세액	비고
12	23	엔진교체			1	500,000	50,000	

합계금액	현금	수표	어음	외상미수금	이 금액을	● 영수 ○ 청구	함
550,000		550,000					

3. 다음 거래를 일반전표입력 메뉴에 입력하시오. <20점/각4점> (단, 채권·채무 및 금융 거래는 거래처 코드를 입력하고, 각 문항별 한 개의 전표번호로 입력한다.)

(1) 11월 2일 소유하고 있던 (주)씽씽자전거 발행 약속어음(어음번호 : 차하12345555, 발행일 : 2023. 08. 13, 만기일 : 2024. 01. 13) ₩7,000,000을 거래은행인 우리은행에서 할인받고, 할인료를 차감한 실수금은 당좌예입(우리은행)하다. 단, 할인 양도시 매각거래에 의한다.(연이율 10%, 할인일수 : 73일, 1년 : 365일)

(2) 11월 4일 현금과부족의 원인은 다음과 같다. 현금과부족에 대한 대체분개를 입력하시오.

> - 도서인쇄비 ₩260,000 지급한 것을 ₩160,000으로 잘못 입력하였음.
> - 도시가스요금 ₩80,000 지급 기장 누락

(3) 12월 5일 장기 투자수익 목적으로 소유하고 있던 기타포괄손익-공정가치측정금융자산 500주(액면금액 @₩5,000, 취득원가 @₩10,000)중 300주를 @₩15,000에 처분하고, 증권거래세 ₩15,000을 차감한 실수금은 보통예금(국민은행)으로 예입하다.

보통예금 통장 거래 내역

계좌번호 726-02-0045-689 (주)샌드스톤   국민은행

번호	날짜	내용	출금액	입금액	잔액	거래점
1	2023-12-05	장기투자목적 주식처분대	***	4,485,000	***	***

이 하 생 략

(4) 12월 17일 연말 자금확보를 위하여 보유중인 약속어음(어음번호 : 소망55551124, 발행인 : 소망자전거, 만기일 : 2024년 2월 24일, 지급은행 : KEB하나은행)을 우리은행에 담보로 제공하고 제비용 등 ₩385,000을 제외한 대금은 전액 우리은행 당좌예금계좌에 입금하다. 단, 차입거래로 처리한다.

(5) 12월 26일 이사회의 결의에 의하여 보통주 2,000주(액면 @₩5,000)을 @₩9,000에 새로 발행하고 납입금 중 주식발행비 ₩1,200,000을 차감한 실수금은 당좌예입(우리은행)하다.

4. 다음 기말(12월 31일) 결산 정리 사항을 회계 처리하고 마감하시오. <24점/각4점>

(1) 모든 비유동자산에 대해 감가상각비를 계상하다.

(2) 한강화재보험(주)에 지급한 건물 화재보험료에 대한 미경과액을 계상하다. 단, 보험료는 월할로 계산한다.

(3) 당기말 결산 시 전 임직원이 퇴직할 경우 예상되는 퇴직급여부채 추산액은 ₩1,900,000 이다.

(4) 매출채권 잔액에 대해 1%의 대손충당금(보충법)을 설정하다.

(5) 당기말 법인세비용 추산액은 ₩1,700,000이다.

(6) 기말상품재고액을 입력하고 결산 처리하다. 단, 재고평가는 선입선출법으로 한다.

4. 다음 사항을 조회하여 번호 순서대로 단답형 답안에 등록하시오. <12점/각2점>

> ※ New sPLUS [답안수록]메뉴에서 답안을 등록 후 [답안저장]버튼을 클릭합니다.
> ※ 문자 외의 숫자는 ₩, 원, 월, 단위구분자(,) 등을 생략하고 숫자만 입력하되 소수점이 포함되어 있는 숫자의 경우에는 소수점을 입력합니다.
> (예시) 54200(○), 54.251(○), ₩54,200(×), 54,200원(×), 5월(×), 500개(×), 50건(×)

(1) 4월 1일부터 9월 30일까지 당좌예금 인출액은 총 얼마인가?

(2) 당기 말 현재 (주)미래자전거에 대한 외상매입금 잔액은 얼마인가?

(3) 1월부터 12월까지 산악용자전거 중 (판매)공급가액이 가장 많은 금액은 얼마인가?

(4) 한국채택국제회계기준(K-IFRS)에 의한 포괄손익계산서에서 12월 31일 현재 영업이익은 얼마인가?

(5) 당기 말 현재 (주)월드자전거의 결제된 지급어음의 합계는 얼마인가?

(6) 제1기 부가가치세 확정 신고 시 납부세액은 얼마인가?

> ▶ 실제 검정시험에서는 [원가회계]를 시작하기 위해 화면 왼쪽 상단의 [회사코드]표시부분 클릭 → [회사코드]를 검색하여 해당 회사를 선택한다. 단, 본 서에서는 교육용으로 실습하므로 [원가회계] 지시사항의 제조기업을 불러오기 해야 한다.

< 문제2 : 원가회계 >

> 기초데이터 코드 : 3112, 정답 코드 : 3212

◎ 지시사항 : '(주)대한공업'의 거래 자료이며, 회계연도는 2023. 1. 1 ~ 12. 31 이다.

1. 다음의 7월 원가계산 과정을 순서대로 처리하시오. 단, 임금 및 제조경비는 주어진 기초자료에 이미 처리되어 있다. <20점/각4점>

(1) 7월 25일   다음의 작업지시서를 발행하고, 같은 날 주요자재를 출고하다.

① 작업지시서 내용

지시일자	제품명	작업장	작업지시량	작업기간
7월 25일	갑제품	제1작업장	400개(EA)	7월 25일 ~ 8월 04일
7월 25일	을제품	제2작업장	600개(EA)	7월 25일 ~ 8월 04일

② 자재사용(출고) 등록

- 갑제품 작업지시서 : 자재X, 440개(EA(제1작업장), @₩20,000(부가가치세 별도)
- 을제품 작업지시서 : 자재Y, 660개(EA(제2작업장), @₩25,000(부가가치세 별도)

※ New sPLUS는 자재출고입력에서 처리한다.

(2) 7월 31일 작업지시서(7월 25일 발행)에 대해 다음과 같이 생산자료를 등록하다.

품 목	완성량	재 공 품		작업(투입)시간	작업장
		월말수량	작업진행률 (완성도)		
갑제품	350개	50개	–	200시간	제1작업장
을제품	500개	100개	60%	220시간	제2작업장

※ New sPLUS는 완성도(작업진행률 등록)를 (3)원가기준정보에서 처리함.

(3) 7월의 원가기준정보를 다음과 같이 등록하다.

- 노무비 배부기준 등록(총근무시간)

관련부문	절단부문	조립부문
총근무시간	250	300

- 보조부문비 배부기준 등록

관련부문	절단부문	조립부문
동력부	30	70
수선부	60	40

- 작업진행률 등록 [을제품 : 60%] ※ New sPLUS에서만 적용함

(4) 7월의 실제원가계산을 작업하시오.

① 기초재공품 계산 ② 직접재료비 계산 ③ 직접노무비 계산
④ 제조간접비 계산(제조부문비 배부기준 : 투입시간)
⑤ 개별원가계산 ⑥ 종합원가계산(평균법) ⑦ 원가반영 작업

(5) 7월의 원가계산 마감한 후 제조원가명세서를 조회하시오. 단, 원미만은 버림.

▶ **답안저장하기** : 오른쪽 상단의 [종료 또는 로그아웃]버튼 클릭 → 답안파일 제출

제8장 ...

최근 기출문제

202×년 상시 전산회계운용사 실기시험

2급	프로그램	제한시간
유형1	New sPLUS	80분

< 유의사항 >

■ 시험은 반드시 주어진 문제의 순서대로 진행하여야 합니다.

■ 지시사항에 따라 기초기업자료를 확인하고, 해당 기초기업자료가 나타나지 않는 경우는 감독관에게 문의하시기 바랍니다.

■ 기초기업자료를 선택하여 해당 문제를 풀이한 후 프로그램 종료 전 반드시 답안을 저장해야 합니다.

■ 각종 코드는 문제에서 제시된 코드로 입력하여야 하며, 수험자가 임의로 부여한 코드는 오답으로 처리합니다.

■ 일반전표입력의 거래는 부가가치세를 고려하지 말고 매입매출전표 입력의 모든 거래는 부가가치세의 과세유형을 고려한다.

■ 계정과목을 입력할 때는 반드시 [검색] 기능이나 [조회] 기능을 이용하여 계정과목을 등록하되 다음의 자산은 변경 후 계정과목(평가손익, 처분손익)을 적용합니다.

변경 전	변경 후
계정과목	계정과목
단기매매금융자산	당기손익-공정가치측정금융자산
매도가능금융자산	기타포괄손익-공정가치측정금융자산
만기보유금융자산	상각후원가측정금융자산

■ 답안파일명은 자동으로 부여되므로 별도 답안파일을 작성할 필요가 없습니다. 또한 답안 저장 및 제출 시간은 별도로 주어지지 아니하므로 제한 시간 내에 답안 저장 및 제출을 완료해야 합니다.

----

1. <유의사항>을 준수하지 않아 발생한 모든 책임은 수험자 책임으로 합니다.

2. 수험자는 문제지를 확인하시고 문제지 표지와 내지간 형별, 총면수, 문제번호의 일련순서, 인쇄상태 등을 확인하시고 이상이 있는 경우 즉시 감독관에게 교체를 요구하여야 합니다.

3. 시험 종료 후 반드시 문제지를 제출하여야 합니다. 문제지를 소지한 채 무단퇴실 하거나 제출거부 또는 외부유출 시 부정행위자로 처리됩니다.

4. 부정행위를 한 수험자는 관련법에 따라 응시한 자격검정이 정지 및 무효 처리되며 차후 자격검정에도 응시가 제한됩니다.

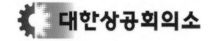

01 제1회 202×년 상시 전산회계운용사 실기시험

< 문제1 : 재무회계 >

기초데이터 코드 : 2301, 정답 코드 : 2401

◎ 지시사항 : '에르메스(주)'의 거래 자료이며, 회계연도는 2022. 1. 1 ~ 12. 31 이다.

1. 다음 제시되는 기준정보를 입력하시오. <4점>

(1) 다음의 신규 거래처를 등록하시오.(각1점)

거래처(명)	거래처분류(구분)	거래처코드	대표자	사업자등록번호	업태/종목
(주)설악가방	매입처	02005	고영일	109-81-12345	제조/가방및여행용품
(주)인천가방	매출처	03006	김순영	110-86-62909	도소매/가방및여행용품

(2) 다음의 신규 상품(품목)을 등록하시오.(2점)

품목코드	품목(품명)	(상세)규격	품목종류(자산)	기본단위(단위명)
404	등산용가방	MTB	상품	EA

2. 다음 거래를 매입매출전표입력 메뉴에 입력하시오. <16점/각4점> (단, 채권·채무 및 금융 거래는 거래처 코드를 입력하고, 각 문항별 한 개의 전표번호로 입력한다.)

(1) 12월 19일   상품을 매입하고 대금 중 ₩50,000,000은 (주)아동가방 발행 약속어음(어음번호 : 가타22221115, 만기일 : 2024년 2월 15일, 지급은행 : 신한은행)을 배서양도하여 지급하고, 잔액은 외상으로 하다.

전자세금계산서					(공급받는자 보관용)			승인번호	20231219-×××0119	
공급자	등록번호	106-81-33278			공급받는자	등록번호	113-81-34561			
	상호	(주)수원가방	성명(대표자)	오수기		상호	에르메스(주)	성명(대표자)	김조은	
	사업장주소	서울특별시 용산구 백범로 350				사업장주소	서울특별시 구로구 가마산로 245			
	업태	제조	종사업자번호			업태	도매 및 상품중개업	종사업자번호		
	종목	가방/핸드백/지갑				종목	가방 및 여행용품			
	E-Mail	suwon21@daum.net				E-Mail	joun777@hanmail.net			
작성일자	2023. 12. 19.	공급가액		59,000,000		세 액		5,900,000		
비고										

월	일	품 목 명	규격	수량	단가	공급가액	세액	비고
12	19	학생용 가방	IRI	350	100,000	35,000,000	3,500,000	
12	19	트렁크	SGT	100	240,000	24,000,000	2,400,000	

합계금액	현금	수표	어음	외상미수금	이 금액을	○ 영수 ● 청구	함
64,900,000			50,000,000	14,900,000			

(2) 12월 21일 상품을 매출하고 대금 중 ₩33,000,000은 (주)동대문가방 발행 당좌수표(하나은행)로 받고, 잔액은 자기앞수표로 받다.

전자세금계산서					(공급자 보관용)				승인번호		20231221-××××0221	
공급자	등록번호		113-81-34561				공급받는자	등록번호		204-81-1483		
	상호	에르메스(주)	성명(대표자)	김조은				상호	(주)동대문가방	성명(대표자)	동대문	
	사업장주소	서울특별시 구로구 가마산로 245						사업장주소	서울특별시 동대문구 왕산로 26			
	업태	도매 및 상품중개업		종사업자번호				업태	도소매		종사업자번호	
	종목	가방 및 여행용품						종목	가방 및 여행용품			
	E-Mail	joun777@hanmail.net						E-Mail	dongdae21@naver.com			
작성일자		2023. 12. 21.		공급가액		48,000,000		세 액		4,800,000		
비고												

월	일	품 목 명	규격	수량	단가	공급가액	세액	비고
12	21	트렁크	SGT	60	480,000	28,800,000	2,880,000	
12	21	브리프케이스	CJR	80	240,000	19,200,000	1,920,000	

합계금액	현금	수표	어음	외상미수금	이 금액을	● 영수 ○ 청구	함
52,800,000	52,800,000						

(3) 12월 24일 다판다쇼핑(주)에서 홍삼세트를 구입하고 전자세금계산서를 발급받다. 구매한 홍삼세트는 매출거래처 (주)동대문가방의 영업부장의 모친칠순기념으로 전달하였다.

전자세금계산서					(공급받는자 보관용)				승인번호		20231224-××××0365	
공급자	등록번호		107-81-98032				공급받는자	등록번호		113-81-34561		
	상호	다판다쇼핑(주)	성명(대표자)	정판다				상호	에르메스(주)	성명(대표자)	김조은	
	사업장주소	서울특별시 영등포구 국회대로 558						사업장주소	서울특별시 구로구 가마산로 245			
	업태	도소매		종사업자번호				업태	도매 및 상품중개업		종사업자번호	
	종목	잡화						종목	가방 및 여행용품			
	E-Mail	totalsale21@naver.com						E-Mail	joun777@hanmail.net			
작성일자		2023. 12. 24.		공급가액		350,000		세 액		35,000		
비고												

월	일	품 목 명	규격	수량	단가	공급가액	세액	비고
12	24	홍삼세트		1	350,000	350,000	35,000	

합계금액	현금	수표	어음	외상미수금	이 금액을	○ 영수 ● 청구	함
385,000				385,000			

(4) 12월 29일 본사 신축용 토지 취득을 위한 법률자문 및 등기대행 용역을 케이컨설팅으로 부터 제공받고 동 용역에 대한 수수료를 지급하고 현금영수증을 받다.

현 금 영 수 증

● 거래 정보

거래일시	2023-12-29
승인번호	58586969
거래구분	승인거래
거래용도	지출증빙
발급수단번호	113-81-34561

● 거래 금액

품목	공급가액	부가세	총거래금액
상담수수료	700,000	70,000	770,000

● 가맹점 정보

상호	케이컨설팅
사업자번호	105-52-01147
대표자명	이상담
주소	서울특별시 마포구 마포대로 180

3. 다음 거래를 일반전표입력 메뉴에 입력하시오. <20점/각4점> (단, 채권·채무 및 금융 거래는 거래처 코드를 입력하고, 각 문항별 한 개의 전표번호로 입력한다.)

(1) 12월 3일 이사회의 결의에 따라 유상증자를 실시하다. 발행주식수는 20,000주(보통주 액면금액 @₩5,000, 발행금액 @₩4,000)이며, 대금은 기업은행 보통예금계 좌로 입금받다.

(2) 12월 6일 견적서에 따라 상품을 매입하기로 하고, 계약금을 기업은행 보통예금계좌에 서 인출하여 현금으로 지급하다.

보통예금 통장 거래 내역

계좌번호 726-02-0045-689 에르메스(주)　　　　　　　　　　　　　　기업은행

번호	날짜	내용	출금액	입금액	잔액	거래점
1	2023-12-06	(주)충청가방 계약금	7,000,000	***	***	우리은행

이 하 생 략

No. _____	견 적 서				

2023년 12월 6일

에르메스(주) 귀하

아래와 같이 견적합니다.

공급자	등록번호	113-81-27279			
	상호(법인명)	(주)충청가방	성명	고도용 ㉑	
	사업장주소	서울특별시 구로구 구로동로 10			
	업태	제 조	종목	가방/핸드백 등	
	전화번호				

합계금액 : 칠천칠백만원整 (₩77,000,000)

품명	규격	수량	단가	공급가액	세액
학생용 가방	IRI	700	100,000	70,000,000	7,000,000

이 하 생 략

(3) 12월 13일 가지급금은 영업부서 해외 출장비 선지급액으로, 사용내역을 다음과 같이 정산하고 차액은 현금으로 회수하다.

항공권 ₩12,000,000, 직원식대 ₩2,500,000, 거래처와의 식대 ₩1,500,000, 제품 홍보를 위한 전시비용 ₩3,000,000

(4) 12월 14일 매출처 (주)고운여행용품의 파산으로 동사에 대한 외상매출금 ₩33,600,000 전액을 대손처리하다.

(5) 12월 28일 보유 중인 전자어음을 신한은행에서 할인하고, 수수료 ₩350,000을 제외한 대금은 신한은행 당좌예금계좌에 입금받다. 단, 차입거래로 처리한다.

전 자 어 음

에르메스(주) 귀하   04120231112123456783

금   사천만원정   **₩40,000,000**

위의 금액을 귀하 또는 귀하의 지시인에게 지급하겠습니다.

지급기일	2024년 2월 12일	**발 행 일**	2023년 11월 12일
지 급 지	신한은행	**발행지주소**	고양시 덕양구 가양대로 110
지급장소	덕은동지점	**발 행 인**	(주)현대상점

4. 다음 기말(12월 31일) 결산 정리 사항을 회계 처리하고 마감하시오. <28점/각4점>

(1) 화재보험료 선급분을 계상하다. 단, 월할계산에 의한다.

(2) 거래처 국민은행의 장기차입금 중 ₩50,000,000은 2024년 5월 31일 만기예정이다.

(3) 퇴직급여부채를 계상하다. 전임직원 퇴직 시 필요한 퇴직금은 ₩74,000,000이며, 당사는 퇴직연금에 가입하지 않았다.

(4) 장기대여금 ₩50,000,000에 대한 6개월분 이자 미수분을 계상하다. 대여 이자율은 연 5%이며, 월할계산에 의한다.

(5) 매출채권 잔액에 대해 1%의 대손충당금(보충법)을 설정하다.

(6) 모든 비유동자산에 대한 감가상각비를 계상하다.

(7) 기말상품재고액을 입력하고 결산 처리하다. 단, 재고평가는 선입선출법으로 한다.

5. 다음 사항을 조회하여 번호 순서대로 단답형 답안에 등록하시오. <12점/각2점>

> ※ New sPLUS [답안수록] 메뉴에서 답안을 등록 후 [답안저장] 버튼을 클릭합니다.
>
> ※ 문자 외의 숫자는 ₩, 원, 월, 단위구분자(,) 등을 생략하고 숫자만 입력하되 소수점이 포함되어 있는 숫자의 경우에는 소수점을 입력합니다.
> (예시) 54200(○), 54.251(○), ₩54,200(×), 54,200원(×), 5월(×), 500개(×), 50건(×)

(1) 1월부터 5월까지 트렁크를 가장 많이 구매한 달은 몇 월인가?

(2) 4월 10일 현재 재고수량이 가장 많은 상품의 재고는 몇 개인가?

(3) 5월 1일부터 9월 30일까지 보통예금 인출총액은 얼마인가?

(4) 제1기 부가가치세 확정신고 시 과세표준은 얼마인가?

(5) 12월 31일 현재 한국채택국제회계기준(K-IFRS)에 의한 재무상태표에 표시되는 비유동부채의 금액은 얼마인가?

(6) 1월 1일부터 12월 31일까지 한국채택국제회계기준(K-IFRS)에 의한 포괄손익계산서(기능별)에 표시되는 판매비와관리비의 금액은 얼마인가?

> ▶ 실제 검정시험에서는 [원가회계]를 시작하기 위해 화면 왼쪽 상단의 [회사코드] 표시부분 클릭 → [회사코드]를 검색하여 해당 회사를 선택한다. 단, 본 서에서는 교육용으로 실습하므로 [원가회계] 지시사항의 제조기업을 불러오기 해야 한다.

< 문제2 : 원가회계 >   기초데이터 코드 : 3301, 정답 코드 : 3401

◎ 지시사항 : '(주)광현전자'의 거래 자료이며, 회계연도는 2023. 1. 1 ~ 12. 31 이다.

1. 다음의 7월 원가계산 과정을 순서대로 처리하시오. 단, 임금 및 제조경비는 주어진 기초자료에 이미 처리되어 있다. <20점/각4점>

(1) 7월 20일 다음의 작업지시서를 발행하고, 같은 날 주요자재를 출고하였다.

① 작업지시서 내용

지시일자	제품명	작업장	작업지시량(EA)	작업기간
7월 20일	갑제품	제1작업장	2,400	7월 20일 ~ 7월 31일
7월 20일	을제품	제2작업장	2,000	7월 20일 ~ 8월 15일

② 자재사용(출고) 등록

- 갑제품 작업지시서 : 자재X 2,400단위(제1작업장), @₩20,000(부가가치세 별도)
- 을제품 작업지시서 : 자재Y 4,800단위(제2작업장), @₩25,000(부가가치세 별도)

※ New sPLUS는 자재출고입력에서 처리한다.

(2) 7월 31일 작업지시서(7월 20일 발행)에 대해 다음과 같이 생산자료를 등록하다.

품 목	완성량(EA)	재 공 품		작업(투입)시간	작업장
		월말 수량 (EA)	작업진행률 (완성도)		
갑제품	2,400	–	–	400	제1작업장
을제품	1,600	400	20%	600	제2작업장

※ New sPLUS는 완성도(작업진행률 등록)를 (3)원가기준정보에서 처리함.

(3) 7월의 원가기준정보를 다음과 같이 등록하다.

- 노무비 배부기준 등록(총근무시간)

관련부문	생산1부	생산2부
총근무시간	640	800

- 보조부문비 배부기준 등록

관련부문	생산1부	생산2부
동력부문	80	20
수선부문	50	50

- 작업진행률 등록 [을제품 : 20%]   ※ New sPLUS에서만 적용함

(4) 7월의 실제원가계산을 작업하시오.

① 기초재공품 계산   ② 직접재료비 계산   ③ 직접노무비 계산
④ 제조간접비 계산   ⑤ 보조부문비 배부   ⑥ 제조부문비 배부(작업시간기준)
⑦ 개별원가계산   ⑧ 종합원가계산(평균법)

(5) 7월의 원가계산 마감한 후 제조원가명세서를 조회하시오. 단, 원미만은 반올림 하시오.

▶ **답안저장하기** : 오른쪽 상단의 [종료 또는 로그아웃]버튼 클릭 → 답안파일 제출

02 제2회 202×년 상시 전산회계운용사 실기시험

< 문제1 : 재무회계 >

기초데이터 코드 : 2302, 정답 코드 : 2402

◎ 지시사항 : '노스페이스(주)'의 거래 자료이며, 회계연도는 2023. 1. 1 ~ 12. 31 이다.

1. 다음 제시되는 기준정보를 입력하시오. <4점>

(1) 다음의 신규 거래처를 등록하시오.(각1점)

거래처(명)	거래처분류(구분)	거래처코드	대표자	사업자등록번호	업태/종목
서울의류(주)	매입처	00104	조경민	101-83-12345	제조/여성의류
경기유통(주)	매출처	00204	안호영	202-83-10029	도소매/의류

(2) 다음의 신규 상품(품목)을 등록하시오.(2점)

품목코드	품목(품명)	(상세)규격	품목종류(자산)	기본단위(단위명)
104	여성정장	클래식	상품	EA

2. 다음 거래를 매입매출전표입력 메뉴에 입력하시오. <16점/각4점>(단, 채권·채무 및 금융 거래는 거래처 코드를 입력하고, 각 문항별 한 개의 전표번호로 입력한다.)

(1) 12월 17일　상품을 매입하고 대금 중 ₩10,000,000은 보유중인 약속어음(어음번호 : 마바 22110024, 만기일 : 2024년 1월 22일, 발행인 : 대한유통(주), 지급은행: 신한 은행)을 배서양도하고 잔액은 현금지급하다.

전자세금계산서			(공급받는자 보관용)			승인번호	20231217-×××0117	
공급자	등록번호	128-81-03041			공급받는자	등록번호	113-81-11118	
	상호	중부FNC(주)	성명(대표자)	제민우		상호	노스페이스(주)	성명(대표자) 편중호
	사업장주소	고양시 덕양구 고양대로 1172				사업장주소	서울특별시 구로구 가마산로 134	
	업태	제조		종사업자번호		업태	도매 및 상품중개업	종사업자번호
	종목	의류				종목	의류	
	E-Mail	jungbu123@daum.net				E-Mail	noface21@hanmail.net	
작성일자		2023. 12. 17.	공급가액		14,000,000		세 액	1,400,000
비고								

월	일	품 목 명	규격	수량	단가	공급가액	세액	비고
12	17	경량패딩	oz	100	110,000	11,000,000	1,100,000	
12	17	블라우스	pop	150	20,000	3,000,000	300,000	

합계금액	현금	수표	어음	외상미수금	이 금액을	● 영수　함
15,400,000	5,400,000		10,000,000			○ 청구

(2) 12월 20일　대표이사(편중호)의 자택에서 사용할 목적으로 명성백화점(주)에서 3D TV 를 구입하고 전자세금계산서를 발급받다.

전자세금계산서		(공급받는자 보관용)				승인번호	20231220-××××0365	
공급자	등록번호	220-81-26452			**공급받는자**	등록번호	113-81-11118	
	상호	명성백화점(주)	성명(대표자)	김명성		상호	노스페이스(주)	성명(대표자) 편중호
	사업장 주소	서울특별시 강남구 강남대로 314				사업장 주소	서울특별시 구로구 가마산로 134	
	업태	도소매	종사업자번호			업태	도매 및 상품중개업	종사업자번호
	종목	잡화				종목	의류	
	E-Mail	sung21@naver.com				E-Mail	noface21@hanmail.net	

작성일자	2023. 12. 20.	공급가액	350,000	세 액	35,000
비고					

월	일	품 목 명	규격	수량	단가	공급가액	세액	비고
12	20	3D TV		1	2,000,000	2,000,000	200,000	

합계금액	현금	수표	어음	외상미수금	이 금액을	○ 영수	함
2,200,000				2,200,000		● 청구	

(3) 12월 27일　독도소프트(주)에서 ERP시스템 소프트웨어 용역을 공급받고 신용카드매출 전표를 수령하다. 단 무형자산등록을 하고 당해 용역은 완료되었다.

자산코드	계정과목	자산(명)	내용연수	취득수량	상각방법
000501	소프트웨어	ERP시스템	5년	1개	정액법

단말기번호	2323454561		전표번호	
카드종류	**삼성카드**			
회원번호	4001-1234-5678-9012			
유효기간		거래일시	취소시 당초거래일	
		2023. 12. 27.		
거래유형	**승인**	품명	**ERP시스템**	
결제방법	**일시불**	금 액 AMOUNT		3200000
매장명		부가세 VAT		320000
판매자		봉사료 S/C		
대표자	**강독도**	합 계 TOTAL		3520000
알림/NOTICE		승인번호	11223344	

가맹점주소　**서울특별시 금천구 시흥대로 106**
가맹점번호　1023102345
사업자등록번호 119-81-07607

가맹점명　**독도소프트(주)**

문의전화/HELP DESK	서명/SIGNATURE
TEL : 1544-4700	**노스페이스**
(회원용)	

(4) 12월 28일　상품을 매출하고 대금 중 ₩15,000,000은 약속어음(어음번호 : 마바 22110027, 만기일 : 2024년 3월 28일, 발행인 : 대한유통(주), 지급은행 : 신한은행)으로 받고 잔액은 자기앞수표로 받다.

전자세금계산서					(공급자 보관용)		승인번호	20231228-×××0228	

공급자	등록번호	113-81-11118			공급받는자	등록번호	110-81-21223		
	상호	노스페이스(주)	성명 (대표자)	편중호		상호	대한유통(주)	성명 (대표자)	이동우
	사업장 주소	서울특별시 구로구 가마산로 134				사업장 주소	서울특별시 서대문구 가좌로 16-20		
	업태	도매 및 상품중개업	종사업자번호			업태	도소매	종사업자번호	
	종목	외의				종목	의류		
	E-Mail	noface21@hanmail.net				E-Mail	daehan123@naver.com		

작성일자	2023. 12. 28.	공급가액	26,000,000	세 액	2,600,000

비고							

월	일	품 목 명	규격	수량	단가	공급가액	세액	비고
12	28	경량패딩	oz	100	200,000	20,000,000	2,000,000	
12	28	블라우스	pop	100	60,000	6,000,000	600,000	

합계금액	현금	수표	어음	외상미수금	이 금액을	● 영수 ○ 청구	함
28,600,000	13,600,000		15,000,000				

3. 다음 거래를 일반전표입력 메뉴에 입력하시오. <20점/각4점> (단, 채권·채무 및 금융 거래는 거래처 코드를 입력하고, 각 문항별 한 개의 전표번호로 입력한다.)

(1) 12월 3일　우림가구와 임대차계약(기간 : 2023년 12월 3일 ~ 2025년 12월 2일)을 체결하고 보증금 ₩30,000,000을 신한은행 보통예금계좌에서 이체하다.

보통예금 통장 거래 내역						

계좌번호 441234-56789012 노스페이스(주)　　　　　　　　신한은행

번호	날짜	내용	출금액	입금액	잔액	거래점
1	2023-12-03	임대차보증금(우림가구)	30,000,000	***	***	농협은행
이 하 생 략						

(2) 12월 4일　10월 4일 한명어패럴(주)에 발행한 약속어음(어음번호 : 나라12345671, 만기일 : 2023년 12월 4일, 지급은행 : 기업은행)이 만기가 되어 거래처와의 협의에 따라 6개월 후 지급조건으로 차입금으로 전환하다.

(3) 12월 7일　자기주식 400주(액면가 @₩5,000)를 주당 ₩6,000에 매입하여 소각하고 매입제비용 ₩160,000과 함께 전액 신한은행의 보통예금에서 인출하여 현금으로 지급하다.

(4) 12월 11일　거래처 대영어패럴(주)의 파산으로 해당 외상매출금에 대하여 대손처리를 하다. 단, 부가가치세는 고려하지 않는다.

(5) 12월 12일　보관하고 있는 약속어음을 신한은행에서 할인받고 할인료 ₩412,456을 차감한 실수금은 신한은행 보통예금계좌에 입금하다. 단, 매각거래로 처리한다.

약 속 어 음

노스페이스(주) 귀하　　　　　　　다라 31310013

금　일천오백만원정　　　　　　　₩15,000,000

위의 금액을 귀하 또는 귀하의 지시인에게 이 약속어음과 상환하여 지급하겠습니다.

지급기일 2024년 2월 12일　　　발 행 일 2023년 10월 12일
지 급 지 신한은행　　　　　　　발행지주소 서울시 영등포구 국회대로 20
지급장소 여의도지점　　　　　　발 행 인 삼영모방(주)

4. 다음 기말(12월 31일) 결산 정리 사항을 회계 처리하고 마감하시오. <28점/각4점>

(1) 보험료 미경과분을 계상하다. 단, 월할계산을 한다.

(2) 임대료 미경과분을 계상하다. 단, 월할계산을 한다.

(3) 장기대여금에 대한 이자(연 6%) 미수액을 계상하다. 단, 월할계산을 한다.

(4) 농협중앙회의 장기차입금에 대한 1년분 이자(연 7%) 미지급액을 계상하다.

(5) 매출채권 잔액에 대해 1%의 대손충당금(보충법)을 설정하다.

(6) 모든 비유동자산에 대한 감가상각비를 계상하다.

(7) 기말상품재고액을 입력하고 결산 처리하다. 단, 재고평가는 선입선출법으로 한다.

5. 다음 사항을 조회하여 번호 순서대로 단답형 답안에 등록하시오. <12점/각2점>

> ※ New sPLUS [답안수록]메뉴에서 답안을 등록 후 [답안저장]버튼을 클릭합니다.
> ※ 문자 외의 숫자는 ₩, 원, 월, 단위구분자(,) 등을 생략하고 숫자만 입력하되 소수점이 포함되어 있는 숫자의 경우에는 소수점을 입력합니다.
> (예시) 54200(○), 54.251(○), ₩54,200(×), 54,200원(×), 5월(×), 500개(×), 50건(×)

(1) 제1기 부가가치세 예정신고 시 차가감 납부할세액은 얼마인가?

(2) 5월 31일 현재 경량패딩의 재고수량은 몇 개인가?

(3) 7월 31일 현재 대한유통(주)의 외상매출금 잔액은 얼마인가?

(4) 8월 1일부터 10월 31일까지 보통예금의 순증가액은 얼마인가?

(5) 12월 31일 현재 한국채택국제회계기준(K-IFRS)에 의한 재무상태표에 표시되는 비유동자산은 얼마인가?

(6) 1월 1일부터 12월 31일까지 한국채택국제회계기준(K-IFRS)에 의한 포괄손익계산서(기능별)에 표시되는 판매비와 관리비는 얼마인가?

▶ 실제 검정시험에서는 [원가회계]를 시작하기 위해 화면 왼쪽 상단의 [회사코드]표시부분 클릭 → [회사코드]를 검색하여 해당 회사를 선택한다. 단, 본 서에서는 교육용으로 실습하므로 [원가회계] 지시사항의 제조기업을 불러오기 해야 한다.

< 문제2 : 원가회계 >

기초데이터 코드 : 3302, 정답 코드 : 3402

◎ 지시사항 : '(주)미래화학'의 거래 자료이며, 회계연도는 2023. 1. 1 ~ 12. 31 이다.

1. 다음의 3월 원가계산 과정을 순서대로 처리하시오. 단, 임금 및 제조경비는 주어진 기초자료에 이미 처리되어 있다. <20점/각4점>

(1) 3월   8일   다음의 작업지시서를 발행하고, 같은 날 주요자재를 출고하였다.

① 작업지시서 내용

지시일자	제품명	작업장	작업지시량	작업기간
3월 8일	갑제품	제1작업장	500kg	3월 8일 ~ 4월 10일
3월 8일	을제품	제2작업장	400kg	3월 8일 ~ 3월 31일

② 자재사용(출고) 등록

• 갑제품 작업지시서 : B원재료   500kg(제1작업장), @₩30,000(부가가치세 별도)

• 을제품 작업지시서 : C원재료 1,600kg(제2작업장), @₩22,000(부가가치세 별도)

※ New sPLUS는 자재출고입력에서 처리한다.

(2) 3월 31일 작업지시서(3월 8일 발행)에 대해 다음과 같이 생산자료를 등록하다.

품목	완성량(EA)	재공품		작업(투입)시간	작업장
		월말 수량 (EA)	작업진행률 (완성도)		
갑제품	400	100	80%	500	제1작업장
을제품	400	−	−	400	제2작업장

　　※ New sPLUS는 완성도(작업진행률 등록)를 (3)원가기준정보에서 처리함.

(3) 3월의 원가기준정보를 다음과 같이 등록하다.

　　• 노무비 배부기준 등록(총근무시간)

관련부문	생산1부	생산2부
총근무시간	500	400

　　• 보조부문비 배부기준 등록

관련부문	생산1부	생산2부
수선부	80	20
포장부	40	60

　　• 작업진행률 등록 [갑제품 : 80%]　　※ New sPLUS에서만 적용함

(4) 3월의 실제원가계산을 작업하시오.

　　① 기초재공품 계산　　② 직접재료비 계산　　③ 직접노무비 계산
　　④ 제조간접비 계산　　⑤ 보조부문비 배부　　⑥ 제조부문비 배부(작업시간기준)
　　⑦ 개별원가계산　　　⑧ 종합원가계산(평균법)

(5) 3월의 원가계산 마감한 후 제조원가명세서를 조회하시오. 단, 원미만은 반올림 하시오.

▶ **답안저장하기** : 오른쪽 상단의 [종료 또는 로그아웃] 버튼 클릭 → 답안파일 제출

03 제3회 202×년 상시 전산회계운용사 실기시험

< 문제1 : 재무회계 >

기초데이터 코드 : 2303, 정답 코드 : 2403

◎ 지시사항 : '에녹인슈(주)'의 거래 자료이며, 회계연도는 2023. 1. 1 ~ 12. 31 이다.

1. 다음 제시되는 기준정보를 입력하시오. <4점>

(1) 다음의 신규 거래처를 등록하시오. (각1점)

거래처(상호)명	거래처분류(구분)	거래처코드	대표자	사업자등록번호	업태/종목
(주)세영판넬	매입처	00107	안세영	106-81-11051	제조/건축용판재
한양판넬	매출처	00208	최성민	113-45-45681	도소매/판넬

(2) 다음의 신규 상품(품목)을 등록하시오. (2점)

품목코드	품목(품명)	(상세)규격	품목종류(자산)	기본단위(단위명)
106	불연판넬	50T	상품	EA

2. 다음 거래를 매입매출전표입력 메뉴에 입력하시오. <16점/각4점> (단, 채권·채무 및 금융 거래는 거래처 코드를 입력하고, 각 문항별 한 개의 전표번호로 입력한다.)

(1) 12월 7일 상품을 매입하고 대금은 전액 약속어음(어음번호 : 라마90110002, 만기일 : 2024년 3월 7일, 지급은행: 국민은행)을 발행하여 지급하다.

전자세금계산서			(공급받는자 보관용)			승인번호	20231207-×××0107

공급자	등록번호	129-81-11113			공급받는자	등록번호	143-81-31207		
	상호	명성산업(주)	성명(대표자)	황보민		상호	에녹인슈(주)	성명(대표자)	박동신
	사업장주소	서울특별시 금천구 독산로 10				사업장주소	경기도 화성시 송산면 개매기길 103		
	업태	도소매	종사업자번호			업태	도매 및 상품중개업	종사업자번호	
	종목	판넬				종목	조립식건축물 및 구조재		
	E-Mail	qwe45@kcci.com				E-Mail	enokinsuu@hanmail.net		

작성일자	2023. 12. 07.	공급가액	10,500,000	세 액	1,050,000

비고								

월	일	품 목 명	규격	수량	단가	공급가액	세액	비고
12	07	메탈판넬	50T	250	27,000	6,750,000	675,000	
12	07	그라스울판넬	50T	250	15,000	3,750,000	375,000	

합계금액	현금	수표	어음	외상미수금	이 금액을	● 영수 ○ 청구	함
11,550,000			11,550,000				

(2) 12월 8일 상품을 매출하고 대금 중 ₩500,000은 현금으로 받고, 나머지는 동사 발행의 약속어음(어음번호 : 가마91001254, 만기일 : 2024년 3월 8일, 지급은행 : 우리은행)으로 받다.

전자세금계산서

(공급자 보관용) 승인번호 20231208-××××0108

공급자	등록번호	143-81-31207			공급받는자	등록번호	107-23-41029		
	상호	에녹인슈(주)	성명 (대표자)	박동신		상호	한성판넬	성명 (대표자)	장명희
	사업장 주소	경기도 화성시 송산면 개매기길 103				사업장 주소	서울특별시 중구 남대문로 10		
	업태	도매 및 상품중개업	종사업자번호			업태	도소매	종사업자번호	
	종목	조립식건축물 및 구조재				종목	건축자재		
	E-Mail	enokinsuu@hanmail.net				E-Mail	panel123@kcci.com		

작성일자	2023. 12. 08.	공급가액	5,000,000	세 액	500,000
비고					

월	일	품 목 명	규격	수량	단가	공급가액	세액	비고
12	08	그라스울판넬	50T	250	20,000	5,000,000	500,000	

합계금액	현금	수표	어음	외상미수금	이 금액을	● 영수 ○ 청구	함
5,500,000	500,000		5,000,000				

(3) 12월 19일 국내 거주자인 사무엘(거래처 등록할 것, 코드 : 205, 외국인등록번호 : 930411-6811211)에게 그라스울 판넬 20개(@₩25,000)를 판매하고 현금 영수증을 발급하다.

현 금 영 수 증

● 거래 정보

거래일시	2023-12-19
승인번호	20120136
거래구분	승인거래
거래용도	지출증빙
발급수단번호	010-3856-7788

● 거래 금액

품목	공급가액	부가세	총거래금액
그라스울판넬	500,000	50,000	550,000

● 가맹점 정보

상호	에녹인슈(주)
사업자번호	143-81-31207
대표자명	박동신
주소	경기도 화성시 송산면 개매기길 103

(4) 12월 28일　본사 사옥을 신축할 목적으로 기존 건물이 있는 토지를 취득하고 즉시 건물을 철거한 후 전자세금계산서를 발급받다. 대금 중 ₩10,000,000은 당좌수표(국민은행)를 발행하여 지급하고 잔액은 2024년 1월 이후에 지급하기로 하다.

전자세금계산서 (공급받는자 보관용)

승인번호　20231228-××××0117

공급자	등록번호	124-81-22314			공급받는자	등록번호	143-81-31207		
	상호	민영설비(주)	성명(대표자)	조형민		상호	에녹인슈(주)	성명(대표자)	박동신
	사업장주소	수원시 영통구 덕영대로 1465				사업장주소	경기도 화성시 송산면 개매기길 103		
	업태	제조, 건설	종사업자번호			업태	도매 및 상품중개업	종사업자번호	
	종목	종합기계, 종합건설				종목	조립식건축물 및 구조재		
	E-Mail	minyoung21@naver.com				E-Mail	enokinsuu@hanmail.net		

작성일자	2023. 12. 28.	공급가액	15,000,000	세 액	1,500,000
비고					

월	일	품 목 명	규격	수량	단가	공급가액	세액	비고
12	28	건물 철거비				15,000,000	1,500,000	

합계금액	현금	수표	어음	외상미수금	이 금액을	○ 영수 ● 청구	함
16,500,000		10,000,000		6,500,000			

3. 다음 거래를 일반전표입력 메뉴에 입력하시오. <20점/각4점> (단, 채권·채무 및 금융 거래는 거래처 코드를 입력하고, 각 문항별 한 개의 전표번호로 입력한다.)

(1) 12월　4일　상품을 판매하고 받은 약속어음을 우리은행에서 할인하고 할인료 등 제비용을 차감한 잔액 ₩8,630,000은 우리은행 보통예금계좌로 이체 받다. 어음의 할인은 매각거래로 처리한다.

약 속 어 음

에녹인슈(주) 귀하

자차 21005513

금　구백만원정　　　　　₩9,000,000

위의 금액을 귀하 또는 귀하의 지시인에게 이 약속어음과 상환하여 지급하겠습니다.

지급기일　2024년 2월 15일　　발 행 일　2023년 11월 15일
지 급 지　우리은행　　　　　　발행지주소　서울시 성동구 고산자로 123
지급장소　성동지점　　　　　　발 행 인　진영산업(주)

(2) 12월　5일　(주)민영설비와 본사창고 증축 계약을 체결하고 계약금 ₩3,000,000은 약속어음(만기일 : 2024년 2월 11일)을 발행하여 지급하다. 단, 창고증축은 2024년 3월 31일까지 완공할 예정이다.

(3) 12월 11일　신규산업 진출을 위하여 임시주주총회를 개최하여 증자를 의결하고, 보통주 5,000주(액면가액 @₩10,000, 발행가액 @₩15,000)를 발행하고 대금은 전액 우리은행 보통예금통장에 입금하다. 발행제비용 ₩128,000은 현금으로 지급하다.

(4) 12월 16일　서울전자(주) 발행의 회사채(만기일 : 2026년 10월 12일)를 ₩9,678,540에 구입하고 대금은 우리은행 보통예금계좌에서 이체하다. 단, 동 회사채는 이자획득을 목적으로만 구입한 것이다.

(5) 12월 21일　영업부 직원 홍길동씨 외 2인이 퇴직하게 되어 퇴직금 ₩6,500,000을 보통예금(우리은행) 계좌에서 이체하다.

보통예금 통장 거래 내역

계좌번호 503-456789-123 에녹인슈(주)　　　　　　　　　　　　　　　우리은행

번호	날짜	내용	출금액	입금액	잔액	거래점
1	2023-12-21	홍길동 외 2인 퇴직금	6,500,000	***	***	***

이 하 생 략

4. 다음 기말(12월 31일) 결산 정리 사항을 회계 처리하고 마감하시오. <28점/각4점>

(1) 이자수익 선수분을 계상하다. 단, 월할계산에 의한다.

(2) 보험료 선급분을 계상하다. 단, 월할계산에 의한다.

(3) 장기 투자 목적의 주식은 모두 500주이며 1주당 ₩16,000으로 평가되다.(단, 보유중인 주식은 직전년도 결산 시 평가손익이 존재한다.)

(4) 12월 31일 현재 장부상의 현금잔액보다 실제잔액이 ₩18,000이 부족하며, 원인은 밝혀지지 않았다.

(5) 매출채권 잔액에 대해 1%의 대손충당금(보충법)을 설정하다.

(6) 모든 비유동자산에 대한 감가상각비를 계상하다.

(7) 기말상품재고액을 입력하고 결산 처리하다. 단, 재고평가는 선입선출법으로 한다.

5. 다음 사항을 조회하여 번호 순서대로 단답형 답안에 등록하시오. <12점/각2점>

> ※ New sPLUS [답안수록] 메뉴에서 답안을 등록 후 [답안저장] 버튼을 클릭합니다.
> ※ 문자 외의 숫자는 ₩, 원, 월, 단위구분자(,) 등을 생략하고 숫자만 입력하되 소수점이 포함되어 있는 숫자의 경우에는 소수점을 입력합니다.
> (예시) 54200(○), 54.251(○), ₩54,200(×), 54,200원(×), 5월(×), 500개(×), 50건(×)

(1) 제1기 부가가치세 예정신고 시 납부(환급)세액은 얼마인가?

(2) 4월부터 7월 중 매출액이 가장 큰 달은 몇 월인가?

(3) 9월 10일 현재 삼일판넬(주)의 외상매입금 잔액은 얼마인가?

(4) 10월 15일 현재 메탈판넬의 재고수량은 몇 개인가?

(5) 12월 31일 현재 한국채택국제회계기준(K-IFRS)에 의한 재무상태표에 표시되는 유동부채의 금액은 얼마인가?

(6) 1월 1일부터 12월 31일까지 한국채택국제회계기준(K-IFRS)에 의한 포괄손익계산서(기능별)에 표시되는 기타비용은 얼마인가?

> ▶ 실제 검정시험에서는 [원가회계]를 시작하기 위해 화면 왼쪽 상단의 [회사코드] 표시부분 클릭 → [회사코드]를 검색하여 해당 회사를 선택한다. 단, 본 서에서는 교육용으로 실습하므로 [원가회계] 지시사항의 제조기업을 불러오기 해야 한다.

< 문제2 : 원가회계 > 　　　기초데이터 코드 : 3303, 정답 코드 : 3403

◎ 지시사항 : '(주)영동케미컬'의 거래 자료이며, 회계연도는 2023. 1. 1 ~ 12. 31 이다.

1. 다음의 6월 원가계산 과정을 순서대로 처리하시오. 단, 임금 및 제조경비는 주어진 기초자료에 이미 처리되어 있다. <20점/각4점>

(1) 6월 4일　다음의 작업지시서를 발행하고, 같은 날 주요자재를 출고하였다.

① 작업지시서 내용

지시일자	제품명	작업장	작업지시량(EA)	작업기간
6월 4일	A제품	제1작업장	500	6월 4일 ~ 7월 5일
6월 4일	B제품	제2작업장	200	6월 4일 ~ 6월 30일

② 자재사용(출고) 등록

- A제품 작업지시서 : A원재료   500(EA) (제1작업장),   @₩80,000(부가가치세 별도)
                        C원재료 1,000(EA) (제1작업장),   @₩40,000(부가가치세 별도)
- B제품 작업지시서 : B원재료   400(EA) (제2작업장), @₩120,000(부가가치세 별도)

※ New sPLUS는 자재출고입력에서 처리한다.

(2) 6월 30일 작업지시서(6월 4일 발행)에 대해 다음과 같이 생산자료를 등록하다.

품 목	완성량	재 공 품		작업(투입)시간	작업장
		월말수량	작업진행률 (완성도)		
A제품	400	100	80%	200	제1작업장
B제품	200	–	–	400	제2작업장

※ New sPLUS는 완성도(작업진행률 등록)를 (3)원가기준정보에서 처리함.

(3) 6월의 원가기준정보를 다음과 같이 등록하다.

- 노무비 배부기준 등록(총근무시간)

관련부문	생산1부	생산2부
총근무시간	250	500

- 보조부문비 배부기준 등록

관련부문	생산1부	생산2부
바이오부문	20	80
설비부문	60	40

- 작업진행률 등록 [A제품 : 80%]   ※ New sPLUS에서만 적용함

(4) 6월의 실제원가계산을 작업하시오.

① 기초재공품 계산   ② 직접재료비 계산   ③ 직접노무비 계산
④ 제조간접비 계산   ⑤ 보조부문비 배부   ⑥ 제조부문비 배부(작업시간기준)
⑦ 개별원가계산   ⑧ 종합원가계산(평균법)

(5) 6월의 원가계산 마감한 후 제조원가명세서를 조회하시오. 단, 원미만은 반올림 하시오.

▶ **답안저장하기** : 오른쪽 상단의 [종료 또는 로그아웃]버튼 클릭 → 답안파일 제출

04 제4회 202×년 상시 전산회계운용사 실기시험

< 문제1 : 재무회계 >

기초데이터 코드 : 2304, 정답 코드 : 2404

◎ 지시사항 : '휘트니헬스(주)'의 거래 자료이며, 회계연도는 2023. 1. 1 ~ 12. 31 이다.

1. 다음 제시되는 기준정보를 입력하시오. <4점>

(1) 다음의 신규 거래처를 등록하시오.(각1점)

거래처(명)	거래처분류(구분)	거래처코드	대표자	사업자등록번호	업태/종목
헬스랜드스포츠(주)	매입처	03004	신만호	305-81-34568	제조/스포츠용품
대전스포츠(주)	매출처	04004	주현미	610-81-24695	도소매/스포츠용품

(2) 다음의 신규 상품(품목)을 등록하시오.(2점)

품목코드	품목(품명)	(상세)규격	품목종류(자산)	기본단위(단위명)
1003	M상품	c1	상품	EA

2. 다음 거래를 매입매출전표입력 메뉴에 입력하시오. <16점/각4점> (단, 채권·채무 및 금융 거래는 거래처 코드를 입력하고, 각 문항별 한 개의 전표번호로 입력한다.)

(1) 12월 8일 상품을 매출하고 주문 시 현금으로 받은 계약금(11월 30일)을 차감한 대금 중 ₩30,000,000은 동사 발행의 약속어음(어음번호 : 바카11112345, 만기일 : 2024. 02. 05, 지급은행 : 국민은행)으로 받고, 잔액은 외상으로 하다.

전자세금계산서				(공급자 보관용)		승인번호	20231208-×××0208	

공급자	등록번호	104-81-56784			공급받는자	등록번호	211-81-34564	
	상호	휘트니헬스(주)	성명(대표자)	박헬스		상호	강남스포츠(주)	성명(대표자) 김강남
	사업장주소	서울특별시 중구 남대문로 112				사업장주소	서울특별시 강남구 강남대로 252	
	업태	도매 및 상품중개업	종사업자번호			업태	도소매	종사업자번호
	종목	운동용품/수렵도구				종목	스포츠용품	
	E-Mail	victory77@hanmail.net				E-Mail	gangnam21@naver.com	

작성일자	2023. 12. 08.	공급가액	35,000,000	세 액	3,500,000
비고					

월	일	품 목 명	규격	수량	단가	공급가액	세액	비고
12	08	A상품	a1	50	100,000	5,000,000	500,000	
12	08	B상품	b1	150	200,000	30,000,000	3,000,000	

합계금액	현금	수표	어음	외상미수금	이 금액을	○ 영수 ● 청구	함
38,500,000	2,000,000		30,000,000	6,500,000			

(2) 12월 21일   상품을 매입하고 대금 중 ₩30,000,000은 약속어음을 발행(어음번호 : 나다 22221234, 만기일 : 2024. 02. 21, 지급은행 : 국민은행)하여 지급하고, 잔액 은 외상으로 하다. 그리고 매입 운임 ₩220,000(부가가치세 포함)을 현금으로 지급하다.

전자세금계산서 (공급받는자 보관용)   승인번호 20231221-×××0121

공급자	등록번호	305-81-34568			공급받는자	등록번호	104-81-56784		
	상호	헬스랜드스포츠(주)	성명(대표자)	신만호		상호	휘트니헬스(주)	성명(대표자)	박헬스
	사업장주소	대전광역시 동구 동서대로 1491				사업장주소	서울특별시 중구 남대문로 112		
	업태	제조	종사업자번호			업태	도매 및 상품중개업	종사업자번호	
	종목	스포츠용품				종목	운동용품/수련도구		
	E-Mail	healthland@daum.net				E-Mail	victory77@hanmail.net		

작성일자	2023. 12. 21.	공급가액	30,200,000	세 액	3,020,000
비고					

월	일	품 목 명	규격	수량	단가	공급가액	세액	비고
12	21	M상품	c1	200	150,000	30,000,000	3,000,000	
12	21	매입운임				200,000	20,000	

합계금액	현금	수표	어음	외상미수금	이 금액을	○ 영수 ● 청구	함
33,220,000	220,000		30,000,000	3,000,000			

(3) 12월 22일   서울식당에서 경리부 직원의 회식을 하고 신용카드매출전표를 수령하다.

단말기번호	5588696910			전표번호	
카드종류	국민카드				
회원번호	1010-2121-3232-43				
유효기간		거래일시 2023. 12. 22.		취소시 당초거래일	
거래유형	승인	품명		회식대	
결제방법	일시불	금 액 AMOUNT		250000	
매장명		부가세 VAT		25000	
판매자		봉사료 S/C			
대표자	김서울	합 계 TOTAL		275000	
알림/NOTICE		승인번호		65652323	
가맹점주소	서울특별시 중구 남대문로 112-1				
가맹점번호	0023456123				
사업자등록번호	104-34-12346				
가맹점명	서울식당				
문의전화/HELP DESK TEL : 1544-4700 (회원용)		서명/SIGNATURE 휘트니헬스			

(4) 12월 27일   신축 중인 회사 건물에 대한 공사 중도금을 보통예금(국민은행) 계좌에서 이체하고 전자세금계산서를 발급받다.

전자세금계산서 (공급받는자 보관용)

승인번호	20231227-×××× 0359

공급자	등록번호	105-81-12343			공급받는자	등록번호	104-81-56784		
	상호	파스칼건설(주)	성명(대표자)	전정희		상호	휘트니헬스(주)	성명(대표자)	박헬스
	사업장주소	서울특별시 마포구 월드컵로 133				사업장주소	서울특별시 중구 남대문로 112		
	업태	건설	종사업자번호			업태	도매 및 상품중개업	종사업자번호	
	종목	토목, 건축물				종목	운동용품/수련도구		
	E-Mail	pascal2000@naver.com				E-Mail	victory77@hanmail.net		

작성일자	2023. 12. 27.	공급가액	13,000,000	세 액	1,300,000
비고					

월	일	품목명	규격	수량	단가	공급가액	세액	비고
12	27	건물 공사 중도금				13,000,000	1,300,000	

합계금액	현금	수표	어음	외상미수금	이 금액을	● 영수 ○ 청구	함
14,300,000	14,300,000						

3. 다음 거래를 일반전표입력 메뉴에 입력하시오. <20점/각4점> (단, 채권·채무 및 금융 거래는 거래처 코드를 입력하고, 각 문항별 한 개의 전표번호로 입력한다.)

(1) 12월 6일   원리금 수취만을 목적으로 취득하였던 백두유통(주) 사채 2,000좌(액면 @₩10,000)의 만기가 도래하여 원금과 이자를 보통예금(국민은행) 계좌로 입금받다.

보통예금 통장 거래 내역

계좌번호 107-81-23456-2 휘트니헬스(주)   국민은행

번호	날짜	내용	출금액	입금액	잔액	거래점
1	2023-12-06	회사채 원금 회수	***	20,000,000	***	우리은행
2	2023-12-06	회사채 이자 수령	***	800,000	***	우리은행

이 하 생 략

(2) 12월 10일   11월 24일에 급여 지급 시 공제한 소득세, 건강보험료, 국민연금과 회사부담분을 다음과 같이 현금으로 납부하다.

소득세	건강보험료		국민연금		합계
	종업원 부담분	회사 부담분	종업원 부담분	회사 부담분	
₩300,000	₩80,000	₩80,000	₩120,000	₩120,000	₩700,000

(3) 12월 13일   11월 20일 취득한 자기주식 1,000주 중 400주를 1주당 ₩8,000에 처분하고, 수수료 ₩20,000을 차감한 금액을 보통예금(국민은행) 계좌에 입금하다.

(4) 12월 19일   외화장기차입금(도이치은행) 중 US$10,000를 현금으로 중도 상환하다. 단, 전기 말 기준환율은 US$1 당 ₩1,000이었으며, 상환 시점의 US$1 당 환율은 ₩980이다.

(5) 12월 30일   업무와 관련하여 다음에 해당하는 비용을 현금으로 지급하다.

지 출 결 의 서		결 재	계	과장	부장
2023년 12월 30일			대한	상공	회의

번호	적 요	금액(원)	비고
1	직원 야유회비	200,000	현금 지급
2	차량 엔진오일 교체비	300,000	현금 지급
3	직원 해외연수비	500,000	현금 지급
	합 계	1,000,000	

이 하 생 략

4. 다음 기말(12월 31일) 결산 정리 사항을 회계 처리하고 마감하시오. <28점/각4점>

   (1) 당기 소모품 미사용액은 ₩500,000이다.
   (2) 보험료 미경과분을 월할계산하여 정리하다.
   (3) 외화장기차입금(도이치은행, 상환기일 : 2024. 06. 30) 계정을 재분류하다.
   (4) 단기시세차익 목적으로 보유 중인 (주)상공통신의 1주당 공정가치는 ₩18,000으로 평가되다.
   (5) 매출채권 잔액에 대해 1%의 대손충당금(보충법)을 설정하다.
   (6) 모든 비유동자산에 대해 감가상각비를 계상하다.
   (7) 기말상품재고액을 입력하고 결산 처리하다. 단, 재고평가는 선입선출법으로 한다.

5. 다음 사항을 조회하여 번호 순서대로 단답형 답안에 등록하시오. <12점/각2점>

   ※ New sPLUS [답안수록] 메뉴에서 답안을 등록 후 [답안저장] 버튼을 클릭합니다.
   ※ 문자 외의 숫자는 ₩, 원, 월, 단위구분자(,) 등을 생략하고 숫자만 입력하되 소수점이 포함되어 있는 숫자의 경우에는 소수점을 입력합니다.
   (예시) 54200(○), 54.251(○), ₩54,200(×), 54,200원(×), 5월(×), 500개(×), 50건(×)

(1) 3월 31일 현재 경기블루웨어(주)의 지급어음 미결제액은 얼마인가?

(2) 1월 1일부터 6월 30일까지 매입한 A상품의 공급가액은 얼마인가?

(3) 4월 1일부터 9월 30일까지 강남스포츠(주)에 매출한 외상매출금 총액은 얼마인가?

(4) 제2기 부가가치세 확정신고 시 매출세액은 얼마인가?

(5) 1월 1일부터 12월 31일까지 한국채택국제회계기준(K-IFRS)에 의한 포괄손익계산서 (기능별)에 표시되는 기타비용은 얼마인가?

(6) 12월 31일 현재 한국채택국제회계기준(K-IFRS)에 의한 재무상태표에 표시되는 유동부 채는 얼마인가?

▶ 실제 검정시험에서는 [원가회계]를 시작하기 위해 화면 왼쪽 상단의 [회사코드]표시부분 클릭 → [회사 코드]를 검색하여 해당 회사를 선택한다. 단, 본 서에서는 교육용으로 실습하므로 [원가회계] 지시사항 의 제조기업을 불러오기 해야 한다.

< 문제2 : 원가회계 >

기초데이터 코드 : 3304, 정답 코드 : 3404

◎ 지시사항 : '(주)미소화장품'의 거래 자료이며, 회계연도는 2023. 1. 1 ~ 12. 31 이다.

1. 다음의 4월 원가계산 과정을 순서대로 처리하시오. 단, 임금 및 제조경비는 주어진 기초자료 에 이미 처리되어 있다. <20점/각4점>

(1) 4월 7일 다음의 작업지시서를 발행하고, 같은 날 주요자재를 출고하였다.

① 작업지시서 내용

지시일자	제품명	작업장	작업지시량	작업기간
4월 7일	갑제품	제1작업장	800개(EA)	4월 7일 ~ 4월 30일
4월 7일	을제품	제2작업장	600개(EA)	4월 7일 ~ 5월 6일

② 자재사용(출고) 등록
- 갑제품 작업지시서 : 자재X 1,500단위(제1작업장), @₩30,000(부가가치세 별도)
- 을제품 작업지시서 : 자재Y 1,000단위(제2작업장), @₩20,000(부가가치세 별도)

※ New sPLUS는 자재출고입력에서 처리한다.

(2) 4월 30일 작업지시서(4월 7일 발행)에 대해 다음과 같이 생산자료를 등록하다.

| 품 목 | 완성량 | 재 공 품 | | 작업(투입)시간 | 작업장 |
		월말수량	작업진행률 (완성도)		
갑제품	800(EA)	–	–	400	제1작업장
을제품	500(EA)	100개	60%	500	제2작업장

※ New sPLUS는 완성도(작업진행률 등록)를 (3)원가기준정보에서 처리함.

(3) 4월의 원가기준정보를 다음과 같이 등록하다.

• 노무비 배부기준 등록(총근무시간)

관련부문	생산1부	생산2부
총근무시간	500	500

• 보조부문비 배부기준 등록

관련부문	생산1부	생산2부
동력부문	60	40
수선부문	50	50
공장사무부문	70	30

• 작업진행률 등록 [을제품 : 60%]   ※ New sPLUS에서만 적용함

(4) 4월의 실제원가계산을 작업하시오.

   ① 기초재공품 계산   ② 직접재료비 계산   ③ 직접노무비 계산
   ④ 제조간접비 계산   ⑤ 보조부문비 배부   ⑥ 제조부문비 배부(투입시간기준)
   ⑦ 개별원가계산   ⑧ 종합원가계산(평균법)   ⑨ 원가반영 작업

(5) 4월의 원가계산을 마감한 후 제조원가명세서를 조회하시오.(단, 소수점 미만은 반올림)

▶ **답안저장하기** : 오른쪽 상단의 [종료 또는 로그아웃]버튼 클릭 → 답안파일 제출

05 제5회 202×년 상시 전산회계운용사 실기시험

< 문제1 : 재무회계 >   기초데이터 코드 : 2305, 정답 코드 : 2405

◎ 지시사항 : '올레스쿠버(주)'의 거래 자료이며, 회계연도는 2023. 1. 1 ~ 12. 31 이다.

1. 다음 제시되는 기준정보를 입력하시오. <4점>

(1) 다음의 신규 거래처를 등록하시오.(각1점)

거래처(명)	거래처분류(구분)	거래처코드	대표자	사업자등록번호	업태/종목
울산스쿠버(주)	매입처	00104	이필립	101-81-10339	도소매/스킨스쿠버장비
세종스쿠버(주)	매출처	00204	김명주	211-81-70124	도소매/스킨스쿠버장비

(2) 다음의 신규 부서를 등록하시오.(1점)

부서코드	부서명	부서구분	제조/판관	부문구분
30	해외영업부	부서	판관	공통

(3) 다음의 신규 상품(품목)을 등록하시오.(1점)

품목코드	품목(품명)	(상세)규격	품목종류(자산)	기본단위(단위명)
VTX	다이브컴퓨터	21-100%	상품	EA

2. 다음 거래를 매입매출전표입력 메뉴에 입력하시오. <16점/각4점> (단, 채권·채무 및 금융 거래는 거래처 코드를 입력하고, 각 문항별 한 개의 전표번호로 입력한다.)

(1) 12월 4일   상품을 매입하고 대금은 당점발행 약속어음(어음번호 : 가나50601144, 만기일 : 2024년 2월 4일, 지급은행 : 국민은행)으로 지급하다.

전자세금계산서		(공급받는자 보관용)			승인번호	20231204-××××0104		

<table>
<tr><td rowspan="6">공급자</td><td>등록번호</td><td colspan="3">504-81-77655</td><td rowspan="6">공급받는자</td><td>등록번호</td><td colspan="3">214-81-13592</td></tr>
<tr><td>상호</td><td colspan="2">대구스쿠버(주)</td><td>성명
(대표자) 정대구</td><td>상호</td><td colspan="2">올레스쿠버(주)</td><td>성명
(대표자) 천창용</td></tr>
<tr><td>사업장
주소</td><td colspan="3">대구광역시 북구 경대로 115</td><td>사업장
주소</td><td colspan="3">서울특별시 서초구 강남대로 184</td></tr>
<tr><td>업태</td><td colspan="2">도소매</td><td>종사업자번호</td><td>업태</td><td colspan="2">도매 및 상품중개업</td><td>종사업자번호</td></tr>
<tr><td>종목</td><td colspan="3">스킨스쿠버장비</td><td>종목</td><td colspan="3">운동용품/스쿠버장비</td></tr>
<tr><td>E-Mail</td><td colspan="3">daeguscuba@daum.net</td><td>E-Mail</td><td colspan="3">daehanscuba@hanmail.net</td></tr>
</table>

작성일자	2023. 12. 04.	공급가액	7,000,000	세 액	700,000
비고					

월	일	품 목 명	규격	수량	단가	공급가액	세액	비고
12	04	엑스트라 에어	40c	10	400,000	4,000,000	400,000	
12	04	스쿠버 슈트	3mm	10	300,000	3,000,000	300,000	

합계금액	현금	수표	어음	외상미수금	이 금액을	● 영수 ○ 청구	함
7,700,000			7,700,000				

(2) 12월 15일   상품을 매출하고 전자세금계산서를 발급하다.

전 자 어 음

올레스쿠버(주) 귀하   00320231215123456781

금   일천오백사십만원정   ₩15,400,000

위의 금액을 귀하 또는 귀하의 지시인에게 지급하겠습니다.

지급기일 2024년 2월 15일   발 행 일 2023년 12월 15일
지 급 지 국민은행   발행지주소 서울시 종로구 삼일대로 389
지급장소 종각지점   발 행 인 상공무역(주)

전자세금계산서		(공급자 보관용)			승인번호	20231215-××××0215		

<table>
<tr><td rowspan="6">공급자</td><td>등록번호</td><td colspan="3">214-81-13592</td><td rowspan="6">공급받는자</td><td>등록번호</td><td colspan="3">101-81-12341</td></tr>
<tr><td>상호</td><td colspan="2">올레스쿠버(주)</td><td>성명
(대표자) 천창용</td><td>상호</td><td colspan="2">상공무역(주)</td><td>성명
(대표자) 이상공</td></tr>
<tr><td>사업장
주소</td><td colspan="3">서울특별시 서초구 강남대로 184</td><td>사업장
주소</td><td colspan="3">서울특별시 종로구 삼일대로 389</td></tr>
<tr><td>업태</td><td colspan="2">도매 및 상품중개업</td><td>종사업자번호</td><td>업태</td><td colspan="2">무역 및 상품중개업</td><td>종사업자번호</td></tr>
<tr><td>종목</td><td colspan="3">운동용품/스쿠버장비</td><td>종목</td><td colspan="3">무역업</td></tr>
<tr><td>E-Mail</td><td colspan="3">daehanscuba@hanmail.net</td><td>E-Mail</td><td colspan="3">kcci777@naver.com</td></tr>
</table>

작성일자	2023. 12. 15.	공급가액	14,000,000	세 액	1,400,000
비고					

월	일	품 목 명	규격	수량	단가	공급가액	세액	비고
12	15	엑스트라 에어	40c	10	800,000	8,000,000	800,000	
12	15	스쿠버 슈트	3mm	10	600,000	6,000,000	600,000	

합계금액	현금	수표	어음	외상미수금	이 금액을	● 영수 ○ 청구	함
15,400,000			15,400,000				

(3) 12월 20일　보통예금(국민은행) 계좌에 ₩715,000(부가가치세 포함)이 입금되었음을 확인한 바, 동 금액은 비사업자인 정동훈에게 스쿠버슈트 1개 @₩650,000을 판매한 것으로 해당 거래에 대하여 별도의 세금계산서나 현금영수증을 발급하지 않았음을 확인한다.

(4) 12월 23일　대한자동차(주)로부터 업무용 승용차 1대를 구입하고 전자세금계산서를 발급받다. 대금 중 ₩5,000,000은 국민은행 보통예금 계좌에서 이체하고 잔액은 10개월 할부로 하다. 취득세 ₩1,750,000은 현금으로 지급하다. 또한, 차량 구입에 의무적으로 구입하는 공채증서 액면 ₩1,000,000(만기 3년, 연이율 3%)을 현금으로 구입하고 순수매도목적으로 보유하기로 하다. 동 공채의 공정가치는 ₩812,537이다.

자산코드	계정과목	자산명	상각방법	내용연수
00203	차량운반구	승용차-디젤 왜건	정률법	5년

전자세금계산서 (공급받는자 보관용)

승인번호　20231223-×××0106

	등록번호	214-81-54327				등록번호	214-81-13592		
공급자	상호	대한자동차(주)	성명(대표자)	최대한	공급받는자	상호	올레스쿠버(주)	성명(대표자)	천창용
	사업장주소	서울특별시 서초구 강남대로 156-2				사업장주소	서울특별시 서초구 강남대로 184		
	업태	유통	종사업자번호			업태	도매 및 상품중개업	종사업자번호	
	종목	자동차				종목	운동용품/스쿠버장비		
	E-Mail	daehan2000@naver.com				E-Mail	daehanscuba@hanmail.net		

작성일자	2023. 12. 23.	공급가액	25,000,000	세액	2,500,000
비고					

월	일	품목명	규격	수량	단가	공급가액	세액	비고
12	23	업무용 승용차(2,500cc)				25,000,000	2,500,000	

합계금액	현금	수표	어음	외상미수금	이 금액을	○ 영수 ● 청구	함
27,500,000	5,000,000			22,500,000			

3. 다음 거래를 일반전표입력 메뉴에 입력하시오. <20점/각4점> (단, 채권·채무 및 금융 거래는 거래처 코드를 입력하고, 각 문항별 한 개의 전표번호로 입력한다.)

(1) 12월　2일　코참무역(주)의 11월 23일에 발생한 매출할인 조건부(2/10, n/30) 거래에 대한 외상매출금을 국민은행 보통예금 계좌로 송금받다.

보통예금 통장 거래 내역

계좌번호 762-02-61412 올레스쿠버(주)   국민은행

번호	날짜	내용	출금액	입금액	잔액	거래점
1	2023-12-02	코참무역(주)	***	43,218,000	***	우리은행
			이 하 생 략			

(2) 12월 7일   홍보 및 전시판매장의 건축을 위해 튼튼건설(주)과 계약을 하고, 계약금 ₩ 10,000,000을 국민은행 보통예금 계좌에서 이체하여 지급하다.

(3) 12월 11일   뉴욕뱅크의 외화장기차입금(US$ 120,000)을 당점발행 KEB하나은행 당좌수표로 전액 중도 상환하다. 단, 상환 시점의 US$ 1당 환율은 ₩1,150이다.

(4) 12월 17일   K-POP 아이돌 스타에게 기업 홍보를 목적으로 격려금 ₩1,000,000을 현금으로 지급하다.

(5) 12월 21일   도산실업(주)의 파산으로 11월 5일에 대여한 단기대여금 ₩5,000,000을 대손 처리하다.

4. 다음 기말(12월 31일) 결산 정리 사항을 회계 처리하고 마감하시오. <28점/각4점>

(1) 7월 1일 발행한 사채에 대한 이자를 계상하다. 단, 사채의 액면이자율 연5%, 유효이자율 연6%이며, 이자지급은 연1회(6월 30일)이다.

(2) 기타포괄손익-공정가치측정금융자산(비유동)을 ₩4,800,000으로 평가하다.

(3) 기말 현재 소모품 사용액은 ₩700,000이다.

(4) 보험료 선급분을 계상하다. 단, 월할계산한다.

(5) 매출채권 잔액에 대해 1%의 대손충당금(보충법)을 설정하다.

(6) 모든 비유동자산에 대해 감가상각비를 계상하다.

(7) 기말상품재고액을 입력하고 결산 처리하다. 단, 재고평가는 선입선출법으로 한다.

5. 다음 사항을 조회하여 번호 순서대로 단답형 답안에 등록하시오. <12점/각2점>

> ※ New sPLUS [답안수록] 메뉴에서 답안을 등록 후 [답안저장] 버튼을 클릭합니다.
>
> ※ 문자 외의 숫자는 ₩, 원, 월, 단위구분자(,) 등을 생략하고 숫자만 입력하되 소수점이 포함되어 있는 숫자의 경우에는 소수점을 입력합니다.
> (예시) 54200(○), 54.251(○), ₩54,200(×), 54,200원(×), 5월(×), 500개(×), 50건(×)

(1) 6월 1일부터 6월 30일까지 서울스쿠버(주)에 매출한 공급가액은 얼마인가?

(2) 7월 1일부터 11월 30일까지 지급어음의 결제액은 얼마인가?

(3) 11월 30일 현재 스쿠버슈트의 재고수량은 몇 개(EA)인가?

(4) 제2기 부가가치세 예정신고 시 공제받지 못할 매입세액은 얼마인가?

(5) 1월 1일부터 12월 31일까지 한국채택국제회계기준(K-IFRS)에 의한 포괄손익계산서 (기능별)에 표시되는 금융원가는 얼마인가?

(6) 12월 31일 현재 한국채택국제회계기준(K-IFRS)에 의한 재무상태표에 표시되는 납입자본의 금액은 얼마인가?

> ▶ 실제 검정시험에서는 [원가회계]를 시작하기 위해 화면 왼쪽 상단의 [회사코드]표시부분 클릭 → [회사코드]를 검색하여 해당 회사를 선택한다. 단, 본 서에서는 교육용으로 실습하므로 [원가회계] 지시사항의 제조기업을 불러오기 해야 한다.

< 문제2 : 원가회계 >   기초데이터 코드 : 3305, 정답 코드 : 3405

◎ **지시사항** : '대한건강(주)'의 거래 자료이며, 회계연도는 2023. 1. 1 ~ 12. 31 이다.

1. 다음의 11월 원가계산 과정을 순서대로 처리하시오. 단, 임금 및 제조경비는 주어진 기초자료에 이미 처리되어 있다. <20점/각4점>

(1) 11월 16일   다음의 작업지시서를 발행하고, 같은 날 주요자재를 출고하였다.

① 작업지시서 내용

지시일자	제품명	작업장	작업지시량	작업기간
11월 16일	그린-a	제1작업장	40kℓ	11월 16일 ~ 11월 30일
11월 16일	그린-w	제2작업장	50kℓ	11월 16일 ~ 12월 10일

② 자재사용(출고) 등록
- 그린-a 작업지시서 : 아로니아 400kℓ(제1작업장), @₩4,000(부가가치세 별도)
- 그린-w 작업지시서 : 블루베리 600kℓ(제2작업장), @₩3,500(부가가치세 별도)

※ New sPLUS는 자재출고입력에서 처리한다.

(2) 11월 30일 작업지시서(11월 16일 발행)에 대해 다음과 같이 생산자료를 등록하다.

품 목	완성량	재 공 품		작업(투입)시간	작업장
		월말수량	작업진행률 (완성도)		
그린-a	40kℓ	–	–	220	제1작업장
그린-w	42kℓ	8kℓ	60%	180	제2작업장

※ New sPLUS는 완성도(작업진행률 등록)를 (3)원가기준정보에서 처리함.

(3) 11월의 원가기준정보를 다음과 같이 등록하다.
- 노무비 배부기준 등록(총근무시간)

관련부문	생산1부	생산2부
총근무시간	250	200

- 보조부문비 배부기준 등록

관련부문	생산1부	생산2부
동 력 부	70	30
포 장 부	20	80

- 작업진행률 등록 [그린-w : 60%] ※ New sPLUS에서만 적용함

(4) 11월의 실제원가계산을 작업하시오.
- ① 기초재공품 계산   ② 직접재료비 계산   ③ 직접노무비 계산
- ④ 제조간접비 계산(제조부문비 배부기준 : 투입시간)
- ⑤ 개별원가계산   ⑥ 종합원가계산(평균법)   ⑦ 원가반영 작업

(5) 11월의 원가계산 마감한 후 제조원가명세서를 조회하시오. 단, 원미만은 버림으로 처리한다.

▶ **답안저장하기** : 오른쪽 상단의 [종료 또는 로그아웃]버튼 클릭 → 답안파일 제출

제9장 ...

해답편

- 정답 및 해설

기준정보의 등록화면과 전표입력 및 각종 장부와 재무제표의 조회화면은 파스칼미디어 홈페이지 기초자료다운코너의 정답파일을 참고할 것.

제01회 모의고사

재무회계 (주)빈폴스포츠 【정답 코드 : 2201】

【문제1】 기준정보의 입력(4점)

(1) 거래처 등록 : [회계]−[기초정보관리]−[거래처등록]실행하여 [일반]Tab에서 등록

(2) 상품 등록 : [물류관리]−[기준정보관리]−[품목등록]

【문제2】 매입매출전표 입력(16점/각4점)

(1) 12월 5일 : [출고입력]−[전송]−[매입매출전표입력] : [전자세금]란 '1.전자입력'

(차) 110 받을어음	30,000,000	(대) 401 상품매출	42,000,000
101 현 금	16,200,000	255 부가가치세예수금	4,200,000

※ [매입매출전표입력]하단의 받을어음에 [F3]−자금관리창에서, [어음번호]란과 [만기일] 및 [지급은행]을 입력한다.

(2) 12월 18일 : [입고입력]−[전송]−[매입매출전표입력] : [전자세금]란 '1.전자입력'

(차) 146 상 품	15,100,000	(대) 252 지급어음	6,500,000
135 부가가치세대급금	1,510,000	101 현 금	10,110,000

※ [입고입력]화면 하단의 상품단가를 매입운임 때문에 151,000원으로 입력한다. [매입매출전표입력] 하단의 지급어음에 [F3]−어음번호 [F2]와 만기일을 입력한다.

(3) 12월 23일 : [매입매출전표입력] : 매입 51.과세 : '1.전자입력'

(차) 202 건 물	5,000,000	(대) 103 보통예금	5,500,000
135 부가가치세대급금	500,000		

※ 건물에 대한 자본적지출액은 해당 건물에 가산시켜주면 되므로 [회계]−[고정자산등록]−[고정자산등록]을 실행하여 건물을 조회한 후 우측 [주요등록사항]의 4.신규취득 및 증가 란에 5,000,000원을 입력하고 그 외 내용연수나 상각방법은 수정하지 않는다.

(4) 12월 30일 : [출고입력] − [처리구분] : 건별. 11현과−[전송]−[매입매출전표입력] : '1.전자입력'

(차) 101 현 금	165,000	(대) 401 상품매출	150,000
		255 부가가치세예수금	15,000

【문제3】 일반전표 입력(20점/각4점)

(1) 12월 1일 : [대체전표]

(차) 341 주식발행초과금	20,000,000	(대) 331 보통주자본금	20,000,000

(2) 12월 3일 : [대체전표]

(차) 178 기타포괄손익-공정가치측정금융자산(비유동)	20,300,000
(대) 103 보통예금	20,300,000

※ 기타포괄손익-공정가치측정금융자산과 상각후원가측정금융자산을 최초로 매입할 때의 취득제비용은 원가에 포함한다. 단, 당기손익-공정가치측정금융자산 취득과 관련한 수수료 등은 당기의 영업외비용으로 처리해야 한다.

(3) 12월 21일 : [대체전표]

(차) 102 당 좌 예 금	39,880,000	(대) 110 받을어음	40,000,000
936 매출채권처분손실	120,000		

※ 전표의 받을어음에 [F3] − 자금관리창의 [어음번호]란에 [F2]도움 자판으로 해당 어음번호 선택입력

(4) 12월 28일 : [대체전표]

(차) 103 보통예금	9,377,800	(대) 291 사 채	10,000,000
292 사채할인발행차금	622,200		

※ 사채발행비는 사채발행금액에서 차감하므로 사채할인발행차금이 많아진다.

(5) 12월 29일 : [대체전표]

(차) 103 보통 예 금	1,000,000	(대) 109 대손충당금	250,000
		835 대손상각비	750,000

※ [회계]−[전표입력/장부]−[거래처원장]을 실행하여 조회기간(01월 ~ 12월), 외상매출금, 부산스포츠(주)를 입력하고 상단의 [내용]Tab을 눌러 조회한 후 9/10 거래를 더블클릭하면 대손처리된 전표 내용이 나타나는데 이 전표의 차변에 처리한 계정과목을 대변에 회복 또는 소멸시켜주면 된다.

【문제4】 결산 정리 사항(20점/각4점)

(1) 12월 31일 : [대체전표]

(차) 904 임 대 료	100,000	(대) 263 선 수 수 익	100,000

※ [합계잔액시산표]를 실행하여 임대료 계정을 더블클릭하여 8월 1일 임대료 6개월분 수령액 ₩600,000을 조회한다. 600,000×1/6 = 100,000원(2024년 1월 선수액)

(2) 12월 31일 : [대체전표]

(차) 172 소 모 품	300,000	(대) 830 소모품비	300,000

※ [합계잔액시산표]를 실행하여 소모품비 계정을 조회하면 소모품 구입 시 비용처리법이므로 결산 시 미사용액을 분개한다. 따라서 소모품비 계정 잔액 ₩1,900,000−사용액 ₩1,600,000 = 300,000원(미사용액)이다.

(3) 12월 31일 : [대체전표]

(차) 133 선 급 비 용	240,000	(대) 821 보 험 료	240,000

※ [합계잔액시산표]를 실행, 보험료 계정을 더블클릭하여 1월 2일 KB손해보험의 1년분 지급액은 미경과액이 없고, 5월 1일 DB손해보험의 1년분 지급액 ₩720,000을 조회하여 720,000×4/12 = 240,000원(2024년 1월 ~ 4월 미경과액)을 계산한다.

(4) 12월 31일 : [대체전표]

(차) 935 외화환산손실	2,000,000	(대) 305 외화장기차입금	2,000,000

※ [합계잔액시산표]를 실행하여 외화장기차입금 ₩40,000,000이 조회된다. 전기말 기준환율 \$1:1,000로 계산하면 총 \$40,000이다. 따라서 \$40,000×(1,050−1,000) = 2,000,000원의 외화환산손실이 발생한다.

(5) [회계] – [결산재무제표 1] – [합계잔액시산표] 실행하여 외상매출금 잔액 64,620,000×0.01 = 646,200원에서 시산표 대손충당금 계정 잔액 250,000원을 차감한 396,200원과 받을어음잔액 47,000,000×0.01 = 470,000원의 대손충당금 설정액을 계산하여 [회계] – [결산재무제표1] – [결산자료입력]의 5). 대손상각 해당 과목 금액란에 입력한다.

(6) [회계] – [고정자산등록] – [원가경비별감가상각명세서]를 실행하여 [유형자산총괄] 단추와 [무형자산] 단추를 눌러 당기 상각비를 조회(건물 1,750,000원, 차량운반구 2,590,000원, 비품 400,000원, 소프트웨어 300,000원)한 후 [회계] – [결산재무제표1] – [결산자료입력]의 4).감가상각비와 6).무형고정자산상각 해당 과목 금액란에 입력한다.

(7) [물류관리] – [재고관리] – [재고자산수불부] 실행 … [마감] 단추 클릭하여 '일괄마감'에 check하고 마감한 후 [물류관리] – [재고관리] – [재고자산명세서] 실행하여 기말상품재고액 143,310,000원을 확인하고 [회계] – [결산재무제표1] – [결산자료입력]의 기말상품재고액 금액란에 입력한다.

[마무리]

대손충당금설정과 감가상각비 계상 및 기말상품재고액은 반드시 [결산자료입력]화면 상단의 [전표추가(F3)] 단추를 클릭하여 결산전표를 자동생성시킨 후 [이익잉여금처분계산서] 상단 툴바의 [전표추가(F3)] 단추를 클릭하면 손익 대체분개가 생성되게 하여 [일반전표입력]에서 12월 31일로 결산자동분개를 확인한다.

[당기순이익 : 131,303,800원]

[문제5] 단답형답안 등록(12점/각2점)

모든 장부의 조회는 문제에서 제시하는 기간과 해당과목 및 거래처명을 정확하게 입력하는 것이 중요하다.

No.	조회경로	답안
(1)	[회계] – [전표입력/장부] – [계정별원장]	1,500,000
(2)	[회계] – [결산/재무제표1] – [합계잔액시산표] 또는 [회계] – [결산/재무제표1] – [손익계산서]	102,200,000
(3)	[회계] – [전표입력/장부] – [거래처원장] : 1/1 ~ 3/31 조회, [135.부가가치세대급금]	6,300,000
(4)	[회계] – [전표입력/장부] – [거래처원장] 미지급금, 거래처 : 국민카드	7,000,000
(5)	[회계] – [K-IFRS 재무제표] – [K-IFRS 재무상태표]	172,015,000
(6)	[회계] – [K-IFRS 재무제표] – [K-IFRS 포괄손익계산서]	2,800,000

원가회계 (주)빈폴공업 [정답 코드 : 3201]

(1) 4월 11일 작업지시 등록

① [물류관리] – [생산관리] – [생산(작업)지시서]를 실행하여 지시일, 완료예정일 입력 후 [Enter]하여 하단에 품목명 [F2], 지시수량, 작업장[F2]을 입력한다.

② [물류관리] – [생산관리] – [자재출고입력]을 실행하여 [생산지시번호]란에 [F2]도움 자판을 이용하여 해당 제품을 입력하고 [Enter]하여 하단에 해당 제품에 출고되는 원재료[F2]와 출고수량 및 해당 작업장[F2]을 입력한다.

(2) 4월 30일 생산자료 등록

[물류관리] – [생산관리] – [생산입고입력]을 실행하여 [생산지시번호]란에 [F2]도움 자판을 이용하여 해당 제품을 입력하고 하단의 해당 제품에 생산수량과 투입시간을 입력한다.

(3) 4월의 원가기준정보

① 노무비 배부기준 등록 : [물류관리] – [원가관리(원가기준정보)] – [배부기준등록]을 실행하여 [노무비배분]Tab에서 4월을 입력한 후 상단의 [당월데이터 생성] 단추를 클릭하여 노무비의 데이터를 재집계한 후 총근무시간을 입력하면 임률이 자동으로 계산된다.

② 보조부문비 배부기준 등록 : [보조부문배분]Tab에서 상단의 [보조부문 가져오기] 단추를 클릭하여 보조부문의 데이터를 추가집계한 후 보조부문의 배부기준을 등록한다.

③ 작업진행률 등록 : 상단의 [작업진행률] 단추를 클릭하거나 [물류관리] – [원가관리(원가기준정보)] – [작업진행률등록]을 실행하여 을제품의 작업진행률(완성도) 40%를 입력한다.

(4) 4월의 실제원가계산 : [물류관리] – [원가관리(원가계산)]

① 기초재공품 등록 : 조회할 데이터가 없으면 기초재공품은 표시되지 않는다.

② 직접재료비 계산 : 상단의 [마감] 단추를 클릭하거나 [물류관리] – [생산/재고관리] – [재고관리] – [재고자산수불부]를 실행하여 [일괄마감]한 후 [직접재료비]에서 4월을 입력하고 [Enter]하면 원재료 금액이 자동으로 반영된다. (갑제품의 자재X : 24,000,000, 을제품의 자재Y : 12,000,000)

③ 직접노무비 계산 : 4월을 입력하고 [Enter]하면 노무비 금액이 자동으로 반영된다. (갑제품 7,500,000, 을제품 : 6,000,000)

④ 제조간접비 계산 : 4월을 입력하고 [Enter]하면 (부문별)로 제조간접비가 자동으로 반영된다. (생산1부 : 9,400,000, 생산2부 : 6,000,000, 동력부문 : 4,000,000, 수선부문 : 4,000,000)

⑤ 보조부문비 배부 : 4월을 입력하고 [Enter]하면 보조부문비 배부액이 자동으로 반영된다. (생산1부 : 8,770,000, 생산2부 : 7,430,000)

⑥ 제조부문비 배부(작업시간기준) : 4월을 입력하고 [Enter]하면 제품별 제조부문비배부액이 자동으로 반영된다. (갑제품 : 18,170,000, 을제품 : 13,430,000)

⑦ 완성품 원가 조회 : 4월을 입력하고 원가계산방법을 '평균법'으로 변경하면 완성품원가와 단위당원가가 자동으로 계산된다. (갑제품 단위당원가 : 124,175, 을제품 단위당원가 : 87,147)

⑧ 원가반영 : [물류관리] – [생산관리] – [생산입고입력]을 실행하여 각 제품의 [생산단가]란에 갑제품 단위당원가 : 124,175, 을제품 단위당원가 : 87,147을 입력하면 갑제품은 ₩49,670,000이 계산되고, 을제품은 ₩26,144,100이 계산된다.

(5) 원가계산 마감 후 제조원가명세서 조회

① [물류관리] – [원가관리(원가계산)] – [결산자료입력]을 실행하여 4월을 입력하여 나타나는 [매출원가 및 경비선택] 창에서 [F2]도움 자판을 이용하여 455.제품매출원가와 500번대 제조를 선택하여 입력한 후 [확인] 단추를 클릭한다.

매출원가코드 및 계정과목	원가경비	표준원가 선택
455 제품매출원가	1 500번대	제조

② [결산자료입력] 화면의 우측 상단 [기능모음(F11)] 단추 – [기말재고반영] 단추를 클릭하여 기말원재료재고액 ₩54,000,000과 기말재공품재고액 ₩5,285,882을 반영시킨 후 [전표추가(F3)] 단추를 클릭하면 결산분개가 자동생성된다. 결산자동분개의 확인은 [일반전표입력]에서 가능하다.

③ [물류관리] – [원가관리(원가계산)] – [제조원가명세서]
: 당기제품제조원가 ₩76,914,118 확인

제02회 모의고사

재무회계 　(주)만달라키 [정답 코드 : 2202]

【문제1】 기준정보의 입력(4점)

(1) 거래처 등록 : [회계] - [기초정보관리] - [거래처등록] 실행하여 [일반] Tab에서 등록

(2) 상품 등록 : [물류관리] - [기준정보관리] - [품목등록]

【문제2】 매입매출전표입력(16점/각4점)

(1) 12월 02일 : [매입매출전표입력] - [유형] 매입, 54.불공, 불공제사유 : '비영업용소형승용차 구입 및 유지' 선택 : '1.전자입력'

| (차) 208 차량운반구 | 26,800,000 | (대) 103 보통예금 | 6,500,000 |
| | | 253 미지급금 | 20,300,000 |

※ [회계] - [고정자산등록] - [고정자산등록]을 실행하여 차량운반구 등록

(2) 12월 7일 : [입고입력] - [전송] - [매입매출전표입력] : [전자세금]란 '1.전자입력'

| (차) 146 상　품 | 9,250,000 | (대) 252 지급어음 | 8,000,000 |
| 135 부가가치세대급금 | 925,000 | 251 외상매입금 | 2,175,000 |

※ 매입매출전표입력]의 지급어음에 [F3] - 어음번호[F2]와 만기일 입력

(3) 12월 13일 : [출고입력] - [전송] - [매입매출전표입력] : [전자세금]란 '1.전자입력'

| (차) 110 받을어음 | 27,000,000 | (대) 401 상품매출 | 27,300,000 |
| 108 외상매출금 | 3,030,000 | 255 부가가치세예수금 | 2,730,000 |

※ 매입매출전표입력]의 받을어음에 [F3] - 자금관리창에서, [어음번호]란과 [만기일] 및 [지급은행]을 입력

(4) 12월 20일 : [매입매출전표입력] - [유형] 매입, 54.불공, 불공제사유 : '사업과 관련없는 지출' 선택 : '1.전자입력'

| (차) 134 가지급금 | 2,200,000 | (대) 253 미지급금 | 6,500,000 |
| (00401 정다니엘) | | [99602 비씨카드(법인)] | |

※ 대표이사의 개인적인 물품구입은 매입세액 공제대상이 아님. 단, 전자세금계산서를 수취하지 않고 다른 증빙서류(신용카드매출전표, 현금영수증)를 받았다면 일반전표에 매입부가가치세를 포함하여 가지급금으로 처리해야 한다.

【문제3】 일반전표입력(20점/각4점)

(1) 12월 3일 : [대체전표]

| (차) 103 보통예금 | 20,000,000 | (대) 331 보통주자본금 | 25,000,000 |
| 341 주식발행초과금 | 5,000,000 | | |

※ 주식을 할인발행했을 때 [합계잔액시산표]를 실행, 주식발행초과금의 잔액을 조회하여 그 범위 내에서 상계처리해야 한다.

(2) 12월 5일 : [대체전표]

| (차) 181 상각후원가측정금융자산 | 9,810,000 |
| (대) 103 보통예금 | 9,810,000 |

(3) 12월 16일 : [출금전표]

| (차) 214 건설중인자산 | 9,000,000 | (대) 101 현　금 | 9,000,000 |

※ 건설중인자산 계정의 입력 시 포장용 기계매입의 계약금을 지급한 것이므로 거래처 코참포장기계(주)를 반드시 입력해야 한다.

(4) 12월 19일 : [대체전표]

| (차) 934 기타의대손상각비 | 10,000,000 | (대) 114 단기대여금 | 10,000,000 |

※ [회계] - [전표입력/장부] - [일반전표입력]을 실행하여 11/14 전표를 조회, 또는 [합계잔액시산표]를 실행하여 단기대여금 계정을 더블클릭하여 조회할 수도 있다.

(5) 12월 21일 : [출금전표]

| (차) 254 예 수 금 | 100,000 | (대) 101 현　금 | 200,000 |
| (차) 811 복리후생비 | 100,000 | | |

【문제4】 결산 정리 사항(20점/각4점)

(1) 12월 31일 : [대체전표]

| (차) 931 이 자 비 용 | 1,459,905 | (대) 262 미지급비용 | 1,250,000 |
| | | 292 사채할인발행차금 | 209,905 |

※ 합계잔액시산표를 실행하여 사채와 사채할인발행차금을 조회하여 50,000,000-1,336,500 = 48,663,500×6%×6/12 = 1,459,905 (유효이자율에 의한 총이자) - 액면이자(50,000,000×5%×6/12 = 1,250,000) = 209,905원(사채할인발행차금 상각액)

(2) 12월 31일 : [대체전표]

| (차) 830 소모품비 | 1,300,000 | (대) 172 소 모 품 | 1,300,000 |

※ 합계잔액시산표를 실행하여 소모품이 조회되면 소모품 구입 시 자산처리를 했으므로 결산 시 사용액 ₩1,300,000 분개를 해야 한다. 만약 시산표에 소모품비로 조회되면 비용처리법이므로 결산 시 미사용액 1,600,000-1,300,000 = 300,000원(미사용액) 분개를 해야 한다.

(3) 12월 31일 : [대체전표]

| (차) 263 선수수익 | 600,000 | (대) 901 이자수익 | 600,000 |

※ [합계잔액시산표]를 실행하여 선수수익 계정을 더블클릭하면 11/1 3개월간 선이자 수령액 ₩900,0000이 조회된다. 이자를 수령 시 부채로 계상하였으므로 따라서 900,000×2/3 = 600,000원(2023년 11월 ~ 12월 경과액)을 분개한다.

(4) 12월 31일 : [대체전표]

(차) 981 기타포괄손익-공정가치측정금융자산평가이익	5,000,000
982 기타포괄손익-공정가치측정금융자산평가손실	5,000,000
(대) 178 기타포괄손익-공정가치측정금융자산(비유동)	10,000,000

※ 합계잔액시산표를 실행하여 기타포괄손익-공정가치측정금융자산(비유동) ₩50,000,000을 조회하여 50,000,000-40,000,000 = 10,000,000원의 평가손실을 계산한다. 단, 시산표에 기타포괄손익-공정가치측정 금융자산평가이익 계정 잔액이 ₩5,000,000 있으므로 평가손실과 상계처리한다.

(5) [회계] - [결산재무제표 1] - [합계잔액시산표] 실행하여 외상매출금 잔액 64,180,000×0.01 = 641,800원에서 시산표 대손충당금 계정 잔액 605,000원을 차감한 36,800원과 받을어음잔액 74,300,000×0.01 =743,000원에서 시산표 대손충당금 계정 잔액 465,000원을 차감한 278,000원의 대손충당금 설정액을 계산하여 [회계] - [결산재무제표1] - [결산자료입력]의 5).대손상각 해당 과목 금액란에 입력한다.

(6) [회계] − [고정자산등록] − [원가경비별감가상각명세서]를 실행하여 [유형자산총괄]단추를 눌러 당기 상각비를 조회(건물 10,000,000원, 차량운반구 7,874,636원, 비품 1,237,995원) 한 후 [회계] − [결산재무제표1] − [결산자료입력]의 4).감가상 각비 해당 과목 금액란에 입력한다.

(7) [물류관리] − [재고관리] − [재고자산수불부] 실행 … [마감]단추 클릭하여 '일괄마감'에 check하고 마감한 후 [물류관리] − [재고관리] − [재고자산명세서] 실행하여 기말상품재고액 39,020,000원을 확인하고 [회계] − [결산재무제표1] − [결산자료입력]의 기말상품재고액 금액란에 입력한다.

【마무리】

대손충당금설정과 감가상각비 계상 및 기말상품재고액은 반드시 [결산자료입력]화면 상단의 [전표추가(F3)]단추를 클릭하여 결산 전표를 자동생성시킨 후 [이익잉여금처분계산서] 상단 툴바의 [전표추가(F3)]단추를 클릭하면 손익 대체분개가 생성되게 하여 [일반전표입력]에서 12월 31일로 결산자동분개를 확인한다.

[당기순이익 : 62,558,664원]

【문제5】 단답형답안 등록(12점/각2점)

모든 장부의 조회는 문제에서 제시하는 기간과 해당과목 및 거래 처명을 정확하게 입력하는 것이 중요하다.

No.	조 회 경 로	답 안
(1)	[회계] − [전표입력/장부] − [일/월계표]	92,205,000
(2)	[물류관리] − [구매관리] − [품목별 구매현황]	100
(3)	[회계] − [전표입력/장부] − [지급어음 현황] : 만기일(월)별로 조회	17,935,000
(4)	[회계] − [부가가치세] − [부가가치세신고서] : 10/1 ~ 12/31 조회	6,096,000
(5)	[회계] − [K-IFRS 재무제표] − [K-IFRS 포괄 손익계산서]	600,000
(6)	[회계] − [K-IFRS 재무제표] − [K-IFRS 재무 상태표]	174,123,405

원가회계 **(주)상공의류** 【정답 코드 : 3202】

(1) 11월 1일 작업지시 등록

① [물류관리] − [생산관리] − [생산(작업)지시서]를 실행하여 지시일, 완료예정일 입력 후 [Enter]하여 하단에 품목명 [F2], 지시수량, 작업장[F2]을 입력한다.

② [물류관리] − [생산관리] − [자재출고입력]을 실행하여 [생산 지시번호]란에 [F2]도움 자판을 이용하여 해당 제품을 입력 하고 [Enter]하여 하단에 해당 제품에 출고되는 원재료[F2] 와 출고수량 및 해당 작업장[F2]을 입력한다.

(2) 11월 30일 생산자료 등록

[물류관리] − [생산관리] − [생산입고입력]을 실행하여 [생산 지시번호]란에 [F2]도움 자판을 이용하여 해당 제품을 입력하 고 하단의 해당 제품에 생산수량과 투입시간을 입력한다.

(3) 11월의 원가기준정보

① 노무비 배부기준 등록 : [물류관리] − [원가관리(원가기준정 보)] − [배부기준등록]을 실행하여 [노무비배분]Tab에서 11 월을 입력한 후 상단의 [당월데이터 생성]단추를 클릭하여 노 무비의 데이터를 재집계한 후 총근무시간을 입력하면 임률이 자동으로 계산된다.

② 보조부문비 배부기준 등록 : [보조부문배분]Tab에서 상단의 [보조부문 가져오기]단추를 클릭하여 보조부문의 데이터를 추가집계한 후 보조부문의 배부기준을 등록한다.

③ 작업진행률 등록 : 상단의 [작업진행률]단추를 클릭하거나 [물류관리] − [원가관리(원가기준정보)] − [작업진행률등록]을 실행하여 웨딩드레스의 작업진행률(완성도) 50%를 입력한다.

(4) 11월의 실제원가계산 : [물류관리] − [원가관리(원가계산)]

① 기초재공품 등록 : 조회할 데이터가 없으면 기초재공품은 표 시되지 않는다.

② 직접재료비 계산 : 상단의 [마감]단추를 클릭하거나 [물류관 리] − [생산/재고관리] − [재고관리] − [재고자산수불부]를 실행 하여 [일괄마감]한 후 [직접재료비]에서 11월을 입력하고 [Enter]하면 원재료 금액이 자동으로 반영된다.(정장원피스의 폴리에스터 : 600,000, 웨딩드레스의 미카도실크 : 3,000,000)

③ 직접노무비 계산 : 11월을 입력하고 [Enter]하면 노무비 금액 이 자동으로 반영된다.(정장원피스 6,300,000, 웨딩드레스 : 6,000,000)

④ 제조간접비 계산 : 11월을 입력하고 [Enter]하면 (부문별)로 제조간접비가 자동으로 반영된다.(생산1부 : 1,200,000, 생산2 부 : 2,800,000, 패턴부 : 4,800,000, 봉제부 : 6,400,000)

⑤ 보조부문비 배부 : 11월을 입력하고 [Enter]하면 보조부문비 배부액이 자동으로 반영된다.(생산1부 : 5,760,000, 생산2부 : 5,440,000)

⑥ 제조부문비 배부(작업시간기준) : 11월을 입력하고 [Enter] 하면 제품별 제조부문비배부액이 자동으로 반영된다.(정장원 피스 : 6,960,000, 웨딩드레스 : 8,240,000)

⑦ 완성품 원가 조회 : 11월을 입력하고 원가계산방법을 '평균 법'으로 변경하면 완성품원가와 단위당원가가 자동으로 계산 된다.(정장원피스 단위당원가 : 46,200, 웨딩드레스 단위당원 가 : 208,000)

⑧ 원가반영 : [물류관리] − [생산관리] − [생산입고입력]을 실행하 여 각 제품의 [생산단가]란에 정장원피스 단위당원가 : 46,200, 웨딩드레스 단위당원가 : 208,000을 입력하면 정장원피스는 ₩13,860,000이 계산되고, 웨딩드레스는 ₩12,480,000이 계 산된다.

(5) 원가계산 마감 후 제조원가명세서 조회

① [물류관리] − [원가관리(원가계산)] − [결산자료입력]을 실행 하여 11월을 입력하여 나타나는 [매출원가 및 경비선택]창에 서 [F2]도움 자판을 이용하여 455.제품매출원가와 500번대 제조를 선택하여 입력한 후 [확인]단추를 클릭한다.

② [결산자료입력] 화면의 우측 상단 [기능모음(F11)]단추 − [기말재고반영]단추를 클릭하여 기말원재료재고액 ₩ 1,600,000과 기말재공품재고액 ₩4,760,000을 반영시킨 후 [전표추가(F3)]단추를 클릭하면 결산분개가 자동생성된다. 결산자동분개의 확인은 [일반전표입력]에서 가능하다.

③ [물류관리] − [원가관리(원가계산)] − [제조원가명세서] : 당기제품제조원가 ₩26,340,000 확인

제03회 모의고사

재무회계　　(주)루이비통 【정답 코드 : 2203】

【문제1】 기준정보의 입력(4점)

(1) 거래처 등록 : [회계] – [기초정보관리] – [거래처등록] 실행하여 [일반]Tab에서 등록

(2) 상품 등록 : [물류관리] – [기준정보관리] – [품목등록]

【문제2】 매입매출전표입력(16점/각4점)

(1) 12월 11일 : [입고입력] – [전송] – [매입매출전표입력] : [전자세금]란 '1.전자입력'

(차) 146 상　　품	12,500,000	(대) 131 선 급 금	1,500,000
135 부가가치세대급금	1,250,000	252 지급어음	12,250,000

※ 합계잔액시산표를 실행하여 11/30 선급금 ₩1,500,000 조회, [매입매출전표입력]의 지급어음에 [F3] – 자금관리창의 [어음번호]에 [F2]로 해당어음 선택 후 만기일 직접입력

(2) 12월 18일 : [출고입력] – [전송] – [매입매출전표입력] : [전자세금]란 '1.전자입력'

(차) 101 현　　금	5,000,000	(대) 401 상품매출	30,000,000
110 받을어음	28,000,000	252 부가가치세예수금	3,000,000

※ [매입매출전표입력]의 받을어음에 [F3] – 자금관리창에서 [어음번호]란과 [만기일] 및 [지급은행]을 입력한다.

(3) 12월 20일 : [매입매출전표입력] – [유형] : 매입, 61현과

(차) 811 복리후생비	300,000	(대) 101 현　　금	330,000
135 부가가치세대급금	30,000		

(4) 12월 26일 : [매입매출전표입력] – [유형] : 매입, 58 카면

(차) 826 도서인쇄비	200,000	(대) 253 미지급금	200,000
		(비씨카드사)	

【문제3】 일반전표입력(20점/각4점)

(1) 12월 2일 : [대체전표]

(차) 812 여비교통비	420,000	(대) 134 가지급금	600,000
813 접 대 비	100,000		
101 현　　금	80,000		

※ 합계잔액시산표를 실행하여 가지급금 11/29 ₩600,000 조회

(2) 12월 5일 : [대체전표]

(차) 815 수도광열비	130,000	(대) 141 현금과부족	250,000
826 도서인쇄비	120,000		

※ 합계잔액시산표를 실행하여 현금과부족 11/30 ₩250,000 조회

(3) 12월 15일 : [대체전표]

(차) 178 기타포괄손익-공정가치측정금융자산(비유동)	500,000
(대) 981 기타포괄손익-공정가치측정금융자산평가이익	500,000
(차) 103 보통예금	2,500,000
(대) 178 기타포괄손익-공정가치측정금융자산(비유동)	2,500,000

① 기타포괄손익-공정가치측정금융자산이 지분상품(주식)인 경우에는 처분 시 공정가치로 재측정하여 공정가치변동분을 기타포괄손익으로 처리하므로 당기처분손익에 반영을 하지 않는다. 즉 재순환이 금지되어 처분손익이 없다.

② 합계잔액시산표를 실행하여 기타포괄손익-공정가치측정 금융자산 (취득 시 200주)의 취득단가는 ₩4,000,000÷200주 = 20,000원이다. 따라서 처분단가 25,000원이 처분 시의 공정가치이므로 100주×(25,000-20,000) = 500,000원의 평가이익이 생기고 처분이익은 계상하지 않는다.

(4) 12월 23일 : [대체전표]

(차) 110 받을어음	5,000,000	(대) 110 받을어음	5,000,000
103 보통예금	100,000	901 이자수익	100,000

※ 전표 차변의 받을어음에 [F3]-어음번호란에 어음번호(자차22220002)와 만기일 입력하고, 대변의 받을어음에 [F3]-어음번호란 [F2] 어음번호 : 마바99990001 입력

(5) 12월 29일 : [출금전표]

(차) 933 기 부 금	300,000	(대) 101 현　　금	800,000
811 복리후생비	500,000		

【문제4】 결산 정리 사항(20점/각4점)

(1) 12월 31일 : [대체전표]

(차) 830 소모품비	650,000	(대) 172 소 모 품	650,000

※ 합계잔액시산표를 실행하여 소모품이 조회되면 소모품 구입 시 자산처리를 했으므로 결산 시 사용액 800,000-150,000 = 650,000원 분개를 해야 한다.

(2) 12월 31일 : [대체전표]

(차) 133 선급비용	490,000	(대) 821 보험료	490,000

※ [합계잔액시산표]를 실행, 보험료 계정을 더블클릭하여 8월 1일 보험료 1년분 지급액 ₩840,000을 조회한다. 840,000×7/12 = 490,000원(2024년 1월 ~ 7월 미경과액)

(3) 12월 31일 : [대체전표]

(차) 257 가 수 금	3,000,000	(대) 259 선 수 금	3,000,000

※ [합계잔액시산표]를 실행, 가수금 ₩3,000,000 조회

(4) 12월 31일 : [대체전표]

(차) 937 당기손익-공정가치측정금융자산평가손실	800,000
(대) 107 당기손익-공정가치측정금융자산	800,000

※ [합계잔액시산표]를 실행, 당기손익-공정가치측정금융자산 계정을 더블클릭하여 잔여주식 400주 장부금액 ₩4,000,000을 조회, 장부상 단가는 4,000,000÷400주 = 10,000원을 계산한 후 400주×(10,000-8,000) = 800,000원의 평가손실을 계산한다.

(5) [회계]-[결산재무제표 1]-[합계잔액시산표]실행하여 외상매출금 잔액 48,800,000×0.01 = 488,000원에서 시산표 대손충당금 계정 잔액 300,000원을 차감한 188,000원과 받을어음잔액 73,000,000×0.01 = 730,000원의 대손충당금 설정액을 계산하여 [회계]-[결산재무제표1]-[결산자료입력]의 5).대손상각 해당 과목 금액란에 입력한다.

(6) [회계]-[고정자산등록]-[원가경비별감가상각명세서]를 실행하여 [유형자산총괄]단추를 눌러 당기 상각비를 조회(건물 3,000,000원, 차량운반구 2,000,000원, 비품 233,333원)한 후 [회계]-[결산재무제표1]-[결산자료입력]의 4).감가상각비 해당 과목 금액란에 입력한다.

(7) [물류관리]-[재고관리]-[재고자산수불부]실행 … [마감]단추 클릭하여 '일괄마감'에 check하고 마감한 후 [물류관리]-[재고관리]-[재고자산명세서] 실행하여 기말상품재고액 22,500,000원을 확인하고 [회계]-[결산재무제표1]-[결산자료입력]의 기말상품재고액 금액란에 입력한다.

[마무리]

대손충당금설정과 감가상각비 계상 및 기말상품재고액은 반드시 [결산자료입력]화면 상단의 [전표추가(F3)]단추를 클릭하여 결산 전표를 자동생성시킨 후 [이익잉여금처분계산서] 상단 툴바의 [전표추가(F3)]단추를 클릭하면 손익 대체분개가 생성되게 하여 [일반전표입력]에서 12월 31일로 결산자동분개를 확인한다.

[당기순이익 : 15,838,667원]

[문제5] 단답형답안 등록(12점/각2점)

모든 장부의 조회는 문제에서 제시하는 기간과 해당과목 및 거래처명을 정확하게 입력하는 것이 중요하다.

No.	조 회 경 로	답 안
(1)	[물류관리]-[재고관리]-[재고자산수불부]	180
(2)	[회계]-[전표입력/장부]-[일/월계표] : 월계표 선택, 4월~9월 매월 검색	6
(3)	[회계]-[전표입력/장부]-[거래처원장]	17,000,000
(4)	[회계]-[부가가치세1]-[부가가치세신고서] : 10/1 ~ 12/31 조회	7,700,000
(5)	[회계]-[K-IFRS 재무제표]-[K-IFRS 재무상태표]	92,200,000
(6)	[회계]-[K-IFRS 재무제표]-[K-IFRS 포괄손익계산서]	800,000

원가회계 **(주)코참공구** [정답 코드 : 3203]

(1) 6월 15일 작업지시 등록

① [물류관리]-[생산관리]-[생산(작업)지시서]를 실행하여 지시일, 완료예정일 입력 후 [Enter]하여 하단에 품목명 [F2], 지시수량, 작업장[F2]을 입력한다.

② [물류관리]-[생산관리]-[자재출고입력]을 실행하여 [생산지시번호]란에 [F2]도움 자판을 이용하여 해당 제품을 입력하고 [Enter]하여 하단에 해당 제품에 출고되는 원재료[F2]와 출고수량 및 해당 작업장[F2]을 입력한다.

(2) 6월 30일 생산자료 등록

[물류관리]-[생산관리]-[생산입고입력]을 실행하여 [생산지시번호]란에 [F2]도움 자판을 이용하여 해당 제품을 입력하고 하단의 해당 제품에 생산수량과 투입시간을 입력한다.

(3) 6월의 원가기준정보

① 노무비 배부기준 등록 : [물류관리]-[원가관리(원가기준정보)]-[배부기준등록]을 실행하여 [노무비배분]Tab에서 6월을 입력한 후 상단의 [당월데이터 생성]단추를 클릭하여 노무비의 데이터를 재집계한 후 총근무시간을 입력하면 임률이 자동으로 계산된다.

② 보조부문비 배부기준 등록 : [보조부문배분]Tab에서 상단의 [보조부문 가져오기]단추를 클릭하여 보조부문의 데이터를 추가집계한 후 보조부문의 배부기준을 등록한다.

③ 작업진행률 등록 : 상단의 [작업진행률]단추를 클릭하거나 [물류관리]-[원가관리(원가기준정보)]-[작업진행률등록]을 실행하여 을제품의 작업진행률(완성도) 60%를 입력한다.

(4) 6월의 실제원가계산 : [물류관리]-[원가관리(원가계산)]

① 기초재공품 등록 : 조회할 데이터가 없으면 기초재공품은 표시되지 않는다.

② 직접재료비 계산 : 상단의 [마감]단추를 클릭하거나 [물류관리]-[생산/재고관리]-[재고관리]-[재고자산수불부]를 실행하여 [일괄마감]한 후 [직접재료비]에서 6월을 입력하고 [Enter]하면 원재료 금액이 자동으로 반영된다.(갑제품의 드릴톱날 : 8,000,000, 을제품의 연마숫돌 : 24,000,000)

③ 직접노무비 계산 : 6월을 입력하고 [Enter]하면 노무비 금액이 자동으로 반영된다.(갑제품 6,000,000, 을제품 : 6,000,000)

④ 제조간접비 계산 : 6월을 입력하고 [Enter]하면 (부문별)로 제조간접비가 자동으로 반영된다.(생산1부 : 7,000,000, 생산2부 : 7,580,000, 동력부문 : 7,200,000, 가공부 : 5,460,000)

⑤ 보조부문비 배부 : 6월을 입력하고 [Enter]하면 보조부문비 배부액이 자동으로 반영된다.(생산1부 : 6,156,000, 생산2부 : 6,504,000)

⑥ 제조부문비 배부(작업시간기준) : 6월을 입력하고 [Enter]하면 제품별 제조부문비배부액이 자동으로 반영된다.(갑제품 : 13,156,000, 을제품 : 14,084,000)

⑦ 완성품 원가 조회 : 6월을 입력하고 원가계산방법을 '평균법'으로 변경하면 완성품원가와 단위당원가가 자동으로 계산된다.(갑제품 단위당원가 : 90,520, 을제품 단위당원가 : 90,915)

⑧ 원가반영 : [물류관리]-[생산관리]-[생산입고입력]을 실행하여 각 제품의 [생산단가]란에 갑제품 단위당원가 : 90,520, 을제품 단위당원가 : 90,915를 입력하면 갑제품은 ₩27,156,000이 계산되고, 을제품은 ₩38,184,300이 계산된다.

(5) 원가계산 마감 후 제조원가명세서 조회

① [물류관리]-[원가관리(원가계산)]-[결산자료입력]을 실행하여 6월을 입력하여 나타나는 4매출원가 및 경비선택]창에서 [F2]도움 자판을 이용하여 455.제품매출원가와 500번대 제조를 선택하여 입력한 후 [확인]단추를 클릭한다.

② [결산자료입력]화면의 우측 상단 [기능모음(F11)]단추 - [기말재고반영]단추를 클릭하여 기말원재료재고액 ₩58,000,000과 기말재공품재고액 ₩5,889,897을 반영시킨 후 [전표추가(F3)]단추를 클릭하면 결산분개가 자동생성된다. 결산자동분개의 확인은 [일반전표입력]에서 가능하다.

③ [물류관리]-[원가관리(원가계산)]-[제조원가명세서]
 : 당기제품제조원가 ₩65,340,103 확인

제04회 모의고사

재무회계　(주)파리크라상 [정답 코드 : 2204]

[문제1] 기준정보의 입력(4점)

(1) 거래처 등록 : [회계]-[기초정보관리]-[거래처등록] 실행하여 [일반] Tab에서 등록

(2) 상품 등록 : [물류관리]-[기준정보관리]-[품목등록]

[문제2] 매입매출전표입력(16점/각4점)

(1) 12월 6일 : [입고입력]-[전송]-[매입매출전표입력] : [전자세금]란 '1.전자입력'

(차) 146 상　　　품	260,000,000	(대) 103 보통예금	10,000,000
135 부가가치세대급금	26,000,000	251 외상매입금	276,000,000

※ [매입매출전표입력]화면 하단의 보통예금의 거래처 (주)위싱턴제과를 산업은행으로 수정

(2) 12월 20일 : [출고입력]-[전송]-[매입매출전표입력] : [전자세금]란 '1.전자입력'

(차) 101 현　　　금	11,000,000	(대) 401 상품매출	386,100,000
108 외상매출금	413,710,000	255 부가가치세예수금	38,610,000

※ 배당금지급통지서는 통화대용증권으로 현금으로 처리하고, 10일 이내로 회수하는 경우 2%할인의 제시문은 외상매출금의 조기회수를 위한 조건이므로 전표입력에는 관련이 없다.

(3) 12월 21일 : [매입매출전표입력]-[유형] : 매입,57 카과

(차) 811 복리후생비	230,000	(대) 253 미지급금	253,000
135 부가가치세대급금	23,000	(신한카드)	

(4) 12월 26일 : [출고입력] - [처리구분] : 건별, 4.건별 - [전송] - [매입매출전표입력]

(차) 103 보통예금	374,000	(대) 401 상품매출	340,000
		255 부가가치세예수금	34,000

[문제3] 일반전표입력(20점/각4점)

(1) 12월 3일

① [기초정보관리]-[계정과목 및 적요등록] : 코드란에 923을 입력하면 등록할 코드로 이동

	계정과목	구분	사용	과목	관계	관리항목	표준코드	표준재무제표항목
	922 기타포괄손익-공정가치측정금융자산처분이익	일	반	922		거래처,부서/사원		
	923 회　사　설　정　계　정　과　목			923		거래처,부서/사원		
	924 회　사　설　정　계　정　과　목			924		거래처,부서/사원		
	925 회　사　설　정　계　정　과　목			925		거래처,부서/사원		

코드	계정과목	구분	사용	과목	관계	관리항목	표준코드	표준재무제표항목
922 기타포괄손익-공정가치측정금융자산처분이익	일	반	922			거래처,부서/사원		
923 정　부　지　원　금	일	반	923			거래처,부서/사원	170	정부보조금
924 회　사　설　정　계　정　과　목			924			거래처,부서/사원		

※ [표준코드]란을 더블클릭하여 '영업외수익'에 속하는 170, 정부보조금을 조회하여 선택한다.

② [대체전표]

(차) 103 보통예금	5,000,000	(대) 923 정부지원금	5,000,000

(2) 12월 13일 : [대체전표]

(차) 251 외상매입금	30,000,000	(대) 101 현　　금	10,000,000
		110 받을어음	20,000,000

※ 받을어음에 [F3]단추 - 자금관리창에서 [어음상태]란에 3.배서로 변경, [어음번호]란에 [F2]로 해당 배서어음번호 입력, [지급거래처]란에 (주)뉴욕제과를 입력한다.

(3) 12월 16일 : [대체전표]

(차) 178 기타포괄손익-공정가치측정금융자산(비유동)	10,000,000
(대) 982 기타포괄손익-공정가치측정금융자산평가손실	10,000,000
(차) 102 당좌예금	49,975,000
945 기타포괄손익-공정가치측정금융자산처분손실	25,000
(대) 178 기타포괄손익-공정가치측정금융자산(비유동)	50,000,000

① 기타포괄손익-공정가치측정금융자산이 지분상품(주식)인 경우에는 처분시 공정가치로 재측정하여 공정가치변동분을 기타포괄손익으로 처리하므로 당기처분손익에 반영을 하지 않는다. 즉 재순환이 금지되어 처분손익이 없다.(단, 본 문제에서는 처분수수료가 있으므로 수수료만큼 처분손실이 생긴다.)

② 합계잔액시산표를 실행하여 기타포괄손익-공정가치측정 금융자산(취득 시 1,000주 @₩100,000 취득원가 ₩100,000,000)의 장부금액을 조회하면 ₩80,000,000이다. 평가손실이 ₩20,000,000이 있으므로 전기 결산 시 공정가치는 1주당 ₩80,000인 것을 알 수 있다.

따라서 처분시점에 1주당 처분가격 ₩100,000이 처분 시의 공정가치이므로 100,000 – 80,000 = 20,000×500주 = 10,000,000의 평가이익이 발생한다. 그러나 전기에 누적되어 있던 평가손실을 소멸시켜야 한다. 따라서 처분시점의 500주 처분주식의 장부금액은 ₩50,000,000이다.

(4) 12월 27일 : [대체전표]

(차) 331 보통주자본금	5,000,000	(대) 103 보통예금	25,000,000
394 감 자 차 손	20,000,000		

(5) 12월 30일 : [출금전표]

(차) 826 도서인쇄비	150,000	(대) 101 현　　　금	650,000
817 세금과공과	300,000		
825 교육훈련비	200,000		

[문제4] 결산 정리 사항(28점/각4점)

(1) 12월 31일 : [대체전표]

(차) 201 토　　　지	130,000,000	(대) 987 재평가잉여금	130,000,000

※ 합계잔액시산표를 실행하여 토지 ₩3,070,000,000를 조회

(2) 12월 31일 : [대체전표]

(차) 133 선급비용	7,875,000	(대) 931 이자비용	7,875,000

※ [합계잔액시산표]를 실행, 이자비용 계정을 더블클릭하여 10월 1일 1년분 지급액 ₩10,500,000을 조회하여 10,500,000×9/12 = 7,875,000원 (2024년 1월 ~ 9월 미경과액)을 계산한다.

(3) 12월 31일 : [대체전표]

(차) 937 당기손익-공정가치측정금융자산평가손실	5,500,000
(대) 107 당기손익-공정가치측정금융자산	5,500,000

※ [합계잔액시산표]를 실행하여 당기손익-공정가치측정금융자산 ₩13,500,000조회

(4) 12월 31일 : [대체전표]

(차) 255 부가가치세예수금	176,590,000	(대) 135 부가가치세대급금	115,623,000
		261 미지급세금	60,967,000

※ [합계잔액시산표]를 실행하여 부가가치세대급금 계정잔액과 부가가치세예수금 계정잔액을 조회한다. 또한 [회계]-[부가가치세1]-[부가가치세신고]를 실행하여 10/1 ~ 12/31로 조회하여 매입세액과 매출세액을 파악할 수도 있다.

(5) 12월 31일 : [대체전표]

| (차) 109 대손충당금(외상) | 26,725,100 | (대) 850 대손충당금환입 | 26,725,100 |
| 835 대손상각비 | 500,000 | 111 대손충당금(받을) | 500,000 |

※ 합계잔액시산표를 실행하여 외상매출금잔액 1,867,490,000×0.01 = 18,674,900원에서 시산표의 결산 전 대손충당금 계정 잔액이 45,400,000원이 있으므로 서로 비교해 보면 차감한 잔액 26,725,100원을 대손충당금환입으로 처리하고, 받을어음은 잔액 300,000,000×0.01 = 3,000,000원에서 시산표의 대손충당금 계정 잔액 ₩2,500,000을 차감하면 설정액은 ₩500,000이다. 이 경우는 [결산자료입력]을 실행하지 않고 분개는 수동으로 하되 외상매출금의 대손충당금환입 분개와 받을어음에 대한 대손설정 분개를 따로 하게 되는데 외상매출금에 대한 대손충당금환입분개를 할 경우 영업외수익에 속한 대손충당금환입액(코드번호 : 908) 계정을 선택하면 오답이다. 영업외수익에 속하는 대손충당금환입(코드번호 : 908) 계정은 매출채권이 아닌 '기타의 채권'(미수금 등)에 대한 대손충당금환입액을 처리하는 것이다. 즉, 대손충당금환입은 판매비와관리비의 차감항목에 속하는 (코드번호 : 850)대손충당금환입을 선택하여야 한다.

※ 손익계산서 대손충당금환입 계정의 표시는 아래와 같다.

손익계산서

기 간 2023 년 12 ▼ 월

과목	금액
Ⅲ. 매 출 총 이 익	2,605,440,000
Ⅳ. 판 매 비 와 관 리 비	1,962,300,100
종 업 원 급 여	1,489,631,000
퇴 직 급 여	135,400,000
복 리 후 생 비	196,310,600
여 비 교 통 비	1,030,000
접 대 비	23,320,000
통 신 비	2,523,000
수 도 광 열 비	1,397,700
세 금 과 공 과	48,300,000
감 가 상 각 비	67,000,000
수 선 비	3,860,000
보 험 료	3,260,000
차 량 유 지 비	8,617,200
운 반 비	3,968,700
교 육 훈 련 비	200,000
도 서 인 쇄 비	150,000
소 모 품 비	3,587,000
대 손 상 각 비	500,000
대 손 충 당 금 환 입	-26,725,100
Ⅴ. 영 업 이 익	643,109,900

(6) [회계]-[고정자산등록]-[원가경비별감가상각명세서]를 실행하여 [유형자산총괄]단추를 눌러 당기 상각비를 조회(건물 25,000,000원, 차량운·반구 42,000,000원)한 후 [회계]-[결산재무제표1]-[결산자료입력]의 4).감가상각비 해당 과목 금액란에 입력한다.

(7) [물류관리]-[재고관리]-[재고자산수불부] 실행 … [마감]단추 클릭하여 '일괄마감'에 check하고 마감한 후 [물류관리]-[재고관리]-[재고자산명세서] 실행하여 기말상품재고액 5,200,000원을 확인하고 [회계]-[결산재무제표1]-[결산자료입력]의 기말상품재고액 금액란에 입력한다.

[마무리]

대손충당금설정과 감가상각비 계상 및 기말상품재고액은 반드시 [결산자료입력]화면 상단의 [전표추가(F3)]단추를 클릭하여 결산전표를 자동생성시킨 후 [이익잉여금처분계산서] 상단 툴바의 [전표추가(F3)]단추를 클릭하면 손익 대체분개가 생성되게 하여 [일반전표입력]에서 12월 31로 결산자동분개를 확인한다.

[당기순이익 : 859,969,900원]

[문제5] 단답형답안 등록(12점/각2점)

모든 장부의 조회는 문제에서 제시하는 기간과 해당과목 및 거래처명을 정확하게 입력하는 것이 중요하다.

No.	조 회 경 로	답 안
(1)	[회계]-[전표입력/장부]-[계정별원장]	1,012,998,800
(2)	[회계]-[전표입력/장부]-[거래처원장]	1,422,960,000
(3)	[회계]-[부가가치세1]-[부가가치세신고서] : 4/1 ~ 6/30 조회	78,800,000
(4)	[회계]-[전표입력/장부]-[거래처원장]	1,047,200,000
(5)	[회계]-[K-IFRS 재무제표]-[K-IFRS 재무상태표]	4,529,475,000
(6)	[회계]-[K-IFRS 재무제표]-[K-IFRS 포괄손익계산서]	5,210,600,000

※ (1)번 : 계정별원장의 전기이월액 4,900,000,000 - 3월 말 잔액 5,912,998,800 = 1,012,998,800원

원가회계 **(주)서울공업** [정답 코드 : 3204]

(1) 11월 1일 작업지시 등록

① [물류관리]-[생산관리]-[생산(작업)지시서]를 실행하여 지시일, 완료예정일 입력 후 [Enter]하여 하단에 품목명[F2], 지시수량, 작업장[F2]을 입력한다.

② [물류관리]-[생산관리]-[자재출고입력]을 실행하여 [생산지시번호]란에 [F2]도움 자판을 이용하여 해당 제품을 입력하고 [Enter]하여 하단에 해당 제품에 출고되는 원재료[F2]와 출고수량 및 해당 작업장[F2]을 입력한다.

(2) 11월 30일 생산자료 등록

[물류관리]-[생산관리]-[생산입고입력]을 실행하여 [생산지시번호]란에 [F2]도움 자판을 이용하여 해당 제품을 입력하고 하단의 해당 제품에 생산수량과 투입시간을 입력한다.

(3) 11월의 원가기준정보

① 노무비 배부기준 등록 : [물류관리]-[원가관리(원가기준정보)]-[배부기준등록]을 실행하여 [노무비배분]Tab에서 11월을 입력한 후 상단의 [당월데이터 생성]단추를 클릭하여 노무비의 데이터를 재집계한 후 총근무시간을 입력하면 임률이 자동으로 계산된다.

② 보조부문비 배부기준 등록 : [보조부문배분]Tab에서 상단의 [보조부문 가져오기]단추를 클릭하여 보조부문의 데이터를 추가집계한 후 보조부문의 배부기준을 등록한다.

③ 작업진행률 등록 : 상단의 [작업진행률]단추를 클릭하거나 [물류관리]-[원가관리(원가기준정보)]-[작업진행률등록]을 실행하여 을제품의 작업진행률(완성도) 70%를 입력한다.

(4) 11월의 실제원가계산 : [물류관리]-[원가관리(원가계산)]

① 기초재공품 등록 : 조회할 데이터가 없으면 기초재공품은 표시되지 않는다.

② 직접재료비 계산 : 상단의 [마감]단추를 클릭하거나 [물류관리]-[생산/재고관리]-[재고관리]-[재고자산수불부]를 실행하여 [일괄마감]한 후 [직접재료비]에 11월을 입력하고 [Enter]하면 원재료 금액이 자동으로 반영된다.(갑제품의 자재A : 80,000,000, 을제품의 자재B : 100,000,000)

③ 직접노무비 계산 : 11월을 입력하고 [Enter]하면 노무비 금액이 자동으로 반영된다.(갑제품 6,250,000, 을제품 : 5,500,000)

④ 제조간접비 계산 : 11월을 입력하고 [Enter]하면 (부문별)로 제조간접비가 자동으로 반영된다.(생산1부 : 15,750,000, 생산2부 : 15,500,000, 동력부문 : 5,100,000, 수선부문 : 3,800,000)

⑤ 보조부문비 배부 : 11월을 입력하고 [Enter]하면 보조부문비배부액이 자동으로 반영된다. (생산1부 : 4,320,000, 생산2부 : 4,580,000)

⑥ 제조부문비 배부(작업시간기준) : 11월을 입력하고 [Enter]하면 제품별 제조부문비배부액이 자동으로 반영된다. (갑제품 : 20,070,000, 을제품 : 20,080,000)

⑦ 완성품 원가 조회 : 11월을 입력하고 원가계산방법을 '평균법'으로 변경하면 완성품원가와 단위당원가가 자동으로 계산된다. (갑제품 단위당원가 : 265,800, 을제품 단위당원가 : 318,032)

⑧ 원가반영 : [물류관리]-[생산관리]-[생산입고입력]을 실행하여 각 제품의 [생산단가]란에 갑제품 단위당원가 : 265,800, 을제품 단위당원가 : 318,032를 입력하면 갑제품은 ₩106,320,000이 계산되고, 을제품은 ₩101,770,240이 계산된다.

(5) 원가계산 마감 후 제조원가명세서 조회

① [물류관리]-[원가관리(원가계산)]-[결산자료입력]을 실행하여 11월을 입력하여 나타나는 [매출원가 및 경비선택]창에서 [F2]도움 자판을 이용하여 455.제품매출원가와 500번대 제조를 선택하여 입력한 후 [확인]단추를 클릭한다.

② [결산자료입력] 화면의 우측 상단 [기능모음(F11)]단추 - [기말재고반영]단추를 클릭하여 기말원재료재고액 ₩90,000,000과 기말재공품재고액 ₩23,809,787을 반영시킨 후 [전표추가(F3)]단추를 클릭하면 결산분개가 자동생성된다. 결산자동분개의 확인은 [일반전표입력]에서 가능하다.

③ [물류관리]-[원가관리(원가계산)]-[제조원가명세서]
: 당기제품제조원가 ₩208,890,213 확인

제05회 모의고사

재무회계 (주)탑코스메틱 【정답 코드 : 2205】

【문제1】기준정보의 입력(4점)

(1) 거래처 등록 : [회계]-[기초정보관리]-[거래처등록]실행하여 [일반]Tab에서 등록

(2) 상품 등록 : [물류관리]-[기준정보관리]-[품목등록]

【문제2】매입매출전표입력(16점/각4점)

(1) 12월 5일 : [입고입력]-[전송]-[매입매출전표입력] : [전자세금]란 '1.전자입력'

(차) 146 상 품 600,000,000	(대) 102 당좌예금 550,000,000
135 부가가치세대급금 60,000,000	251 외상매입금 110,000,000

※ [매입매출전표입력]의 당좌예금의 거래처 (주)기린코스메틱을 우리은행으로 수정

(2) 12월 8일 : [매입매출전표입력] : 매입,53 면세 : '1.전자입력'

(차) 201 토 지 400,000,000	(대) 214 건설중인자산 200,000,000
	253 미지급금 200,000,000

※ 합계잔액시산표를 실행하여 건설중인자산 ₩200,000,000 조회하고, 전표 입력 시 거래처 (주)민영설비를 입력한다. 토지는 감가상각을 하지 않는 자산이므로 고정자산 등록을 하지 않는다. [고정자산등록]은 감가상각 대상 자산의 관리를 위한 메뉴이다.

(3) 12월 13일 : [매입매출전표입력] : 매출, 11 과세 : '1.전자입력'

(차) 103 보통예금 110,000,000	(대) 233 상 표 권 6,000,000
	915 무형자산처분이익 94,000,000
	255 부가가치세예수금 10,000,000

※ 합계잔액시산표를 실행하여 상표권 ₩6,000,000 조회

(4) 12월 19일 : [출고입력]-[전송]-[매입매출전표입력] : [전자세금]란 '1.전자입력'

(차) 108 외상매출금 650,000,000	(대) 401 상품매출 1,500,000,000
110 받을어음 1,000,000,000	255 부가가치세예수금 150,000,000

※ [매입매출전표입력]의 받을어음에 [F3] - 자금관리창에서 [어음번호]란과 [만기일] 및 [지급은행]을 입력한다.

【문제3】일반전표입력(20점/각4점)

(1) 12월 2일 : [대체전표]

(차) 187 투자부동산 20,300,000	(대) 103 보통예금 20,300,000

※ 투자부동산은 감가상각 대상자산이 아니므로 [고정자산등록]을 하지 않는다.

(2) 12월 20일 : [대체전표]

(차) 102 당좌예금 100,000,000	(대) 110 받을어음 100,000,000

※ [회계]-[전표입력/장부]-[받을어음현황]을 실행하여 해당 어음 조회, 전표의 받을어음에 [F3] - 자금관리창에서 [어음상태]란 4.만기로 수정하고, [어음번호]란 [F2]

(3) 12월 26일 : [출금전표]

(차) 177 특정현금과예금 3,500,000	(대) 103 보통예금 3,500,000

※ 당좌거래 개설보증금은 사용이 제한된 예금으로 회계이론에서는 장기금융상품(또는 영업보증금)으로 처리해야 하지만 회계실무에서는 특정현금과예금(코드 : 177)으로 처리해야 한다.

(4) 12월 27일 : [대체전표]

(차) 103 보통예금	1,400,000,000
(대) 982 기타포괄손익-공정가치측정금융자산평가손실 200,000,000	
178 기타포괄손익-공정가치측정금융자산(비유동)1,200,000,000	

※ 합계잔액시산표를 실행하여 기타포괄손익-공정가치 측정 금융자산을 조회하여 1,400,000,000 - 1,200,000,000 = 200,000,000원의 평가이익이 발생하지만, 전기에 누적되어 있던 평가손실을 상계시켜야 한다. 본 문제는 기타포괄손익-공정가치측정금융자산이 주식·채권의 제시가 없으므로 일반적으로 채권에 준하여 회계처리를 한다.

(5) 12월 30일 : [대체전표]

(차) 293 장기차입금 4,800,000,000	(대) 103 보통예금 5,040,000,000
931 이자비용 240,000,000	

※ 합계잔액시산표를 실행하여 장기차입금 ₩6,000,000,000이 조회되지만 문제에서 제시한 국민은행에 대한 금액만 이자 계산을 한다. 4,800,000,000×5% = 240,000,000원(이자비용) [거래처별초기이월]을 실행하여 장기차입금을 클릭하면 국민은행 금액을 알 수 있다.

[문제4] 결산 정리 사항(28점/각4점)

(1) 12월 31일 : [대체전표]

> (차) 133 선급비용 30,000,000 (대) 821 보 험 료 30,000,000

※ [합계잔액시산표]를 실행, 보험료 6월 1일 1년분 지급액 ₩72,000,000
을 조회하여 72,000,000×5/12 = 30,000,000원(2024년 1월 ~ 5월 미
경과액)을 계산한다.

(2) 12월 31일 : [대체전표]

> (차) 172 소모품 1,500,000 (대) 830 소모품비 1,500,000

※ [합계잔액시산표]를 실행하여 소모품비 계정이 조회되면 비용처리법
이므로 결산 시 미사용액을 분개한다.

(3) 12월 31일 : [대체전표]

> (차) 998 법인세 등 5,500,000,000 (대) 136 선납세금 1,600,000,000
> 261 미지급세금 3,900,000,000

※ [합계잔액시산표]를 실행하여 선납법인세(법인세 중간예납액)
1,600,000,000원 조회

(4) 12월 31일 : [대체전표]

> (차) 107 당기손익-공정가치측정금융자산 4,000,000
> (대) 905 당기손익-공정가치측정금융자산평가이익 4,000,000

※ [합계잔액시산표]를 실행하여 당기손익-공정가치측정금융자산
296,000,000원 조회

(5) [회계]-[결산재무제표 1]-[합계잔액시산표] 실행하여 외상
매출금 잔액 7,243,750,000×0.01 = 72,437,500원에서 시산
표 대손충당금 계정 잔액 55,000,000원을 차감한 17,437,500
원과 받을어음잔액 1,962,500,000×0.01 = 19,625,000원에
서 시산표 대손충당금 계정 잔액 9,000,000원을 차감한
10,625,000원의 대손충당금 설정액을 계산하여 [회계]-[결
산재무제표1]-[결산자료입력]의 5).대손상각 해당 과목 금액
란에 입력한다.

(6) [회계]-[고정자산등록]-[원가경비별감가상각명세서]를 실
행하여 [유형자산총괄]단추를 눌러 당기 상각비를 조회(건물
250,000,000원, 차량운반구 40,000,000원, 비품 12,500,000
원)한 후 [회계]-[결산재무제표1]-[결산자료입력]의 4).감
가상각비 해당 과목 금액란에 입력한다.

(7) [물류관리]-[재고관리]-[재고자산수불부] 실행 … [마감]단
추 클릭하여 '일괄마감'에 check하고 마감한 후 [물류관리]-
[재고관리]-[재고자산명세서] 실행하여 기말상품재고액
1,600,000,000원을 확인하고 [회계]-[결산재무제표1]-[결
산자료입력]의 기말상품재고액 금액란에 입력한다.

[마무리]

대손충당금설정과 감가상각비 계상 및 기말상품재고액은 반드시
[결산자료입력]화면 상단의 [전표추가(F3)]단추를 클릭하여 결산
전표를 자동생성시킨 후 [이익잉여금처분계산서] 상단 툴바의 [전
표추가(F3)]단추를 클릭하면 손익 대체분개가 생성되게 하여 [일
반전표입력]에서 12월 31일로 결산자동분개를 확인한다.

[당기순이익 : 32,127,968,500원]

[문제5] 단답형답안 등록(12점/각2점)

모든 장부의 조회는 문제에서 제시하는 기간과 해당과목 및 거래
처명을 정확하게 입력하는 것이 중요하다.

No.	조 회 경 로	답 안
(1)	[물류관리]-[판매관리]-[품목별 판매현황]	103
(2)	[회계]-[전표입력/장부]-[계정별원장]	6
(3)	[회계]-[부가가치세1]-[부가가치세신고서] : 4/1 ~ 6/30 조회	728,400,000
(4)	[물류관리]-[구매관리]-[거래처별 구매현황]	6,900,000,000
(5)	[회계]-[K-IFRS 재무제표]-[K-IFRS 재무 상태표]	39,583,561,000
(6)	[회계]-[K-IFRS 재무제표]-[K-IFRS 포괄 손익계산서]	2,500,000

원가회계 (주)서울기계 [정답 코드 : 3205]

(1) 11월 2일 작업지시 등록

① [물류관리]-[생산관리]-[생산(작업)지시서]를 실행하여
지시일, 완료예정일 입력 후 [Enter]하여 하단에 품목명
[F2], 지시수량, 작업장[F2]을 입력한다.

② [물류관리]-[생산관리]-[자재출고입력]을 실행하여 [생산
지시번호]란에 [F2]도움 자판을 이용하여 해당 제품을 입력
하고 [Enter]하여 하단에 해당 제품에 출고되는 원재료[F2]
와 출고수량 및 해당 작업장[F2]을 입력한다.

(2) 11월 30일 생산자료 등록

[물류관리]-[생산관리]-[생산입고입력]을 실행하여 [생산
지시번호]란에 [F2]도움 자판을 이용하여 해당 제품을 입력하
고 하단의 해당 제품에 생산수량과 투입시간을 입력한다.

(3) 11월의 원가기준정보

① 노무비 배부기준 등록 : [물류관리]-[원가관리(원가기준정
보)]-[배부기준등록]을 실행하여 [노무비배분]Tab에서 11
월을 입력한 후 상단의 [당월데이터 생성]단추를 클릭하여
노무비의 데이터를 재집계한 후 총근무시간을 입력하면 임
률이 자동으로 계산된다.

② 보조부문비 배부기준 등록 : [보조부문배분]Tab에서 상단의
[보조부문 가져오기]단추를 클릭하여 보조부문의 데이터를
추가집계한 후 보조부문의 배부기준을 등록한다.

③ 작업진행률 등록 : 상단의 [작업진행률]단추를 클릭하거나
[물류관리]-[원가관리(원가기준정보)]-[작업진행률등록]
을 실행하여 을제품의 작업진행률(완성도) 50%를 입력한다.

(4) 11월의 실제원가계산 : [물류관리]-[원가관리(원가계산)]

① 기초재공품 등록 : 조회할 데이터가 없으면 기초재공품은 표
시되지 않는다.

② 직접재료비 계산 : 상단의 [마감]단추를 클릭하거나 [물류관
리]-[생산/재고관리]-[재고관리]-[재고자산수불부]를 실
행하여 [일괄마감]한 후 [직접재료비]에서 11월을 입력하고
[Enter]하면 원재료 금액이 자동으로 반영된다. (갑제품의 부
속A : 30,000,000, 을제품의 부속B 16,000,000 부속C :
40,000,000 총 56,000,000)

③ 직접노무비 계산 : 11월을 입력하고 [Enter]하면 노무비 금액
이 자동으로 반영된다.(갑제품 8,640,000, 을제품 : 4,800,000)

④ 제조간접비 계산 : 11월을 입력하고 [Enter]하면 (부문별)로
제조간접비가 자동으로 반영된다.(생산1부 : 13,660,000, 생산2
부 : 14,200,000, 동력부문 : 30,000,000, 수선부문 : 18,000,000)

⑤ 보조부문비 배부 : 11월을 입력하고 [Enter]하면 보조부문비배부액이 자동으로 반영된다. (생산1부 : 27,000,000, 생산2부 : 21,000,000)

⑥ 제조부문비 배부(작업시간기준) : 11월을 입력하고 [Enter]하면 제품별 제조부문비배부액이 자동으로 반영된다. (갑제품 : 40,660,000, 을제품 : 35,200,000)

⑦ 완성품 원가 조회 : 11월을 입력하고 원가계산방법을 '평균법'으로 변경하면 완성품원가와 단위당원가가 자동으로 계산된다. (갑제품 단위당원가 : 99,125, 을제품 단위당원가 : 136,667)

⑧ 원가반영 : [물류관리]-[생산관리]-[생산입고입력]을 실행하여 각 제품의 [생산단가]란에 갑제품 단위당원가 : 99,125, 을제품 단위당원가 : 136,667을 입력하면 갑제품은 ₩79,300,000이 계산되고, 을제품은 ₩54,666,800이 계산된다.

(5) 원가계산 마감 후 제조원가명세서 조회

① [물류관리]-[원가관리(원가계산)]-[결산자료입력]을 실행하여 11월을 입력하여 나타나는 [매출원가 및 경비선택]창에서 [F2]도움 자판을 이용하여 455.제품매출원가와 500번대 제조를 선택하여 입력한 후 [확인]단추를 클릭한다.

② [결산자료입력] 화면의 우측 상단 [기능모음(F11)]단추 - [기말재고반영]단추를 클릭하여 기말원재료재고액 ₩70,000,000과 기말재공품재고액 ₩41,333,333을 반영시킨 후 [전표추가(F3)]단추를 클릭하면 결산분개가 자동생성된다. 결산자동분개의 확인은 [일반전표입력]에서 가능하다.

③ [물류관리]-[원가관리(원가계산)]-[제조원가명세서]
: 당기제품제조원가 ₩133,966,667 확인

제06회 모의고사

재무회계 **(주)스쿨디포** 【정답 코드 : 2206】

【문제1】기준정보의 입력(4점)

(1) 거래처 등록 : [회계]-[기초정보관리]-[거래처등록] 실행하여 [일반]Tab에서 등록

(2) 상품 등록 : [물류관리]-[기준정보관리]-[품목등록]

【문제2】매입매출전표입력(16점/각4점)

(1) 12월 9일 : [입고입력]-[전송]-[매입매출전표입력] : [전자세금]란 '1.전자입력'

| (차) 146 상 품 | 44,000,000 | (대) 131 선 급 금 | 1,000,000 |
| 135 부가가치세대급금 | 4,400,000 | 252 지급어음 | 47,400,000 |

※ 합계잔액시산표를 실행하여 선급금 11/29 ₩1,000,000 조회, [매입매출전표입력]의 지급어음 계정에 [F3] - 자금관리창의 [어음번호]에 [F2]로 해당어음 선택 후 만기일 직접입력한다. 단, 자금관리창에서 발행할 어음번호가 없는 경우에는 [회계]-[일반전표입력]을 실행하여 상단 [어음등록] 단추를 눌러 어음등록을 하여야 한다. 그러나 최근 검정시험에서는 발행할 어음번호가 기초데이터에 이미 등록되어 있다. 따라서 본 문제는 해당 어음번호가 없는 경우에 대비한 것이다.

(2) 12월 16일 : [출고입력]-[전송]-[매입매출전표입력] : [전자세금]란 '1.전자입력'

(차) 108 외상매출금	25,800,000	(대) 401 상품매출	38,000,000
110 받을어음	15,000,000	255 부가가치세예수금	3,800,000
259 선 수 금	1,000,000		

※ 합계잔액시산표를 실행하여 선수금 11/26 ₩1,000,000 조회, [매입매출전표입력]의 받을어음에 [F3] - 자금관리창에서 [어음번호]란과 [만기일] 및 [지급은행]을 입력한다.

(3) 12월 19일 : [매입매출전표입력]-[유형] : 매입,54 불공 - 불공제 사유 선택 : '비영업용 소형승 용차 구입 및 유지' 선택 : '1.전자입력'

| (차) 822 차량유지비 | 253,000 | (대) 253 미지급금 | 253,000 |

(4) 12월 23일 : [출고입력] - [처리구분] : 건별, 7카과 - [전송] - [매입매출전표입력] : [분개] - 혼합

| (차) 108 외상매출금 | 550,000 | (대) 401 상품매출 | 500,000 |
| (비씨카드) | | 255 부가가치세예수금 | 50,000 |

【문제3】일반전표입력(20점/각4점)

(1) 12월 3일 : [대체전표]

(차) 812 여비교통비	340,000	(대) 134 가 지 급 금	500,000
813 접 대 비	100,000		
101 현 금	60,000		

※ 합계잔액시산표를 실행하여 11/30 가지급금 ₩500,000 조회

(2) 12월 7일 : [대체전표]

| (차) 252 지급어음 | 11,000,000 | (대) 102 당좌예금 | 11,000,000 |

※ [회계]-[전표입력/장부]-[지급어음현황]실행하여 해당어음 ₩11,000,000 조회, 전표의 지급어음 계정에 [F3] - 자금관리창 [어음번호]란 [F2]

(3) 12월 14일 : [대체전표]

(차) 103 보통예금			3,950,000
(차) 107 당기손익-공정가치측정금융자산			2,000,000
(대) 906 당기손익-공정가치측정금융자산처분이익			1,950,000

※ 합계잔액시산표를 실행하여 당기손익-공정가치측정금융자산 조회, 1주당 장부단가 3,000,000÷300주 = 10,000원, 따라서 200주× (20,000-10,000) = 2,000,000-수수료 50,000원 = 1,950,000원(처분이익)

(4) 12월 18일 : [대체전표]

| (차) 802 종업원급여 | 3,000,000 | (대) 254 예 수 금 | 300,000 |
| | | 103 보통예금 | 2,700,000 |

(5) 12월 31일 : [대체전표]

| (차) 931 이자비용 | 2,375,657 | (대) 101 현 금 | 2,000,000 |
| | | 292 사채할인발행차금 | 375,657 |

※ 합계잔액시산표를 실행하여 사채와 사채할인발행차금을 조회하여
50,000,000−2,486,852 = 47,513,148×10%×6/12 = 2,375,657(유효
이자율에 의한 총이자) − 액면이자(50,000,000×8%×6/12 =
2,000,000) = 375,657원(사채할인발행차금 상각액)

[문제4] 결산 정리 사항(28점/각4점)

(1) 12월 31일 : [대체전표]

| (차) 172 소 모 품 | 200,000 | (대) 830 소모품비 | 200,000 |

※ [합계잔액시산표]를 실행하여 소모품비 계정을 조회하면 소모품 구입
시 비용처리법이므로 결산 시 미사용액을 분개한다. 따라서 소모품비 계
정 잔액 ₩1,100,000−사용액 ₩900,000 = 200,000원(미사용액)이다.

(2) 12월 31일 : [대체전표]

| (차) 133 선급비용 | 600,000 | (대) 819 임 차 료 | 600,000 |

※ [합계잔액시산표]를 실행, 임차료 4월 1일 1년분 지급액 ₩2,400,000
을 조회하여 2,400,000×3/12 = 600,000원(2024년 1월 ~ 3월 미경과
액)을 계산한다.

(3) 12월 31일 : [대체전표]

| (차) 107 당기손익−공정가치측정금융자산 | 200,000 |
| (대) 905 당기손익−공정가치측정금융자산평가이익 | 200,000 |

※ [합계잔액시산표]를 실행, 당기손익−공정가치측정금융자산 계정을
더블클릭하여 잔여주식 100주 장부금액 ₩1,000,000을 조회, 장부상
단가는 1,000,000÷100주 = 10,000원을 계산한 후 100주×(12,000−
10,000) = 200,000원의 평가이익을 계산한다.

(4) 12월 31일 : [대체전표]

| (차) 960 잡 손 실 | 25,000 | (대) 101 현 금 | 25,000 |

※ [합계잔액시산표]를 실행, 현금 장부액 조회 45,325,000 − 45,300,000
= 25,000원 부족액은 결산 당일 발견했으므로 현금과부족 계정을 설
정하지 않고 바로 잡손실 계정으로 처리한다.

(5) [회계] − [결산재무제표 1] − [합계잔액시산표]실행하여 외상
매출금 잔액 69,740,000×0.01 = 697,400원에서 시산표 대
손충당금 계정 잔액 260,000원을 차감한 437,400원과 받을어
음잔액 42,500,000×0.01 = 425,000원의 대손충당금 설정액
을 계산하여 [회계] − [결산재무제표1] − [결산자료입력]의 5).
대손상각 해당 과목 금액란에 입력한다.

(6) [회계] − [고정자산등록] − [원가경비별감가상각명세서]를 실
행하여 [유형자산총괄]단추를 눌러 당기 상각비를 조회(차량
운반구 3,398,296원, 비품 2,160,000원)한 후 [회계] − [결산
재무제표1] − [결산자료입력]의 4).감가상각비 해당 과목 금액
란에 입력한다.

(7) [물류관리] − [재고관리] − [재고자산수불부]실행 … [마감]단
추 클릭하여 '일괄마감'에 check하고 마감한 후 [물류관리] −
[재고관리] − [재고자산명세서] 실행하여 기말상품재고액
51,360,000원을 확인하고 [회계] − [결산재무제표1] − [결산자
료입력]의 기말상품재고액 금액란에 입력한다.

【마무리】

대손충당금설정과 감가상각비 계상 및 기말상품재고액은 반드시
[결산자료입력]화면 상단의 [전표추가(F3)]단추를 클릭하여 결산
전표를 자동생성시킨 후 [이익잉여금처분계산서] 상단 툴바의 [전
표추가(F3)]단추를 클릭하면 손익 대체분개가 생성되게 하여 [일
반전표입력]에서 12월 31일로 결산자동분개를 확인한다.

[당기순손실 : 3,989,353원]

[문제5] 단답형답안 등록(12점/각2점)

모든 장부의 조회는 문제에서 제시하는 기간과 해당과목 및 거래
처명을 정확하게 입력하는 것이 중요하다.

No.	조회경로	답안
(1)	[물류관리] − [재고관리] − [재고자산수불부]	230
(2)	[회계] − [전표입력/장부] − [계정별원장]	47,513,148
(3)	[회계] − [전표입력/장부] − [거래처원장]	7,580,000
(4)	[회계] − [부가가치세1] − [부가가치세신고서] : 4/1 ~ 6/30 조회	718,000
(5)	[회계] − [K-IFRS 재무제표] − [K-IFRS 재무상태표]	302,812,748
(6)	[회계] − [K-IFRS 재무제표] − [K-IFRS 포괄손익계산서]	6,150,000

원가회계 (주)코참컴퓨터 [정답 코드 : 3206]

(1) 12월 21일 작업지시 등록

① [물류관리] − [생산관리] − [생산(작업)지시서]를 실행하여
지시일, 완료예정일 입력 후 [Enter]하여 하단에 품목명
[F2], 지시수량, 작업장[F2]을 입력한다.

② [물류관리] − [생산관리] − [자재출고입력]을 실행하여 [생산
지시번호]란에 [F2]도움 자판을 이용하여 해당 제품을 입력
하고 [Enter]하여 하단에 해당 제품에 출고되는 원재료[F2]
와 출고수량 및 해당 작업장[F2]을 입력한다.

(2) 12월 31일 생산자료 등록

[물류관리] − [생산관리] − [생산입고입력]을 실행하여 [생산
지시번호]란에 [F2]도움 자판을 이용하여 해당 제품을 입력하
고 하단의 해당 제품에 생산수량과 투입시간을 입력한다.

(3) 12월의 원가기준정보

① 노무비 배부기준 등록 : [물류관리] − [원가관리(원가기준정
보)] − [배부기준등록]을 실행하여 [노무비배분]Tab에서 12
월을 입력한 후 상단의 [당월데이터 생성]단추를 클릭하여
노무비의 데이터를 재집계한 후 총근무시간을 입력하면 임
률이 자동으로 계산된다.

② 보조부문비 배부기준 등록 : [보조부문배분]Tab에서 상단의
[보조부문 가져오기]단추를 클릭하여 보조부문의 데이터를
추가집계한 후 보조부문의 배부기준을 등록한다.

③ 작업진행률 등록 : 상단의 [작업진행률]단추를 클릭하거나
[물류관리] − [원가관리(원가기준정보)] − [작업진행률등록]
을 실행하여 을제품의 작업진행률(완성도) 50%를 입력한다.

(4) 11월의 실제원가계산 : [물류관리] − [원가관리(원가계산)]

① 기초재공품 등록 : 조회할 데이터가 없으면 기초재공품은 표
시되지 않는다.

② 직접재료비 계산 : 상단의 [마감]단추를 클릭하거나 [물류관리]−[생산/재고관리]−[재고관리]−[재고자산수불부]를 실행하여 [일괄마감]한 후 [직접재료비]에서 12월을 입력하고 [Enter]하면 원재료 금액이 자동으로 반영된다.(갑제품의 자재X : 8,000,000, 을제품의 자재Y : 15,000,000)

③ 직접노무비 계산 : 12월을 입력하고 [Enter]하면 노무비 금액이 자동으로 반영된다.(갑제품 2,500,000, 을제품 : 3,200,000)

④ 제조간접비 계산 : 12월을 입력하고 [Enter]하면 (부문별)로 제조간접비가 자동으로 반영된다.(생산1부 : 5,800,000, 생산2부 : 4,000,000, 동력부문 : 4,200,000, 수선부문 : 6,400,000)

⑤ 보조부문비 배부 : 12월을 입력하고 [Enter]하면 보조부문비 배부액이 자동으로 반영된다.(생산1부 : 4,880,000, 생산2부 : 5,720,000)

⑥ 제조부문비 배부(작업시간기준) : 12월을 입력하고 [Enter]하면 제품별 제조부문비배부액이 자동으로 반영된다.(갑제품 : 10,680,000, 을제품 : 9,720,000)

⑦ 완성품 원가 조회 : 12월을 입력하고 원가계산방법을 '평균법'으로 변경하면 완성품원가와 단위당원가가 자동으로 계산된다.(갑제품 단위당원가 : 52,950, 을제품 단위당원가 : 58,711)

⑧ 원가반영 : [물류관리]−[생산관리]−[생산입고입력]을 실행하여 각 제품의 [생산단가]란에 갑제품 단위당원가 : 52,950, 을제품 단위당원가 : 58,711을 입력하면 갑제품은 ₩ 21,180,000이 계산되고, 을제품은 ₩23,484,400이 계산된다.

(5) 원가계산 마감 후 제조원가명세서 조회

① [물류관리]−[원가관리(원가계산)]−[결산자료입력]을 실행하여 12월을 입력하여 나타나는 [매출원가 및 경비선택]창에서 [F2]도움 자판을 이용하여 455.제품매출원가와 500번대 제조를 선택하여 입력한 후 [확인]단추를 클릭한다.

② [결산자료입력] 화면의 우측 상단 [기능모음(F11)]단추 − [기말재고반영]단추를 클릭하여 기말원재료재고액 ₩ 52,000,000과 기말재공품재고액 ₩4,435,556을 반영시킨 후 [전표추가(F3)]단추를 클릭하면 결산분개가 자동생성된다. 결산자동분개의 확인은 [일반전표입력]에서 가능하다.

③ [물류관리]−[원가관리(원가계산)]−[제조원가명세서]
  : 당기제품제조원가 ₩44,664,444 확인

제07회 모의고사

재무회계 **(주)코리아제록스** [정답 코드 : 2207]

【문제1】 기준정보의 입력(4점)

(1) 거래처 등록 : [회계]−[기초정보관리]−[거래처등록]실행하여 [일반]Tab에서 등록

(2) 상품 등록 : [물류관리]−[기준정보관리]−[품목등록]

【문제2】 매입매출전표입력(16점/각4점)

(1) 12월 11일 : [입고입력]−[전송]−[매입매출전표입력] : [전자세금]란 '1.전자입력'

(차) 146 상 품	50,000,000	(대) 251 외상매입금	20,000,000
135 부가가치세대급금	5,000,000	252 지급어음	35,000,000

※ [매입매출전표입력]의 지급어음에 [F3] − 자금관리창의 [어음번호]에 [F2], 만기일 입력

(2) 12월 13일 : [매입매출전표입력] : 매출, 11과세 : '1.전자입력'

(차) 108 미 수 금	1,650,000	(대) 212 비 품	2,400,000
213 감가상각누계액	480,000	255 부가가치세예수금	150,000
818 감가상각비	480,000	914 유형자산처분이익	60,000

※ [고정자산등록]에서 맨 하단의 '전체 양도일자'란에 2023−12−13을 입력해야 한다.

(3) 12월 20일 : [매입매출전표입력]−[유형] : 매입, 54 불공, [불공제사유 선택]−접대비관련 매입세액 선택 : '1.전자입력'

(차) 813 접 대 비	330,000	(대) 103 보통예금	330,000
		(신한은행)	

(4) 12월 30일 : [출고입력]−[전송]−[매입매출전표입력] : [전자세금]란 '1.전자입력'

(차) 108 외상매출금	55,900,000	(대) 401 상품매출	69,000,000
110 받을어음	20,000,000	255 부가가치세예수금	6,900,000

※ [매입매출전표입력]의 받을어음에 [F3] − 자금관리창의 [어음번호]란과 [만기일] 및 [지급은행]

【문제3】 일반전표입력(20점/각4점)

(1) 12월 4일 : [대체전표]

(차) 252 지급어음	16,500,000	(대) 102 당좌예금	16,500,000

※ [회계]−[전표입력/장부]−[지급어음현황]실행하여 해당어음 ₩ 16,500,000 조회, 전표의 지급어음 계정에 [F3] − 자금관리창 [어음번호]란 [F2]

(2) 12월 5일 : [출금전표]

(차) 176 장기예금	40,000,000	(대) 101 현 금	40,000,000

※ [회계]−[기초정보관리]−[거래처등록] : [금융]Tab − 국민은행 등록

(3) 12월 10일 : [대체전표]

(차) 102 당좌예금	50,000	(대) 141 현금과부족	50,000

※ 합계잔액시산표를 실행하여 현금과부족 ₩50,000 조회, 10/31의 전표를 실행하면 (차) 통신비 50,000 (대) 당좌예금 50,000이 조회된다. 따라서 10/31에 차변의 통신비는 정확하게 입력했으나 대변에 현금으로 입력해야 할 것을 당좌예금으로 하였고, 전화요금의 현금 지급에 대한 것은 11/29에 (차) 현금과부족 50,000 (대) 현금 50,000으로 이미 입력이 되어 있다. 따라서 통신비와 현금의 기록은 정확하게 입력된 상태이므로 오류를 정정할 것은 당좌예금을 차변에 복귀시키면 된다.

(4) 12월 12일 : [대체전표]

(차) 102 당좌예금	32,764,932	(대) 110 받을어음	33,000,000
936 매출채권처분손실	235,068		

※ 전표의 받을어음에 [F3] − [자금관리]창의 [어음번호]란 [F2]

(5) 12월 30일 : [대체전표]

(차) 931 이자비용	482,270	(대) 101 현 금	400,000
		292 사채할인발행차금	82,270

※ 합계잔액시산표를 실행하여 사채와 사채할인발행차금을 조회하여 10,000,000−354,600 = 9,645,400×10%×6/12 = 482,270 (유효이자율에 의한 총이자) − 액면이자(10,000,000×8%×6/12 = 400,000) = 82,270원(사채할인발행차금 상각액)

【문제4】 결산 정리 사항(28점/각4점)

(1) 12월 31일 : [대체전표]

> (차) 821 보 험 료 1,600,000 (대) 133 선급비용 1,600,000

※ [합계잔액시산표]를 실행, 보험료 계정이 없으므로 선급비용을 더블클릭하면 5월 1일 1년분 지급액 ₩2,400,000이 조회된다. 보험료 지급 시 자산으로 처리했으므로 경과액 2,400,000×8/12 = 1,600,000원 (2023년 5월 ~ 12월 경과액)을 계산한다.

(2) 12월 31일 : [대체전표]

> (차) 904 임 대 료 700,000 (대) 263 선수수익 700,000

※ [합계잔액시산표]를 실행하여 임대료 계정을 더블클릭하여 8월 1일 임대료 1년분 수령액 ₩1,200,000을 조회한다. 1,200,000×7/12 = 700,000원(2024년 1월 ~ 7월 선수액)

(3) 12월 31일 : [대체전표]

> (차) 255 부가가치세예수금 10,050,000 (대) 135 부가가치세대급금 6,000,000
> 261 미지급세금 4,050,000

※ [합계잔액시산표]를 실행하여 부가가치세대급금 계정잔액과 부가가치세예수금 계정잔액을 조회한다. 또한 [회계]-[부가가치세1]-[부가가치세신고]를 실행하여 10/1 ~ 12/31로 조회하여 매입세액과 매출세액을 파악할 수도 있다.

(4) 12월 31일 : [대체전표]

> (차) 101 현 금 120,000 (대) 930 잡 이 익 120,000

※ [합계잔액시산표]를 실행하여 현금 계정 잔액 159,880,000 확인, 결산 당일이므로 현금초과액을 현금과부족 계정을 설정하지 않고 즉시 잡이익으로 처리

(5) [회계] - [결산재무제표 1] - [합계잔액시산표] 실행하여 외상매출금 잔액 350,700,000×0.01 = 3,507,000원에서 시산표 대손충당금 계정 잔액 800,000원을 차감한 2,707,000과 받을어음잔액 97,500,000×0.01 = 975,000원의 대손충당금 설정액을 계산하여 [회계]-[결산재무제표1]-[결산자료입력]의 5).대손상각 해당 과목 금액란에 입력한다.

(6) [회계] - [고정자산등록] - [원가경비별감가상각명세서]를 실행하여 [유형자산총괄]단추를 눌러 당기 상각비를 조회(건물 1,800,000원, 차량운반구 2,000,000원, 비품 400,000원)한 후 [회계]-[결산재무제표1]-[결산자료입력]의 4).감가상각비 해당 과목 금액란에 입력한다.

(7) [물류관리]-[재고관리]-[재고자산수불부] 실행 … [마감]단추 클릭하여 '일괄마감'에 check하고 마감한 후 [물류관리]-[재고관리]-[재고자산명세서] 실행하여 기말상품재고액 87,000,000원을 확인하고 [회계]-[결산재무제표1]-[결산자료입력]의 기말상품재고액 금액란에 입력한다.

[마무리]

대손충당금설정과 감가상각비 계상 및 기말상품재고액은 반드시 [결산자료입력]화면 상단의 [전표추가(F3)]단추를 클릭하여 결산전표를 자동생성시킨 후 [이익잉여금처분계산서] 상단 툴바의 [전표추가(F3)]단추를 클릭하면 손익 대체분개가 생성되게 하여 [일반전표입력]에서 12월 31일로 결산자동분개를 확인한다.

【 당기순이익 : 295,720,662원 】

【문제5】 단답형답안 등록(12점/각2점)

모든 장부의 조회는 문제에서 제시하는 기간과 해당과목 및 거래처명을 정확하게 입력하는 것이 중요하다.

No.	조 회 경 로	답 안
(1)	[물류관리]-[재고관리]-[재고자산수불부]	65,000,000
(2)	[회계]-[전표입력/장부]-[계정별원장] 또는 합계잔액시산표	149,050,000
(3)	[회계]-[전표입력/장부]-[거래처원장]	132,000,000
(4)	[회계]-[부가가치세1]-[부가가치세신고서] : 10/1 ~ 12/31 조회	4,050,000
(5)	[회계]-[K-IFRS 재무제표]-[K-IFRS 재무상태표]	924,418,332
(6)	[회계]-[K-IFRS 재무제표]-[K-IFRS 포괄손익계산서]	253,000,000

※ (1)번 해설

① [물류관리]-[재고관리]-[재고자산수불부]를 실행하여 1/1 ~ 12/31로 [마감취소]를 한 후 1/1 ~ 5/31로 다시 [일괄마감]을 한다.

② [물류관리]-[재고관리]-[재고자산명세서]에서 갑상품의 재고액을 조회한다.

③ [재고자산수불부]에서 1/1~5/31로 [마감취소]하고 다시 1/1 ~ 12/31로 [일괄마감]한다.

원가회계 **대한가구(주) 【정답 코드 : 3207】**

(1) 12월 23일 작업지시 등록

① [물류관리] - [생산관리] - [생산(작업)지시서]를 실행하여 지시일, 완료예정일 입력 후 [Enter]하여 하단에 품목명 [F2], 지시수량, 작업장[F2]을 입력한다.

② [물류관리] - [생산관리] - [자재출고입력]을 실행하여 [생산지시번호]란에 [F2]도움 자판을 이용하여 해당 제품을 입력하고 [Enter]하여 하단에 해당 제품에 출고되는 원재료[F2]와 출고수량 및 해당 작업장[F2]을 입력한다.

(2) 12월 31일 생산자료 등록

[물류관리]-[생산관리]-[생산입고입력]을 실행하여 [생산지시번호]란에 [F2]도움 자판을 이용하여 해당 제품을 입력하고 하단의 해당 제품에 생산수량과 투입시간을 입력한다.

(3) 12월의 원가기준정보

① 노무비 배부기준 등록 : [물류관리]-[원가관리(원가기준정보)]-[배부기준등록]을 실행하여 [노무비배분]Tab에서 12월을 입력한 후 상단의 [당월데이터 생성]단추를 클릭하여 노무비의 데이터를 재집계한 후 총근무시간을 입력하면 임률이 자동으로 계산된다.

② 보조부문비 배부기준 등록 : [보조부문배분]Tab에서 상단의 [보조부문 가져오기]단추를 클릭하여 보조부문의 데이터를 추가집계한 후 보조부문의 배부기준을 등록한다.

③ 작업진행률 등록 : 상단의 [작업진행률]단추를 클릭하거나 [물류관리]-[원가관리(원가기준정보)]-[작업진행률등록]을 실행하여 을제품의 작업진행률(완성도) 40%를 입력한다.

(4) 12월의 실제원가계산 : [물류관리]-[원가관리(원가계산)]

① 기초재공품 등록 : 조회할 데이터가 없으면 기초재공품은 표시되지 않는다.

② 직접재료비 계산 : 상단의 [마감]단추를 클릭하거나 [물류관리]-[생산/재고관리]-[재고관리]-[재고자산수불부]를 실행하여 [일괄마감]한 후 [직접재료비]에서 7월을 입력하고 [Enter]하면 원재료 금액이 자동으로 반영된다. (갑제품의 자재A : 10,400,000, 을제품의 자재B : 6,200,000)

③ 직접노무비 계산 : 12월을 입력하고 [Enter]하면 노무비 금액
이 자동으로 반영된다.(갑제품 6,000,000, 을제품 : 3,500,000)

④ 제조간접비 계산 : 12월을 입력하고 [Enter]하면 (부문별)로
제조간접비가 자동으로 반영된다.(생산1부 : 3,950,000, 생산2
부 : 5,200,000, 동력부문 : 4,900,000, 수선부문 : 4,000,000)

⑤ 보조부문비 배부 : 12월을 입력하고 [Enter]하면 보조부문비
배부액이 자동으로 반영된다.(생산1부 : 3,650,000, 생산2부 :
5,250,000)

⑥ 제조부문비 배부(작업시간기준) : 12월을 입력하고 [Enter]
하면 제품별 제조부문비배부액이 자동으로 반영된다.(갑제품 :
7,600,000, 을제품 : 10,450,000)

⑦ 완성품 원가 조회 : 12월을 입력하고 원가계산방법을 '평균법'
으로 변경하면 완성품원가와 단위당원가가 자동으로 계산된
다.(갑제품 단위당원가 : 48,000, 을제품 단위당원가 : 35,067)

⑧ 원가반영 : [물류관리]-[생산관리]-[생산입고입력]을 실행
하여 각 제품의 [생산단가]란에 갑제품 단위당원가 : 48,000,
을제품 단위당원가 : 35,067을 입력하면 갑제품은 ₩
24,000,000이 계산되고, 을제품은 ₩18,936,180이 계산된다.

(5) 원가계산 마감 후 제조원가명세서 조회

① [물류관리] - [원가관리(원가계산)] - [결산자료입력]을 실
행하여 12월을 입력하여 나타나는 [매출원가 및 경비선택]
창에서 [F2]도움 자판을 이용하여 455.제품매출원가와 500
번대 제조를 선택하여 입력한 후 [확인]단추를 클릭한다.

② [결산자료입력] 화면의 우측 상단 [기능모음(F11)]단추 -
[기말재고반영] 단추를 클릭하여 기말원재료재고액 ₩
6,600,000과 기말재공품재고액 ₩1,213,617을 반영시킨 후
[전표추가(F3)]단추를 클릭하면 결산분개가 자동생성된다.
결산자동분개의 확인은 [일반전표입력]에서 가능하다.

③ [물류관리] - [원가관리(원가계산)] - [제조원가명세서]
: 당기제품제조원가 ₩42,936,383 확인

제08회 모의고사

재무회계 **(주)타임메카** 【정답 코드 : 2208】

[문제1] 기준정보의 입력(4점)

(1) 거래처 등록 : [회계] - [기초정보관리] - [거래처등록]실행하
여 [일반]Tab에서 등록

(2) 상품 등록 : [물류관리] - [기준정보관리] - [품목등록]

[문제2] 매입매출전표입력(16점/각4점)

(1) 12월 11일 : [입고입력] - [전송] - [매입매출전표입력] : [전자
세금]란 '1.전자입력'

(차) 146 상 품	49,000,000	(대) 102 당좌예금	10,000,000
135 부가가치세대급금	4,900,000	251 외상매입금	43,900,000

※ [매입매출전표입력]의 하단 당좌예금의 거래처 보람시계(주)를 국민
은행으로 수정

(2) 12월 15일 : [대체전표]

(차) 818 감가상각비	1,000,000	(대) 213 감가상각누계액	1,000,000

12월 15일 : [매입매출전표입력] : 매출,11과세 '1.전자입력'

(차) 103 보통 예금	2,530,000	(대) 212 비 품	5,000,000
213 감가상각누계액	2,500,000	255 부가가치세예수금	230,000
950 유형자산처분손실	200,000		

(3) 12월 21일 : [매입매출전표입력] : [유형] - 매입, 61현과

(차) 830 소모품비	90,000	(대) 101 현 금	99,000
135 부가가치세대급금	9,000		

(4) 12월 26일 : [출고입력] - [전송] - [매입매출전표입력] : [전자
세금]란 '1.전자입력'

(차) 101 현 금	16,000,000	(대) 401 상품매출	50,000000
108 외상매출금	39,000,000	255 부가가치세예수금	5,000,000

[문제3] 일반전표입력(20점/각4점)

(1) 12월 1일 : [대체전표]

(차) 103 당좌예금	19,039,600	(대) 292 사 채	20,000,000
292 사채할인발행차금	960,400		

(2) 12월 5일 : [대체전표]

(차) 831 수수료비용	300,000	(대) 103 보통예금	300,000

※ 렌탈료를 819.'(지급)임차료'로 처리하여도 정답처리된다.

(3) 12월 13일 : [대체전표]

(차) 815 수도광열비	270,000	(대) 141 현금과부족	570,000
833 광고선전비	300,000		

※ [합계잔액시산표]실행, 현금과부족 ₩570,000 조회

(4) 12월 20일 : [대체전표]

(차) 251 외상매입금	15,000,000	(대) 110 받을어음	15,000,000

※ 받을어음에 [F3]단추 - 자금관리창에서 [어음상태]란에 4.배서로 변
경, [어음번호]란에 [F2]로 해당 배서어음번호 입력, [지급거래처]란에
명성시계(주)를 입력한다.

(5) 12월 28일 : [대체전표]

(차) 305 외화장기차입금	10,000,000	(대) 101 현 금	9,500,000
		907 외환차익	500,000

※ 외환차익 : $10,000 × (1,000 - 950) = 500,000원

[문제4] 결산 정리 사항(28점/각4점)

(1) 12월 31일 : [대체전표]

(차) 133 선급 비용	160,000	(대) 821 보 험 료	160,000

※ [합계잔액시산표]를 실행, 보험료 계정을 더블클릭하여 5월 1일 자동
차보험료 1년분 지급액 ₩480,000을 조회하여 480,000 × 4/12 =
160,000원(2024년 1월 ~ 4월 미경과액)을 계산한다.

(2) 12월 31일 : [대체전표]

(차) 116 미 수 수 익	350,000	(대) 901 이 자 수 익	350,000

(3) 12월 31일 : [대체전표]

(차) 172 소 모 품	200,000	(대) 830 소 모 품 비	200,000

※ [합계잔액시산표]를 실행 - 소모품비 계정 확인, 비용처리법, 미사용
액을 분개한다.

(4) 12월 31일 : [대체전표]

(차) 107 당기손익-공정가치측정금융자산	700,000
(대) 905 당기손익-공정가치측정금융자산평가이익	700,000

※ [합계잔액시산표]실행 : 당기손익-공정가치측정금융자산을 더블
클릭하여 장부금액 ₩5,000,000을 조회

(5) [회계] - [결산재무제표 1] - [합계잔액시산표]실행하여 외상매출금 잔액 207,220,000×0.01 = 2,072,200원에서 시산표 대손충당금 계정 잔액 300,000원을 차감한 1,772,200원의 대손충당금 설정액을 계산하여 [회계] - [결산재무제표1] - [결산자료입력]의 5).대손상각 해당 과목 금액란에 입력한다.

(6) [회계] - [고정자산등록] - [원가경비별감가상각명세서]를 실행하여 [유형자산총괄]단추를 눌러 당기 상각비를 조회(건물 800,000원, 차량운반구 1,359,318원, 비품 320,000원)한 후 [회계] - [결산재무제표1] - [결산자료입력]의 4).감가상각비 해당 과목 금액란에 입력한다.

(7) [물류관리] - [재고관리] - [재고자산수불부] 실행 … [마감]단추 클릭하여 '일괄마감'에 check하고 마감한 후 [물류관리] - [재고관리] - [재고자산명세서] 실행하여 기말상품재고액 69,650,000원을 확인하고 [회계] - [결산재무제표1] - [결산자료입력]의 기말상품재고액 금액란에 입력한다.

[마무리]

대손충당금설정과 감가상각비 계상 및 기말상품재고액은 반드시 [결산자료입력]화면 상단의 [전표추가(F3)]단추를 클릭하여 결산전표를 자동생성시킨 후 [이익잉여금처분계산서] 상단 툴바의 [전표추가(F3)]단추를 클릭하면 손익 대체분개가 생성되게 하여 [일반전표입력]에서 12월 31일로 결산자동분개를 확인한다.

[당기순이익 : 168,703,482원]

[문제5] 단답형답안 등록(12점/각2점)

모든 장부의 조회는 문제에서 제시하는 기간과 해당과목 및 거래처명을 정확하게 입력하는 것이 중요하다.

No.	조 회 경 로	답 안
(1)	[물류관리] - [재고관리] - [재고자산수불부]	46,600,000
(2)	[회계] - [전표입력/장부] - [일/월계표]	18,770,000
(3)	[회계] - [부가가치세1] - [부가가치세신고서] : 7/1 ~ 9/30 조회	15,620,000
(4)	[회계] - [전표입력/장부] - [거래처원장]	1,100,000
(5)	[회계] - [K-IFRS 재무제표] - [K-IFRS 재무상태표]	525,422,400
(6)	[회계] - [K-IFRS 재무제표] - [K-IFRS 포괄손익계산서]	1,470,528

※ (1)번 해설
① [물류관리] - [재고관리] - [재고자산수불부]를 실행하여 1/1 ~ 12/31로 [마감취소]를 한 후 1/1 ~ 10/31로 다시 [일괄마감]을 한다.
② [물류관리] - [재고관리] - [재고자산명세서]에서 C상품의 재고액을 조회한다.
③ [재고자산수불부]에서 1/1~10/31로 [마감취소]하고 다시 1/1 ~ 12/31로 [일괄마감]한다.
(6) [K-IFRS 포괄손익계산서]를 실행하여 판매비와관리비 합계액 당기 발생액 ₩50,296,518에서 전기발생액 ₩49,825,990을 차감하면 된다.

원가회계 **(주)상공금속** [정답 코드 : 3208]

(1) 10월 6일 작업지시 등록
① [물류관리] - [생산관리] - [생산(작업)지시서]를 실행하여 지시일, 완료예정일 입력 후 [Enter]하여 하단에 품목명 [F2], 지시수량, 작업장[F2]을 입력한다.
② [물류관리] - [생산관리] - [자재출고입력]을 실행하여 [생산지시번호]란에 [F2]도움 자판을 이용하여 해당 제품을 입력하고 [Enter]하여 하단에 해당 제품에 출고되는 원재료[F2]와 출고수량 및 해당 작업장[F2]을 입력한다.

(2) 10월 31일 생산자료 등록
[물류관리] - [생산관리] - [생산입고입력]을 실행하여 [생산지시번호]란에 [F2]도움 자판을 이용하여 해당 제품을 입력하고 하단의 해당 제품에 생산수량과 투입시간을 입력한다.

(3) 10월의 원가기준정보
① 노무비 배부기준 등록 : [물류관리] - [원가관리(원가기준정보)] - [배부기준등록]을 실행하여 [노무비배분]Tab에서 10월을 입력한 후 상단의 [당월데이터 생성]단추를 클릭하여 노무비의 데이터를 재집계한 후 총근무시간을 입력하면 임률이 자동으로 계산된다.
② 보조부문비 배부기준 등록 : [보조부문배분]Tab에서 상단의 [보조부문 가져오기]단추를 클릭하여 보조부문의 데이터를 추가집계한 후 보조부문의 배부기준을 등록한다.
③ 작업진행률 등록 : 상단의 [작업진행률]단추를 클릭하거나 [물류관리] - [원가관리(원가기준정보)] - [작업진행률등록]을 실행하여 을제품의 작업진행률(완성도) 50%를 입력한다.

(4) 10월의 실제원가계산 : [물류관리] - [원가관리(원가계산)]
① 기초재공품 등록 : 조회할 데이터가 없으면 기초재공품은 표시되지 않는다.
② 직접재료비 계산 : 상단의 [마감]단추를 클릭하거나 [물류관리] - [생산/재고관리] - [재고관리] - [재고자산수불부]를 실행하여 [일괄마감]한 후 [직접재료비]에서 10월을 입력하고 [Enter]하면 원재료 금액이 자동으로 반영된다. (갑제품의 자재X : 1,600,000원 , 을제품의 자재Y : 2,750,000원, 자재Y 3,300,000원)
③ 직접노무비 계산 : 10월을 입력하고 [Enter]하면 노무비 금액이 자동으로 반영된다.(갑제품 1,575,000, 을제품 : 1,440,000)
④ 제조간접비 계산 : 10월을 입력하고 [Enter]하면 부문별로 제조간접비가 자동으로 반영된다.(생산1부 : 225,000, 생산2부 : 360,000, 동력부문 : 1,120,000, 수선부문 : 1,024,000, 사무관리부문 : 1,036,000)
⑤ 보조부문비 배부 : 10월을 입력하고 [Enter]하면 보조부문비 배부액이 자동으로 반영된다.(생산1부 : 1,711,600, 생산2부 : 1,468,400)
⑥ 제조부문비 배부(작업시간기준) : 10월을 입력하고 [Enter]하면 제품별 제조부문비배부액이 자동으로 반영된다.(갑제품 : 1,936,600, 을제품 : 1,828,400)
⑦ 완성품 원가 조회 : 10월을 입력하고 원가계산방법을 '평균법'으로 변경하면 완성품원가와 단위당원가가 자동으로 계산된다. (갑제품 단위당원가 : 12,779, 을제품 단위당원가 : 19,205)
⑧ 원가반영 : [물류관리] - [생산관리] - [생산입고입력]을 실행하여 각 제품의 [생산단가]란에 갑제품 단위당원가 : 12,779, 을제품 단위당원가 : 19,205을 입력하면 갑제품은 ₩5,111,600이 계산되고, 을제품은 ₩8,066,100이 계산된다.

(5) 원가계산 마감 후 제조원가명세서 조회
① [물류관리] - [원가관리(원가계산)] - [결산자료입력]을 실행하여 10월을 입력하여 나타나는 [매출원가 및 경비선택]창에서 [F2]도움 자판을 이용하여 455.제품매출원가와 500번대 제조를 선택하여 입력한 후 [확인]단추를 클릭한다.
② [결산자료입력] 화면의 우측 상단 [기능모음(F11)]단추 - [기말재고반영]단추를 클릭하여 기말원재료재고액 ₩2,450,000과 기말재공품재고액 ₩1,252,209을 반영시킨 후 [전표추가(F3)]단추를 클릭하면 결산분개가 자동생성된다. 결산자동분개의 확인은 [일반전표입력]에서 가능하다.
③ [물류관리] - [원가관리(원가계산)] - [제조원가명세서] : 당기제품제조원가 ₩13,177,791 확인

제09회 모의고사

재무회계 (주)팜라이트 【정답 코드 : 2209】

【문제1】 기준정보의 입력(4점)

(1) 거래처 등록 : [회계]-[기초정보관리]-[거래처등록]실행하여 [일반]Tab에서 등록
(2) 상품 등록 : [물류관리]-[기준정보관리]-[품목등록]

【문제2】 매입매출전표입력(16점/각4점)

(1) 12월 5일 : [입고입력]-[전송]-[매입매출전표입력] : [전자세금]란 '1.전자입력'

(차) 146 상 품	13,000,000	(대) 252 지급어음	10,000,000
135 부가가치세대급금	1,300,000	251 외상매입금	4,300,000

※ [매입매출전표입력]의 지급어음에 [F3]-어음번호[F2]와 만기일 입력

(2) 12월 15일 : [출고입력]-[전송]-[매입매출전표입력] : [전자세금]란 '1.전자입력'

(차) 110 받을어음	20,000,000	(대) 401 상품매출	19,800,000
108 외상매출금	1,780,000	255 부가가치세예수금	1,980,000

※ [매입매출전표입력]의 받을어음에 [F3]단추 – 자금관리창에서, [어음번호]란과 [만기일] 및 [지급은행]을 입력

(3) 12월 23일 : [매입매출전표입력] : [유형]-매입, 57 카과

(차) 833 광고선전비	150,000	(대) 253 미지급금	165,000
135 부가가치세대급금	15,000		

(4) 12월 28일 : [매입매출전표입력] : 매입, 51 과세 : '1.전자입력'

(차) 208 차량운반구	10,300,000	(대) 103 보통예금	5,000,000
135 부가가치세대급금	1,000,000	253 미지급금	6,000,000
181 상각후원가측정	700,000	101 현 금	1,000,000
금융자산(비유동)			

[해설]
① [회계]-[고정자산등록]-[고정자산등록]을 실행하여 차량운반구 등록
② 유형자산의 취득과 관련하여 국·공채 등을 불가피하게 매입하는 경우에는 매입한 국·공채의 매입금액과 국·공채를 평가한 현재가치와의 차액은 유형자산의 취득원가에 가산한다.

【문제3】 일반전표입력(20점/각4점)

(1) 12월 1일 : [대체전표]

(차) 103 보통 예금	40,000,000	(대) 331 보통주자본금	50,000,000
341 주식발행초과금	8,000,000		
381 주식할인발행차금	2,000,000		

※ 주식할인발행차금이 발생할 시점에 주식발행초과금 계정 잔액이 있는 경우에는 우선 상계하고 잔액은 자본조정으로 분류한다.

(2) 12월 2일 : [대체전표]

(차) 181 상각후원가측정금융자산 (비유동)	4,850,000
(대) 103 보통예금	4,850,000

(3) 12월 17일 : [출금전표]

(차) 214 건설중인자산	10,000,000	(대) 101 현 금	10,000,000

※ 건설중인자산 계정의 입력 시 산업용 로봇을 매입하기 위한 계약금을 지급한 것이므로 거래처 (주)중부기계를 반드시 입력해야 한다.

(4) 12월 24일 : [대체전표]

(차) 102 당좌예금	20,000,000	(대) 259 선 수 금	20,000,000

(5) 12월 29일 : [대체전표]

(차) 825 교육훈련비	2,000,000	(대) 254 예 수 금	350,000
		101 현 금	1,650,000

【문제4】 결산 정리 사항(28점/각4점)

(1) 12월 31일 : [대체전표]

(차) 931 이자비용	1,703,223	(대) 262 미지급비용	1,250,000
		292 사채할인발행차금	453,223

※ 합계잔액시산표를 실행하여 사채와 사채할인발행차금을 조회하여 50,000,000 - 1,336,500 = 48,663,500 × 7% × 6/12 = 1,703,223 (유효이자율에 의한 총이자) – 액면이자(50,000,000 × 5% × 6/12 = 1,250,000) = 453,223원(사채할인발행차금 상각액)

(2) 12월 31일 : [대체전표]

(차) 830 소모품비	1,400,000	(대) 172 소 모 품	1,400,000

※ 합계잔액시산표를 실행하여 소모품이 조회되면 소모품 구입 시 자산처리를 했으므로 결산 시 사용액 1,600,000 - 200,000 = 1,400,000원 분개를 해야 한다. 만약 시산표에 소모품비로 조회되면 비용처리법이므로 결산 시 미사용액 ₩200,000 분개를 해야 한다.

(3) 12월 31일 : [대체전표]

(차) 133 선급비용	1,200,000	(대) 821 보 험 료	1,200,000

※ [합계잔액시산표]를 실행, 보험료 계정을 더블클릭하여 1월 4일 자동차보험료 1년분 지급액은 미경과액이 없고, 7월 1일 화재보험료 1년분 지급액 ₩2,400,000을 조회하여 2,400,000 × 6/12 = 1,200,000원 (2024년 1월 ~ 6월 미경과액)을 계산한다.

(4) 12월 31일 : [대체전표]

(차) 981 기타포괄손익-공정가치측정금융자산평가이익	5,000,000
982 기타포괄손익-공정가치측정금융자산평가손실	3,000,000
(대) 178 기타포괄손익-공정가치측정금융자산(비유동)	8,000,000

※ 합계잔액시산표를 실행하여 기타포괄손익-공정가치측정금융자산(비유동) ₩50,000,000을 조회하여 50,000,000-42,000,000 = 8,000,000원의 평가손실을 계산한다. 단, 시산표에 기타포괄손익-공정가치측정 금융자산평가이익 계정 잔액이 ₩5,000,000 있으므로 평가손실과 상계처리한다.

(5) [회계]-[결산재무제표 1]-[합계잔액시산표]실행하여 외상매출금 잔액 62,930,000×0.01 = 629,300원에서 시산표 대손충당금 계정 잔액 605,000원을 차감한 24,300원과 받을어음잔액 67,300,000×0.01 =673,000원에서 시산표 대손충당금 계정 잔액 465,000원을 차감한 208,000원의 대손충당금 설정액을 계산하여 [회계]-[결산재무제표1]-[결산자료입력]의 5).대손상각 해당 과목 금액란에 입력한다.

(6) [회계] − [고정자산등록] − [원가경비별감가상각명세서]를 실행하여 [유형자산총괄]단추를 눌러 당기 상각비를 조회(건물 10,000,000원, 차량운반구 2,577,130원, 비품 1,237,995원)한 후 [회계] − [결산재무제표1] − [결산자료입력]의 4).감가상각비 해당 과목 금액란에 입력한다.

(7) [물류관리] − [재고관리] − [재고자산수불부]실행 … [마감]단추 클릭하여 '일괄마감'에 check하고 마감한 후 [물류관리] − [재고관리] − [재고자산명세서]실행하여 기말상품재고액 46,670,000 원을 확인하고 [회계] − [결산재무제표1] − [결산자료입력]의 기말상품재고액 금액란에 입력한다.

[마무리]

대손충당금설정과 감가상각비 계상 및 기말상품재고액은 반드시 [결산자료입력]화면 상단의 [전표추가(F3)]단추를 클릭하여 결산 전표를 자동생성시킨 후 [이익잉여금처분계산서] 상단 툴바의 [전표추가(F3)]단추를 클릭하면 손익 대체분개가 생성되게 하여 [일반전표입력]에서 12월 31일로 결산자동분개를 확인한다.

[당기순이익 : 72,545,352원]

[문제5] 단답형답안 등록(12점/각2점)

모든 장부의 조회는 문제에서 제시하는 기간과 해당과목 및 거래 처명을 정확하게 입력하는 것이 중요하다.

No.	조 회 경 로	답 안
(1)	[회계] − [전표입력/장부] − [일/월계표] 또는 [계정별원장]	152,130,000
(2)	[물류관리] − [구매관리] − [품목별 구매현황]	60
(3)	[회계] − [전표입력/장부] − [일/월계표] 또는 [계정별원장]	31,755,000
(4)	[회계] − [부가가치세1] − [부가가치세신고서] : 10/1 ~ 12/31 조회	3,956,000
(5)	[회계] − [K-IFRS 재무제표] − [K-IFRS 포괄손익계산서]	74,238,575
(6)	[회계] − [K-IFRS 재무제표] − [K-IFRS 재무상태표]	376,726,126

[해설] (1)번 : [회계] − [전표입력/장부] − [계정별원장]을 실행, 6월말 누계액 ₩212,630,000에서 전기이월액 ₩60,500,000을 차감해도 된다.

원가회계 (주)남대문패션 [정답 코드 : 3209]

(1) 11월 1일 작업지시 등록

① [물류관리] − [생산관리] − [생산(작업)지시서]를 실행하여 지시일, 완료예정일 입력 후 [Enter]하여 하단에 품목명[F2], 지시수량, 작업장[F2]을 입력한다.

② [물류관리] − [생산관리] − [자재출고입력]을 실행하여 [생산지시번호]란에 [F2]도움 자판을 이용하여 해당 제품을 입력하고 [Enter]하여 하단에 해당 제품에 출고되는 원재료[F2]와 출고수량 및 해당 작업장[F2]을 입력한다.

(2) 11월 30일 생산자료 등록

[물류관리] − [생산관리] − [생산입고입력]을 실행하여 [생산지시번호]란에 [F2]도움 자판을 이용하여 해당 제품을 입력하고 하단의 해당 제품에 생산수량과 투입시간을 입력한다.

(3) 11월의 원가기준정보

① 노무비 배부기준 등록 : [물류관리] − [원가관리(원가기준정보)] − [배부기준등록]을 실행하여 [노무비배분]Tab에서 11월을 입력한 후 상단의 [당월데이터 생성]단추를 클릭하여 노무비의 데이터를 재집계한 후 총근무시간을 입력하면 임률이 자동으로 계산된다.

② 보조부문비 배부기준 등록 : [보조부문배분]Tab에서 상단의 [보조부문 가져오기]단추를 클릭하여 보조부문의 데이터를 추가집계한 후 보조부문의 배부기준을 등록한다.

③ 작업진행률 등록 : 상단의 [작업진행률]단추를 클릭하거나 [물류관리] − [원가관리(원가기준정보)] − [작업진행률등록]을 실행하여 남성신사복의 작업진행률(완성도) 60%를 입력한다.

(4) 11월의 실제원가계산 : [물류관리] − [원가관리(원가계산)]

① 기초재공품 등록 : 조회할 데이터가 없으면 기초재공품은 표시되지 않는다.

② 직접재료비 계산 : 상단의 [마감]단추를 클릭하거나 [물류관리] − [생산/재고관리] − [재고관리] − [재고자산수불부]를 실행하여 [일괄마감]한 후 [직접재료비]에서 11월을 입력하고 [Enter]하면 원재료 금액이 자동으로 반영된다.(자켓원피스의 폴리에스터 : 800,000, 남성신사복의 미카도실크 : 3,600,000)

③ 직접노무비 계산 : 11월을 입력하고 [Enter]하면 노무비 금액이 자동으로 반영된다.(자켓원피스 5,600,000, 남성신사복 : 7,000,000)

④ 제조간접비 계산 : 11월을 입력하고 [Enter]하면 (부문별)로 제조간접비가 자동으로 반영된다.(생산1부 : 1,900,000, 생산2부 : 1,800,000, 패턴부 : 4,000,000, 봉제부 : 6,000,000)

⑤ 보조부문비 배부 : 11월을 입력하고 [Enter]하면 보조부문비 배부액이 자동으로 반영된다.(생산1부 : 4,640,000, 생산2부 : 6,560,000)

⑥ 제조부문비 배부(작업시간기준) : 11월을 입력하고 [Enter]하면 제품별 제조부문비배부액이 자동으로 반영된다.(자켓원피스 : 6,540,000, 남성신사복 : 8,360,000)

⑦ 완성품 원가 조회 : 11월을 입력하고 원가계산방법을 '평균법'으로 변경하면 완성품원가와 단위당원가가 자동으로 계산된다.(자켓원피스 단위당원가 : 32,350, 남성신사복 단위당원가 : 177,692)

⑧ 원가반영 : [물류관리] − [생산관리] − [생산입고입력]을 실행하여 각 제품의 [생산단가]란에 자켓원피스 단위당원가 : 32,350, 남성신사복 단위당원가 : 177,692을 입력하면 정장원피스는 ₩12,940,000이 계산되고, 웨딩드레스는 ₩14,215,360이 계산된다.

(5) 원가계산 마감 후 제조원가명세서 조회

① [물류관리] − [원가관리(원가계산)] − [결산자료입력]을 실행하여 11월을 입력하여 나타나는 [매출원가 및 경비선택] 창에서 [F2]도움 자판을 이용하여 455.제품매출원가와 500번대 제조를 선택하여 입력한 후 [확인]단추를 클릭한다.

② [결산자료입력] 화면의 우측 상단 [기능모음(F11)]단추 − [기말재고반영]단추를 클릭하여 기말원재료재고액 ₩800,000과 기말재공품재고액 ₩4,744,615을 반영시킨 후 [전표추가(F3)]단추를 클릭하면 결산분개가 자동생성된다. 결산자동분개의 확인은 [일반전표입력]에서 가능하다.

③ [물류관리] − [원가관리(원가계산)] − [제조원가명세서] : 당기제품제조원가 ₩27,155,385 확인

제10회 모의고사

재무회계 (주)쌤소나이트 【정답 코드 : 2210】

【문제1】 **기준정보의 입력(4점)**

(1) 거래처 등록 : [회계] - [기초정보관리] - [거래처등록] 실행하여 [일반] Tab에서 등록

(2) 상품 등록 : [물류관리] - [기준정보관리] - [품목등록]

【문제2】 **매입매출전표입력(16점/각4점)**

(1) 12월 12일 : [입고입력] - [전송] - [매입매출전표입력] : [전자세금]란 '1.전자입력'

(차) 146 상　　품	15,000,000	(대) 251 외상매입금	11,500,000
135 부가가치세대급금	1,500,000	110 받을어음	5,000,000

※ [매입매출전표입력] 하단의 지급어음을 받을어음으로 수정하고, 받을어음 거래처를 뉴욕(주)에서 충무(주)로 수정 후 받을어음 - 자금관리창에서 [어음상태]란에 3.배서로 변경, [어음번호]란에 [F2]로 해당 배서어음번호 입력, [지급거래처]란에 뉴욕(주)를 입력한다.

(2) 12월 20일 : [출고입력] - [전송] - [매입매출전표입력] : [전자세금]란 '1.전자입력'

(차) 108 외상매출금	34,250,000	(대) 401 상품매출	37,500,000
(차) 110 받을어음	5,000,000	255 부가가치세예수금	3,750,000
259 선 수 금	2,000,000		

※ [합계잔액시산표] 실행, 선수금 11/24 ₩2,000,000 조회, [매입매출전표입력]의 받을어음에 [F3] - 자금관리창에서 [어음번호]와 [만기일] 및 [지급은행]을 입력한다.

(3) 12월 23일 : [매입매출전표입력] : [유형] - 매입, 61 현과

(차) 820 수 선 비	200,000	(대) 101 현　　금	220,000
135 부가가치세대급금	20,000		

(4) 12월 26일 : [매입매출전표입력] : 매입, 5 면세 : '1.전자입력'

(차) 826 도서인쇄비	120,000	(대) 103 보통예금	120,000

【문제3】 **일반전표입력(20점/각4점)**

(1) 12월 2일 : [대체전표]

(차) 817 세금과공과	250,000	(대) 141 현금과부족	300,000
820 수 선 비	50,000		

※ [합계잔액시산표] 실행, 현금과부족 11/28 ₩300,000 조회

(2) 12월 8일 : [대체전표]

(차) 103 보통예금	2,500,000		
981 기타포괄손익-공정가치측정금융자산평가이익	300,000		
(대) 178 기타포괄손익-공정가치측정금융자산			2,300,000
922 기타포괄손익-공정가치측정금융자산처분이익			500,000

※ ① 보유 기타포괄손익-공정가치측정금융자산이 채무상품(공·사채 등)인 경우 : 재순환(recycling)이 허용되어 매각처분 시 평가손익누계액을 제거하면서 처분손익에 반영한다. 단, 지분상품(주식)인 경우는 매각처분 시 공정가치로 재측정하여 공정가치변동분을 기타포괄손익으로 처리하므로 당기손익에 반영이 되지 않는다. 즉 재순환(recycling)이 금지되어 처분손익은 없다.

② [합계잔액시산표]를 실행하여 기타포괄손익-공정가치측정금융자산평가이익 ₩300,000을 차변에 소멸시키면 그만큼 처분이익이 많아진다.

(3) 12월 16일 : [대체전표]

(차) 103 보통예금	4,470,000		
(대) 107 당기손익-공정가치측정금융자산			3,000,000
906 당기손익-공정가치측정금융자산처분이익			1,470,000

※ [합계잔액시산표] 실행, 당기손익-공정가치측정금융자산을 더블클릭하면 8/7 500주 ₩5,000,000을 취득한 내역이 있으므로 취득단가는 5,000,000÷500주 = 10,000원이다. 따라서 300주×(15,000-10,000) = 1,500,000 - 수수료 30,000 = 1,470,000원(처분이익)

(4) 12월 26일 : [대체전표]

(차) 383 자기주식	5,050,000	(대) 103 보통예금	5,050,000

※ 문제에서 [일시소유]라는 제시어로 당기손익-공정가치측정금융자산으로 입력하면 오답

(5) 12월 28일 : [출금전표]

(차) 817 세금과공과	250,000	(대) 101 현　　금	750,000
811 복리후생비	500,000		

【문제4】 **결산 정리 사항(28점/각4점)**

(1) 12월 31일 : [대체전표]

(차) 830 소모품비	730,000	(대) 172 소 모 품	730,000

※ 합계잔액시산표를 실행하여 소모품이 조회되면 소모품 구입 시 자산 처리를 했으므로 결산 시 사용액 분개를 해야 한다.

(2) 12월 31일 : [대체전표]

(차) 904 임 대 료	450,000	(대) 263 선수수익	450,000

※ [합계잔액시산표]를 실행, 임대료 계정을 더블클릭하여 10월 1일 임대료 1년분 수령액 ₩600,000을 조회한다. 600,000 × 9/12 = 450,000원 (2024년 1월 ~ 9월 미경과액)

(3) 12월 31일 : [대체전표]

(차) 133 선급비용	350,000	(대) 931 이 자 비 용	350,000

※ [합계잔액시산표]를 실행, 이자비용 계정을 더블클릭하여 8월 1일 이자비용 1년분 지급액 ₩600,000을 조회한다. 600,000 × 7/12 = 350,000원(2024년 1월 ~ 7월 미경과액)

(4) 12월 31일 : [대체전표]

(차) 988 법인세등	5,200,000	(대) 136 선납세금	700,000
		261 미지급세금	4,500,000

※ [합계잔액시산표]를 실행, 선납세금(법인세 중간예납액) ₩700,000 조회

(5) [회계] - [결산재무제표 1] - [합계잔액시산표] 실행하여 외상매출금 잔액 83,050,000×0.01 = 830,500원에서 시산표 대손충당금 계정 잔액 300,000원을 차감한 530,500원과 받을어음잔액 45,000,000×0.01 = 450,000원의 대손충당금 설정액을 계산하여 [회계] - [결산재무제표1] - [결산자료입력]의 5). 대손상각 해당 과목 금액란에 입력한다.

(6) [회계] - [고정자산등록] - [원가경비별감가상각명세서]를 실행하여 [유형자산총괄]단추를 눌러 당기 상각비를 조회(건물 3,000,000원, 차량운반구 2,000,000원, 비품 233,333원)한 후 [회계] - [결산재무제표1] - [결산자료입력]의 4).감가상각비 해당 과목 금액란에 입력한다.

(7) [물류관리] - [재고관리] - [재고자산수불부] 실행 … [마감]단추 클릭하여 '일괄마감'에 check하고 마감한 후 [물류관리] - [재고관리] - [재고자산명세서] 실행하여 기말상품재고액 22,500,000원을 확인하고 [회계] - [결산재무제표1] - [결산자료입력]의 기말상품재고액 금액란에 입력한다.

【마무리】

대손충당금설정과 감가상각비 계상 및 기말상품재고액은 반드시 [결산자료입력]화면의 [전표추가(F3)]단추를 클릭하여 결산전표를 자동생성시킨 후 [이익잉여금처분계산서] 상단 툴바의 [전표추가(F3)]단추를 클릭하면 손익 대체분개가 생성되게 하여 [일반전표입력]에서 12월 31일로 결산자동분개를 확인한다.
[당기순이익 : 18,276,167원]

【문제5】 단답형답안 등록(12점/각2점)

모든 장부의 조회는 문제에서 제시하는 기간과 해당과목 및 거래처명을 정확하게 입력하는 것이 중요하다.

No.	조 회 경 로	답 안
(1)	[물류관리] - [재고관리] - [재고자산수불부]	130
(2)	[회계] - [전표입력/장부] - [거래처원장]	22,000,000
(3)	[회계] - [전표입력/장부] - [합계잔액시산표] 또는 [현금출납장]	24,350,000
(4)	[회계] - [부가가치세1] - [부가가치세신고서] : 10/1 ~ 12/31 조회	84,500,000
(5)	[회계] - [K-IFRS 재무제표] - [K-IFRS 재무상태표]	126,769,500
(6)	[회계] - [K-IFRS 재무제표] - [K-IFRS 포괄손익계산서]	3,263,833

원가회계 (주)청운공업 【정답 코드 : 3210】

(1) 7월 14일 작업지시 등록

① [물류관리] - [생산관리] - [생산(작업)지시서]를 실행하여 지시일, 완료예정일 입력 후 [Enter]하여 하단에 품목명[F2], 지시수량, 작업장[F2]을 입력한다.

② [물류관리] - [생산관리] - [자재출고입력]을 실행하여 [생산지시번호]란에 [F2]도움 자판을 이용하여 해당 제품을 입력하고 [Enter]하여 하단에 해당 제품에 출고되는 원재료[F2]와 출고수량 및 해당 작업장[F2]을 입력한다.

(2) 7월 31일 생산자료 등록

[물류관리] - [생산관리] - [생산입고입력]을 실행하여 [생산지시번호]란에 [F2]도움 자판을 이용하여 해당 제품을 입력하고 하단의 해당 제품에 생산수량과 투입시간을 입력한다.

(3) 7월의 원가기준정보

① 노무비 배부기준 등록 : [물류관리] - [원가관리(원가기준정보)] - [배부기준등록]을 실행하여 [노무비배분]Tab에서 7월을 입력한 후 상단의 [당월데이터 생성]단추를 클릭하여 노무비의 데이터를 재집계한 후 총근무시간을 입력하면 임률이 자동으로 계산된다.

② 보조부문비 배부기준 등록 : [보조부문배분]Tab에서 상단의 [보조부문 가져오기]단추를 클릭하여 보조부문의 데이터를 추가집계한 후 보조부문의 배부기준을 등록한다.

③ 작업진행률 등록 : 상단의 [작업진행률]단추를 클릭하거나 [물류관리] - [원가관리(원가기준정보)] - [작업진행률등록]을 실행하여 을제품의 작업진행률(완성도) 60%를 입력한다.

(4) 7월의 실제원가계산 : [물류관리] - [원가관리(원가계산)]

① 기초재공품 등록 : 조회할 데이터가 없으면 기초재공품은 표시되지 않는다.

② 직접재료비 계산 : 상단의 [마감]단추를 클릭하거나 [물류관리] - [생산/재고관리] - [재고관리] - [재고자산수불부]를 실행하여 [일괄마감]한 후 [직접재료비]에서 7월을 입력하고 [Enter]하면 원재료 금액이 자동으로 반영된다. (갑제품의 자재A : 6,400,000, 을제품의 자재B : 12,000,000)

③ 직접노무비 계산 : 7월을 입력하고 [Enter]하면 노무비 금액이 자동으로 반영된다.(갑제품 3,600,000, 을제품 : 4,000,000)

④ 제조간접비 계산 : 7월을 입력하고 [Enter]하면 [부문별]로 제조간접비가 자동으로 반영된다.(생산1부 : 4,040,000, 생산2부 : 1,260,000, 동력부문 : 2,000,000, 수선부문 : 2,000,000)

⑤ 보조부문비 배부 : 7월을 입력하고 [Enter]하면 보조부문비 배부액이 자동으로 반영된다.(생산1부 : 1,960,000, 생산2부 : 3,880,000)

⑥ 제조부문비 배부(작업시간기준) : 7월을 입력하고 [Enter]하면 제품별 제조부문비배부액이 자동으로 반영된다.(갑제품 : 6,000,000, 을제품 : 5,140,000)

⑦ 완성품 원가 조회 : 7월을 입력하고 원가계산방법을 '평균법'으로 변경하면 완성품원가와 단위당원가가 자동으로 계산된다. (갑제품 단위당원가 : 100,000, 을제품 단위당원가 : 109,674)

⑧ 원가반영 : [물류관리] - [생산관리] - [생산입고입력]을 실행하여 각 제품의 [생산단가]란에 갑제품 단위당원가 : 100,000, 을제품 단위당원가 : 109,674을 입력하면 갑제품은 ₩16,000,000이 계산되고, 을제품은 ₩17,547,840이 계산된다.

(5) 원가계산 마감 후 제조원가명세서 조회

① [물류관리] - [원가관리(원가계산)] - [결산자료입력]을 실행하여 7월을 입력하여 나타나는 [매출원가 및 경비선택]창에서 [F2]도움 자판을 이용하여 455.제품매출원가와 500번대 제조를 선택하여 입력한 후 [확인]단추를 클릭한다.

② [결산자료입력] 화면의 우측 상단 [기능모음(F11)]단추 - [기말재고반영]단추를 클릭하여 기말원재료재고액 ₩17,600,000과 기말재공품재고액 ₩3,592,174을 반영시킨 후 [전표추가(F3)]단추를 클릭하면 결산분개가 자동생성된다. 결산자동분개의 확인은 [일반전표입력]에서 가능하다.

③ [물류관리] - [원가관리(원가계산)] - [제조원가명세서]
: 당기제품제조원가 ₩33,547,826 확인

제11회 모의고사

재무회계　　**팬시피아** [정답 코드 : 2211]

【문제1】 기준정보의 입력(4점)

(1) 거래처 등록 : [회계] – [기초정보관리] – [거래처등록] 실행하여 [일반]Tab에서 등록

(2) 상품 등록 : [물류관리] – [기준정보관리] – [품목등록]

【문제2】 매입매출전표입력(16점/각4점)

(1) 12월 3일 : [매입매출전표입력] : 매입, 51 과세 : '1.전자입력'

| (차) 202 건　　물 | 15,000,000 | (대) 214 건설중인자산 | 13,000,000 |
| 135 부가가치세대급금 | 1,500,000 | 101 현　　금 | 3,500,000 |

※ [합계잔액시산표]실행, 건설중인자산 계정 ₩13,000,000 조회, [회계] – [고정자산등록] – [고정자산등록]을 실행하여 건물 등록

(2) 12월 5일 : [입고입력] – [전송] – [매입매출전표입력] : [전자세금]란 '1.전자입력'

| (차) 146 상　　품 | 31,000,000 | (대) 252 지급어음 | 10,000,000 |
| 135 부가가치세대급금 | 3,100,000 | 251 외상매입금 | 24,100,000 |

※ [매입매출전표입력]의 지급어음에 [F3] – 어음번호[F2]와 만기일 입력

(3) 12월 17일 : [출고입력] – [전송] – [매입매출전표입력] : [전자세금]란 '1.전자입력'

| (차) 110 받을어음 | 10,000,000 | (대) 401 상품매출 | 27,000,000 |
| 108 외상매출금 | 19,700,000 | 255 부가가치세예수금 | 2,700,000 |

※ [매입매출전표입력]의 받을어음에 [F3]단추 – 자금관리창에서, [어음번호]란과 [만기일] 및 [지급은행] 입력

(4) 12월 28일 : [매입매출전표입력] – [유형] : 매입, 54 불공으로 분개하고, [유형] : 매입, 51 과세로 분개를 한 장의 전표에 두 번해야 한다.

(차) 813 접 대 비	110,000	(대) 253 미지급금	110,000
(차) 811 복리후생비	100,000	(대) 253 미지급금	110,000
135 부가가치세대급금	10,000		

【문제3】 일반전표입력(20점/각4점)

(1) 12월 1일 : [대체전표]

| (차) 103 보통예금 | 10,377,800 | (대) 291 사　　채 | 10,000,000 |
| | | 313 사채할증발행차금 | 377,800 |

(2) 12월 10일 : [출금전표]

(차) 254 예 수 금	200,000	(대) 101 현　　금	330,000
811 복리후생비	50,000		
817 세금과공과	80,000		

※ [합계잔액시산표]실행, 예수금 ₩200,000 확인, 건강보험료 회사부담분은 복리후생비 계정으로, 국민연금 회사부담분은 세금과공과 계정으로 입력

(3) 12월 15일 : [입금전표]

| (차) 101 현　　금 | 25,900,000 | (대) 187 투자부동산 | 20,000,000 |
| | | 916 투자자산처분이익 | 5,900,000 |

※ [합계잔액시산표]실행, 7/29 전표 투자부동산 ₩20,000,000 조회, 수수료는 처분이익에 반영

(4) 12월 22일 : [대체전표]

| (차) 341 주식발행초과금 | 20,000,000 | (대) 331 보통주자본금 | 20,000,000 |

(5) 12월 30일 : [출금전표]

(차) 826 도서인쇄비	100,000	(대) 101 현　　금	600,000
811 복리후생비	300,000		
817 세금과공과	200,000		

【문제4】 결산 정리 사항(28점/각4점)

(1) 12월 31일 : [대체전표]

| (차) 133 선 급 비 용 | 180,000 | (대) 821 보 험 료 | 180,000 |

※ [합계잔액시산표]를 실행, 보험료 계정을 더블클릭하여 4월 1일 자동차보험료 1년분 지급액 ₩720,000을 조회한다. 720,000 × 3/12 = 180,000원(2024년 1월 ~ 3월 미경과액)

(2) 12월 31일 : [대체전표]

| (차) 172 소 모 품 | 500,000 | (대) 830 소모품비 | 500,000 |

(3) 12월 31일 : [대체전표]

| (차) 201 토　　지 | 10,000,000 | (대) 987 재평가잉여금 | 10,000,000 |

※ [합계잔액시산표]를 실행, 토지 ₩50,000,000 조회

(4) 12월 31일 : [대체전표]

| (차) 178 기타포괄손익-공정가치측정금융자산 | 2,000,000 |
| (대) 922 기타포괄손익-공정가치측정금융자산평가이익 | 2,000,000 |

※ [합계잔액시산표]를 실행, 기타포괄손익-공정가치측정금융자산 500주 취득단가 ₩20,000 조회 후 500주×(24,000-20,000) = 2,000,000 (평가이익)

(5) [회계] – [결산재무제표1] – [합계잔액시산표] 실행하여 외상매출금 잔액 64,730,000×0.01 = 647,300원에서 시산표 대손충당금 계정 잔액 300,000원을 차감한 347,300원과 받을어음잔액 62,000,000×0.01 = 620,000원의 대손충당금 설정액을 계산하여 [회계] – [결산재무제표1] – [결산자료입력]의 5). 대손상각 해당 과목 금액란에 입력한다.

(6) [회계] – [고정자산등록] – [원가경비별감가상각명세서]를 실행하여 [유형자산총괄]단추를 눌러 당기 상각비를 조회(건물 62,500원, 차량운반구 3,108,000원, 비품 850,000원)한 후 [회계] – [결산재무제표1] – [결산자료입력]의 4).감가상각비 해당 과목 금액란에 입력한다.

(7) [물류관리] – [재고관리] – [재고자산수불부] 실행 … [마감]단추 클릭하여 '일괄마감'에 check하고 마감한 후 [물류관리] – [재고관리] – [재고자산명세서] 실행하여 기말상품재고액 69,680,000원을 확인하고 [회계] – [결산재무제표1] – [결산자료입력]의 기말상품재고액 금액란에 입력한다.

[마무리]

대손충당금설정과 감가상각비 계상 및 기말상품재고액은 반드시 [결산자료입력]화면 상단의 [전표추가(F3)]단추를 클릭하여 결산 전표를 자동생성시킨 후 [이익잉여금처분계산서] 상단 툴바의 [전표추가(F3)]단추를 클릭하면 손익 대체분개가 생성되게 하여 [일반전표입력]에서 12월 31일로 결산자동분개를 확인한다.

[당기순이익 : 71,403,200원]

[문제5] 단답형답안 등록(12점/각2점)

모든 장부의 조회는 문제에서 제시하는 기간과 해당과목 및 거래 처명을 정확하게 입력하는 것이 중요하다.

No.	조 회 경 로	답 안
(1)	[회계]-[전표입력/장부]-[합계잔액시산표]	80,180,000
(2)	[회계]-[부가가치세1]-[부가가치세신고서] : 4/1 ~ 6/30 조회	3,240,000
(3)	[회계]-[전표입력/장부]-[거래처원장] : 미지급금, 비씨카드	7,270,000
(4)	[회계]-[전표입력/장부]-[거래처원장]	28,000,000
(5)	[회계]-[K-IFRS 재무제표]-[K-IFRS 재무상태표]	29,779,500
(6)	[회계]-[K-IFRS 재무제표]-[K-IFRS 포괄손익계산서]	3,195,166

※ (5) [K-IFRS 재무상태표] : 유형자산 합계액에서 토지를 차감한 잔액 이 감가상각대상 유형자산의 장부금액이다.

원가회계   한국전자(주) 【정답 코드 : 3211】

(1) 10월 23일 작업지시 등록

① [물류관리]-[생산관리]-[생산(작업)지시서]를 실행하여 지시일, 완료예정일 입력 후 [Enter]하여 하단에 품목명 [F2], 지시수량, 작업장[F2]을 입력한다.

② [물류관리]-[생산관리]-[자재출고입력]을 실행하여 [생산 지시번호]란에 [F2]도움 자판을 이용하여 해당 제품을 입력 하고 [Enter]하여 하단에 해당 제품에 출고되는 원재료[F2] 와 출고수량 및 해당 작업장[F2]을 입력한다.

(2) 10월 31일 생산자료 등록

[물류관리]-[생산관리]-[생산입고입력]을 실행하여 [생산 지시번호]란에 [F2]도움 자판을 이용하여 해당 제품을 입력하 고 하단의 해당 제품에 생산수량과 투입시간을 입력한다.

(3) 10월의 원가기준정보

① 노무비 배부기준 등록 : [물류관리]-[원가관리(원가기준정 보)]-[배부기준등록]을 실행하여 [노무비배분]Tab에서 10 월을 입력한 후 상단의 [당월데이터 생성]단추를 클릭하여 노무비의 데이터를 재집계한 후 총근무시간을 입력하면 임 률이 자동으로 계산된다.

② 보조부문비 배부기준 등록 : [보조부문배분]Tab에서 상단의 [보조부문 가져오기]단추를 클릭하여 보조부문의 데이터를 추가집계한 후 보조부문의 배부기준을 등록한다.

③ 작업진행률 등록 : 상단의 [작업진행률]단추를 클릭하거나 [물류관리]-[원가관리(원가기준정보)]-[작업진행률등록] 을 실행하여 을제품의 작업진행률(완성도) 50%를 입력한다.

(4) 10월의 실제원가계산 : [물류관리]-[원가관리(원가계산)]

① 기초재공품 등록 : 조회할 데이터가 없으면 기초재공품은 표 시되지 않는다.

② 직접재료비 계산 : 상단의 [마감]단추를 클릭하거나 [물류관 리]-[생산/재고관리]-[재고관리]-[재고자산수불부]를 실 행하여 [일괄마감]한 후 [직접재료비]에서 10월을 입력하고 [Enter]하면 원재료 금액이 자동으로 반영된다.(갑제품의 자재X : 8,000,000, 을제품의 자재Y : 18,000,000)

③ 직접노무비 계산 : 10월을 입력하고 [Enter]하면 노무비 금액 이 자동으로 반영된다.(갑제품 9,000,000, 을제품 : 11,560,000)

④ 제조간접비 계산 : 10월을 입력하고 [Enter]하면 (부문별)로 제조간접비가 자동으로 반영된다.(생산1부 : 3,800,000, 생산2 부 : 8,540,000, 동력부문 : 5,550,000, 수선부문 : 6,200,000)

⑤ 보조부문비 배부 : 10월을 입력하고 [Enter]하면 보조부문비 배부액이 자동으로 반영된다. (생산1부 : 5,190,000, 생산2부 : 6,560,000)

⑥ 제조부문비 배부(작업시간기준) : 10월을 입력하고 [Enter] 하면 제품별 제조부문비배부액이 자동으로 반영된다.(갑제 품 : 8,990,000, 을제품 : 15,100,000)

⑦ 완성품 원가 조회 : 10월을 입력하고 원가계산방법을 '평균 법'으로 변경하면 완성품원가와 단위당원가가 자동으로 계 산된다.(갑제품 단위당원가 : 74,257, 을제품 단위당원가 : 116,913)

⑧ 원가반영 : [물류관리]-[생산관리]-[생산입고입력]을 실행 하여 각 제품의 [생산단가]란에 갑제품 단위당원가 : 74,257, 을제품 단위당원가 : 116,913을 입력하면 갑제품은 ₩ 25,989,950이 계산되고, 을제품은 ₩35,073,900이 계산된다.

(5) 원가계산 마감 후 제조원가명세서 조회

① [물류관리]-[원가관리(원가계산)]-[결산자료입력]을 실 행하여 10월을 입력하여 나타나는 [매출원가 및 경비선택] 창에서 [F2]도움 자판을 이용하여 455.제품매출원가와 500 번대 제조를 선택하여 입력한 후 [확인]단추를 클릭한다.

② [결산자료입력] 화면의 우측 상단 [기능모음(F11)]단추 - [기말재고반영]단추를 클릭하여 기말원재료재고액 ₩ 3,000,000과 기말재공품재고액 ₩9,586,190을 반영시킨 후 [전표추가(F3)]단추를 클릭하면 결산분개가 자동생성된다. 결산자동분개의 확인은 [일반전표입력]에서 가능하다.

③ [물류관리]-[원가관리(원가계산)]-[제조원가명세서] : 당기제품제조원가 ₩61,063,810 확인

제12회 모의고사

재무회계 (주)샌드스톤 [정답 코드 : 2212]

[문제1] 기준정보의 입력(4점)

(1) 거래처 등록 : [회계] - [기초정보관리] - [거래처등록]실행하여 [일반]Tab에서 등록

(2) 상품 등록 : [물류관리] - [기준정보관리] - [품목등록]

(3) 부서 등록 : [물류관리] - [기준정보관리] - [부서/사원등록]

[문제2] 매입매출전표입력(16점/각4점)

(1) 11월 19일 : [출고입력] - [전송] - [매입매출전표입력] : [전자세금]란 '1.전자입력'

(차) 102 당좌예금	6,000,000	(대) 401 상품매출	11,600,000
110 받을어음	6,760,000	255 부가가치세예수금	1,160,000

※ [매입매출전표입력]의 보통예금을 당좌예금으로 수정, 거래처 아동용품백화점을 우리은행으로 수정, 받을어음에 [F3]단추 - 자금관리창 내역입력

(2) 11월 24일 : [입고입력] - [전송] - [매입매출전표입력] : [전자세금]란 '1.전자입력'

(차) 146 상 품	3,600,000	(대) 251 외상매입금	960,000
135 부가가치세대급금	360,000	110 받을어음	3,000,000

※ [매입매출전표입력]하단의 지급어음을 받을어음으로 수정하고, 받을어음 거래처를 (주)미래자전거에서 드림자전거로 수정 후 받을어음에 [F3]단추 - 자금관리창에서 [어음상태]란에 4.배서로 변경, [어음번호]란에 [F2]로 해당 배서어음번호 입력, [지급거래처]란에 (주)미래자전거를 입력한다.

(3) 12월 21일 : [출고입력] - [처리구분] : 건별, 12 현과 - [전송] - [매입매출전표입력]

(차) 101 현 금	330,000	(대) 401 상품매출	300,000
		255 부가가치세예수금	30,000

(4) 12월 23일 : [매입매출전표입력] : 매입, 51 과세 : '1.전자입력'

(차) 208 차량운반구	500,000	(대) 102 당좌예금	550,000
135 부가가치세대급금	50,000		

※ 하단 분개란 당좌예금의 거래처를 우리은행으로 수정

[문제3] 일반전표입력(20점/각4점)

(1) 11월 1일 : [대체전표]

(차) 102 당좌예금	6,860,000	(대) 110 받을어음	7,000,000
936 매출채권처분손실	140,000		

※ 할인료 : 7,000,000×10%×73/365 = 140,000원, 전표의 받을어음에 [F3] - [받을어음관리]창 [어음번호]란 [F2]

(2) 11월 4일 : [대체전표]

(차) 826 도서인쇄비	100,000	(대) 141 현금과부족	180,000
815 수도광열비	80,000		

※ [합계잔액시산표] 실행, 현금과부족 ₩180,000 조회

(3) 12월 5일 : [대체전표]

(차) 178 기타포괄손익-공정가치측정금융자산(비유동)	1,500,000
(대) 981 기타포괄손익-공정가치측정금융자산평가이익	1,500,000
(차) 103 보통예금	4,485,000
945 기타포괄손익-공정가치측정금융자산처분손실	15,000
(대) 178 기타포괄손익-공정가치측정금융자산(비유동)	4,500,000

※ ① 기타포괄손익-공정가치측정금융자산이 지분상품(주식)인 경우에는 처분 시 공정가치로 재측정하여 공정가치변동분을 기타포괄손익으로 처리하므로 당기처분손익에 반영을 하지 않는다. 즉 재순환이 금지되어 처분손익이 없다.(단, 본 문제에서는 증권거래세가 있으므로 그 만큼 처분손실이 생긴다.)

② 합계잔액시산표를 실행하여 기타포괄손익-공정가치측정 금융자산을 조회하면 당기에 취득한 것으로 누적평가손익은 없다. 처분금액 1주당 ₩15,000이 처분시점의 공정가치이므로 300주×(15,000 -10,000) = 1,500,000원이 처분시점의 공정가치 변동분(평가이익)이다.

(4) 12월 17일 : [대체전표]

(차) 102 당좌예금	14,615,000	(대) 260 단기차입금	15,000,000
931 이자비용	385,000		

※ [회계] - [전표입력/장부] - [받을어음현황]실행 - [어음조회]Tab으로 해당 어음 ₩15,000,000 조회, 단, 차입거래이므로 제비용은 이자비용으로 처리하고, 받을어음은 감소하지 않고 단기차입금으로 처리한다.

(5) 12월 26일 : [대체전표]

(차) 102 당좌예금	16,800,000	(대) 331 보통주자본금	10,000,000
		341 주식발행초과금	6,800,000

[문제4] 결산 정리 사항(24점/각4점)

(1) [회계] - [고정자산등록] - [원가경비별감가상각명세서]를 실행하여 [유형자산총괄]단추를 눌러 당기 상각비를 조회(건물 10,000,000원, 차량운반구 4,510,000원) 한 후 [회계] - [결산재무제표1] - [결산자료입력]의 4).감가상각비 해당 과목 금액란에 입력한다.

(2) 12월 31일 : [대체전표]

(차) 133 선급비용	600,000	(대) 821 보험료	600,000

※ [합계잔액시산표]를 실행, 보험료 계정을 더블클릭하여 4월 1일 1년분 지급액 ₩2,400,000을 조회하여 2,400,000 × 3/12 = 600,000원(2024년 1월 ~ 3월 미경과액)

(3) 12월 31일 : [대체전표]

(차) 808 퇴직급여	1,100,000	(대) 295 퇴직급여부채	1,100,000

※ [합계잔액시산표]를 실행, 퇴직급여부채 ₩800,000 조회, 당기말 추산액 - 결산 전 잔액 = 설정액

※ 자동분개 : [회계] - [결산재무제표1] - [결산자료입력]의 2) 퇴직급여(전입액) 해당 과목 금액란에 ₩1,100,000을 입력하여 [전표추가]하면 12월 31일로 자동분개가 조회된다.

(4) [회계] - [결산재무제표 1] - [합계잔액시산표] 실행하여 외상매출금 잔액 29,790,000×0.01 = 279,900원과 받을어음잔액 24,760,000×0.01 = 247,600원의 대손충당금 설정액을 계산하여 [회계] - [결산재무제표1] - [결산자료입력]의 5).대손상각 해당 과목 금액란에 입력한다.

(5) 12월 31일 : [대체전표]

(차) 998 법인세 등	1,700,000	(대) 136 선 납 세 금	1,000,000
		261 미지급세금	700,000

※ [합계잔액시산표]를 실행, 선납세금(법인세 중간예납액) ₩1,000,000 확인

(6) [물류관리] – [재고관리] – [재고자산수불부]실행 … [마감]단추 클릭하여 '일괄마감'에 check하고 마감한 후 [물류관리] – [재고관리] – [재고자산명세서] 실행하여 기말상품재고액 79,000,000원을 확인하고 [회계] – [결산재무제표1] – [결산자료입력]의 기말상품재고액 금액란에 입력한다.

[마무리]

대손충당금설정과 감가상각비 계상 및 기말상품재고액은 반드시 [결산자료입력]화면 상단의 [전표추가(F3)]단추를 클릭하여 결산전표를 자동생성시킨 후 [이익잉여금처분계산서] 상단 툴바의 [전표추가(F3)]단추를 클릭하면 손익 대체분개가 생성되게 하여 [일반전표입력]에서 12월 31일로 결산자동분개를확인한다.

[당기순이익 : 151,104,500원]

[문제5] 단답형답안 등록(12점/각2점)

모든 장부의 조회는 문제에서 제시하는 기간과 해당과목 및 거래처명을 정확하게 입력하는 것이 중요하다.

No.	조 회 경 로	답 안
(1)	[회계] – [전표입력/장부] – [일/월계표]	118,250,000
(2)	[회계] – [전표입력/장부] – [거래처원장]	63,860,000
(3)	[물류관리] – [판매관리] – [품목별 판매현황]	27,000,000
(4)	[회계] – [K-IFRS 재무제표] – [K-IFRS 포괄손익계산서]	152,194,500
(5)	[회계] – [전표입력/장부] – [거래처원장]	28,200,000
(6)	[회계] – [부가가치세1] – [부가가치세신고서] : 10/1 ~ 12/31 조회	4,700,000

원가회계 **(주)대한공업** [정답 코드 : 3212]

(1) 7월 25일 작업지시 등록

① [물류관리] – [생산관리] – [생산(작업)지시서]를 실행하여 지시일, 완료예정일 입력 후 [Enter]하여 하단에 품목명[F2], 지시수량, 작업장[F2]를 입력한다.

② [물류관리] – [생산관리] – [자재출고입력]을 실행하여 [생산지시번호]란에 [F2]도움 자판을 이용하여 해당 제품을 입력하고 [Enter]하여 하단에 해당 제품에 출고되는 원재료[F2]와 출고수량 및 해당 작업장[F2]를 입력한다.

(2) 7월 31일 생산자료 등록

[물류관리] – [생산관리] – [생산입고입력]을 실행하여 [생산지시번호]란에 [F2]도움 자판을 이용하여 해당 제품을 입력하고 하단의 해당 제품에 생산수량과 투입시간을 입력한다.

(3) 7월의 원가기준정보

① 노무비 배부기준 등록 : [물류관리] – [원가관리(원가기준정보)] – [배부기준등록]을 실행하여 [노무비배분]Tab에서 7월을 입력한 후 상단의 [당월데이터 생성]단추를 클릭하여 노무비의 데이터를 재집계한 후 총근무시간을 입력하면 임률이 자동으로 계산된다.

② 보조부문비 배부기준 등록 : [보조부문배부]Tab에서 상단의 [보조부문 가져오기]단추를 클릭하여 보조부문의 데이터를 추가집계한 후 보조부문의 배부기준을 등록한다.

③ 작업진행률 등록 : 상단의 [작업진행률]단추를 클릭하거나 [물류관리] – [원가관리(원가기준정보)] – [작업진행률등록]을 실행하여 을제품의 작업진행률(완성도) 60%를 입력한다.

(4) 7월의 실제원가계산 : [물류관리] – [원가관리(원가계산)]

① 기초재공품 등록 : 조회할 데이터가 없으면 기초재공품은 표시되지 않는다.

② 직접재료비 계산 : 상단의 [마감]단추를 클릭하거나 [물류관리] – [생산/재고관리] – [재고관리] – [재고자산수불부]를 실행하여 [일괄마감]한 후 [직접재료비]에서 7월을 입력하고 [Enter]하면 원재료 금액이 자동으로 반영된다.(갑제품의 자재X : 8,800,000, 을제품의 자재Y : 16,500,000)

③ 직접노무비 계산 : 7월을 입력하고 [Enter]하면 노무비 금액이 자동으로 반영된다.(갑제품 25,600,000, 을제품 : 29,333,260)

④ 제조간접비 계산 : 7월을 입력하고 [Enter]하면 (부문별)로 제조간접비가 자동으로 반영된다.(생산1부 : 27,400,000, 생산2부 : 35,466,740, 동력부문 : 21,300,000, 수선부문 : 16,200,000)

⑤ 보조부문비 배부 : 7월을 입력하고 [Enter]하면 보조부문비배부액이 자동으로 반영된다.(생산1부 : 16,110,000, 생산2부 : 21,390,000)

⑥ 제조부문비 배부(작업시간기준) : 7월을 입력하고 [Enter]하면 제품별 제조부문비배부액이 자동으로 반영된다.(갑제품 : 43,510,000, 을제품 : 56,856,740)

⑦ 완성품 원가 조회 : 7월을 입력하고 원가계산방법을 '평균법'으로 변경하면 완성품원가와 단위당원가가 자동으로 계산된다.(갑제품 단위당원가 : 222,600, 을제품 단위당원가 : 181,411)

⑧ 원가반영 : [물류관리] – [생산관리] – [생산입고입력]을 실행하여 각 제품의 [생산단가]란에 갑제품 단위당원가 : 222,600, 을제품 단위당원가 : 181,411을 입력하면 갑제품은 ₩77,910,000이 계산되고, 을제품은 ₩90,705,500이 계산된다.

(5) 원가계산 마감 후 제조원가명세서 조회

① [물류관리] – [원가관리(원가계산)] – [결산자료입력]을 실행하여 7월을 입력하여 나타나는 {매출원가 및 경비선택}창에서 [F2]도움 자판을 이용하여 455.제품매출원가와 500번대 제조를 선택하여 입력한 후 [확인]단추를 클릭한다.

② [결산자료입력]화면의 우측 상단 [기능모음(F11)]단추 – [기말재고반영]단추를 클릭하여 기말원재료재고액 ₩199,700,000과 기말재공품재고액 ₩11,984,643을 반영시킨 후 [전표추가(F3)]단추를 클릭하면 결산분개가 자동생성된다. 결산자동분개의 확인은 [일반전표입력]에서 가능하다.

③ [물류관리] – [원가관리(원가계산)] – [제조원가명세서] : 당기제품제조원가 ₩168,615,357 확인

제01회 기출문제

재무회계 에르메스(주) 【정답 코드 : 2401】

【문제1】 **기준정보의 입력(각1점)**

(1) 거래처 등록 : [회계] – [기초정보관리] – [거래처등록] 실행하여 [일반] Tab에서 등록

(2) 상품 등록 : [물류관리] – [기준정보관리] – [품목등록]

【문제2】 **매입매출전표입력(16점/각4점)**

(1) 12월 19일 : [입고입력] – [전송] – [매입매출전표입력] : [전자세금]란 '1.전자입력'

(차) 146 상 품 59,000,000	(대) 251 외상매입금 14,900,000
135 부가가치세대급금 5,900,000	110 받을어음 50,000,000

※ [매입매출전표입력] 하단의 지급어음을 받을어음으로 수정하고, 받을어음 거래처를 (주)수원가방에서 (주)아동가방으로 수정 후 받을어음에 [F3]단추 – 자금관리창에서 [어음상태]란에 4.배서로 변경, [어음번호]란에 [F2]로 해당 배서어음번호 입력, [지급거래처]란에 (주)수원가방을 입력한다.

(2) 12월 21일 : [출고입력] – [전송] – [매입매출전표입력] : [전자세금]란 '1.전자입력'

(차) 101 현 금 52,800,000	(대) 401 상품 매출 48,000,000
	255 부가가치세예수금 4,800,000

※ (주)동대문가방 발행 당좌수표와 자기앞수표는 현금으로 처리한다. [출고입력]의 [수금구분]란에는 '현금'을 선택해야 한다. 만약 '혼합'으로 선택하여 자기앞수표는 현금란에 입력하고 당좌수표는 수표란에 입력하면 [매입매출전표입력]의 하단에 현금이 2매로 표시된다.

(3) 12월 24일 : [매입매출전표입력] : 매입, 54 불공 – [불공제사유 선택]에서 '접대비관련 매입세액'을 선택 : '1.전자입력'

(차) 813 접 대 비 385,000	(대) 253 미지급금 385,000

(4) 12월 29일 : [매입매출전표입력] – [유형] : 매입, 61 현과

(차) 831 수수료비용 700,000	(대) 101 현 금 770,000
135 부가가치세대급금 70,000	

【문제3】 **일반전표입력(20점/각4점)**

(1) 12월 3일 : [대체전표]

(차) 103 보통예금 80,000,000	(대) 331 보통주자본금 100,000,000
341 주식발행초과금 20,000,000	

※ 주식할인발행차금은 발생할 당시에 장부상 주식발행초과금 계정 잔액이 있는 경우 그 범위 내에서 주식발행초과금과 상계처리하고 잔액이 있으면 자본조정으로 분류한다. 따라서 본 문제에서는 합계잔액시산표를 실행하여 주식발행초과금의 잔액을 조회하면 ₩40,000,000이 있으므로 그 중 할인차액 ₩20,000,000 만큼 차변에 충당해야 한다.

(2) 12월 6일 : [대체전표]

(차) 131 선 급 금 7,000,000	(대) 103 보통예금 7,000,000

※ 상품 매입을 위한 계약금 지급 거래이므로 [입고입력]을 하면 오답이다.

(3) 12월 13일 : [대체전표]

(차) 812 여비교통비 14,500,000	(대) 134 가지급금 20,000,000
813 접 대 비 1,500,000	
833 광고선전비 3,000,000	
101 현 금 1,000,000	

※ 합계잔액시산표를 실행하여 가지급금 ₩20,000,000을 조회한다.

(4) 12월 14일 : [대체전표]

(차) 109 대손충당금(외상) 2,200,000	(대) 108 외상매출금 33,600,000
835 대손상각비 31,400,000	

※ 합계잔액시산표를 실행하여 외상매출금에 대한 대손충당금 ₩2,200,000을 조회하여 차변에 충당하고 회수불능액 ₩33,600,000과의 차액 ₩31,400,000은 대손상각비로 처리한다.

(5) 12월 28일 : [대체전표]

(차) 102 당좌예금 39,650,000	(대) 260 단기차입금 40,000,000
931 이자비용 350,000	

※ 어음의 할인 시 매각거래로 인식하면 받을어음 계정을 대변에 기록하고, 할인료를 매출채권처분손실로 처리한다. 할인 시 차입거래로 인식하면 할인료를 이자비용으로 처리하고, 단기차입금 계정 대변에 기록하며, 만기일에 무사히 결제가 되면 (차) 단기차입금 ××× (대) 받을어음 ×××으로 처리한다. 이때 자금관리창에 입력한다.

【문제4】 **결산 정리 사항(28점/각4점)**

(1) 12월 31일 : [대체전표]

(차) 133 선급비용 12,000,000	(대) 821 보 험 료 12,000,000

※ [합계잔액시산표]를 실행하여 보험료 계정을 더블클릭하여 9월 1일 화재보험료 1년분 지급액 ₩18,000,000을 조회한다. 18,000,000×8/12 = 12,000,000원(2024년 1월 ~ 8월 미경과액)

(2) 12월 31일 : [대체전표]

(차) 293 장기차입금 50,000,000	(대) 264 유동성장기부채 50,000,000

(3) 12월 31일 : [대체전표]

(차) 806 퇴직급여 9,000,000	(대) 295 퇴직급여부채 9,000,000

※ [합계잔액시산표]를 실행하여 퇴직급여부채 계정 잔액 ₩65,000,000을 조회하여 전임직원 퇴직 시 필요한 퇴직금 ₩74,000,000에서 차감한 잔액 ₩9,000,000을 추가 설정한다.

※ 자동분개 : [회계] – [결산재무제표 1] – [결산자료입력]의 2) 퇴직급여(전입액) 해당 과목 금액란에 ₩9,000,000을 입력하여 [전표추가] 하면 12월 31일로 자동분개가 조회된다.

(4) 12월 31일 : [대체전표]

(차) 116 미수수익 1,250,000	(대) 901 이자수익 1,250,000

※ 50,000,000×5%×6/12 = 1,250,000

(5) [회계] – [결산재무제표 1] – [합계잔액시산표] 실행하여 외상매출금 잔액 364,400,000×0.01 = 3,644,000원과 받을어음잔액 40,000,000×0.01 = 400,000원의 대손충당금 설정액을 계산하여 [회계] – [결산재무제표1] – [결산자료입력]의 5).대손상각 해당 과목 금액란에 입력한다.

Chapter / Nine

(6) [회계] - [고정자산등록] - [원가경비별감가상각명세서]를 실행하여 [유형자산총괄]단추를 눌러 당기 상각비를 조회(건물 10,000,000원, 차량운반구 7,793,257 비품 2,000,000원)한 후 [회계] - [결산재무제표1] - [결산자료입력]의 4).감가상각비 해당 과목 금액란에 입력한다.

(7) [물류관리] - [재고관리] - [재고자산수불부] 실행 … [마감]단추 클릭하여 '일괄마감'에 check하고 마감한 후 [물류관리] - [재고관리] - [재고자산명세서] 실행하여 기말상품재고액 213,000,000원을 확인하고 [회계] - [결산재무제표1] - [결산자료입력]의 기말상품재고액 금액란에 입력한다.

[마무리]

대손충당금설정과 감가상각비 계상 및 기말상품재고액은 반드시 [결산자료입력]화면 상단의 [전표추가(F3)]단추를 클릭하여 결산전표를 자동생성시킨 후 [이익잉여금처분계산서] 상단 툴바의 [전표추가(F3)]단추를 클릭하면 손익 대체분개가 생성되게 하여 [일반전표입력]에서 12월 31일로 결산자동분개를 확인한다.

[당기순이익 : 127,877,743원]

[문제5] 단답형답안 등록(12점/각2점)

모든 장부의 조회는 문제에서 제시하는 기간과 해당과목 및 거래처명을 정확하게 입력하는 것이 중요하다.

No.	조 회 경 로	답 안
(1)	[물류관리] - [구매관리] - [품목별 구매관리]	2
(2)	[물류관리] - [재고관리] - [재고자산수불부] : 각 상품별로 조회	826
(3)	[회계] - [전표입력/장부] - [일/월계표]	974,150,000
(4)	[회계] - [부가가치세1] - [부가가치세신고서] : 4/1 ~ 6/30 조회	836,000,000
(5)	[회계] - [K-IFRS 재무제표] - [K-IFRS 재무상태표]	224,000,000
(6)	[회계] - [K-IFRS 재무제표] - [K-IFRS 포괄손익계산서]	1,125,872,257

원가회계 (주)광현전자 [정답 코드 : 3401]

(1) 7월 20일 작업지시 등록

① [물류관리] - [생산관리] - [생산(작업)지시서]를 실행하여 지시일, 완료예정일 입력 후 [Enter]하여 하단에 품목명 [F2], 지시수량, 작업장[F2]을 입력한다.

② [물류관리] - [생산관리] - [자재출고입력]을 실행하여 [생산지시번호]란에 [F2]도움 자판을 이용하여 해당 제품을 입력하고 [Enter]하여 하단에 해당 제품에 출고되는 원재료[F2]와 출고수량 및 해당 작업장[F2]을 입력한다.

(2) 7월 31일 생산자료 등록

[물류관리] - [생산관리] - [생산입고입력]을 실행하여 [생산지시번호]란에 [F2]도움 자판을 이용하여 해당 제품을 입력하고 하단의 해당 제품에 생산수량과 투입시간을 입력한다.

(3) 7월의 원가기준정보

① 노무비 배부기준 등록 : [물류관리] - [원가관리(원가기준정보)] - [배부기준등록]을 실행하여 [노무비배분]Tab에서 7월을 입력한 후 상단의 [당월데이터 생성]단추를 클릭하여 노무비의 데이터를 재집계한 후 총근무시간을 입력하면 임률이 자동으로 계산된다.

② 보조부문비 배부기준 등록 : [보조부문배분]Tab에서 상단의 [보조부문 가져오기]단추를 클릭하여 보조부문의 데이터를 추가집계한 후 보조부문의 배부기준을 등록한다.

③ 작업진행률 등록 : 상단의 [작업진행률]단추를 클릭하거나 [물류관리] - [원가관리(원가기준정보)] - [작업진행률등록]을 실행하여 을제품의 작업진행률(완성도) 20%를 입력한다.

(4) 7월의 실제원가계산 : [물류관리] - [원가관리(원가계산)]

① 기초재공품 등록 : 조회할 데이터가 없으면 기초재공품은 표시되지 않는다.

② 직접재료비 계산 : 상단의 [마감]단추를 클릭하거나 [물류관리] - [생산/재고관리] - [재고관리] - [재고자산수불부]를 실행하여 [일괄마감]한 후 [직접재료비]에서 7월을 입력하고 [Enter]하면 원재료 금액이 자동으로 반영된다. (갑제품의 자재X : 48,000,000, 을제품의 자재Y : 120,000,000)

③ 직접노무비 계산 : 7월을 입력하고 [Enter]하면 노무비 금액이 자동으로 반영된다. (갑제품 20,000,000, 을제품 : 30,000,000)

④ 제조간접비 계산 : 7월을 입력하고 [Enter]하면 (부문별)로 제조간접비가 자동으로 반영된다.(생산1부 : 33,000,000, 생산2부 : 34,800,000, 동력부문 : 21,300,000, 수선부문 : 16,200,000)

⑤ 보조부문비 배부 : 7월을 입력하고 [Enter]하면 보조부문비 배부액이 자동으로 반영된다. (생산1부 : 25,140,000, 생산2부 : 12,360,000)

⑥ 제조부문비 배부(작업시간기준) : 7월을 입력하고 [Enter]하면 제품별 제조부문비배부액이 자동으로 반영된다. (갑제품 : 58,140,000, 을제품 : 47,160,000)

⑦ 완성품원가 조회 : 7월을 입력하고 원가계산방법을 '평균법'으로 변경하면 완성품원가와 단위당원가가 자동으로 계산된다.(갑제품 단위당원가 : 52,558, 을제품 단위당원가 : 105,929)

⑧ 원가반영 : [물류관리] - [생산관리] - [생산입고입력]을 실행하여 각 제품의 [생산단가]란에 갑제품 단위당원가 : 52,558, 을제품 단위당원가 : 105,929을 입력하면 갑제품은 ₩126,139,200이 계산되고, 을제품은 ₩169,486,400이 계산된다.

(5) 원가계산 마감 후 제조원가명세서 조회

① [물류관리] - [원가관리(원가계산)] - [결산자료입력]을 실행하여 7월을 입력하여 나타나는 [매출원가 및 경비선택]창에서 [F2]도움 자판을 이용하여 455.제품매출원가와 500번대 제조를 선택하여 입력한 후 [확인]단추를 클릭한다.

매출원가 및 경비선택			
매출원가코드 및 계정과목		원가경비	표준원가 선택
455	제품매출원가	1 500번대	제조

② [결산자료입력] 화면의 우측 상단 [기능모음(F11)]단추 - [기말재고반영]단추를 클릭하여 기말원재료재고액 ₩57,000,000과 기말재공품재고액 ₩27,674,286을 반영시킨 후 [전표추가(F3)]단추를 클릭하면 결산분개가 자동생성된다. 결산자동분개의 확인은 [일반전표입력]에서 가능하다.

③ [물류관리] - [원가관리(원가계산)] - [제조원가명세서] : 당기제품제조원가 ₩295,625,714 확인

정답 및 해설 **391**

제02회 기출문제

재무회계 **노스페이스(주)** 【정답 코드 : 2402】

【문제1】 기준정보의 입력(각1점)

(1) 거래처 등록 : [회계]-[기초정보관리]-[거래처등록] 실행하여 [일반]Tab에서 등록

(2) 상품 등록 : [물류관리]-[기준정보관리]-[품목등록]

【문제2】 매입매출전표입력(16점/각4점)

(1) 12월 17일 : [입고입력]-[전송]-[매입매출전표입력] : [전자세금]란 '1.전자입력'

(차) 146 상　　품 14,000,000	(대) 101 현　　금 5,400,000
135 부가가치세대급금 1,400,000	110 받을어음 10,000,000

※ [매입매출전표입력]하단의 지급어음을 받을어음으로 수정하고, 받을어음 거래처를 중부FNC(주)에서 대한유통(주)로 수정 후 받을어음에 [F3]단추 – 자금관리창에서 [어음상태]란에 4.배서로 변경, [어음번호]란에 [F2]로 해당 배서어음번호 입력, [지급거래처]란에 중부FNC(주)를 입력한다.

(2) 12월 20일 : [매입매출전표입력] : 매입, 54 불공 – [불공제사유 선택]에서 '사업과 관련없는 지출'을 선택 : '1.전자입력'

(차) 134 가지급금 2,200,000	(대) 253 미지급금 2,200,000

(3) 12월 27일 : 매입매출전표입력]-[유형] : 매입, 57 카과

(차) 240 소프트웨어 3,200,000	(대) 253 미지급금 3,520,000
135 부가가치세대급금 320,000	

※ [고정자산등록]에서 무형자산을 등록한다.

(4) 12월 28일 : [출고입력]-[전송]-[매입매출전표입력] : [전자세금]란 '1.전자입력'

(차) 101 현　　금 13,600,000	(대) 401 상품매출 26,000,000
110 받을어음 15,000,000	255 부가가치세예수금 2,600,000

※ [매입매출전표입력]하단의 받을어음에 [F3]단추 – 자금관리창에서, [어음번호]란과 [만기일] 및 [지급은행]을 입력한다.

【문제3】 일반전표입력(20점/각4점)

(1) 12월 3일 : [대체전표]

(차) 962 임차보증금 30,000,000	(대) 103 보통예금 30,000,000

※ 임대차계약 기간이 2년이므로 기타비유동자산에 속하는 962.임차보증금으로 처리해야 한다.

(2) 12월 4일 : [대체전표]

(차) 252 지급어음 20,000,000	(대) 260 단기차입금 20,000,000

※ [회계]-[전표입력/장부]-[지급어음현황]을 실행하여 해당 어음 ₩20,000,000을 조회한다. 전표의 지급어음에 [F3]단추 – 자금관리창의 [어음번호]란에 [F2]도움 자판으로 해당 어음번호 선택입력

(3) 12월 7일 : [대체전표]

(차) 331 보통주자본금 2,000,000	(대) 103 보통예금 2,560,000
394 감자차손 560,000	

※ 주식의 매입소각은 유상감자이고, 매입소각 시 제비용은 감자차손익에 반영한다. 단, 매입소각 시 장부상 감자차익 계정 잔액이 있으면 우선 상계처리하여야 한다.

(4) 12월 11일 : [대체전표]

(차) 109 대손충당금(외상) 220,000	(대) 108 외상매출금 10,000,000
835 대손상각비 9,780,000	

※ [회계]-[전표입력/장부]-[거래처원장]을 실행하여 대영어패럴(주)의 외상매출금 잔액이 10,000,000원임을 확인하고 해당 시점의 합계잔액시산표상 외상매출금에 대한 대손충당금 잔액 ₩220,000을 확인한다.

(5) 12월 12일 : [대체전표]

(차) 103 보통예금 14,587,544	(대) 110 받을어음 15,000,000
936 매출채권처분손실 412,456	

※ 전표의 받을어음에 [F3]단추-자금관리창의 [어음번호]란에 [F2]도움 자판으로 해당 어음번호 선택입력

【문제4】 결산 정리 사항(28점/각4점)

(1) 12월 31일 : [대체전표]

(차) 133 선급비용 900,000	(대) 821 보험료 900,000

※ [합계잔액시산표]를 실행, 보험료 계정을 더블클릭하여 6월 1일 화재보험료 1년분 지급액 ₩2,160,000을 조회한다. 2,160,000×5/12 = 900,000원(2024년 1월 ~ 5월 미경과액)

(2) 12월 31일 : [대체전표]

(차) 904 임대료 3,500,000	(대) 263 선수수익 3,500,000

※ [합계잔액시산표]를 실행, 임대료 계정을 더블클릭하여 8월 1일 임대료 1년분 ₩6,000,000을 조회한다. 6,000,000×7/12 = 3,500,000원 (2024년 1월 ~ 7월 미경과액)

(3) 12월 31일 : [대체전표]

(차) 116 미수수익 200,000	(대) 901 이자수익 200,000

※ [합계잔액시산표]를 실행, 장기대여금 계정을 더블클릭하여 11월 1일 2년간 대여한 원금 ₩20,000,000을 조회한다. 미수이자 : 20,000,000×6%×2/12 = 200,000원(2023년 11월 ~ 12월 미수액)

(4) 12월 31일 : [대체전표]

(차) 931 이자비용 3,500,000	(대) 262 미지급비용 3,500,000

※ [합계잔액시산표]를 실행, 장기차입금 계정을 더블클릭하여 전기이월 분 ₩50,000,000을 조회한다. 미지급이자 : 50,000,000×7% = 3,500,000원(2023년 1월 ~ 12월 미지급액)

(5) [회계]-[결산재무제표 1]-[합계잔액시산표] 실행하여 외상매출금 잔액 991,900,000×0.01 = 9,919,000원과 받을어음 잔액 15,000,000×0.01 = 150,000원의 대손충당금 설정액을 계산하여 [회계]-[결산재무제표1]-[결산자료입력]의 5).대손상각 해당 과목 금액란에 입력한다.

(6) [회계] – [고정자산등록] – [원가경비별감가상각명세서]를 실행하여 [유형자산총괄]단추를 눌러 당기 상각비를 조회(건물 2,500,000원, 차량운반구 9,463,635원 비품 2,513,245원)한 후 [회계] – [결산재무제표1] – [결산자료입력]의 4).감가상각비 해당 과목 금액란에 입력하고, [무형자산총괄] 단추를 눌러 (소프트웨어 53,333원) 당기상각비를 조회한 후 6)무형고정자산상각에 입력한다.

(7) [물류관리] – [재고관리] – [재고자산수불부] 실행 ⋯ [마감]단추 클릭하여 '일괄마감'에 check하고 마감한 후 [물류관리] – [재고관리] – [재고자산명세서] 실행하여 기말상품재고액 63,000,000원을 확인하고 [회계] – [결산재무제표1] – [결산자료입력]의 기말상품재고액 금액란에 입력한다.

[마무리]

대손충당금설정과 감가상각비 계상 및 기말상품재고액은 반드시 [결산자료입력]화면 상단의 [전표추가(F3)]단추를 클릭하여 결산전표를 자동생성시킨 후 [이익잉여금처분계산서] 상단 툴바의 [전표추가(F3)]단추를 클릭하면 손익 대체분개가 생성되게 하여 [일반전표입력]에서 12월 31일로 결산자동분개를 확인한다.

[당기순이익 : 510,711,411원]

[문제5] **단답형답안 등록(12점/각2점)**

모든 장부의 조회는 문제에서 제시하는 기간과 해당과목 및 거래처명을 정확하게 입력하는 것이 중요하다.

No.	조 회 경 로	답 안
(1)	[회계] – [부가가치세1] – [부가가치세신고서] : 1/1 ~ 3/31 조회	26,000,000
(2)	[물류관리] – [재고관리] – [재고자산수불부]	1,100
(3)	[회계] – [전표입력/장부] – [거래처원장]	232,000,000
(4)	[회계] – [전표입력/장부] – [합계잔액시산표] 7월, 10월 2번 조회	10,592,770
(5)	[회계] – [K-IFRS 재무제표] – [K-IFRS 재무상태표]	237,726,066
(6)	[회계] – [K-IFRS 재무제표] – [K-IFRS 포괄손익계산서]	201,076,133

※ (4)번 : 10월 말 잔액 ₩126,765,900 – 7월 말 잔액 ₩116,173,130 = 10,592,770원

 원가회계 **(주)미래화학** [정답 코드 : 3402]

(1) 3월 8일 작업지시 등록

① [물류관리] – [생산관리] – [생산(작업)지시서]를 실행하여 지시일, 완료예정일 입력 후 [Enter]하여 하단에 품목명 [F2], 지시수량, 작업장[F2]을 입력한다.

② [물류관리] – [생산관리] – [자재출고입력]을 실행하여 [생산지시번호]란에 [F2]도움 자판을 이용하여 해당 제품을 입력하고 [Enter]하여 하단에 해당 제품에 출고되는 원재료[F2]와 출고수량 및 해당 작업장[F2]을 입력한다.

(2) 3월 31일 생산자료 등록

[물류관리] – [생산관리] – [생산입고입력]을 실행하여 [생산지시번호]란에 [F2]도움 자판을 이용하여 해당 제품을 입력하고 하단의 해당 제품에 생산수량과 투입시간을 입력한다.

(3) 3월의 원가기준정보

① 노무비 배부기준 등록 : [물류관리] – [원가관리(원가기준정보)] – [배부기준등록]을 실행하여 [노무비배분]Tab에서 3월을 입력한 후 상단의 [당월데이터 생성]단추를 클릭하여 노무비의 데이터를 재집계한 후 총근무시간을 입력하면 임률(생산1부 5,600, 생산2부 6,250)이 자동으로 계산된다.

② 보조부문비 배부기준 등록 : [보조부문배분]Tab에서 상단의 [보조부문 가져오기]단추를 클릭하여 보조부문의 데이터를 추가집계한 후 보조부문의 배부기준을 등록한다.

③ 작업진행률 등록 : 상단의 [작업진행률]단추를 클릭하거나 [물류관리] – [원가관리(원가기준정보)] – [작업진행률등록]을 실행하여 을제품의 작업진행률(완성도) 80%를 입력한다.

(4) 3월의 실제원가계산 : [물류관리] – [원가관리(원가계산)]

① 기초재공품 등록 : 조회할 데이터가 없으면 기초재공품은 표시되지 않는다.

② 직접재료비 계산 : 상단의 [마감]단추를 클릭하거나 [물류관리] – [생산/재고관리] – [재고자산수불부]를 실행하여 [일괄마감]한 후 [직접재료비]에서 3월을 입력하고 [Enter]하면 원재료 금액이 자동으로 반영된다. (갑제품의 B원재료 : 15,000,000, 을제품의 C원재료 : 35,200,000)

③ 직접노무비 계산 : 3월을 입력하고 [Enter]하면 노무비 금액이 자동으로 반영된다. (갑제품 2,800,000, 을제품 : 2,500,000)

④ 제조간접비 계산 : 3월을 입력하고 [Enter]하면 (부문별)로 제조간접비가 자동으로 반영된다. (생산1부 : 4,400,000, 생산2부 : 2,300,000, 수선부문 : 7,550,000, 포장부문 : 3,920,000)

⑤ 보조부문비 배부 : 3월을 입력하고 [Enter]하면 보조부문비 배부액이 자동으로 반영된다. (생산1부 : 7,608,000, 생산2부 : 3,862,000)

⑥ 제조부문비 배부(작업시간기준) : 3월을 입력하고 [Enter]하면 제품별 제조부문비배부액이 자동으로 반영된다. (갑제품 : 12,008,000, 을제품 : 6,162,000)

⑦ 완성품원가 조회 : 3월을 입력하고 원가계산방법을 '평균법'으로 변경하면 완성품원가와 단위당원가가 자동으로 계산된다. (갑제품 단위당원가 : 60,850, 을제품 단위당원가 : 109,655)

⑧ 원가반영 : [물류관리] – [생산관리] – [생산입고입력]을 실행하여 각 제품의 [생산단가]란에 갑제품 단위당원가 : 60,850, 을제품 단위당원가 : 109,655를 입력하면 갑제품은 ₩24,340,000이 계산되고, 을제품은 ₩43,862,000이 계산된다.

(5) 원가계산 마감 후 제조원가명세서 조회

① [물류관리] – [원가관리(원가계산)] – [결산자료입력]을 실행하여 1월부터 3월을 입력하여 나타나는 [매출원가 및 경비선택]창에서 [F2]도움 자판을 이용하여 455.제품매출원가와 500번대 제조를 선택하여 입력한 후 [확인]단추를 클릭한다.

② [결산자료입력] 화면의 우측 상단 [기능모음(F11)]단추 – [기말재고반영]단추를 클릭하여 기말원재료재고액 ₩44,600,000과 기말재공품재고액 ₩5,468,000을 반영시킨 후 [전표추가(F3)]단추를 클릭하면 결산분개가 자동생성된다. 결산자동분개의 확인은 [일반전표입력]에서 가능하다.

③ [물류관리] – [원가관리(원가계산)] – [제조원가명세서]
: 당기제품제조원가 ₩68,202,000 확인

제03회 기출문제

재무회계 에녹인슈(주) 【정답 코드 : 2403】

【문제1】 기준정보의 입력(4점)

(1) 거래처 등록 : [회계] – [기초정보관리] – [거래처등록]실행하여 [일반]Tab에서 등록

(2) 상품 등록 : [물류관리] – [기준정보관리] – [품목등록]

【문제2】 매입매출전표입력(16점/각4점)

(1) 12월 7일 : [입고등록] – [전송] – [매입매출전표입력] : '1.전자입력'

(차) 146 상 품	10,500,000	(대) 252 지급어음	11,550,000
135 부가가치세대급금	1,050,000		

※ 하단 지급어음에 [F3], 자금관리창 [어음번호]에 [F2]로 해당 어음 선택 입력

(2) 12월 8일 : [출고등록] – [전송] – [매입매출전표입력] : '1.전자입력'

(차) 101 현 금	500,000	(대) 401 상품매출	5,000,000
110 받을어음	5,000,000	255 부가가치세예수금	500,000

※ 하단 받을어음에 [F3], 자금관리창 [어음번호]와 만기일, 지급은행, 직접입력

(3) 12월 19일 : [출고입력] – [처리구분] : 건별, 12 현과 – [전송] – [매입매출전표입력]

(차) 101 현 금	550,000	(대) 401 상품매출	500,000
		255 부가가치세예수금	50,000

(4) 12월 28일 : [매입매출전표입력] : 매입, 54 불공 – [불공제사유 선택]에서 '토지의 자본적지출 관련'을 선택 : '1.전자입력'

(차) 201 토 지	16,500,000	(대) 102 당좌예금	10,000,000
		253 미지급금	6,500,000

【문제3】 일반전표입력(20점/각4점)

(1) 12월 4일 : [대체전표]

(차) 103 보통예금	8,630,000	(대) 110 받을어음	9,000,000
936 매출채권처분손실	370,000		

※ 전표 대변의 받을어음 계정에 [F3], 자금관리창 [어음번호]에 [F2]로 해당 어음 선택 입력

(2) 12월 5일 : [대체전표]

(차) 214 건설중인자산	3,000,000	(대) 253 미지급금	3,000,000

※ 상품 이외의 대금으로 약속어음을 발행하여 지급하면 지급어음 계정은 오답이고 미지급금 계정으로 처리해야 하며 어음번호, 만기일 등은 입력할 경로가 없으므로 하지 않아도 된다. 단, 거래처 입력

(3) 12월 11일 : [대체전표]

(차) 103 보통예금	75,000,000	(대) 331 보통주자본금	50,000,000
		101 현 금	128,000
		341 주식발행초과금	24,872,000

※ 주식발행비용은 발행금액에서 차감하므로 그 만큼 주식발행초과금이 줄어든다.

(4) 12월 16일 : [대체전표]

(차) 181 상각후원가측정금융자산(비유동)	9,678,540
(대) 103 보통예금	9,678,540

※ 문제에서 단, 이자획득을 목적으로 구입한 것이라고 제시한 것은 금융자산의 판단 요소 중 계약상 현금 흐름의 구분(원금과 이자만으로 구성하는 채무상품)에 해당하므로 상각후원가측정금융자산(비유동)으로 처리해야 한다.

(5) 12월 21일 : [대체전표]

(차) 295 퇴직급여부채	5,000,000	(대) 103 보통예금	6,500,000
808 퇴직급여	1,500,000		

※ [합계잔액시산표]실행 – 퇴직급여부채 잔액 조회

【문제4】 결산 정리 사항(28점/각4점)

(1) 12월 31일 : [대체전표]

(차) 901 이자수익	1,250,000	(대) 263 선수수익	1,250,000

※ [합계잔액시산표]실행, 1년분 이자(6/1~5/31) 3,000,000원 조회, 2024년 1/1~5/31 선수분 : 3,000,000×5/12 = 1,250,000

(2) 12월 31일 : [대체전표]

(차) 133 선급비용	900,000	(대) 821 보험료	900,000

※ [합계잔액시산표]실행, 1년분 보험료(4/1~3/31) 3,600,000원 조회, 2024년 1/1~3/31 선급분 : 3,600,000×3/12 = 900,000

(3) 12월 31일 : [대체전표]

(차) 178 기타포괄손익-공정가치측정금융자산(비유동)	2,500,000
(대) 982 기타포괄손익-공정가치측정금융자산평가손실	750,000
981 기타포괄손익-공정가치측정금융자산평가이익	1,750,000

※ 전기에 기타포괄손익-공정가치측정 금융자산 평가손실계정의 잔액이 존재하므로 [합계잔액시산표]실행, 해당 금액을 먼저 상계한 후 평가이익을 계상하여야 한다.

(4) 12월 31일 : [대체전표]

(차) 960 잡손실	18,000	(대) 101 현 금	18,000

※ 결산 당일에 현금의 부족액을 발견했으므로 현금과부족 계정을 설정하지 않고 바로 잡손실로 처리한다.

(5) [회계] – [결산재무제표 1] – [합계잔액시산표] 실행하여 외상매출금 잔액 1,149,850,000×0.01 = 11,498,500원에서 시산표 대손충당금 계정 잔액 350,000원을 차감한 11,148,500원과 받을어음잔액 355,000,000×0.01 = 3,550,000원의 대손충당금 설정액을 계산하여 [회계] – [결산재무제표1] – [결산자료입력]의 5).대손상각 해당 과목 금액란에 입력한다.

(6) [회계] – [고정자산등록] – [원가경비별감가상각명세서]를 실행하여 [유형자산총괄]단추를 눌러 당기 상각비를 조회(건물 5,000,000원, 차량운반구 18,617,945원, 비품 5,194,627원) 한 후 [회계] – [결산재무제표1] – [결산자료입력]의 4).감가상각비 해당 과목 금액란에 입력한다.

(7) [물류관리] – [재고관리] – [재고자산수불부] 실행 … [마감]단추 클릭하여 '일괄마감'에 check하고 마감한 후 [물류관리] – [재고관리] – [재고자산명세서] 실행하여 기말상품재고액 267,100,000원을 확인하고 [회계] – [결산재무제표1] – [결산자료입력]의 기말상품재고액 금액란에 입력한다.

【마무리】

대손충당금설정과 감가상각비 계상 및 기말상품재고액은 반드시 [결산자료입력]화면 상단의 [전표추가(F3)]단추를 클릭하여 결산전표를 자동생성시킨 후 [이익잉여금처분계산서] 상단 툴바의 [전표추가(F3)]단추를 클릭하면 손익 대체분개가 생성되게 하여 [일반전표입력]에서 12월 31일로 결산자동분개를 확인한다.

【당기순이익 : 342,364,388원】

【문제5】 단답형답안 등록(12점/각2점)

모든 장부의 조회는 문제에서 제시하는 기간과 해당과목 및 거래처명을 정확하게 입력하는 것이 중요하다.

No.	조 회 경 로	답 안
(1)	[회계] – [부가가치세1] – [부가가치세신고서] 1/1~3/31 입력	–3,850,000
(2)	[회계] – [전표입력/장부] – [총계정원장] 401.상품매출 [월별]	6
(3)	[회계] – [전표입력/장부] – [거래처원장]	462,450,000
(4)	[물류관리] – [재고관리] – [재고자산수불부]	2,800
(5)	[회계] – [K-IFRS 재무제표] – [K-IFRS 재무상태표]	1,759,463,270
(6)	[회계] – [K-IFRS 재무제표] – [K-IFRS 포괄손익계산서]	388,000

원가회계 대한건강(주) 【정답 코드 : 3403】

(1) 6월 4일 작업지시 등록

① [물류관리] – [생산관리] – [생산(작업)지시서]를 실행하여 지시일, 완료예정일 입력 후 [Enter]하여 하단에 품목명 [F2], 지시수량, 작업장[F2]을 입력한다.

② [물류관리] – [생산관리] – [자재출고입력]을 실행하여 [생산지시번호]란에 [F2]도움 자판을 이용하여 해당 제품을 입력하고 [Enter]하여 하단에 해당 제품에 출고되는 원재료[F2]와 출고수량 및 해당 작업장[F2]을 입력한다.

(2) 6월 30일 생산자료 등록

[물류관리] – [생산관리] – [생산입고입력]을 실행하여 [생산지시번호]란에 [F2]도움 자판을 이용하여 해당 제품을 입력하고 하단의 해당 제품에 생산수량과 투입시간을 입력한다.

(3) 6월의 원가기준정보

① 노무비 배부기준 등록 : [물류관리] – [원가관리(원가기준정보)] – [배부기준등록]을 실행하여 [노무비배분]Tab에서 6월을 입력한 후 상단의 [당월데이터 생성]단추를 클릭하여 노무비의 데이터를 재집계한 후 총근무시간을 입력하면 임률이 자동으로 계산된다.

② 보조부문비 배부기준 등록 : [보조부문배부]Tab에서 상단의 [보조부문 가져오기]단추를 클릭하여 보조부문의 데이터를 추가집계한 후 보조부문의 배부기준을 등록한다.

③ 작업진행률 등록 : 상단의 [작업진행률]단추를 클릭하거나 [물류관리] – [원가관리(원가기준정보)] – [작업진행률등록]을 실행하여 A제품의 작업진행률(완성도) 80%를 입력한다.

(4) 6월의 실제원가계산 : [물류관리] – [원가관리(원가계산)]

① 기초재공품 등록 : 조회할 데이터가 없으면 기초재공품은 표시되지 않는다.

② 직접재료비 계산 : 상단의 [마감]단추를 클릭하거나 [물류관리] – [생산/재고관리] – [재고관리] – [재고자산수불부]를 실행하여 [일괄마감]한 후 [직접재료비]에서 6월을 입력하고 [Enter]하면 원재료 금액이 자동으로 반영된다. (A제품의 A원재료 : 40,000,000, C원재료 : 40,000,000, B제품의 B원재료 : 48,000,000)

③ 직접노무비 계산 : 6월을 입력하고 [Enter]하면 노무비 금액이 자동으로 반영된다.(A제품 2,560,000, B제품 : 2,400,000)

④ 제조간접비 계산 : 6월을 입력하고 [Enter]하면 (부문별)로 제조간접비가 자동으로 반영된다.(생산1부 : 1,763,000, 생산2부 : 1,601,000, 바이오부문 : 4,764,000, 설비부문 : 2,660,000)

⑤ 보조부문비 배부 : 6월을 입력하고 [Enter]하면 보조부문비 배부액이 자동으로 반영된다.(생산1부 : 2,548,800, 생산2부 : 4,875,200)

⑥ 제조부문비 배부(작업시간 기준) : 6월을 입력하고 [Enter]하면 제품별 제조부문비배부액이 자동으로 반영된다. (A제품 : 4,311,800, B제품 : 6,476,200)

⑦ 완성품 원가 조회 : 6월을 입력하고 원가계산방법을 '평균법'으로 변경하면 완성품원가와 단위당원가가 자동으로 계산된다.(A제품 단위당원가 : 284,381, B제품 단위당원가 : 174,316)

⑧ 원가반영 : [물류관리] – [생산관리] – [생산입고입력]을 실행하여 각 제품의 [생산단가]란에 A제품 단위당원가 : 284,381, B제품 단위당원가 : 174,316을 입력하면 A제품은 ₩113,752,400이 계산되고, B제품은 ₩34,863,200이 계산된다.

(5) 원가계산 마감 후 제조원가명세서 조회

① [물류관리] – [원가관리(원가계산)] – [결산자료입력]을 실행하여 6월을 입력하여 나타나는 [매출원가 및 경비선택]창에서 [F2]도움 자판을 이용하여 455.제품매출원가와 500번대 제조를 선택하여 입력한 후 [확인]단추를 클릭한다.

② [결산자료입력] 화면의 우측 상단 [기능모음(F11)] 단추 – [기말재고반영]단추를 클릭하여 기말원재료재고액 ₩28,000,000과 기말재공품재고액 ₩17,145,300을 반영시킨 후 [전표추가(F3)]단추를 클릭하면 결산분개가 자동생성된다. 결산자동분개의 확인은 [일반전표입력]에서 가능하다.

③ [물류관리] – [원가관리(원가계산)] – [제조원가명세서]
: 당기제품제조원가 ₩126,602,700 확인

제04회 기출문제

재무회계 휘트니헬스(주) 【정답 코드 : 2404】

【문제1】 기준정보의 입력(4점)

(1) 거래처 등록 : [회계] – [기초정보관리] – [거래처등록] 실행하여 [일반]Tab에서 등록

(2) 상품 등록 : [물류관리] – [기준정보관리] – [품목등록]

【문제2】 매입매출전표입력(16점/각4점)

(1) 12월 8일 : [출고입력] – [전송] – [매입매출전표입력] : [전자세금]란 '1.전자입력'

(차) 110 받 을 어 음	30,000,000	(대) 401 상품 매출	35,000,000
108 외상매출금	6,500,000	255 부가가치세예수금	3,500,000
259 선 수 금	2,000,000		

※ [매입매출전표입력]하단의 받을어음에 [F3]단추 – 자금관리창에서, [어음번호]란과 [만기일] 및 [지급은행]을 입력

(2) 12월 21일 : [입고입력] – [전송] – [매입매출전표입력] : [전자세금]란 '1.전자입력'

(차) 146 상 품	30,200,000	(대) 252 지급어음	30,000,000
135 부가가치세대급금	3,020,000	251 외상매입금	3,000,000
		101 현 금	220,000

※ [입고입력]화면 하단의 상품단가를 매입운임 때문에 151,000원으로 입력한다. [매입매출전표입력]하단의 지급어음에 [F3] – 어음번호 [F2]와 만기일 입력

(3) 12월 22일 : [매입매출전표입력] – [유형] : 매입, 57 카과

| (차) 811 복리후생비 | 250,000 | (대) 253 미지급금 | 275,000 |
| 135 부가가치세대급금 | 25,000 | | |

(4) 12월 27일 : [매입매출전표입력] : 매입, 51 과세 : '1.전자입력'

| (차) 214 건설중인자산 | 13,000,000 | (대) 103 보통예금 | 14,300,000 |
| 135 부가가치세대급금 | 1,300,000 | | |

【문제3】 일반전표입력(20점/각4점)

(1) 12월 6일 : [대체전표]

(차) 103 보통예금		20,800,000
(대) 181 상각후원가측정금융자산(비유동)		20,000,000
901 이자수익		800,000

※ 합계잔액시산표를 실행하여 상각후원가측정금융자산(비유동) ₩20,000,000을 조회

(2) 12월 10일 : [출금전표]

(차) 254 예 수 금	500,000	(대) 101 현 금	700,000
811 복리후생비	80,000		
817 세금과공과	120,000		

(3) 12월 13일 : [대체전표]

| (차) 103 보통예금 | 3,180,000 | (대) 383 자기주식 | 4,000,000 |
| 395 자기주식처분손실 | 820,000 | | |

※ 합계잔액시산표를 실행하여 자기주식 계정을 더블클릭하면 11/20 1,000주를 @₩10,000에 취득한 전표를 조회, 400주×(10,000–8,000) = 800,000+수수료 20,000=820,000(처분손실)

(4) 12월 19일 : [대체전표]

| (차) 305 외화장기차입금 | 10,000,000 | (대) 101 현 금 | 9,800,000 |
| | | 907 외환차익 | 200,000 |

(5) 12월 30일 : [출금전표]

(차) 811 복리후생비	200,000	(대) 101 현 금	1,000,000
822 차량유지비	300,000		
825 교육훈련비	500,000		

【문제4】 결산 정리 사항(28점/각4점)

(1) 12월 31일 : [대체전표]

| (차) 172 소 모 품 | 500,000 | (대) 830 소모품비 | 500,000 |

(2) 12월 31일 : [대체전표]

| (차) 133 선급비용 | 120,000 | (대) 821 보 험 료 | 120,000 |

※ [합계잔액시산표]를 실행, 보험료 계정을 더블클릭하여 1월 2일 삼성화재보험의 1년분 지급액은 미경과액이 없고, 5월 1일 더케이손해보험의 1년분 지급액 ₩360,000을 조회하여 360,000×4/12 = 120,000원(2024년 1월 ~ 4월 미경과액)을 계산한다.

(3) 12월 31일 : [대체전표]

| (차) 305 외화장기차입금 | 30,000,000 | (대) 264 유동성장기부채 | 30,000,000 |

※ [합계잔액시산표]를 실행하여 외화장기차입금 ₩30,000,000 조회
※ 단, 장기대여금의 유동성대체는 (차) 단기대여금 (대) 장기대여금으로 처리한다.

(4) 12월 31일 : [대체전표]

| (차) 937 당기손익–공정가치측정금융자산평가손실 | 1,000,000 |
| (대) 107 당기손익–공정가치측정금융자산 | 1,000,000 |

※ [합계잔액시산표]를 실행하여 당기손익–공정가치측정금융자산 계정을 더블클릭하여 2월 13일 1,000주를 @₩20,000에 취득하고 4월 5일에 그 중 1/2을 매각처분한 거래 내역을 조회한다. 따라서 잔여주식 500주×(20,000–18,000) = 1,000,000(평가손실)

(5) [회계] – [결산재무제표 1] – [합계잔액시산표] 실행하여 외상매출금 잔액 72,120,000 ×0.01 = 721,200원에서 시산표 대손충당금 계정 잔액 250,000원을 차감한 471,200과 받을어음잔액 87,000,000×0.01=870,000원의 대손충당금 설정액을 계산하여 [회계] – [결산재무제표1] – [결산자료입력]의 5).대손상각 해당 과목 금액란에 입력한다.

(6) [회계] – [고정자산등록] – [원가경비별감가상각명세서]를 실행하여 [유형자산총괄]단추와 [무형자산총괄]단추를 눌러 당기 상각비를 조회 (건물 1,500,000원, 차량운반구 2,590,000원, 비품 400,000원, 소프트웨어 300,000원)한 후 [회계] – [결산재무제표1] – [결산자료입력]의 4).감가상각비와 6).무형고정자산상각 해당 과목 금액란에 입력한다.

(7) [물류관리] - [재고관리] - [재고자산수불부] 실행 … [마감]단추 클릭하여 '일괄마감'에 check하고 마감한 후 [물류관리] - [재고관리] - [재고자산명세서] 실행하여 기말상품재고액 165,200,000원을 확인하고 [회계] - [결산재무제표1] - [결산자료입력]의 기말상품재고액 금액란에 입력한다.

[마무리]

대손충당금설정과 감가상각비 계상 및 기말상품재고액은 반드시 [결산자료입력] 화면 상단의 [전표추가(F3)]단추를 클릭하여 결산전표를 자동생성시킨 후 [이익잉여금처분계산서] 상단 툴바의 [전표추가(F3)]단추를 클릭하면 손익 대체분개가 생성되게 하여 [일반전표입력]에서 12월 31일로 결산자동분개를 확인한다.
【 당기순이익 : 131,928,800원 】

[문제5] 단답형답안 등록(12점/각2점)

모든 장부의 조회는 문제에서 제시하는 기간과 해당과목 및 거래처명을 정확하게 입력하는 것이 중요하다.

No.	조 회 경 로	답 안
(1)	[회계] - [전표입력/장부] - [거래처원장]	24,000,000
(2)	[물류관리] - [구매관리] - [품목별 구매현황]	112,500,000
(3)	[회계] - [전표입력/장부] - [거래처원장]	99,900,000
(4)	[회계] - [부가가치세1] - [부가가치세신고서] : 10/1 ~ 12/31 조회	6,500,000
(5)	[회계] - [K-IFRS 재무제표] - [K-IFRS 포괄손익계산서]	3,250,000
(6)	[회계] - [K-IFRS 재무제표] - [K-IFRS 재무상태표]	225,475,000

원가회계 **(주)미소화장품 【정답 코드 : 3404】**

(1) 4월 7일 작업지시 등록

① [물류관리] - [생산관리] - [생산(작업)지시서]를 실행하여 지시일, 완료예정일 입력 후 [Enter]하여 하단에 품목명 [F2], 지시수량, 작업장[F2]을 입력한다.

② [물류관리] - [생산관리] - [자재출고입력]을 실행하여 [생산지시번호]란에 [F2]도움 자판을 이용하여 해당 제품을 입력하고 [Enter]하여 하단에 해당 제품에 출고되는 원재료[F2]와 출고수량 및 해당 작업장[F2]을 입력한다.

(2) 4월 30일 생산자료 등록

[물류관리] - [생산관리] - [생산입고입력]을 실행하여 [생산지시번호]란에 [F2]도움 자판을 이용하여 해당 제품을 입력하고 하단의 해당 제품에 생산수량과 투입시간을 입력한다.

(3) 4월의 원가기준정보

① 노무비 배부기준 등록 : [물류관리] - [원가관리(원가기준정보)] - [배부기준등록]을 실행하여 [노무비배분]Tab에서 4월을 입력한 후 상단의 [당월데이터 생성]단추를 클릭하여 노무비의 데이터를 재집계한 후 총근무시간을 입력하면 임률이 자동으로 계산된다.

② 보조부문비 배부기준 등록 : [보조부문배분]Tab에서 상단의 [보조부문 가져오기]단추를 클릭하여 보조부문의 데이터를 추가집계한 후 보조부문의 배부기준을 등록한다.

③ 작업진행률 등록 : 상단의 [작업진행률]단추를 클릭하거나 [물류관리] - [원가관리(원가기준정보)] - [작업진행률등록]을 실행하여 을제품의 작업진행률(완성도) 60%를 입력한다.

(4) 4월의 실제원가계산 : [물류관리] - [원가관리(원가계산)]

① 기초재공품 등록 : 조회할 데이터가 없으면 기초재공품은 표시되지 않는다.

② 직접재료비 계산 : 상단의 [마감]단추를 클릭하거나 [물류관리] - [생산/재고관리] - [재고관리] - [재고자산수불부]를 실행하여 [일괄마감]한 후 [직접재료비]에서 4월을 입력하고 [Enter]하면 원재료 금액이 자동으로 반영된다. (갑제품의 자재X : 45,000,000, 을제품의 자재Y : 20,000,000)

③ 직접노무비 계산 : 4월을 입력하고 [Enter]하면 노무비 금액이 자동으로 반영된다.(갑제품 8,000,000, 을제품 : 10,000,000)

④ 제조간접비 계산 : 4월을 입력하고 [Enter]하면 (부문별)로 제조간접비가 자동으로 반영된다.(생산1부 : 8,900,000, 생산2부 : 2,000,000, 동력부문 : 9,000,000, 수선부문 : 4,900,000, 공장사무부문 : 2,300,000)

⑤ 보조부문비 배부 : 4월을 입력하고 [Enter]하면 보조부문비 배부액이 자동으로 반영된다. (생산1부 : 9,460,000, 생산2부 : 6,740,000)

⑥ 제조부문비 배부(작업시간기준) : 4월을 입력하고 [Enter]하면 제품별 제조부문비배부액이 자동으로 반영된다.(갑제품 : 18,360,000, 을제품 : 8,740,000)

⑦ 완성품원가 조회 : 4월을 입력하고 원가계산방법을 '평균법'으로 변경하면 완성품원가와 단위당원가가 자동으로 계산된다.(갑제품 단위당원가 : 89,200, 을제품 단위당원가 : 66,798)

⑧ 원가반영 : [물류관리] - [생산관리] - [생산입고입력]을 실행하여 각 제품의 [생산단가]란에 갑제품 단위당원가 : 89,200, 을제품 단위당원가 : 66,798을 입력하면 갑제품은 ₩71,360,000이 계산되고, 을제품은 ₩33,399,000이 계산된다.

(5) 원가계산 마감 후 제조원가명세서 조회

① [물류관리] - [원가관리(원가계산)] - [결산자료입력]을 실행하여 4월을 입력하여 나타나는 [매출원가 및 경비선택]창에서 [F2]도움 자판을 이용하여 455.제품매출원가와 500번대 제조를 선택하여 입력한 후 [확인]단추를 클릭한다.

② [결산자료입력] 화면의 우측 상단 [기능모음(F11)]단추 - [기말재고반영]단추를 클릭하여 기말원재료재고액 ₩25,000,000과 기말재공품재고액 ₩5,341,190을 반영시킨 후 [전표추가(F3)]단추를 클릭하면 결산분개가 자동생성된다. 결산자동분개의 확인은 [일반전표입력]에서 가능하다.

③ [물류관리] - [원가관리(원가계산)] - [제조원가명세서]
: 당기제품제조원가 ₩105,858,810 확인

제05회 기출문제

재무회계 올레스쿠버(주) 【정답 코드 : 2405】

【문제1】 기준정보의 입력(4점)

(1) 거래처 등록 : [회계] – [기초정보관리] – [거래처등록]실행하여 [일반]Tab에서 등록

(2) 부서 등록 : [물류관리] – [기준정보관리] – [부서/사원등록]

(3) 상품 등록 : [물류관리] – [기준정보관리] – [품목등록]

【문제2】 매입매출전표입력(16점/각4점)

(1) 12월 4일 : [입고입력] – [전송] – [매입매출전표입력] : [전자세금]란 '1.전자입력'

(차) 146 상 품	7,000,000	(대) 252 지급어음	7,700,000
135 부가가치세대급금	700,000		

※ [매입매출전표입력]하단 지급어음에 [F3]단추 – 자금관리창의 [어음번호]란 [F2]로 해당 어음번호를 입력하고 [만기일]은 직접 입력한다.

(2) 12월 15일 : [출고입력] – [전송] – [매입매출전표입력] : [전자세금]란 '1.전자입력'

(차) 110 받을어음	15,400,000	(대) 401 상품 매출	14,000,000
		255 부가가치세예수금	1,400,000

※ [매입매출전표입력]의 받을어음에 [F3]단추 – 자금관리창에서, [어음종류]란6. 전자, [어음번호]란과 [만기일] 및 [지급은행]을 입력한다.

(3) 12월 20일 : [출고입력] – [처리구분]: 건별, 4 건별– [전송] – [매입매출전표입력]

(차) 103 보통예금	715,000	(대) 401 상품 매출	650,000
		255 부가가치세예수금	65,000

(4) 12월 23일 : [매입매출전표입력] : 매입, 54 불공– [불공제 사유선택] : 비영업용 소형승용차 구입 및 유지 선택 : '1.전자입력'

(차) 208 차량운반구	26,937,463	(대) 103 보통예금	5,000,000
107 당기손익-공정	812,537	253 미지급금	20,000,000
가치측정금융자산		101 현 금	2,750,000

※ [회계] – [고정자산등록] – [고정자산등록]실행하여 차량운반구 등록
※ 차량취득에 의무적으로 구입하는 공채증서는 액면과 공정가치의 차액(1,000,000–812,537)을 차량 취득원가에 포함하고, 공정가치는 당기손익-공정가치측정금융자산으로 처리한다. 취득세도 취득원가에 포함한다.

【문제3】 일반전표입력(20점/각4점)

(1) 12월 2일 : [대체전표]

(차) 103 보통 예금	43,218,000	(대) 108 외상매출금	44,100,000
401 상품매출	882,000		

※ 매출할인 조건부(2/10, n/30)은 외상매출금을 30일 이내에 회수하기로 하되 10일 이내에 조기 회수하면 2% 할인을 해준다는 조건이다. 따라서 [회계] – [전표입력/장부] – [계정별원장]을 실행하여 코참무역(주)의 11/23에 발생한 외상매출금 ₩44,100,000을 조회한다. 외상매출금이 발생한 시점 11/23에서 회수한 시점이 12/2이면 조기회수 10일 이내의 2%할인 조건이 맞다. 44,100,000×2% = 882,000(매출할인)

(2) 12월 7일 : [대체전표]

(차) 214 건설중인자산	10,000,000	(대) 103 보통 예금	10,000,000

※ 건설중인자산 계정의 입력 시 홍보 건물 신축을 위한 계약금을 지급한 것이므로 거래처 튼튼건설(주)를 반드시 입력해야 한다.

(3) 12월 11일 : [대체전표]

(차) 305 외화장기차입금	150,000,000	(대) 102 당좌예금	138,000,000
		907 외환차익	12,000,000

※ 합계잔액시산표를 실행하여 외화장기차입금을 조회하면 150,000,000 ÷$120,000 = 1,250원(전기말 기준 환율)을 알 수 있다. 따라서 $120,000×(1,250–1,150) = 12,000,000(외환차익)

(4) 12월 17일 : [출금전표]

(차) 833 광고선전비	1,000,000	(대) 101 현 금	1,000,000

(5) 12월 21일 : [대체전표]

(차) 934 기타의 대손상각비	5,000,000	(대) 114 단기대여금	5,000,000

【문제4】 결산 정리 사항(28점/각4점)

(1) 12월 31일 : [대체전표]

(차) 931 이 자 비 용	291,981	(대) 262 미지급비용	250,000
		292 사채할인발행차금	41,981

※ [합계잔액시산표]를 실행하여 사채와 사채할인발행차금을 조회하여 10,000,000–267,300 = 9,732,700×6%×6/12 = 291,981(유효이자율에 의한 총이자)–액면이자(10,000,000×5%×6/12 = 250,000) = 41,981원(사채할인발행차금상각액)

(2) 12월 31일 : [대체전표]

(차) 981 기타포괄손익-공정가치측정금융자산평가이익	500,000
982 기타포괄손익-공정가치측정금융자산평가손실	200,000
(대) 178 기타포괄손익-공정가치측정금융자산(비유동)	700,000

※ 합계잔액시산표를 실행하여 기타포괄손익-공정가치측정금융자산(비유동) ₩5,500,000을 조회하여 5,500,000–4,800,000 = 700,000원의 평가손실을 계산한다. 단 시산표에 기타포괄손익-공정가치측정 금융자산평가이익 계정 잔액이 ₩500,000 있으므로 평가손실과 상계처리한다.

(3) 12월 31일 : [대체전표]

(차) 830 소모품비	700,000	(대) 172 소 모 품	700,000

※ 합계잔액시산표를 실행하여 소모품이 조회되면 소모품 구입 시 자산처리를 했으므로 결산 시 사용액 분개를 해야 한다. 만약 시산표에 소모품비로 조회되면 비용처리법이므로 결산 시 미사용액 1,301,000 – 700,000 = 601,000원(미사용액) 분개를 해야 한다.

(4) 12월 31일 : [대체전표]

(차) 821 보 험 료	3,780,000	(대) 133 선급비용	3,780,000

※ [합계잔액시산표]를 실행하여 보험료 계정을 조회하면 조회되지 않고, 선급비용을 조회하면 화재보험료 보험료 1년분 지급액 ₩5,040,000이 조회된다. 즉, 보험료 지급 시 자산처리를 한 것이므로 결산 시 경과액 5,040,000×9/12 = 3,780,000원(2023년 4월 ~ 12월, 9개월경과액)을 선급비용 계정에서 보험료 계정으로 대체하는 분개를 한다.

(5) 12월 31일 : [대체전표]

　　(차) 109 대손충당금 181,500 (대) 850 대손충당금환입 181,500

※ 합계잔액시산표를 실행하여 외상매출금잔액 26,950,000×
0.01 = 269,500원에서 시산표의 결산 전 대손충당금 계정 잔
액이 ₩451,000이 있으므로 서로 비교해 보면 차감한 잔액 ₩
181,500을 대손충당금환입으로 처리하고, 받을어음은 잔액
139,370,000×0.01 = 1,393,700원에서 시산표의 대손충당금
계정 잔액 ₩352,000을 차감하면 설정액은 ₩1,041,700이다.

※ 앞서 모의고사 4회 답안에서는 [결산자료입력]을 실행하지 않
고 분개는 수동으로 하되 외상매출금의 대손충당금환입 분개와
받을어음에 대한 대손설정 분개를 따로 하게 되는데 외상매출
금에 대한 대손충당금환입 분개를 할 경우 영업외수익에 속한
대손충당금환입액(코드번호 : 908) 계정을 선택하면 오답이다.
영업외수익에 속하는 대손충당금환입(코드번호 : 908) 계정은
매출채권이 아닌 '기타의 채권'(미수금 등)에 대한 대손충당금
환입액을 처리하는 것이다. 즉, 대손충당금환입은 판매비와관
리비의 차감항목에 속하는 (코드번호: 850)대손충당금환입을
선택하여야 한다.

※ 본 문제는 외상매출금에 대한 대손충당금의 처리는 수동분개를
필수로 해야 하지만 받을어음에 대한 대손충당금 설정 처리는
수동분개를 하지 않고 [결산자료입력]을 실행하여 5) 대손상
각…의 받을어음 란에 ₩1,041,700을 입력하면 받을어음에 대
한 대손충당금 설정 분개는 자동으로 조회되는 것으로 해본다.

(결산자료입력 화면 이미지)

※ 손익계산서 대손상각비와 대손충당금환입 계정의 표시는 아래와
같다.

(손익계산서 화면 이미지)

(6) [회계] - [고정자산등록] - [원가경비별감가상각명세서]를 실
행하여 [유형자산총괄]단추를 눌러 당기 상각비를 조회(건물
15,000,000원, 차량운반구 3,848,208원, 비품 373,133원)한
후 [회계] - [결산재무제표1] - [결산자료입력]의 4).감가상각
비 해당 과목 금액란에 입력한다.

(7) [물류관리] - [재고관리] - [재고자산수불부] 실행 … [마감]단
추 클릭하여 '일괄마감'에 check하고 마감한 후 [물류관리] -
[재고관리] - [재고자산명세서] 실행하여 기말상품재고액
30,300,000원을 확인하고 [회계] - [결산재무제표1] - [결산
자료입력]의 기말상품재고액 금액란에 입력한다.

[마무리]

대손충당금설정과 감가상각비 계상 및 기말상품재고액은 반드시
[결산자료입력]화면 상단의 [전표추가(F3)]단추를 클릭하여 결산
전표를 자동생성시킨 후 [이익잉여금처분계산서] 상단 툴바의 [전
표추가(F3)]단추를 클릭하면 손익 대체분개가 생성되게 하여 [일
반전표입력]에서 12월 31일로 결산자동분개를 확인한다.

[당기순이익 : 389,574,435원]

【문제5】 단답형답안 등록(12점/각2점)

모든 장부의 조회는 문제에서 제시하는 기간과 해당과목 및 거래
처명을 정확하게 입력하는 것이 중요하다.

No.	조 회 경 로	답 안
(1)	[물류관리] - [판매관리] - [거래처별 판매현황]	34,400,000
(2)	[회계] - [전표입력/장부] - [지급어음 현황] : 만기일(월)별로 조회	179,520,000
(3)	[물류관리] - [재고관리] - [재고자산수불부]	13
(4)	[회계] - [부가가치세Ⅰ] - [부가가치세신고서] : 7/1 ~ 9/30 조회	114,400
(5)	[회계] - [K-IFRS 재무제표] - [K-IFRS 포괄 손익계산서]	6,447,164
(6)	[회계] - [K-IFRS 재무제표] - [K-IFRS 재무 상태표]	109,970,000

※ (4)번 : 예정신고 시 공제받지 못할 매입세액의 내용은 소형승용차의
유지에 따른 비용이기 때문이다.

원가회계 대한건강(주) 【정답 코드 : 3405】

(1) 11월 15일 작업지시 등록

① [물류관리] - [생산관리] - [생산(작업)지시서]를 실행하여
지시일, 완료예정일 입력 후 [Enter]하여 하단에 품목명
[F2], 지시수량, 작업장[F2]을 입력한다.

② [물류관리] - [생산관리] - [자재출고입력]을 실행하여 [생산
지시번호]란에 [F2]도움 자판을 이용하여 해당 제품을 입력
하고 [Enter]하여 하단에 해당 제품에 출고되는 원재료[F2]
와 출고수량 및 해당 작업장[F2]을 입력한다.

(2) 11월 30일 생산자료 등록

[물류관리] - [생산관리] - [생산입고입력]을 실행하여 [생산
지시번호]란에 [F2]도움 자판을 이용하여 해당 제품을 입력하
고 하단의 해당 제품에 생산수량과 투입시간을 입력한다.

(3) 11월의 원가기준정보

① 노무비 배부기준 등록 : [물류관리] - [원가관리(원가기준정
보)] - [배부기준등록]을 실행하여 [노무비배분]Tab에서 7
월을 입력한 후 상단의 [당월데이터 생성]단추를 클릭하여
노무비의 데이터를 재집계한 후 총근무시간을 입력하면 임
률이 자동으로 계산된다.

② 보조부문비 배부기준 등록 : [보조부문배분]Tab에서 상단의
[보조부문 가져오기]단추를 클릭하여 보조부문의 데이터를
추가집계한 후 보조부문의 배부기준을 등록한다.

③ 작업진행률 등록 : 상단의 [작업진행률]단추를 클릭하거나
[물류관리] - [원가관리(원가기준정보)] - [작업진행률등록]
을 실행하여 을제품의 작업진행률(완성도) 60%를 입력한다.

(4) 11월의 실제원가계산 : [물류관리] − [원가관리(원가계산)]

① 기초재공품 등록 : 조회할 데이터가 없으면 기초재공품은 표시되지 않는다.

② 직접재료비 계산 : 상단의 [마감]단추를 클릭하거나 [물류관리] − [생산/재고관리] − [재고관리] − [재고자산수불부]를 실행하여 [일괄마감]한 후 [직접재료비]에서 11월을 입력하고 [Enter]하면 원재료 금액이 자동으로 반영된다.(갑제품의 아로니아 : 1,600,000, 을제품의 블루베리 : 2,100,000)

③ 직접노무비 계산 : 11월을 입력하고 [Enter]하면 노무비 금액이 자동으로 반영된다.(갑제품 2,112,000, 을제품 : 2,340,000)

④ 제조간접비 계산 : 11월을 입력하고 [Enter]하면 (부문별)로 제조간접비가 자동으로 반영된다. (생산1부 : 4,998,000, 생산2부 : 4,060,000, 동력부문 : 4,400,000, 수선부문 : 4,000,000)

⑤ 보조부문비 배부 : 11월을 입력하고 [Enter]하면 보조부문비 배부액이 자동으로 반영된다.(생산1부 : 3,880,000, 생산2부 : 4,520,000)

⑥ 제조부문비배부(작업시간기준) : 11월을 입력하고 [Enter]하면 제품별 제조부문비배부액이 자동으로 반영된다. (갑제품 : 8,688,000, 을제품 : 8,580,000)

⑦ 완성품원가조회 : 11월을 입력하고 원가계산방법을 '평균법'으로 변경하면 완성품원가와 단위당원가가 자동으로 계산된다. (갑제품 단위당원가 : 314,500, 을제품 단위당원가 : 275,333)

⑧ 원가반영 : [물류관리] − [생산관리] − [생산입고입력]을 실행하여 각 제품의 [생산단가]란에 갑제품 단위당원가 : 314,500, 을제품 단위당원가 : 275,333을 입력하면 갑제품은 ₩12,580,000이 계산되고, 을제품은 ₩11,563,986이 계산된다.

(5) 원가계산 마감 후 제조원가명세서 조회

① [물류관리] − [원가관리(원가계산)] − [결산자료입력]을 실행하여 11월을 입력하여 나타나는 [매출원가 및 경비선택] 창에서 [F2]도움 자판을 이용하여 455.제품매출원가와 500번대 제조를 선택하여 입력한 후 [확인]단추를 클릭한다.

② [결산자료입력] 화면의 우측 상단 [기능모음(F11)]단추 − [기말재고반영]단추를 클릭하여 기말원재료재고액 ₩1,150,000과 기말재공품재고액 ₩1,456,000을 반영시킨 후 [전표추가(F3)]단추를 클릭하면 결산분개가 자동생성된다. 결산자동분개의 확인은 [일반전표입력]에서 가능하다.

③ [물류관리] − [원가관리(원가계산)] − [제조원가명세서]
: 당기제품제조원가 ₩24,144,000 확인